Ulrich L. Lehner
Inszenierte Keuschheit

Frühe Neuzeit

Studien und Dokumente zur deutschen Literatur
und Kultur im europäischen Kontext

Herausgegeben von
Achim Aurnhammer, Joachim Hamm,
Martin Mulsow, Bernd Roling und
Friedrich Vollhardt

Band 254

Ulrich L. Lehner

Inszenierte Keuschheit

Sexualdelikte in der Gesellschaft Jesu
im 17. und 18. Jahrhundert

DE GRUYTER

JESUITEN
in Zentraleuropa

UNIVERSITY OF
NOTRE DAME

NANOVIC INSTITUTE
FOR EUROPEAN STUDIES

KATHOLISCH
Bistum Mainz

ISBN 978-3-11-131098-5
e-ISBN (PDF) 978-3-11-131114-2
e-ISBN (EPUB) 978-3-11-131155-5
ISSN 0934-5531
DOI https://doi.org/10.1515/9783111311142

Library of Congress Control Number: 2023942981

Bibliografische Information der Deutschen Nationalbibliothek
Die Deutsche Nationalbibliothek verzeichnet diese Publikation in der Deutschen Nationalbibliografie;
detaillierte bibliografische Daten sind im Internet über http://dnb.dnb.de abrufbar.

© 2024 bei den Autorinnen und Autoren, publiziert von Walter de Gruyter GmbH, Berlin/Boston
Dieses Buch ist als Open-Access-Publikation verfügbar über www.degruyter.com.

Satz: Integra Software Services Pvt. Ltd.
Druck und Bindung: CPI books GmbH, Leck

www.degruyter.com

Vorwort

Manche Bücher will man nicht schreiben, sie „passieren" einem einfach. Die vorliegende Monografie gehört in diese Kategorie. Über Jahre hinweg „stolperte" ich immer wieder über Archivalien, die Sexualdelikte und sexuellen Missbrauch in der katholischen Kirche der Frühen Neuzeit dokumentierten. Lange habe ich gehofft, jemand anderer würde sich des Themas annehmen, vor allem, weil ich bereits zwei Monografien zum Thema kirchlicher Strafkultur verfasst hatte.[1] Nachdem aber die historische Aufarbeitung sexuellen Missbrauchs keine Bearbeitung fand, sah ich mich genötigt, das Thema selbst zu bearbeiten.[2] Die eigentliche „Formgebung" des Materials verdanke ich den Ideen und Gesprächen im Rahmen einer Gastprofessur am DFG-Graduiertenkolleg 2008 „Interkonfessionalität in der Frühen Neuzeit" an der Universität Hamburg im Sommer 2022. Daher bin ich dem Sprecher des Kollegs, Prof. Dr. Anselm Steiger, und Prof. Dr. Markus Friedrich zu besonderem Dank verpflichtet. Ebenso danke ich meinem Freund Prof. Dr. Benjamin Dahlke, da er mich in unzähligen Gesprächen immer wieder zur Arbeit an diesem so unangenehmen Thema ermutigt hat, und Dr. Clemens Brodkorb.

Die Drucklegung ermöglichte ein Zuschuss des Institute for the Scholarship in the Liberal Arts der University of Notre Dame. Großzügige Zuschüsse für die Open-Access-Publikation verdanke ich der Zentraleuropäischen Provinz der Gesellschaft Jesu, dem Nanovic Institute for European Studies an der University of Notre Dame und dem Bistum Mainz.

Ohne die enorme Hilfsbereitschaft der einzelnen Archive und Bibliotheken wäre es mir als in den USA arbeitenden Wissenschaftler nicht möglich gewesen, alle Einzelbelege zu sammeln und zu analysieren. Besonders hervorheben möchte ich das Archiv der Zentraleuropäischen Provinz der Gesellschaft Jesu in München, das Archiv der Jesuitenprovinz Ungarn in Budapest, das Zentralarchiv des Ordens in Rom, das Bayerische Hauptstaatsarchiv München, das Stadtarchiv Mainz, das Staatsarchiv Luzern, das Aartsbisschoppelijk Archief te Mechelen, die großartigen Handschriftenabteilungen der Kantonsbibliotheken Freiburg und Solothurn sowie Herrn Dominik Baumgartner.

---

1 Ulrich L. Lehner: Monastic Prisons and Torture Chambers: Crime and Punishment in Central European Monasteries, 1600–1800. Eugene, OR 2013; Ulrich L. Lehner: Mönche und Nonnen im Klosterkerker. Ein verdrängtes Kapitel Kirchengeschichte. Kevalaer 2015.
2 Die bisherige Aufarbeitung scheint sich allein auf das 20. Jahrhundert zu konzentrieren, siehe etwa Birgit Aschmann: Katholische Dunkelräume – Denkanstöße für eine historiographische Aufarbeitung.: Eine Einleitung. In: Birgit Aschmann (Hrsg.): Katholische Dunkelräume: die Kirche und der sexuelle Missbrauch, Leiden; Boston 2022.

Wenn diese Untersuchung endlich zu einer differenzierten, historischen Betrachtung von Sexualdelikten im kirchlichen Bereich anregt, dann habe ich mir die Arbeit nicht umsonst gemacht.

Notre Dame, am 12. Juli 2023

Inhaltsverzeichnis

1 Einleitung: Eine neue Kriminalgeschichte des Christentums?

Obwohl katholische Kirchenhistoriker im einundzwanzigsten Jahrhundert (hoffentlich) nicht mehr apologetisch motiviert sind, fehlt im deutschen Sprachraum bisher eine historische Analyse von im kirchlichen Bereich verübten Straftaten. Es ist daher nicht verwunderlich, dass auch die Geschichte sexueller Normübertretungen innerhalb der Kirche und besonders des sexuellen Missbrauchs kaum erforscht und aufgearbeitet ist.[3] Vielleicht fürchten Kolleginnen und Kollegen in eine *Kriminalgeschichte des Christentums* eingereiht zu werden, wie sie Karl-Heinz Deschner vorgelegt hat,[4] und damit in ein methodisch wie auch rhetorisches Abseits. Oder aber man hat in der Kirchengeschichte Bedenken normative Vorgaben der Gegenwart in die Vergangenheit zu projizieren. Anstatt aber die begründete Besorgnis über beide Positionen ernst zu nehmen und methodisch in das eigene kritische Arbeiten zu integrieren, wird das Thema weiträumig vermieden. Dies ist umso erstaunlicher, als HistorikerInnen aus Argentinien, Brasilien, Italien, Portugal und Spanien in vorbildlicher Weise sexuelle Grenzverletzungen in der Kirche der Frühen Neuzeit untersucht haben. Dies zeigt nicht nur, wie weit sich die katholische deutsche Kirchengeschichtsforschung von der internationalen Diskussion abgekoppelt hat, sondern auch ihr Unvermögen, einen Beitrag zur Kontextualisierung systemischer Strukturen der Gegenwart, die zu sexueller Gewalt führten oder sie vertuschten, leisten zu können.[5]

Sicherlich kann man die normativen Beschreibungen sexueller Beziehungen aus der Gegenwart nicht in die Vergangenheit projizieren, aber es ist sehr wohl möglich, die Handlungsakteure der Frühen Neuzeit anhand ihrer Normen zu verstehen, ihre Normenverletzungen zu beschreiben und zu kontextualisieren. Die Kenntnis dieser Normen, wie sie in Kirchenrecht, Ordensstatuten, Moraltheologie, aber auch ungeschriebenen Verhaltensrichtlinien niedergelegt wurden, strukturieren das Handlungsfeld des frühneuzeitlichen Priesters sowie des ihn richtenden Vorgesetzten, also

---

3 Allein die Zeit des Nationalsozialismus (1933–1945) scheint eine Ausnahme zu bilden, siehe Hans Günter Hockerts: Sittlichkeitsprozesse gegen katholische Ordensleute und Priester in der NS-Zeit: Eine Relektüre nach 50 Jahren. In: Katholische Dunkelräume. Hg. von Birgit Aschmann. Leiden, Boston 2021.
4 Karlheinz Deschner: Kriminalgeschichte des Christentums. Reinbek bei Hamburg 1986.
5 Im Bistum Viseu in Portugal waren 25 Prozent der vom Diözesangericht zwischen 1684 und 1689 verurteilten Priester, allerdings für alle möglichen Vergehen, vom Wirtshausbesuch und Konkubinat bis hin zur Nachlässigkeit in der Pastoral. João Rocha Nunes: Crime e Castigo: ‚Pecados Públicos' e Disciplinamento Social na Diocese de Viseu (1684–1689). In: Revista de História da Sociedade e da Cultura (2006), S. 177–213, hier S. 17.

des Oberen oder Bischofs, und erschließt auch die frühneuzeitlichen Handlungsoptionen für eine Bestrafung nichtkonformen Verhaltens.[6]

Da eine grundlegende Aufarbeitung von Sexualdelikten und sexueller[7] Gewalt – siehe Kap. 3 – trotz nachhaltiger Forschungsanstöße[8] unterblieb, entstand die vorliegende Studie. Sie konzentriert sich in ihrem Kern auf die Überlieferung der Oberdeutschen Provinz der Gesellschaft Jesu im Hauptstaatsarchiv München. Die dortigen Personalfaszikel wurden um 1800 nach Pertinenzprinzip angelegt. Für andere Provinzen müssten ähnliche Informationen mühsam aus der Korrespondenz der Provinziäle mit den Rektoren der einzelnen Kollegien und dem römischen General zusammengestellt werden. Soweit als möglich, wurden Perspektiven aus der Oberrheinischen und Niederrheinischen Provinz, den Niederlanden, Belgien, Polen, der iberischen Halbinsel, sowie Mittel- und Südamerika integriert. Allerdings beansprucht die vorliegende Darstellung keineswegs Vollständigkeit. Zahlreiche Vergehen wurden nämlich entweder nicht angezeigt, haben keine direkt identifizierbaren Dokumente hinterlassen oder sind so verstreut dokumentiert, dass ihr Auffinden für mich unmöglich war. Zudem muss selbst die erhaltene Überlieferung als durchweg lückenhaft beschrieben werden, was statistische Aussagen oder Schätzungen für die Verbreitung von sexueller Nonkonformität deutlich erschwert. Ein umfassendes Bild über normabweichendes Verhalten könnte am ehesten durch eine exakte Auswertung aller vom General der Jesuiten in Rom an eine jeweilige Provinz gesandten Briefe (*epistulae*), der Beratungsunterlagen einer Provinz (*consultationes*), die Qualifikationsunterlagen die ersten Gelübde (*informationes ad gradum*),[9] für die

---

6 Eine Ausnahme bilden die vorbildlichen Studien von Hans Jürgen Rade: Missbrauch und Klosterhaft im Hochstift Paderborn. Der Missbrauch von minderjährigen Mädchen 1789 in Verlar durch den Kapuziner Linus Hasse. In: Westfälische Zeitschrift 171 (2021), S. 251–297; Hans Jürgen Rade: Der Verler Missbrauchsskandal von 1874. In: Heimat Jahrbuch Kreis Gütersloh 2023 (2022), S. 72–81; 217–218; Hans Jürgen Rade: Der Missbrauch von minderjährigen Mädchen durch den Sandebecker Kaplan Joseph Hengsbach (1907) und seine Folgen. In: Jahrbuch für mitteldeutsche Kirchen- und Ordensgeschichte 18 (2022), S. 40–54.
7 Der Ausdruck „sexualisierte Gewalt" wird bewusst vermieden, weil er m. E. insinuiert, dass die Sphäre der Sexualität nur eine periphere Rolle spielt.
8 Ulrich L. Lehner: Enlightened Monks: The German Benedictines 1740–1803. Oxford 2011; Ulrich L. Lehner: Monastic Prisons and Torture Chambers: Crime and Punishment in Central European Monasteries, 1600–1800. Eugene, OR 2013; Ulrich L. Lehner: Mönche und Nonnen im Klosterkerker. Ein verdrängtes Kapitel Kirchengeschichte. Kevalaer 2015.
9 Ein schönes Beispiel etwa in STAM: 15/453, „Iudicium de examinatis [...] pro gradu (1626–1736)," fol. 145–185. Zur Bedeutung der *informationes* siehe Markus Friedrich: Government and Information-Management in Early Modern Europe. The Case of the Society of Jesus (1540–1773). In: Journal of Early Modern History 12 (2008), S. 539–563.

Profess-Gelübde, für theologische Examina (*pro gradu*), Evaluationen für Ordens-
ämter (*informationes ad gubernandum*)[10] sowie aller annalistischen Aufzeichnun-
gen (*litterae annue; historia domus, historia provinciae*)[11] erzielt werden.

Um aber zumindest einen Einblick zu geben, mit wie vielen Jesuiten man es
in der Oberdeutschen Provinz im siebzehnten Jahrhundert zu tun hat, sind die
vorhandenen Personalstatistiken hilfreich. Es ist wohl von etwa 650 bis 800 Jesuiten – 1650 hatte die Oberdeutsche Provinz 637 Mitglieder[12] und im Jahr 1680[13]
803 – auszugehen, die über zwanzig Kollegien, zwei Noviziatshäuser und fünfzehn Residenzen bzw. Missionsstationen verteilt waren. Nähme man die Aussagen kritischer Stimmen wörtlich (Kap. 5), dass jedes *Kolleg* zumindest ein paar
Mitglieder – also zumindest zwei – mit problematischem Sexualverhalten, das
sich nicht unbedingt in einem Schriftverkehr mit dem General niedergeschlagen
hat, aufwies, käme man bei auf wenigstens vierzig Täter von allen möglichen Sexualvergehen in einer Generation oder 5 Prozent von 800 Jesuiten.[14] Zählte man
alle Niederlassungen, käme man auf 74 oder 9.25 Prozent der Mitglieder.[15] Die
meisten der aufgrund von Delikten entlassenen Jesuiten scheinen übrigens *scholastici approbati* (s. Kap. 4) gewesen zu sein.

Für die Gesellschaft Jesu selbst waren Fälle des sexuellen Missbrauchs von Schul-
kindern und Schutzbefohlenen ein besonders schwerwiegendes Ärgernis. Schließlich

---

10 Siehe zum Beispiel die 4 Bände der polnischen Provinz von 1726–1734 in ÖNB: 4 Bde. Cod.
12362–12365.
11 Zu den weniger bekannten Quellen gehört eine bisher nicht publizierte Geschichte der Oberrheinischen Provinz im Nachlass Leopold von Ranke, siehe in SYCU-R: Ms. 102.
12 Bernhard Duhr: Geschichte der Jesuiten in den Ländern deutscher Zunge, Bd. 2/1. Freiburg
1913, S. 200.
13 APECESJ: Sign. 40–3, 45, s. pag. Davon waren 35 Novizen.
14 Die John-Jay-Studie über sexuellen Missbrauch in den USA von 1950 bis 2002 fand, dass etwa
4 % des Klerus sexuellen Missbrauch begangen hat. 69 Prozent der Täter waren als Kinder selbst
missbraucht worden. Siehe den Überblick bei Karen J. Terry: Child sexual abuse within the Catholic Church: a review of global perspectives. In: International Journal of Comparative and Applied
Criminal Justice 39 (2015), S. 139–154.
15 Dies geht von der Voraussetzung aus, dass die Personalprobleme der Provinz Aquitanien, der
Jarrige angehörte, und die der Oberdeutschen Provinz strukturell ähnlich waren. Dies geht m. E.
aus den Beschreibungen der Fälle sexueller Gewalt hervor. „Sollte ich alle diejenigen nennen,
welche unter ihrer Anführung in diese Sünde verfallen sind, so müßte ich bey dem großen Colle-
gium zu Bordeaux anfangen, und dürfte bis Fontenay keines vorbey gehen, denn in jeglichem
derselben ist die Geilheit dieser Art ausgeübet worden. Hände können sie nicht von unreinen
Betastungen, und ihren Mund nicht von Küssen enthalten; und diejenigen Schüler, welche etwas
weiter sehen, pflegen öfters unter einander zu sagen: Der oder jener Schüler stellet unsers Lehr-
meisters Liebste vor," siehe Pierre Jarrige: Nachricht von den vielen Lastern, welche die Jesuiten
in der Provinz Quienne begangen haben. n.p. 1761, S. 57.

verstand sie sich als führender katholischer Schulorden, der sich von den Skandalen um die Piaristen demonstrativ unterscheiden wollte, die 1646 deswegen vom Heiligen Stuhl sogar zeitweise zu einer Kongregation herabgestuft worden waren.[16] Fälle sexueller Normverletzungen passten nicht in die *inszenierte Keuschheit* des Ordens.[17] Diese Inszenierung ist bei der Quelleninterpretation ebenso zu beachten wie die Heteronormativität frühneuzeitlicher Sexualität, die nicht nur jeden außerehelichen Gebrauch der Sexualität ahndete (und auch den Gebrauch der Sexualität innerhalb der Ehe strikt normierte), sondern vor allem jede homosexuelle Handlung unter schwere Strafe stellte. Da im vorliegenden Band das Spektrum aller damals als Sexualdelikte verstandenen Fälle Darstellung findet, werden daher auch homosexuelle Beziehungen, die *mitunter* einvernehmlich waren, analysiert, sowie Fälle von Selbstbefriedigung, die sich in Dokumenten niedergeschlagen haben.

Da die viele der vom Orden identifizierten Täter selbst Priester waren, erschien es wichtig, dem Leser zunächst die allgemeine Erwartungshaltung zu erläutern, die ein Mensch der Frühen Neuzeit an einen katholischen Priester herantrug (Kap. 2). Der Kleriker war auf den Vertrauensvorschuss, dem ihm Gläubige entgegenbrachten, angewiesen, verspielte aber dieses symbolische Kapital, wenn er Normen übertrat und sich etwa übermäßigem Alkoholkonsum oder frei ausgelebter Sexualität hingab. Diese Erwartungshaltungen schärfen die hermeneutische „Linse" für die Interpretation frühneuzeitlicher Quellen, die es erlaubt, Dokumente über Klerus und sakramentales Leben auch als inszenierte Symbolik zu lesen.

Die zweite Voraussetzung für das Verstehen der vorliegenden Studie ist die Definition von sexueller Gewalt (Kap. 3). Sie wird im Anschluss an die Studie von Franziska Loetz als bewusste Einschränkung des Handlungsspielraums einer Person durch physische Gewalt, spirituellen Druck oder psychologische Manipulation verstanden, welche anderen körperliche Intimität ohne freie Zustimmung zumutet. Konsequenterweise wurden daher methodisch auch jene Vergehen zur sexuellen Gewalt gerechnet, welche die Frühe Neuzeit als rein sexuelle Nonkonformität oder Devianz verstand, wie etwa eine „einvernehmliche" Beziehung von einem Priester und einer Frau aus der Pfarrei, da letztere in einem spirituellen Abhängigkeitsverhältnis zum Täter stand.

Die Gesellschaft Jesu hatte als größter katholischer Orden immensen Einfluss auf das Leben der Kirche. Sie stellte zwar seit ihrem Beginn im sechzehnten Jahrhundert der Welt das heroische Ideal jesuitischen Lebens vor Augen, war sich

---

16 Karen Liebreich: Fallen order: intrigue, heresy, and scandal in the Rome of Galileo and Caravaggio. New York 2004.
17 G. Richard Dimler: The Imago Primi Saeculi: Jesuit Emblems and the Secular Tradition. In: Thought 56 (1981), S. 433–448.

aber bewusst, dass nicht jeder, der zu Noviziat oder Gelübden zugelassen wurde, diesen Erwartungen entsprach (Kap. 4). Daher wurden die Mitglieder streng überwacht und ein System etabliert, das die Oberen über Normverletzungen informierte.[18] Hatte ein Jesuit schwere Vergehen begangen, konnte er ausgeschlossen werden. Dieses Strafmittel wurde weitaus häufiger angewendet als bisher angenommen. Problematisch wurde es aber, wenn ein Jesuit, der Priester war, entlassen wurde, weil er auch nach der Dimission Kleriker blieb. Man stellte dem Dimittierten einen Entlassungsbrief aus, in dem die Vergehen unerwähnt blieben, so dass er in einem Bistum Anstellung finden konnte. Daher lassen sich aus den Gründen für eine Dimission und den späteren Lebensstationen dieser Priester womöglich Geflechte von Normenverletzungen oder sexueller Nonkonformität rekonstruieren. Wurde ein Jesuitenpriester etwa wegen homosexueller Beziehungen entlassen und fand Aufnahme im Diözesanklerus, wäre der Frage nachzugehen, ob es Hinweise auf eine homosexuelle Subkultur im Weltklerus gibt. Die Dimission aus dem Orden konnte aber auch freiwillig erfolgen.

Lutheraner, Calvinisten und Sozinianer sahen im Jesuitenorden die Speerspitze der Gegenreformation und identifizierten ihn mit den Lastern, die man auch im Katholizismus sah. Allerdings gab es auch zahlreiche innerkatholische Stimmen, welche dem Orden kritisch bis ablehnend gegenüberstanden und Nachrichten über jesuitische Päderasten, von Homosexualität geprägte Jesuitenschulen und andere moralische Normverletzungen in ihren Schriften publik machten. Bisher haben sich die meisten Historiker nicht mit dem Wahrheitswert dieser Anschuldigungen befasst, sondern sie als rhetorische Inszenierung eines pathologischen, frühneuzeitlichen Jesuitenhasses abgetan. Untersucht man aber gerade jene Quellen kritisch, die von ehemaligen Jesuiten stammen, finden sich unter den Schichten polemischer Attacken verlässliche Beschreibungen sexueller Verhaltensmuster. Jarrige und Bisschop stellten etwa aus ihrer Kenntnis Frankreichs und der Niederlande Fälle jesuitischer Devianz dar, wie sie sich exakt zur selben Zeit auch in der Oberdeutschen Provinz zutrugen. Die Parallelen reichen von sadistischen Obsessionen bis zur Entkleidung von Schülern bei einer Theaterprobe. Karl Heinrich Ritter von Langs *Amores Marelli*[19] (1815) nahm man als Quelle nicht einmal mehr zur

---

18 Siehe dazu die magistrale Studie von Markus Friedrich: Der lange Arm Roms?: Globale Verwaltung und Kommunikation im Jesuitenorden 1540–1773. Frankfurt 2011.
19 Karl Heinrich von Lang: Reverendi in Christo patris Jacobi Marelli Soc. Jesus. Amores: E scriniis provinciae Superioris Germaniae Monachi nuper apertis brevi libello expositi. München 1815; Karl Heinrich von Lang: Abenteuer des ehrwürdigen Pater Jacob Marell, Mitgliedes der Gesellschaft Jesu: entlehnt aus Actenstücken, welche in den Archiven des Jesuitenordens in München aufgefunden worden sind. Bautzen 1845; Karl Heinrich von Lang: Die Knabenliebschaften des Jesuitenpaters Marell. Hg. von Karl von Hutten. Leipzig 1890.

Kenntnis,[20] obwohl bereits Paul Maria Baumgarten 1932 auf seine akkurate Quellenedition und Einschätzung der Aktenlage hingewiesen hatte: „Ich konnte mich [...] sowohl von der Wahrheit der Behauptung Langs, dass er aus einer Menge von Fällen nur einige notiert habe, als auch davon überzeugen, dass von den viel zahlreicheren Fällen nur keine Kunde auf uns gekommen, weil entweder keine Anzeige bei den Oberen erfolgte oder die betreffenden Akten uns nicht erhalten sind."[21] Daher plädiert dieses Kapitel dafür, die „Skandalgeschichten" als Quelle ernst zu nehmen und keinesfalls zu übergehen (Kap. 5).

Mit Kap. 6 beginnt eine Reihe von Fallstudien, in denen die Fälle sexueller Gewalt und Normverletzung vor allem im Umfeld jesuitischer Schulen untersucht werden. Sie widerlegen die beschönigende und verzerrende Darstellung des ansonsten verdienstvollen Historikers und Jesuiten Bernhard Duhr, der moralische Defekte in der Gesellschaft Jesu stets heruntergespielt und in einem ansonsten umfänglichen Archivalienüberblick den gesamten Bestand der Entlassungsakten mit Schweigen übergangen hat. Er musste die Akten gekannt haben, da er nahezu alle vorher und nachher im Findbuch genannten Faszikel genau beschrieb. Dadurch erhielt der Leser den Eindruck, dass es im Orden kaum Disziplinprobleme gab und dass Fälle wie der des Jakob Marell (s. u.) eine Ausnahme waren. Er charakterisierte daher die 1815 durch Karl Heinrich Ritter von Lang erschienene Aktenedition als „unzuverlässig" und warf ihm vor, dass sein Anspruch, leicht „hundert und unzählige" Sexualdelikte unter Jesuiten aus den Akten erheben zu können, in den Archivalien keinen Anhaltspunkt finde.[22] Anstatt aber Langs Quellenfund differenziert darzustellen, hat er durch seine Verunglimpfung Generationen von Historikern davon abgehalten, den Hinweisen Langs nachzugehen. Zudem zitierte er ihn bewusst falsch, um ihn als unglaubwürdigen Jesuitenhasser zu inszenieren. Denn Lang hatte nie von „unzähligen" Fällen gesprochen, sondern lediglich von „hundert wenn nicht zweihundert" (*centum aeque et ducenta proferre posse testamur*),[23] die man wohl auch leicht erhe-

---

20 Eine rühmliche Ausnahme bilden die bahnbrechenden Studien von Friedrich: Der lange Arm Roms?; Markus Friedrich: Die Jesuiten: Aufstieg, Niedergang, Neubeginn. München 2018; Markus Friedrich: The Jesuits: A History. New Haven 2022.
21 Paul Maria Baumgarten: Ordenszucht und Ordensstrafrecht: Beiträge zur Geschichte der Gesellschaft Jesu besonders in Spanien. Traunstein 1932, S. 164. Baumgarten zeigt seine antisemitischen Vorurteile deutlich, wenn er die Gesellschaft Jesu für die Aufnahme jüdisch-stämmiger Katholiken kritisiert, siehe ebd., IX; 104; 520–521.
22 Bernhard Duhr: Zur Geschichte des Jesuitenordens I. In: Historisches Jahrbuch 25 (1904), S. 129–167; Bernhard Duhr: Geschichte der Jesuiten in den Ländern deutscher Zunge, Bd. 3. München-Regensburg 1921, S. 262; Baumgarten: Ordenszucht und Ordensstrafrecht: Beiträge zur Geschichte der Gesellschaft Jesu besonders in Spanien, S. 28.
23 Lang: Amores Marelli, S. IV.

ben könnte, wollte man sich durch den gesamten Bestand einschließlich der chronikalischen *Litterae Annuae* arbeiten. Der bekannteste und seltsamste Fall sexuellen Missbrauchs ist wohl der des ehemaligen Provinzprokurators Jakob Marell/Morell, der 1699 aus der Gesellschaft Jesu in Ebersberg entlassen, aber im nächsten Jahr in Wien als Mitglied der österreichischen Provinz aufgenommen wurde, dort ein zweites Mal das Noviziat durchmachte und 1701 erneut die Gelübde ablegte. Die Opfer Marells wie auch anderer Jesuiten waren oft die Söhne adliger Familien, für die der sexuelle Missbrauch einen enormen Ehrverlust bedeutete. Er scheint sie gerade deswegen ausgewählt zu haben, weil ihre Abkunft es weniger wahrscheinlich machte, dass diese den Delinquenten denunzierten. Die Bandbreite sexueller Handlungen, die diese Jesuiten vollzogen, reichte von erzwungener Intimität, Vergewaltigung, Oral- und Analverkehr, gegenseitiger Selbstbefriedigung bis hin zu sadistischen Auspeitschungen der Schüler. Unter den Opfern finden sich Schüler vom dreizehnten bis siebzehnten Lebensjahr, junge Jesuiten, Mädchen und Frauen, aber auch Nonnen.

Mit dem Ende der alten Gesellschaft Jesu durch die päpstliche Unterdrückung des Ordens 1773 endete zwar die Trägerschaft der katholischen Schulen, aber nicht die Involvierung einzelner früherer Ordensmitglieder in sexuellem Missbrauch. Der Fall, der in Kap. 7 zur Darstellung kommt, ist der des ehemaligen Jesuiten Maximilian Gill, der sich nach 1773 als Hauslehrer und Repetitor in Mainz verdingte. Er missbrauchte nicht nur alle bei ihm lebenden Studenten, sondern auch zahlreiche Kinder, manche erst zehn oder elf Jahre alt. Obwohl Gill als Missionar in Mexiko tätig war, ist es bisher nicht möglich gewesen, auch Missbrauchsfälle aus seiner amerikanischen Zeit zu identifizieren. Zudem offenbart das Leben des Exjesuiten einen guten Einblick in die homosexuelle Subkultur in einer katholischen Stadt des achtzehnten Jahrhunderts.

Maximilian Gill fürchtete, für seine zahlreichen Verbrechen öffentlich degradiert und dem Scharfrichter übergeben zu werden. Der Ritus der Degradierung erlaubte es nämlich einem Bischof, einen Kleriker unwiderruflich aus dem Priesterstand zu entfernen, wodurch er auch das *privilegium fori* verlor und von weltlichen Autoritäten nach säkularem Strafrecht verurteilt werden konnte. Im Fall Gill entschied sich der Mainzer Kurfürst und Erzbischof aber schließlich für lebenslangen Kerker. Kap. 8 untersucht diesen Ritus, der eigens für schwere Vergehen, wie etwa bestimmte Sexualdelikte, vorgesehen war. Vor allem wenn die Verbrechen eines Klerikers öffentlich bekannt waren, schritt ein Bischof zu dieser spektakulären Strafe, die in den liturgischen Büchern genau geregelt war. Allerdings stand die Degradierung in einem Spannungsverhältnis zur Lehre vom unauslöschlichen Prägemal (*character indelibilis*), das der Priester durch seine Ordination empfing. Dennoch versuchte das

Ritual dieses so weit als möglich unwirksam zu machen. Die formale Degradierung als schwerste Strafe für einen Kleriker blieb bis zur Einführung des neuen kirchlichen Gesetzbuches CIC 1917 in Kraft und fand sich in den liturgischen Büchern bis zur Liturgiereform des Zweiten Vatikanischen Konzils im zwanzigsten Jahrhundert, auch wenn sie wohl zuletzt im neunzehnten Jahrhundert vollzogen worden war.

2 Der gute Ruf des Priesters als sein symbolisches Kapital

Symbolisches Kapital war in der Frühen Neuzeit besonders wichtig wegen den organisatorisch unterentwickelten Formen der Kreditüberwachung. Als stiller Vertrauensvorschuss reduzierte es die soziale Komplexität, weil man ja nicht jeden Handelspartner eigens überprüfen konnte, und erlaubte, deren Verhalten vorherzusehen und die eigenen Handlungen entsprechend zu planen. Die Unsicherheit, der Partner könne betrügen, wurde so eingedämmt.[24] Freundschaften, die anders als Handelskontrakte zeitlich unbegrenzt waren, verstärkten diese Bande, wurden dadurch aber auch mehr ökonomisch zentriert.[25] Vertrauen gewann man aus Informationen und Erfahrungen, doch gerade die Unübersichtlichkeit der gegenseitigen Abhängigkeiten machte es oft unmöglich, selbst diese Erfahrungen zu sammeln, so dass dem symbolischen Kapital umso mehr Bedeutung zukam. Dieses konnte angehäuft werden durch symbolkonforme Handlungen. Daher musste etwa ein Kaufmann jegliches Verhalten vermeiden, das Vertrauen zerstörte, und darauf bedacht sein, seinen guten Ruf und damit auch sein symbolisches Kapital auszubauen, wofür etwa auch die symbolische Selbstdarstellung eine wichtige Rolle spielte.[26] Versteht man symbolisches Kapital daher zunächst als soziales Prestige, erlaubt dies, auch die Geschichte des frühneuzeitlichen katholischen Klerus mit *neuem* Erkenntnisgewinn zu untersuchen.[27] Dabei stellen sich zunächst Fragen, wie sich der Ruf des Priesters bildete und was ihn zerstörte, aber auch wie Quellen über ihn und seine Tätigkeiten zu interpretieren sind. Zuletzt ist die Frage zu beantworten wie staatliche Stellen dem symbolischen Kapitalverlust des Klerus im achtzehnten Jahrhundert im Josephinismus zu begegnen versuchten.

---

24 Laurence Fontaine: The Moral Economy. Poverty, Credit, and Trust in Early Modern Europe. Cambridge 2014, S. 268–270; Anthony Giddens: Modernity and Self-Identity. Cambridge 1991, S. 244.

25 Allan Silver: Friendship and trust as moral ideals: an historical approach. In: Archives européennes de sociologie. European journal of sociology 30 (1989), S. 274–297.

26 Jorun Poettering: Handel, Nation und Religion. Kaufleute zwischen Hamburg und Portugal im 17. Jahrhundert. Göttingen 2019, S. 237–242.

27 Bourdieus Konzept geht weiter und differenziert in soziales, kulturelles und symbolisches Kapital. Pierre Bourdieu: Ökonomisches Kapital, kulturelles Kapital, soziales Kapital. In: Handbuch Bildungs- und Erziehungssoziologie. Hg. von Ullrich Bauer. Cham 2012; Pierre Bourdieu: The Forms of Capital. The Sociology of Economic life, London; New York 2018. Vgl. auch Pierre Bourdieu: Social Space and Symbolic Power. In: Sociological Theory 7 (1989), S. 14–25; Pierre Bourdieu: Zur Soziologie der symbolischen Formen, 12. Auflage Aufl. Frankfurt am Main 2020 (Suhrkamp-Taschenbuch Wissenschaft 107).

2.1 Der Vertrauensvorschuss für den Kleriker

Der Priester genoss unter den Gläubigen seiner Pfarrei einen Vertrauensvorschuss. Er brauchte dieses symbolische Kapital auch mehr als andere Berufsgruppen. Ähnlich dem Kaufmann hatte er etwa als Pfarrer mit einer Vielzahl von Individuen zu tun, die sich nur gering durch Zuzug oder Wegzug, sondern nur durch Hochzeit, Geburt oder Tod änderten. Er war daher in ein relativ stabiles Beziehungssystem eingewoben, in dem er die an ihn gerichteten Erwartungen zu erfüllen hatte, um weiterhin symbolisches Kapital zu akkumulieren. Er war bei allen wichtigen Ereignissen zugegen und repräsentierte die Kirche bei Eheschließung, Taufe, und Beerdigung. In der Sonntagsmesse schlüpfte er gar in die *persona* Jesu Christi selbst und vollbrachte den Wandel von Brot und Wein in den Leib und das Blut Christi. Außerdem vertraute man dem Priester in der Beichte die intimsten Sünden an. Missbrauchte er dieses Vertrauen, drohten ihm nicht nur höchste kirchliche Sanktionen wie die Exkommunikation, sondern auch die Ächtung durch die Gemeinde. Der Pfarrer hatte zudem darauf zu achten, auf der einen Seite die Pfarrkinder im Glauben zu erziehen, ihnen die grundlegenden Morallehren beizubringen, beides aber auch vorzuleben. Je mehr er die Übereinstimmung von Leben, Lehre und an ihn gestellte Erwartungen erreichte, desto höher war sein symbolischer „Kredit," der auch einen kleinen einmaligen Fehltritt, wie etwa der übermäßige Konsum von Bier und Wein, wettmachen konnte.

Der Priester stand aber auch in ökonomischen Beziehungsgeflechten. Oft genug war dem Pfarrhof ein Bauernhof angegliedert, in dem Bedienstete für ihn und sein Auskommen arbeiteten. Zudem hatte er als *rector ecclesiae* ein gewichtiges Wort über die Vergabe von Aufträgen der Pfarrei. Mit den Reichen musste er sich gut stellen, um die Spenden an die Pfarrei aufrecht zu erhalten, aber auch mit den Armen, für die er mit Almosen zu sorgen hatte. Wusste er von einem Diebstahl, musste er zwischen Bestohlenem und Eigentümer vermitteln, und hob der Bäcker den Brotpreis unmäßig an, wurde erwartet, dass er ihn von einem gemäßigteren überzeugte. Der Priester musste mit den Notleidenden und Alten genauso solidarisch sein, wie mit den Reichen und Jungen, eben weil diese Solidarität zum *symbolischen Erwartungsprofil* des Priesters gehörte. Diese verschiedenen Beziehungsgeflechte trugen unterschiedliche Erwartungshaltungen an ihn heran und führten notwendigerweise zu Spannungen oder Konflikten. Das Kapitalgeflecht des Priesters war daher wohl nicht weniger kompliziert als das eines Kaufmanns.[28] Ähnliches ist auch von den Ordensgeistlichen anzunehmen. Sie interagierten mit Vertretern der Zünfte und Gilden,

---

28 Fontaine: The Moral Economy, S. 268–270.

vergaben Aufträge für ihre Klöster, oder waren als Träger von Schulen mit der Bevölkerung in inniger Weise vernetzt.

Beide, Priester und Gemeinde, hatten ihre je eigenen Erwartungen, Werte und Normen. Der ganz von Seeleneifer verzehrte Priester etwa, mochte in seiner Pfarrei nur die mangelnde Realisierung kirchlicher Normen sehen und diese im Beichtstuhl und von der Kanzel mit Wucht verdammen. Ein wenig am Glaubenseifer interessierter Priester konnte hingegen im Alkoholkonsum aufgehen, bis ihn die Pfarrgemeinde beim Bischof anzeigte. Beide Verhaltensweisen aber schädigten die Stellung des Pfarrers, weil sie das Vertrauen der Pfarrmitglieder in ihn untergruben. Konnte man dem Priester wirklich das Intimste erzählen, da er doch jeden forsch im Beichtstuhl ausforschte und so als neugieriger „Spion" in Erscheinung trat? War dem betrunkenen Pfarrer, der die korrekte Taufformel nur gelallt hatte, noch als Repräsentant Christi zu vertrauen? Missbrauchte der Priester, der die Taufe verweigerte, weil er dafür nicht bezahlt wurde, seine Amtsgewalt? Der Gemeindepfarrer musste sein Kapital *legitim* einsetzen, um es nicht leichtfertig zu verlieren, sich aber auch in seinem Lebensstil des ihm geschenkten Vertrauensvorschusses würdig erweisen. Die Jesuiten waren zwar in der Regel nicht als Pfarrer in Gemeinden tätig, mussten aber ein ähnliches Erwartungsprofil erfüllen, vor allem durch ihre regelkonforme Feier der Sakramente, Predigten, Beichthören und den Schulunterricht. Der jesuitische Beichtvater verringerte daher sein symbolisches Kapital und das seines Ordens, wenn er Pönitenten vergraulte oder gar missbrauchte. Daher schritt der Ordensobere auch oft ein, wenn sich Gläubige über das Verhalten von Ordenspriestern beschwerten.

Ein besonders in der Frühen Neuzeit oft moniertes Verhalten war übermäßiger Alkoholkonsum. In den Gemeinden bemängelte man dann den „unpriesterlichen" Lebenswandel des Pfarrers, der wie ein gemeiner Trinker im Wirtshaus anzutreffen war. Er hatte sich schließlich von den Lastern seiner Gemeinde abzuheben. Aber auch die Bischöfe oder Ordensobere schritten ein, wenn ein alkoholisierter Priester das symbolische Kapital in seiner Gemeinde, und damit das der Kirche selbst aufs Spiel setzte. Der Freisinger Fürstbischof ermahnte daher seinen Klerus wiederholt, das „ungeschickte Frequentieren" der Wirtshäuser zu unterlassen, wo sie „sich mit Tobackh und Weisspier trincken zu großer Ärgernis anderer anzechen und allerhand Ungebühr verüben."[29] 1681 scheint sich am Anger in München sogar eine Art Stammtisch von Priestern allabendlich eingefunden zu haben.[30] Der Regensburger Generalvikar begegnete sogar im selben Jahr in Mün-

---

29 AEM: AA001/1, R290 Dekret des Freisinger Bischofs vom 4. Mai 1694 zur Vermeidung von Tabak und Weißbier.
30 Ebd.

chen des nachts einem „vollbezechten Priester auf öffentlicher Gasse", der ihn mit Schimpfworten malträtierte, als ihn der Kirchenmann zur Heimkehr ermahnt hatte. Resignierend schrieb daher Kanonikus Wandreis: „Das tägliche Volltrinken ist bey manchen schon die Gewohnheit."[31]

2.2 Die Semantik des Beichtstuhls

Eine zentrale Erwartung an jeden Priester nach dem Konzil von Trient (1545–1565) war nicht nur dessen unbedingte Verschwiegenheit über das in der Beichte Gesprochene, sondern auch seine Spendung des Sakraments nach kirchlichem Ritus. Ein betrunkener Geistlicher oder einer, der die falsche Absolutionsformel verwendete oder ausließ, oder ein Kleriker, der unangenehme Nachfragen stellte, genügte dem symbolischen Anforderungsprofil nicht mehr. Dieses ist durch zahllose Dokumente belegt, in denen sich Pfarrmitglieder beim Dekan oder Bischof beschwerten. Daher greift die einseitige Darstellung der Beichte als Mittel sozialer Kontrolle oder Disziplinierung zu kurz.[32]

Ein besonders markantes Beispiel für diese Perspektive findet sich in einem Text von Richard van Dülmen (1937–2004), dem großen Kulturhistoriker der Frühen Neuzeit.[33] Er attestierte, dass die Beichte in der Frühen Neuzeit „sicherlich" nur von Frommen als Gewissensleitung ernst genommen wurde, „wohingegen das gewöhnliche Kirchenvolk die Beichte mehr als ein äußerliches Ritual betrachtete und bestenfalls als Gelegenheit, sich vom Schuldgefühl zu befreien."[34] Auf den ersten Blick scheint das eine distanzierte Beschreibung. Bohrt man aber ein wenig tiefer, werden Probleme sichtbar. Denn zum einen werden bei van Dülmen die „Frommen" dem „gewöhnlichen Kirchenvolk" gegenübergestellt. Der Gegenbegriff zum Frommen ist aber der Unfromme. Damit scheint er anzunehmen, dass nur eine kleine Schicht von Devoten als fromm, die große Mehrheit als unfromm oder weniger fromm qualifiziert werden müsse.

---

31 AEM: AA001/1, R2125, Bild 108 Bericht des Rupert Wandreis vom 17. März 1681 an den Fürstbischof; s. AA001/1, GR.PR.128, Sitzungsprotokoll Geistlicher Rat vom 9. April 1711, Bild 89f. über die Verhaftung von Geistlichen in Wirtshäusern.
32 Ulrich L. Lehner: The Inner Life of Catholic Reform. From the Council of Trent to the Enlightenment. New York; Oxford 2022, S. 15–17; 101–107.
33 Aus seinem reichen Oeuvre seien nur angeführt Richard van Dülmen: Kultur und Alltag in der frühen Neuzeit: Das Haus und seine Menschen, 16.–18. Jahrhundert, Bd. 1. München 1995; Richard van Dülmen: Kultur und Alltag in der frühen Neuzeit: Dorf und Stadt, 16.–18. Jahrhundert, Bd. 2. München 1992; Richard van Dülmen: Kultur und Alltag in der frühen Neuzeit: Religion, Magie, Aufklärung, 16.–18. Jahrhundert, Bd. 3. München 1994.
34 Richard van Dülmen: Die Entdeckung des Individuums, 1500–1800. Frankfurt 1997, S. 43.

Soziologisch ist es zwar sicher richtig, anzunehmen dass es sogenannte „religious superachievers" gibt, allerdings stellt sich die Frage, ob man die Mehrheit der Kirchgänger derart simplifizierend als „unfromm" bezeichnen kann. Zum einen unterschied nämlich die frühneuzeitliche katholische Theologie selbst zwischen *perfekter Reue* (*contritio*) und *unvollkommener Reue* (*attritio*) und lehrte, dass letztere für die Sündenvergebung völlig ausreichend sei. Das aber bedeutete, dass man aus der normativen Sicht dieser Konfession einem Katholiken, der aus Furcht vor ewiger Verdammnis und um sich von einem Schuldgefühl zu befreien, keineswegs als „unfromm" bezeichnen durfte oder konnte. Er hatte zwar nicht die erstrebenswerte Gottesliebe aber wer besaß diese schon?[35] Selbst auf der Bühne eines spanischen Jesuitentheaters erinnerten im siebzehnten Jahrhundert die Schauspieler ihre Zuschauer daran, dass der Mensch vielleicht das persönliche Sündenbekenntnis („yo confieso") mehr benötige als die Absolution,[36] qualifizierte diese Sichtweise also ganz und gar nicht als unfromm.

Damit zeigt sich, dass van Dülmen einen anachronistischen Maßstab von innerer Gewissensleitung in den Text hineinliest, der die Interpretation umso unschärfer macht, wenn man berücksichtigt, dass er „Kirchenvolk" nicht weiter differenziert. Waren denn alle Altersgruppen und alle sozialen Schichten ähnlich oder gab es Unterschiede? Haben Kindern keine andere religiöse Bindung als junge Erwachsene und alte Menschen? Eine solche „one size fits all"-Sicht eliminiert zudem die personale Handlungsebene: Menschen, die sich jederzeit dazu entscheiden können, in unterschiedlichem Ausmaß ihre religiöse Betätigung individuell auszuhandeln, werden als gleichbleibende „Masse" und ihre Glaubenseinstellung als zeitloser „Block" verstanden, was der Dynamik religiöser Prozesse, wie sie Historiker, Psychologen und Soziologen freigelegt haben, widerspricht.[37]

Legt man ferner den normativen Standard der Zeit an, ist die Exkulpation vom Schuldgefühl, keineswegs gleichzusetzen mit einer unfrommen Gebrauchsweise

---

35 Lehner: The Inner Life, S. 20; 103–104.

36 Hilaire Kallendorf: Staging Penance: Scenes of Sacramental Confession in Early Modern Spanish Drama. In: Casuistry and Early Modern Spanish Literature. Hg. von Marlen Bidwell-Steiner, Michael Scham. Boston; Leiden 2022.

37 Lehner: The Inner Life, S. 133–135; Roger Finke, Rodney Stark: The Dynamics of Religious Economies. In: Handbook of the Sociology of Religion. Hg. von Michelle Dillon. Cambridge 2003. Zur natürlichen Fluktuation religiöser Intensität siehe etwa Eric D. Wesselmann/Laura E. VanderDrift/ Christopher R. Agnew: Religious Commitment: An Interdependence Approach. In: Psychology of Religion and Spirituality 8 (2016), S. 35–45. Zur Prozesshaftigkeit von religiösen Anschauungen siehe etwa James D. Davidson, Dean D. Knudsen: A New Approach to Religious Commitment. In: Sociological Focus 10 (1977), S. 151–173. Auch die Phänomene der multiplen Konversionen in der Frühen Neuzeit wie des religiösen Wachstums weisen auf diese Dynamik hin, siehe Lehner: The Inner Life, S. 53; 91.

des Sakraments. Schon die Redewendung vom „äußerlichen Ritual" suggeriert, dass der normierten Liturgie der Beichte keine innere Geisteshaltung entspricht. Doch woher nimmt Dülmen die Evidenz, dass die Beichte als etwas rein „Äußerliches" gesehen wurde? Es gibt sicherlich einige religionskritische Stimmen, die die Beichte wirklich so beschrieben, aber ein Schluss auf die Mehrheit scheint ohne weiteres Argument mehr als gewagt. Zudem welche Erwartung trägt van Dülmen an frühneuzeitliche Katholiken heran? Sollten diese jedes Mal freudestrahlend, perfekt vorbereitet und still zur Beichte gehen bzw. wie hätten sie handeln müssen, um von Dülmen *nicht* in die Kategorie der Unfrommen subsumiert zu werden? War derjenige, der nicht zum intellektuellen Kreis der Hochdevoten gehörte, damit automatisch ein Unfrommer? Kann der Historiker diesen Unterschied nicht angeben, verschleiert er ein grundlegenderes Problem, nämlich das der Bestimmung verschiedener Grade religiöser Zugehörigkeit.

Methodisch könnte man fragen, welche Zeugnisse den obigen Schluss van Dülmens dennoch erlauben würden. Der schmale Korpus von religionskritischen Selbstzeugnissen scheint dafür wenig geeignet. Zudem sind auch die Berichte von Religionskritikern nicht einfach als Tatsachenbeschreibungen aufzufassen, sondern auf ihre rhetorische Funktion zu überprüfen. Dann wird deutlich, wie oft sie die eigene Sicht etwa auf diese oder jene gesellschaftliche Gruppe anwenden, und in Fromme oder Unfromme aufteilen. Schließlich stehen Religionskritiker einem religiösen Ritual entweder indifferent, herablassend oder feindlich gegenüber. Es wäre daher verwunderlich, aus deren Zeugnissen etwas anderes herauszulesen als zumindest eine innere Distanz zu einem katholischen Bußritual.[38]

Doch auch indifferent klingende Texte müssen *hermeneutisch* durchdacht gelesen werden. Eine rein sozialgeschichtliche Sicht versperrt hier den Blick in die religiöse Tiefenschicht.[39] Da die Beichte den Menschen aufforderte, sich zu Sünden zu bekennen[40] bzw. Buße zu tun, muss man in einem Selbstzeugnis über diese auch rhetorische Distanz erwarten. Nur die allerwenigsten Menschen sprechen offen mit anderen über ihre Fehler und noch weniger über intime Gespräche, in denen sie Ermahnung und Gewissenshilfe erfahren haben. Berücksichtigt man diese Erkenntnis, die allein aus der *Handlungslogik* der Beichte gewonnen wird, erscheint das rhetorische Herunterspielen der Beichte zum äußeren Ritual in einem zeitgenössi-

---

38 Als Beispiel mag genügen Peter Villaume: Anfangsgründe zur Erkenntniß der Erde vol. 5. Berlin 1791, S. 138.
39 Siehe dazu Ulrich L. Lehner: Grenzen, Schichten und konfessionelle Osmose Bemerkungen zum semantischen Diskurs über die Konfessionen in der Frühen Neuzeit. In: Catholica 77 (2022), S. 293–315.
40 Manuel Frey: Der reinliche Bürger: Entstehung und Verbreitung bürgerlicher Tugenden in Deutschland, 1760–1860. Göttingen 1997, S. 11–53.

schen Text *möglicherweise* als Chiffre persönlicher Vulnerabilität. Diese Möglichkeit ist in der Analyse von Dokumenten über Beichtvater und Pönitent ebenso zu beachten wie die rhetorische Aufladung eines Ego-Dokumentes zur Selbstrechtfertigung eines Religionswechsels.[41] Obwohl eine einwandfreie Feststellung der Intention eines Ego-Dokumentes aufgrund zahlreicher Ambiguitäten nur höchst selten zu erreichen ist,[42] bleibt es doch möglich, anhand des Kontextes eine möglichst plausible Erklärung zu finden.

Auch wenn man mit Vorbehalt anderen Textzeugnissen gegenübersteht, kann man denn nicht Quellen aus der Feder von Priestern und Bischöfen über den Zustand ihrer Sprengel zutrauen, eine „akkuratere" Beschreibung zu liefern? Doch auch hier ist *hermeneutische Vorsicht* geboten, um nicht die Möglichkeit rhetorischer Gestaltung zu übersehen. Dieser erlag anscheinend sogar van Dülmen. Er zitierte diesen Text eines französischen Priesters um 1700 und kam durch ihn zur obigen Schlussfolgerung über die Beichte:

> Die Leute kommen, ohne die geringste Gewissenserforschung betrieben zu haben, sie eilen zur Kirche, drängeln sich vor dem Beichtstuhl und schlagen sich fast herum […] sie kommen mit Ausflüchten, wenn der Priester eine begangene Sünde tadelt […] sie tun bei der Beichte alles, nur nicht das, was sie tun sollten, nämlich aufrichtig und betrübten Herzens ihre Sünden zu bekennen.[43]

Allerdings liegen auch in diesem Text verschiedene Schichten vor, die es erst zu eruieren und dann zu analysieren gilt. Die Frage nach dem Adressaten gehört zwar zu den banalsten, scheint aber den Schlüssel für das Verständnis dieses Textes bereit zu halten. Leider zitierte François Lebrun nicht, woher das Zitat stammt, so dass sich eine Reihe von Möglichkeiten ergeben: Zum ersten mag der Text der Brief eines Klerikers an einem Freund sein, vielleicht sogar an einen anderen Geistlichen oder Verwandten. Eine andere Textgattung wäre eine Seelenbeschreibung seiner Pfarrei, die an den Bischof ging. Es könnte sich aber auch um einen Teil aus dem Visitationsbericht einer Pfarrei handeln.

---

41 Eine solche Rechtfertigung offeriert etwa der spanische Priester Antonio Gavín (1682–1750), siehe María Tausiet: ‚When Venus stays awake, Minerva sleeps': a narrative of female sanctity in eighteenth-century Spain. In: Journal of Spanish Cultural Studies 22 (2021), S. 295–310.
42 Winfried Schulze: Ego-Dokumente. Annäherung an den Menschen in der Geschichte? In: Ego-Dokumente. Annäherung an den Menschen in der Geschichte. Hg. von Winfried Schulze. Berlin 1996, S. 11–30.
43 Dülmen: Die Entdeckung des Individuums, 1500–1800, S. 43; François Lebrun: Reformation und Gegenreformation. Gemeinschaftsandacht und private Frömmigkeit. In: Von der Renaissance zur Aufklärung. Hg. von Philippe Ariès, Roger Chartier. Frankfurt 1991 (Geschichte des Privaten Lebens 3), hier S. 85.

Doch auch im ersten Fall wäre es falsch in dem Text eine „realitätsgetreue" Beschreibung zu sehen, denn eine solche Sicht blendet den Priester als Agenten in der Handlungslogik der Beichte aus. Man mag nicht viel über ihn wissen, aber diese Handlungslogik erlaubt es, generelle Erwartungshaltungen zu beschreiben. Das symbolische Kapital des beichthörenden Pfarrers bestand in seiner Verschwiegenheit, einem *moderaten* Interesse an den Sünden seiner Pfarrkinder, der strikten Befolgung der liturgischen Rubriken und seinem Pflichtgefühl, für das Seelenheil der Gemeinde verantwortlich zu sein. Daher musste er für die Pfarrmitgliedern präsent sein, wenn sie die Beichte ablegen wollten und besonders vor Ostern lange Stunden dafür einplanen. Daher beeinflusste die Größe der Pfarrei, die Verfügbarkeit anderer Priester zum Beichthören ebenso die Sichtweise des schreibenden Zeitzeugen wie auch die Nähe zu einem Kloster, in dem die „Pfarrkinder" ihre Beichtpflicht ebenfalls erfüllen konnten. Überbeanspruchung durch stundenlanges Beichthören vor Ostern mag ebenso den Blick beeinflusst haben wie auch physische und psychische Gesundheit des Priesters, die sich allerdings quellenmäßig meist nicht verifizieren lassen. War die Pfarrei des Schreibers nahe an einem Kloster, konnte es durchaus sein, dass die besonders Frommen zu den oft strengeren, klösterlichen Beichtvätern gingen, so dass der Ortspfarrer überdurchschnittlich wenig religiös motivierte Pfarrangehörige im Beichtstuhl vorfand.

Außerdem ist zu fragen, warum dieser Kleriker einen Mangel an der Umsetzung kirchlicher Normen konstatiert, nämlich das Fehlen von Gewissenserforschung und frommer Andacht. Durch Vermeidung dieser Frage umgeht van Dülmen, dass Priester und Kirchenvolk unterschiedliche Erwartungshaltungen an die Frömmigkeit besaßen. Kirchliche Norm und rezipierte Frömmigkeit standen stets in einer Spannung individuellen Aushandelns. Der Priester musste aber als „Überwachungsagent" der Kirche deren Wertvorstellungen zum Ausdruck bringen. Zudem war er in der Erwartungshaltung von Gemeinde und Bischof ein Seelenhirt und *musste* sich im Eifer um seine Pfarrkinder „verzehren." Zeigte er keinen solchen *zelus animarum*, beging er als Müßiggänger eine Todsünde.[44] Das hätte fundamental dem Berufsbild des Priesters widersprochen und ihn seines symbolischen Kredits beraubt. Denn der Seeleneifer erlaubte es nicht, *jemals* mit dem religiösen Status einer Pfarrei zufrieden zu sein.[45] Daher wird man wohl auch kein Dokument finden, in dem ein frühneuzeitlicher Priester sich *nicht* über Sitten- und Frömmigkeitsverfall und mangelnde Beteiligung an religiösen Pflichten beklagt. Diese Einsicht lässt sich auch auf andere katholische Textgattungen, wie etwa ordensinterne Visitationsprotokolle, übertragen. Selbst Klöster, denen

---

44 Lehner: The Inner Life, S. 13; 23.
45 Ebd., S. 12–30.

beste Disziplin und regelkonformes Leben konstatiert wurden, kamen *nie* ohne Ermahnungen aus, eben weil man alles auch immer ein wenig besser machen konnte.[46] Denn Heiligkeit wurde unter Katholiken nie als abgeschlossenes Ankommen, sondern als ein beständiges Wiedererreichen verstanden, und daher als dynamischer Prozess.

Zuletzt ist zu bedenken, dass die Äußerung des Priesters, seine Gläubigen nähmen Ratschläge und Ermahnungen im Beichtstuhl nicht an, auch *rhetorisch* aufgeladen sein könnte. Mit diesem Ausdruck konnte er sich schließlich als in seiner Ehre verletzt inszenieren bzw. sich als unschuldig angegriffener in der Nachfolge Christi seinem Briefpartner gegenüber darstellen. Übertrat ein Priester nämlich die lokalen Erwartungshaltungen und tadelte im Beichtstuhl zu harsch oder fragte zu viel, blieb es nicht aus, dass ihn Gemeindemitglieder aufforderten, ihre Werte zu respektieren und sein Verhalten zu ändern. Gegenüber seinem Vorgesetzten aber würde er diese Zurückweisung, aus Mangel an Toleranz örtlicher Gebräuche, als Ablehnung seiner Gewissensleitung darstellen.[47]

Daher sollten Pfarrvisitationen nicht einfach als spiegelbildliche Beschreibungen der Realität interpretiert werden. Sie waren *symbolische Handlungen*, in denen der Bischof oder sein Delegat seine Sorgfaltspflicht gegenüber einer Pfarrei ausdrückte. Der Visitator war dazu angehalten, zumindest Kleinigkeiten zu finden, mit denen man unzufrieden war. Allerdings führten diese Berichte kaum zu spürbaren Veränderungen, was Historiker ermutigen sollte, diese Quellen weniger als Instrument der Disziplinierung als vielmehr der *Informationsgewinnung* zu interpretieren.[48]

2.3 Der Verlust des Symbolischen Kapitals durch Pflichtvergessenheit

Die zahlreichen Priester waren miteinander durch die Einbindung in privilegierte Klerusstrukturen oder Orden verbunden, und partizipierten am symbolischen Ge-

---

46 Vgl. etwa NAP: RF 563 Kn170, Visitationsprotokolle der polnischen Franziskaner, Visitatio Almae Ref. Provinciae Majoris Poloniae Ord. Min. (1680ff).
47 Christophe Duhamelle: Die Grenze im Dorf. Katholische Identität im Zeitalter der Aufklärung. Baden-Baden 2018; Lehner: The Inner Life, S. 43–44.
48 Hier zeigen sich auch die Unterschiede zu den protestantischen Visitationsberichten und ihrer Interpretation. Siehe hierzu etwa James M. Kittelson: Successes and Failures in the German Reformation: The Report from Strasbourg. In: Archiv für Reformationsgeschichte Archive for Reformation History 73 (1982), S. 153–175. Zur Interpretation katholischer Visitationsakten siehe Lehner: The Inner Life.

samtkapital des Klerus. Dieses unterlag aber durchaus enormen Schwankungen. Gerade im sechzehnten Jahrhundert verminderte es sich „hyperinflationär" durch zahlreiche Skandale. Die konfessionellen Gruppen ergötzten sich gegenseitig an polemischen Berichten über das moralische Versagen der jeweils „anderen" Kleriker. Eine bemerkenswerte Ausnahme ist Staphylus' *De corruptis moribus* von 1560. In diesem Werk verglich der ehemalige Protestant katholischen und evangelischen Klerus. Beide kamen schlecht weg, traten aber im fiktiven Dialog in ein Gespräch miteinander ein.[49]

Da es innerhalb der Geistlichkeit ebenfalls Strukturen symbolischen Kapitals gab, wie etwa der Vertrauensvorschuss den ein Untergebener seinem Vorgesetzten schuldete, stellt sich die Frage, wie Geistliche dieses Kapital untereinander einsetzten. Zunächst wäre zu fragen, welche Erwartungshaltungen die hierarchischen Gruppen der Kleriker (Minoristen, Subdiakone, Diakone, Priester etc.) besaßen und in welchen Abhängigkeiten sie zueinander standen, dann aber auch wie man innerhalb des Systems symbolisches Kapital akquirierte und akkumulierte. Die Forschung steht hier noch ebenso am Anfang wie bei der Herausstellung solidarischer Strukturen im Klerus, die der symbolischen Kapitalsicherung dienten. Nach dem Konzil von Trient wurde etwa von Weltpriestern erwartet, Beiträge für den Unterhalt des Priesterseminars der Diözese, *Seminaristicum* oder *Almnatikum* genannt, und damit für den künftigen Klerus zu spenden, in deren Zukunft zu „investieren." Dadurch zeigten sich die bepfründeten Priester mit den auf Unterstützung angewiesenen Studenten solidarisch. Fürstbischof Christoph Bernhard von Galen in Münster erließ daher schon 1662 eine Zwangsabgabe für alle Kleriker, die sich bei Versäumnis sogar verdoppelte.[50] Priester- oder Kalandsbruderschaften,[51] die oft auch Laien aufnahmen, hatten nicht nur geistliche Zwecke wie das Totengebet, sondern halfen auch in Not oder Krankheit geratenen Priestern.[52]

---

49 Friedrich Staphylus: De corruptis moribus utriusque partis, Pontificiorum videlicet & Evangelicorum Dialogus [...] s.l. 1560; Ute Mennecke: Conversio ad ecclesiam: der Weg des Friedrich Staphylus zurück zur vortridentinischen katholischen Kirche. Gütersloh 2003 (Quellen und Forschungen zur Reformationsgeschichte, Bd. 74).

50 Augustin Hüsing: Fürstbischof Christoph Bernard von Galen, ein katholischer Reformator des 17. Jahrhunderts: Unter Benutzung bisher ungedruckter archivalischer Dokumente. Paderborn 1887, S. 120.

51 Giancarlo Rocca: Le associazioni sacerdotali. Per una tipologia delle associazioni italiane dal Medioevo a oggi. In: Revue d'Histoire de l'Eglise de France 93 (2007), S. 7–24.

52 Theodor Helmert: Der grosse Kaland am Dom zu Münster im 14. bis 16. Jahrhundert. Münster 1979; Karl Hengst, Michael Schmitt (Hg.): Lob der brüderlichen Eintracht. Die Kalandsbruderschaften in Westfalen. Festschrift aus Anlaß des 650jährigen Bestehens der Kalandsbruderschaft in Neuenheerse. Paderborn 2000; Paul Mai, Karl Hausberger (Hg.): Die Priesterbruderschaft St. Salvator zu Straubing. Studien zu ihrer Geschichte. Regensburg 2001.

Missachtete aber ein Priester seine von Tradition und Kirchenrecht vorgeschriebenen Pflichten und zog stattdessen eigene Grenzen für sein pastorales Wirken, kam es zum Konflikt. Am deutlichsten wurde dies bei der Abwesenheit eines Klerikers in seiner Pfarrei. War der Pfarrer nicht zur Stelle und es starb ein Neugeborenes ohne Taufe, kam es zu Beschwerden. Schließlich war dem Säugling im Glauben der Zeit aufgrund der Nachlässigkeit des Klerikers der Eintritt in die himmlische Seligkeit verweigert worden. Ähnliches galt, wenn der Ritus eines Sakramentes vom Ortspfarrer oder einem Ordensgeistlichen nicht einwandfrei vollzogen wurde und eventuell ungültig war. Im oberbayerischen Grassau war Pfarrer Simon Feller bei der Taufe zweier Kinder 1643 so betrunken, dass den Eltern sogar Zweifel an der Gültigkeit des Sakraments kamen. Der Vater, der sich als Pfarrmesner in der Liturgie der Kirche einigermaßen auskannte, hatte realisiert, dass Feller Teile der Tauffeier einfach ausgelassen hatte.[53] Dieses Vergehen war so schwerwiegend, dass es eine Untersuchung hervorrief. Es stellte sich heraus, dass der Priester die Taufformel gesprochen hatte, aber weder Fragen an die Paten gestellt hatte, noch ein Kreuzzeichen auf die Stirn des Täuflings gezeichnet hatte. Zudem hatte er den Täufling nur zweimal mit Wasser übergossen, nicht dreimal. Obwohl weder die Befragung noch das Fehlen einer dritten Übergießung das Sakrament schmälerten, zeigten Eltern und Paten durch ihre Kritik, dass sie ebenso wie auch die anderen Dorfbewohner ein Anrecht auf eine den Rubriken entsprechende Taufspendung hatten. Feller scheint die Ermahnung nicht sonderlich ernst genommen zu haben, da sich bereits vier Jahre später ein ähnlicher Fall ereignete. Dieses Mal gab der Pfarrer an, vorher mit fünf Personen vier Kannen Wein getrunken zu haben. Er sei aber während der Taufe durchaus noch bei „guter Vernunft und Verstand geblieben."[54] Die Pfarrangehörigen aber sagten aus, man treffe ihn immer nur „voll," also betrunken, an und man könne, so schreibt der Archidakon, leicht ermessen „wie die Pfarrei bey dergleich vollem Priester versehen, und was für Seelengefahr darbei zu befierchten" sei.[55] Zwanzig Jahre schon falle Feller mit seiner Grobheit und Trinksucht auf, und es gebe wohl nur eine „schlechte Hoffnung ainer Besserung."[56] Im nächsten Jahr fiel er dann

---

53 AEM: AB005/PfarrA7996, Arsenius an den Fürsterzbischof von Salzburg vom 22. Oktober 1643.
54 AEM: AB005/PfarrA7996, Brief Fellers an den Fürsterzbischof von Salzburg vom 26. Juni 1647. Siehe auch ebd., AB005, PfarrA8043.
55 AEM: AB005/PfarrA7996, Arsenius an den Bischof von Chiemsee vom 9. Juli 1647.
56 AEM: AB005/PfarrA7996, Arsenius an den Bischof von Chiemsee vom 9. Juli 1647. Siehe auch ebd., AB005, PfarrA8040 Klage des Wirts Hans Meixner gegen Simon Feller wegen Bierschulden.

voll alkoholisiert an Fronleichnam mit der Monstranz hinter den Altar,[57] wurde aber erst 1651 wegen seiner Schulden arrestiert und entlassen.[58]

Denunziationen von Priestern, Welt-und Ordensgeistlichen gleichermaßen, erfolgten nicht nur bei Sexualdelikten, sondern auch bei übermäßigem Trinken oder Glücksspielen. 1703 regte sich das Gewissen des Münchener Bürgers Christian Kotterer, der sich beim Freisinger Bischof bitter über „das ärgerliche Leben der Priesterschaft" beklagte. Er schrieb ihnen Genuss von Alkohol und Tabak, aber auch öffentliche Zoten und unzüchtige Taten zu, bemängelte aber ebenso die Lethargie der geistlichen Obrigkeiten, disziplinarrechtlich einzuschreiten:

> Und was noch mehr zu bedauern und nit genug zu beweinen, dass die geistliche Obrigkeit zu diesem allem stillschweigt, da sie doch solches hören und wissen, oder wenigstens sollten wissen, und höchste Sorge tragen, dieses böse Leben [...] abzustraffen, damit dergleichen Tabakbrüder nit auch den frommen geistlichen alhier schädlich und nachtheilig seynt.[59]

Auch die Abwesenheit des Priesters am Lebensende galt für die Gemeinde als Vertragsbruch und untergrub sein Ansehen massiv. Selbst eine Pest-Epidemie war kein Entschuldigungsgrund, argumentierten die Bürger von Grassau 1634, als Pfarrer Feller aus Furcht ein Pfarrkind ohne die „Letzte Ölung" versterben ließ. Schon die Generalabsolution hatten die Pfarrangehörigen abgelehnt und waren, dem Widerstand des Pfarrers zum Trotz, zur Beichte in die Kirche gekommen. „Ainmahl bin ich gar an ain gefahrlichen Ort ... erfordert und gebetten worden," schrieb der Pfarrer an den Bischof von Chiemsee, um einer Sterbenden beizustehen. Aber weil diese bereits zwei große Pestbeulen aufwies, „habe ich einen Schreck bekhommen" ihr die Salbung zu spenden. Die Krankenkommunion reichte er ihr über einen Stein: „Weil sie aber flehentlich ... erbetten, ich soll ihr das Venerabile raichen, hab ich selbiges auf einem hohen Stein supra pallam benedicta gelegt und ihr zugeschrien, sie soll es ... mit der Zunge auflecken."[60]

Eine ähnliche Erwartungshaltung gab es einem Priester des Jesuitenordens gegenüber. Diese waren weniger in der Pfarrseelsorge tätig, sondern im Schulund Predigtdienst sowie als spirituelle Leiter großer marianischer Kongregationen. Daher gehörte neben der pastoralen Führung vor allem die normkonforme Feier der Liturgie einschließlich der Spendung des Beichtsakraments zu den wichtigsten Grundaufgaben eines Jesuiten.[61] Vor allem die in der Gesellschaft üb-

---

57 AEM: AB005/PfarrA7996, Arsenius an den Bischof von Chiemsee vom 3. September 1648.
58 AEM: AB005, PfarrA8080.
59 AEM: AA001/1, R2130, Schreiben Kotterers an den Fürstbischof von Freising vom 25. April 1703.
60 AEM: AA001/3, PfarrA9192, Schreiben des Pfarrers Simon Feller an das Ordinariat Chiemsee vom 27. September 1634.
61 Anna Coreth: Priesterliches Wirken im barocken Wien. P. Antonius Khabes 1687–1771. In: Archivum Historicum Societatis Jesu 61 (1992), S. 71–89.

lichen Nachrufe auf verstorbene Mitglieder, die in den *Litterae Annuae* oder einem eigenen *Necrologium* abgefasst wurden, helfen, zumindest die ordensinternen Erwartungshaltungen zu eruieren.[62]

Von weltlichen Priestern, aber besonders von Jesuiten wurde intern wie extern auch Maß in Speis und Trank erwartet. In den Jesuitenkollegien regelte man daher den Konsum von Luxusgütern und verringerte die Toleranz für Kaffee, Tee und Trinkschokolade in Zentraleuropa um 1700.[63] Das Trinken von Wein und Bier außerhalb des Kollegs, vor allem als Gast, war den meisten Jesuitenprovinzialen ein Dorn im Auge. Nicht nur, dass dadurch die ordensinterne Disziplin untergraben wurde, sondern weil man so auch außerhalb des Kollegs Anstoß erregte.[64] Daher mokierte sich Jesuitengeneral Nickel scharf über Pater Heinrich Wangereck, der in den Häusern der Stadt zu freizügig trinke (*liberrime bibat*).[65] Nickls Vorgänger hatte 1649 sogar angeordnet, dass jeder Jesuit, der beim Trinken in der Öffentlichkeit ertappt wird, ausgepeitscht werden sollte.[66] Manch ein Superior mag auch Angst gehabt haben, dass ein angetrunkener Jesuit Ordensgeheimnisse ausplaudern könnte.[67]

Aus dem Orden entlassene Priester fanden zwar manchmal Anstellung in einem Bistum, verdingten sich aber oftmals lange durch Messstipendien und gesellten sich in größeren Städten zu den anderen „vagierenden," d.h. unbepfründeten Priestern. Allerdings reduzierten viele Bischöfe ihre Toleranz für diese Priester, die im Ruf standen, entweder unfähig oder moralisch verkommen zu sein. Als sich etwa der aus dem Jesuitenorden entlassene Augustin Hueber 1652 nach München begab, wies Fürstbischof Albrecht Siegmund den Dekan von St. Peter an, dem Exjesuiten sofort zu überbringen, „dass er sich innerhalb acht Tage von München hinweg geben" solle.[68] Der Generalvikar vermerkte, dass der Grund für Huebers Ausschluss nicht

---

62 Ebd., S. 80–81.

63 APO: 45/141/0/-/16, Ordinatio des Generals vom 7. August 1700, fol. 103; fol. 321 eingeschärft durch P. Ferdinand Waldhauser am 29 Oktober 1700. Am 15. Juli 1686 verbot Provinzial Mathias Tanner auch den Gebrauch von Tabak ohne medizinische Indikation (fol. 85).

64 APO: 45/141/0/-/16, Henricus Lampaster aus Prag am 28. Juli 1652, fol. 254.

65 BayHStA: Jesuiten 353, Brief General Nickel an den Provinzial vom 15. Mai 1655, fol.7. Für die Oberrheinische Provinz siehe etwa STAM: Archiv der Oberrheinischen Jesuitenprovinz, 15/453, fol. 262v, wo 1710/11 Joachim Eppenauer in der Beurteilung seines Tertiats bescheinigt wurde: „[...] amans potum et symposium et familiaritatem cum externis [...]"; ebd. fol. 262v auch fürs Anton Erberman: „amans potum."

66 APECESJ: Sign. 40–2, 9, Ermahnung des Generals vom 27. März 1649, fol. 76.

67 Ulrich L. Lehner: Mönche und Nonnen im Klosterkerker. Ein verdrängtes Kapitel Kirchengeschichte. Kevalaer 2015, S. 87; 129; 134.

68 AEM: AA001/1, R2137, Brief an den Dekan von St. Peter, undatiert, etwa um 1652. Augustin Hueber, Geburt 1599, Austritt 1651 (APECESJ: 68-D, Verz. 7020).

genau bekannt sei (*incertum ex qua causa*), was darauf hinweist, dass der Orden ihm wahrscheinlich keine Dimissorien ausgestellt hat und auch den örtlichen Bischof nicht informiert hat. Aber auch die Jesuiten waren von seinem Leben in München peinlich berührt und drängten darauf, er solle doch in eine Stadt gehen, in der es keine Jesuiten gebe.[69] Ein anderes Mal wurde eine „creatura P. Theatinorum" erwähnt, also ein ausgestoßener Theatiner namens Francicus Parisius,[70] den man ebenso wenig dulden wollte. In schweren kriminellen Fällen, die öffentlich bekannt waren, kooperierten die Bistümer und Orden auch transnational. Die Bischöflichen Offiziale in Augsburg, Prag, Trient und Freising tauschten sich etwa im Jahr 1700 und 1703 über falsche Priester aus.[71]

Zunächst dachte der Freisinger Bischof daran, die Münchner Jesuiten 1708 damit zu beauftragen, die vielen vagierenden Priester in der Moraltheologie zu unterrichten, um sie in der Seelsorge einsetzen zu können. Die Jesuiten rieten aber dringend davon ab: Viele seien zu alt, andere müsse man geradezu zum Studieren zwingen und die allermeisten seien für die Seelsorgsarbeit sowieso nicht zu gebrauchen.[72] Dennoch übernahmen sie 1714 wenigstens die geistliche Betreuung dieser Priester und begannen, für sie geistliche Vorträge zu halten, damit diese nicht völlig in „Müßiggang" verelendeten.[73] Die wenigsten hatten schließlich ein Auskommen, und so muss man annehmen, dass viele dem Alkohol oder/und der Depression („Melancholie") verfallen waren. Der Priester Sebastian Hamerl aus Regensburg etwa war so verzweifelt, dass er wohl keine Lizenz zum Messefeiern bekäme, dass er Selbstmord beging.[74] Viel hing vom eigenen Leumund, dem verbliebenen symbolischen Kapital ab, ob man eine solche Lizenz erhielt. Konnte man wie der Priester Franz Xaver Baur Empfehlungsschreiben von Jesuiten als auch vom Domherrn Ignatius Mändl, der selbst aufgrund seiner Päderastie aus dem Orden dimittiert worden war, nun aber im Bistum Freising für die Disziplin zuständig war, vorlegen, konnte man sie leicht erhalten.[75]

---

69 AEM: AA001/1, R2124, „Resignatio sacerdotum" vom 5. Februar 1652.

70 AEM: AA001/1, R2125, Bild 87: Franciscus Parisis tridentinus. Liste von 1676.

71 AEM: AA001/1, R2130, Steckbrief vom Juli 1700 auf italienisch; Brief des Freisinger Ordinariats vom 19. Juli 1700; 7. Juli 1703, Bild 101.

72 AEM: AA001/1, R2131, Brief von P. Wilhelm Stinglhaim an den Fürstbischof vom 17. März 1708.

73 AEM: AA001/1, R2137, Fürstbischof von Freising an den P. Rektor der Jesuiten in München vom 8. März 1714.

74 AEM: AA001/1, R2137, „Designation," undatiert, um 1750.

75 AEM: AA001/1, R2130, Schreiben von Franz X. Baur an das Ordinariat Freising vom 12. Juli 1704, Bilder 292–293.

2.4 Der Verlust des symbolischen Kapitals aufgrund von Gebrechen oder Sexualdelikten

Der Pfarrer musste kein schöner Mann sein, aber sein Körper hatte nach kanonischem Verständnis „unversehrt" zu sein, weil er Christus zu repräsentieren hatte. Dieser Standard beinhaltete nicht nur das Vorhandensein männlicher Geschlechtsorgane, sondern auch die Vollständigkeit aller Gliedmaßen und Augen. Ein fehlender Finger war daher ebenso ein Weihehindernis wie extreme Weitsichtigkeit, die das Lesen des Messbuchs unmöglich machte. Auch die Epilepsie machte einen Dispens nötig, weswegen Orden und Seminare Studenten, die an dieser Krankheit litten, lieber dimittierten.[76]

Das symbolische Kapital des priesterlichen Körpers wurde durch einen ungewöhnlich hässlichen Priester, der etwa einen Buckel entwickelt hatte oder schwer hinkte, negativ beeinflusst. Ein solcher konnte zwar die Sakramente feiern, entsprach aber nicht mehr der *ästhetischen Kommunikationslogik* der Frühen Neuzeit. Er konnte sogar Anstoß erregen (*in populo scandalum*), und die Menschen direkt oder indirekt zur Sünde führen: Ein hässlicher Priester konnte etwa dazu verleiten die Sakramente lieber woanders zu empfangen, und ein syphilitischer Kleriker, den man vielleicht aufgrund eines Ausschlags als solchen zu identifizieren glaubte, erregte Anstoß, weil man ihn mit sexueller Zügellosigkeit identifizierte. Noch Ende des achtzehnten Jahrhunderts verhöhnte ein Ex-Jesuit den Benediktiner Beda Mayr wegen seines Hinkens und seiner roten Haarfarbe deswegen „als Judas."[77] Man vermutete aber auch, aus dem Aussehen Rückschlüsse auf die Seele ziehen zu können. Je hässlicher das Äußere, umso monströser musste es im Inneren aussehen, zumindest in populärer Anschauung.[78] Nicht nur geistliches und moralisches Leben erforderten *claritas*,[79] sondern auch Gesicht und Körper.[80] Ein durch Narben „entstelltes Gesicht" oder andere körperliche Gebrechen verdunkelten diese *Helle*.[81]

---

76 APECESJ: Sign. 40–2, 7, 26. Juni 1728, fol. 274 der entsprechende Ausschluss von M. Georg Buecholt.
77 Ulrich L. Lehner: On the Road to Vatican II: German Catholic Enlightenment and Reform of the Church. Minneapolis 2016, S. 96.
78 Brendan Röder: Der Körper des Priesters Gebrechen im Katholizismus der Frühen Neuzeit. Frankfurt 2021, S. 133.
79 Jean-Dominique Raynauld: Observationum Criminalium, Civilum, & Mixtarum Liber Primus, Bd. 1. Venice 1699, c. 8, suppl. 1, N. 44, S. 497.
80 Röder: Der Körper des Priesters, S. 134. Maiolo stellte klar, dass die *color faciei*, „ob hell, rötlich oder dunkel, wie beim Mohren oder Äthiopier, keineswegs der Ordination" (Ebd., S. 156.) im Wege stehe (Simeone Maiolo: Tractatus de Irregularitate et aliis canonicis Impedimentis. Rom 1619, lib. 1, c. 21, S. 53.).
81 Valère Regnault: Theologia Moralis. Editio Novissima. Köln 1642, lib. 30, tr. 2, N.51, S. 962.

Auch Stimme, Art und Thema einer Konversation und Gestikulation des Priesters trugen zur Kapitalakkumulation oder zum Kapitalverlust bei. Zahlreiche Handlungsanweisungen gaben Priestern exakte Verhaltensregeln an die Hand, die oftmals auch die Erwartungen der verschiedenen Gläubigen beschrieben.[82] Traf man ihn bei schlechten Handlungen wie Glücksspiel, übermäßigem Trinken, Fluchen oder gar sexuellen Avancen an, büßte er sein Ansehen wie ein des Betrugs überführter Kaufmann ein.[83] Erst wenn sich ein solcher Kapitalsverlust zu einem öffentlichen Skandal auswuchs und der Priester nicht mehr „in den Schranken der Gebühr sich halten" konnte, war die Toleranzgrenze des Bischofs erreicht. Er schritt kraft seiner Autorität entweder durch eine Untersuchung oder durch einen direkten Verwaltungsakt ein. In besonders schweren Fällen wurde der Priester in ein Korrektionshaus (*domus deficientum* bzw. *demeritorum*) eingewiesen, das interessanterweise oft im Priesterseminar untergebracht war. Vielleicht sollte das schlechte Beispiel dieser Delinquenten den zukünftigen Geistlichen als Abschreckung dienen.[84] Im Ordensklerus wurde zur Vermeidung eines Skandals der Delinquent entweder versetzt und bestraft oder gar, wie zumeist bei den Jesuiten üblich, aus dem Orden entlassen.[85]

Besonders die sexuelle Enthaltsamkeit des Pfarrklerus wurde seit dem Konzil von Trient stärker betont, disziplinarrechtlich durchgesetzt, aber auch in den Gemeinden erwartet.[86] Hielt sich ein Priester in devianter Weise nicht daran, musste er nicht nur damit rechnen von Pfarrangehörigen angezeigt zu werden und vom eigenen Diözesangericht belangt zu werden. Er machte sich auch erpressbar: Kriminelle wussten nämlich durchaus, sich das Wissen um die sexuellen Affären der Kleriker zu Nutze zu machen.[87]

---

82 Joy Palacios: Ceremonial Splendor: Performing Priesthood in Early Modern France. Philadelphia 2022; Lehner: The Inner Life, S. 12–30.

83 Fontaine: The Moral Economy, S. 275; François Hyacinthe Sevoy: Devoirs ecclesiastiques, Bd. 4, 2. Aufl. Paris 1766.

84 Georg May: Das Priesterhaus in Marienborn. Mainz 2005; Baltazar Adam Krčelić: Annuae, 1748–1767. prooemio de vita operibusque scriptoris praemisso digessit Tade Smičiklas. Zagreb 1901, S. 397.

85 In der Oberrheinischen Provinz führte etwa im Jahr 1715 in Heiligenstadt das „scandalosam exorbitantiam" Verhalten des Jesuiten Johannes Jennewein zu seiner Entlassung. Er hatte sich öfter mit einem „Mädchen" auf dem Kirchenchor getroffen, wo es vermutlich zum Geschlechtsverkehr gekommen war. Zu Jennewein siehe Bernhard Opfermann (Hg.): Die Geschichte des Heiligenstädter Jesuitenkollegs, Bd. 2. Duderstadt 1989. APECESJ: Sign. 40–2, 7, fol. 148–149; ebd., Sign. 68-D, Verz. 11156.

86 Lehner: The Inner Life, S. 24–26; Duhamelle: Die Grenze.

87 HASK: Best. 125 Kriminalakten, A 34, Bl. 90–147 vom Juli 1721.

Wann die Toleranzgrenze für grenzverletzendes Verhalten bei einem Bischof überschritten war, war aber nicht *eindeutig* festgelegt, sondern lag in seinem Ermessen. Man erwog, wie schädlich das Verhalten des Klerikers und wie bekannt es der Öffentlichkeit war. Im siebzehnten und achtzehnten Jahrhundert wurden etwa im Erzbistum Cambrai in Frankreich 433 Vergehen aller Art von Priestern verübt und immerhin 170 für Sexualdelikte verurteilt. Die meisten dieser Delikte betrafen heterosexuelle Beziehungen, manche davon stabile Langzeit-Beziehungen mit Kindern, nur ein geringer Teil wechselnde Partnerinnen ohne Beziehung.[88] 24 Priester wurden für Vergewaltigung, unsittliche Berührungen und Exhibitionismus belangt. Von Adrien Dumetz von Trescault ist sogar die Morddrohung an sein Vergewaltigungsopfer Marie Adrienne Claviez überliefert: „Weißt Du was passiert, wenn du mich verrätst? Du kostest mich nur einen Schuss Pulver."[89] Allerdings musste ein Kleriker seine Übertretungen des Zölibats stets verheimlichen. Kamen sie den Gläubigen zu Ohren, musste er mit einer Anklage beim Bischof rechnen. Doch selbst bei offensichtlichen Verfehlungen gegen die sexuelle Enthaltsamkeit, suspendierte man nach Augsburger Gewohnheitsrecht den Kleriker erst nach dem dritten angezeigten Sexualdelikt und der zweiten, offiziellen Abmahnung. Damit hatte man allerdings nur bedingt Erfolg. Die Priester Richart und Hector verloren erst nach 16 Jahren und mindestens fünf Affären, Konkubinat und drei gezeugten Kindern, ihre Stellung und wurden zur Vermeidung weiterer Ärgernisse eingekerkert.[90] Die Priester des Bistums Freising kamen in die „Kuh," wie der bischöfliche Kerker Khue-Turm genannt wurde. Allerdings scheint man nur sehr sporadisch von der Einkerkerung Gebrauch gemacht zu haben. 1729 waren dort alle Zellen bis auf eine mit Küchengeräten verstellt oder durch das bischöfliche Personal als Schlafstätte belegt, so dass man die Hofkammer erst anweisen musste, zwei bis drei Räume für den Strafvollzug frei zu räumen.[91] 1793 fungierte auch die Festung Rothenberg als Kerker für Freising.[92] Manchmal musste aber auch der weltliche Monarch Druck

---

88 Cindy-Sarah Dumortier: Du prêtre concubinaire au curé volage (XVIIe–XVIIIe siècle, diocèse de Cambrai). In: Revue du Nord 399 (2013), S. 57–69, hier S. 59–60.

89 Ebd., S. 63. Für einen Fall der Vergewaltigung von Schulmädchen, siehe ebd. N. 14, siehe Archives départementales du Nord: Série G, 5G 567, Abbé J.-B. Dubrieu, 1786. Siehe ebenso die monographische Darstellung Cindy-Sarah Dumortier: Le célibat ecclésiastique offensé au sein du clergé paroissial de la France septentrionale (XVIè début XIXè siècle), 2015. Zur Gewalt von Klerikern gegen Kinder im Savoyen des achtzehnten Jahrhunderts siehe Frédéric Meyer: Enfance et violences ecclésiastiques en Savoie au XVIIIe siècle. In: Enfance, assistance et religion. Hg. von Olivier Christin, Bernard Hours. Paris 2006, S. 93–110.

90 AEM: AA001/1, R3601 Brief an den Präsidenten des Geistl. Rates in Freising durch den Bischof von Augsburg vom 25. Mai 1705.

91 AEM: AA001/1, R3601 Schreiben an die Hofkammer Freising vom 24. Oktober 1729.

92 AEM: AA001/1, R3601 Nota von 1793.

ausüben, um einen Verlust symbolischen Kapitals der staatstragenden Institution Kirche zu verhindern. Spanischer Erbfolgekrieg hin oder her, schrieb Kurfürstin Theresia 1704 an den Freisinger Bischof, als Oberhirte müsse er zusehen, dass „der Clerus zu einem mehrers exemplarischen Lebenswandl angehalten, auch die einige so über die Gebühr excedieren mit mehrerem Rigor als bishero versehen, ernstlich abgestrafft werden."[93] Um eine solche Bestrafung durchzuführen, sicherte sie ihm das *brachium saeculare* zu und setzte so den Fürstbischof auch politisch unter Druck.

Statistische Untersuchungen zeigten, dass für ein großes Erzbistum wie Cambrai im achtzehnten Jahrhundert die Anzahl sexueller Delikte im Klerus massiv zurückging, so dass von einer wirklichen Verbesserung gesprochen werden kann. Cindy-Sarah Dumortier korrelierte dies mit einer geringeren Anzahl von Klerikern, die sich nun bewusster als frühere Priestergenerationen für einen Dienst in der Kirche entschieden, besserer Aufsicht durch die bischöflichen Behörden sowie dem generellen Trend der „Heiligung" des Klerus durch geistliche Vertiefung.[94] Studien für den deutschen Sprachraum existieren nicht.

2.5 Der Priester als „Mann ohne Vorurtheil"

Am Ende des achtzehnten Jahrhunderts verringerte sich der symbolische Kredit des Priestertums massiv.[95] Der ehemalige Servit Karl von Güntherode, ein geschäftstüchtiger Aufklärer, argumentierte, dass vor allem die maßlose Überhöhung des geistlichen Standes und die Erwartung sexueller Enthaltsamkeit dafür verantwortlich zu machen sei. Beide Engführungen hätten im achtzehnten Jahrhundert zu offener Kritik am Zölibat und zu Gerüchten über Verstöße gegen die Enthaltsamkeit geführt.[96] Durch die ständigen Vorwurfe zermürbt, wetterte 1795 ein Pfarrer sogar in einer Primizpredigt gegen den erwachten Antiklerikalismus und erinnerte seine

---

93 AEM: AA001/1, R3601, Brief der Kurfürstin Theresia an den Bischof von Freising vom 1. September 1704.

94 Dumortier: Du prêtre concubinaire au curé volage (XVIIe–XVIIIe siècle, diocèse de Cambrai), S. 67–69; Gilles Deregnaucourt: Les déviances ecclésiastiques dans les anciens diocèses des Pays-Bas méridionaux aux XVIe, XVIIe et XVIII e siècle: répression, ecclésiologie et pastorale. In: Le Clergé délinquant, XIIIe–XVIIIe siècle. Hg. von Benoît Garnot. Dijon 1995, S. 65–95; Benoît Garnot, Gilles Deregnaucourt (Hg.): Le clergé délinquant: (XIIIe–XVIIIe siècle). Dijon 1995.

95 Patricius Fast: Schreiben eines schwäbischen Pfarrers an den österreichischen Pfarrer. Buchau 1783, S. 38.

96 Karl von Güntherode: Korrespondenz der Heiligen aus dem Mittelalter, Bd. 2. Leipzig 1787, S. 204.

Zuhörer daran, dass das Priestertum kein Gegenstand der Verachtung sein dürfe.[97] Auch der von der katholischen Kirchengeschichtsschreibung viel gescholtene Josephinismus erkannte das Problem und versuchte in den habsburgischen Erblanden durch eine verbesserte Ausbildung des Klerus eine priesterliche Identität zu schaffen, die den Antiklerikalen den Wind aus den Segeln nehmen sollte. Konsequenterweise wurde die Bedeutung eines integren Lebenswandels und des seelsorgerlichen Wirkens in den Mittelpunkt gestellt. Eine Summe dieser Versuche stellten die Werke von Franz Christian Pittroff (1739–1814) dar.[98]

Der Prager Kreuzherr schrieb seine theologischen Vorlesungsbücher nicht mehr auf Latein, sondern deutsch. Dies erleichterte seinen Studenten die Lektüre, repräsentierte aber auch einen nationalkirchlichen Fokus. Es galt, einen deutschsprachigen Klerus im Geist josephinistischer Aufklärung zu erziehen. Zudem machte der deutsche Text auch Laien die theologische Lektüre möglich und erhöhte dadurch die Erwartungshaltungen an den Priester, die vorgeschriebene Lebensform auch zu erfüllen. Die neue Klerusgeneration sollte nicht der Vergangenheit „ankleben" und die alte „Denkungsart" fortführen, sondern sich, so führte Pittroff aus, „in die neuern Zeiten ... schicken," d.h. sich den Herausforderung der Moderne stellen.[99] Nur wenn dies geschehe, könne der Priester über Wert und Unwert von Traditionen urteilen, und klug entscheiden, was in einer jeden Situation zu tun ist.[100] nur so erlange er wahre Aufklärung und werde zu einem „Mann ohne Vorurtheil,"[101] der aus den dar-

---

[97] Robert Plersch: Das Priesterthum ein Gegenstand der Verehrung, und nicht der Verachtung. Augsburg 1795.

[98] Franz Christian Pittroff: Kirchenamtspolitik nach den allgemeinen Verhältnissen der Kirchenstatik und der Pastoralklugheit, Bd. 1. Prag 1785. Zum Josephinismus siehe neuerdings Franz L. Fillafer, Thomas Wallnig (Hg.): Josephinismus zwischen den Regimen: Eduard Winter, Fritz Valjavec und die zentraleuropäischen Historiographien im 20. Jahrhundert. Wien 2016 (Schriftenreihe der Österreichischen Gesellschaft zur Erforschung des 18. Jahrhunderts, Band 17); Shaun Blanchard: The Synod of Pistoia and Vatican II: Jansenism and the struggle for Catholic reform. New York; Oxford 2020; Franz L. Fillafer: Aufklärung habsburgisch: Staatsbildung, Wissenskultur und Geschichtspolitik in Zentraleuropa, 1750–1850. Wien 2021; Thomas Wallnig, Marion Romberg, Julian Lahner (Hg.): Kirche und Klöster zwischen Aufklärung und administrativen Reformen 2021; Ulrich L. Lehner, Shaun Blanchard: Introduction – The World of Catholic Enlightenment. In: The Catholic Enlightenment: A Global Anthology. Hg. von Ulrich L. Lehner, Shaun Blanchard. Washington, D.C. 2022, S. 1–20.

[99] Franz Christian Pittroff: Kirchenamtspolitik nach den allgemeinen Verhältnissen der Kirchenstatik und der Pastoralklugheit, Bd. 2. Prag 1786, S. XV–XVI.

[100] Pittroff: Kirchenamtspolitik, S. 16.

[101] Ebd. Pittroff nannte dies bemerkenswerterweise einen „Defensivplan" und implizierte damit den öffentlichen „Angriff" auf den Klerus als Grund dieser Strategie. Sogar Cervantes wird zitiert, wenn er Sancho Pansa sagen lässt: „Wer wird an alle Nasen denken?" ebd., 22. Vgl. ebd.,

gelegten Materialien aufgrund seiner eigenen „Selbstdenkungskraft" frei auswählen könne.[102] Der Priester erlangte also durch Aufklärung die Autonomie seiner Handlungssphäre zurück!

Obwohl der Priester sich der Ständedifferenz von Klerus und Laien bewusst sein musste, durfte er nie herrisch auftreten und sollte Seelsorge als „häusliche Klugheit" verstehen, die *flexibel* auf die Bedürfnisse der Gemeinde einging. Eine Gefahr stellten die Uneindeutigkeiten des Lebens dar, die er aber mit der Hilfe von Klugheitsregeln und guten theologischen Ratgebern meistern konnte.[103] Die Folie zum aufgeklärten Priester war für Pittroff, der eines eigenen Urteils unfähige, von schlechten theologischen Autoritäten geleitete, engstirnige Kleriker. Packend beschreibt er ihn folgendermaßen:

> Ihre oberflächliche Behandlung des Gottesdienstes bemerkt einen Kopf, der die ganze Seelsorge in dem Ritual findet. Ihre ungereimte, stark nach Aberglaube schmeckende Andachten zeugen von einem Afterasceten, der seine Heiligkeitsregeln auf der geistlichen Wiese gepflücket. Ihre Gleichgültigkeit in Religionshandlungen giebt den Handelsmann zu erkennen, der die Seelsorge nur als ein Nebengewerbe betreibet … Ihr rohes, ungezogenes Wesen sind Beweise eines ruhigen stillen Geistes, der dem Schulmanne nicht in das Handwerk greifen will.[104]

Die Auflistung der priesterlichen Untugenden, die ihn als einen „Schmarotzer" aufwiesen, der dem Ansehen der Kirche schadete und ihr symbolisches Kapital verwirkte, fand seinen Höhepunkt in einem Zitat des Kirchenvaters Johannes Chrysostomos, der predigte, dass die Priester dem Volk vorgesetzt seien, wie der Magen dem Körper (*praelati in populo, stomachus in corpore*):

> Ein sehr passendes Gleichnis! Der geistliche Magen leidet an Unverdauung, Überladung, Geschmacklosigkeit, verderbter Säure, roher Galle, Nervenentkräftung, fremder Genaschigkeit, und doch wirft er seiner Gemeinde seine eckelhafte, unbereitete, faule Speisen so rohe hin an den Hals, ganz unbekümmert, was für eine Nahrung setzen werde: warum? Er ist schon daran gewöhnt, und sie müssen wohl zufrieden seyn, was ihnen der Koch aufsetze, ohne Würze, ohne Salz, oder versalzen: warum? Er heißt Koch, und trägt eine Schürze.[105]

32: „Es gab Vorurtheile, und Modesätze, welche das Tüchtige der alten, und das Schöne der neuen Denkungsart verhunzten."

102 Ebd., S. 40. Vgl. ebd.: „Einem Mann von Geschmack und Selbstdenkungskraft muss man nicht immer den Schulgriffel hinhalten, um ihm in den Kopf zu pfropfen, was er überall denken soll. Man legt ihm nur Materialien vor: das Übrige denkt er sich schon selbst hinzu; und es ist ihm lieber, dass man ihm desfalls seine Freyheit lasse, als dass man ihm vorleyere, was er sich selbst singen kann."

103 Ebd., S. 111–112.

104 Ebd., S. 12.

105 Ebd., S. 13.

Pittroffs Worte könnten beißender auch nicht bei einem antiklerikalen Schriftsteller zu finden sein. Sie geben aber auch Einblick in die Erwartungshaltung der Priester *untereinander* und sind daher von entscheidender hermeneutischer Bedeutung. Der am Wortlaut von Brevier und Lehrbuch „klebende" Kleriker, der mehr abergläubisch als mit Vernunft seinen Glauben vollzog, die Messfeier nur herunterleierte und keinen Fleiß in der Seelsorge zeigte, genoss unter seinesgleichen kein Ansehen. Er galt als unfähig, die *Amtsklugheit* zu leben. Aber auch der „faule Priester," der bei seinem „kleinen Gehirne" gute Lektüre scheute,[106] und die Seelsorge als „mechanisches Brodgewerbe" ansah, konnte nicht darauf zählen, sich unter seinen Mitbrüdern symbolisches Kapital anzueignen.[107]

Erst der Priester, der sich in der Entscheidungskultur schulte, konnte die Möglichkeiten und Chancen seines Berufs erkennen, aber auch seine Gefahren meiden. „Die Welt, auf die man so gerne alles unbequeme schiebet," werde oft genug unschuldig angeklagt aus Unkenntnis der Pfarrer über Politik und Welt, insistierte Pittroff.[108] Daher sollten zentral gestellte Forderungen der Kirchenlehre anhand der politischen und historischen Lage interpretiert und ausgehandelt werden. Nur so entgehe der Kleriker dem Schicksal ein „Rechtskipper, Privatdespot" oder „Schulrabulist" zu werden.[109] In allem musste er daher den „Unterscheidungsgeist" suchen und nach Gewissenserforschung handeln.[110] Der Pfarrer musste zwar auf seinen guten Ruf bedacht sein, davon aber keine gerechten Sanktionen abhängig machen. Vernachlässigte er seinen Ruf, schlug sich dies auf Kanzel und Beichtstuhl nieder, „wo beiderseits ein etwas stärkerer Grad von Kredit, und Zutrauen ihm völlig unentbehrlich ist."[111] Heu-

---

106 Vgl. „Profecto, ausim affirmare, nullum unquam, quam diu orbis stetit, seculum, in compendiis magis insanivisse, quam hoc nostrum. Quidquid discitur, ex Compendiis fere discitur. Si quid scribitur, nisi compendia, breviarii, synopseos titulum, prae se ferat liber, tanquam mala merx & sublesta, nullu facile emtorem inveniet," siehe Andreas Christian Eschenbach: Oratio de imminente barbarie litterarum declinanda [1695]. In: Dissertationes Academicae. Hg. von Andreas Christian Eschenbach. Nürnberg 1705, hier S. 613.
107 Pittroff: Kirchenamtspolitik, S. 18; 79.
108 Ebd., S. 39.
109 Ebd., S. 46. Ebd.: „Was wollte man da von jenen Gesetzen halten, welche zu Rom *in campo Martis*, oder an den Vatikanthoren angeschlagen die nördliche, und westliche Voelker verbinden sollen, deren Lage, Nazionalgewohnheiten, Lokalbedürfnisse sie weder einmal dem Namen nach kennen?."
110 Ebd., S. 183.
111 Ebd., S. 581. Oftmals rührt die Verleumdung eines Klerikers von seiner Tadelsucht her, „unbarmherzig über fremde Mängel losziehen; alles mit dem Vergrößerungsglase betrachten; überall nur über Sünden und Laster schreyen; immer mit offener Nase allem besorglichen Unrath nachspüren; die Moralzüge von der hässlichen Seite bis zum ungeheuren malen ... dadurch erwecken sie den Geist des Argwohns bey der schlauen Welt." (Ebd., 583).

chelei verdunstete daher den symbolischen, klerikalen Kredit.[112] Allerdings war der weltzugewandten Priesterausbildung des Josephinismus nur eine kurze Lebensdauer beschieden, bevor sie im Sturm des Ultramontanismus im 19. Jahrhundert unterging.

Die hier vorgelegten Überlegungen zeigen, wie sehr das dem Priester vor Ort geschenkte symbolische Kapital von dessen Pflichterfüllung und den erfüllten Erwartungen seiner Gemeindemitglieder abhing. Einer ähnlichen Erwartungshaltung stand auch ein Jesuit in einem Kolleg und Gymnasium gegenüber. Bei der Interpretation historischer Quellen ist diesen Erwartungen in Zeugnissen von Gemeindemitgliedern, Schülern und Priestern selbst nachzugehen. Sie sind auf ihre rhetorischen Intentionen hin zu analysieren. Diese Erwartungshaltung an den „heiligen Klerus" war so stark, dass sie die Opfer klerikaler Gewalt völlig in den Hintergrund treten ließ. Sie rechtfertigte in den Augen des frühneuzeitlichen Kirchenregimes die Ahndung von im Geheimen begangenen Sexualdelikten im nichtöffentlichen Bereich, um die Reputation des Klerus als Sakramentenspenders und Vehikel ewigen Heils nicht zu gefährden.

---

112 Ebd., S. 593. Solches Benehmen verstieß zudem gegen die Regeln von Höflichkeit, Klugheit und Diskretion (Sigismund Neudecker: Geistliche Lehr-Schuel [...]. Ingolstadt, Augsburg 1749, S. 545–549.) und wurden daher auch bei einem Handelsmann kritisiert, siehe Fontaine: The Moral Economy, S. 280.

3 Die Begriffsbestimmung sexueller Gewalt in der Frühen Neuzeit

Wer ein Gymnasium der Gesellschaft Jesu als Internatsschüler besuchte, hatte sich dem strengen Reglement des Ordens unterzuordnen. Er lebte in der geistlichen Familie des Kollegs. Aufsässigkeit gegen die Autorität der Lehrer oder extreme Faulheit waren ebenso Gründe für eine Entlassung wie pubertierende Erfahrungen mit der eigenen Sexualität durch Onanie, homoerotische Handlungen oder heterosexuelle Abenteuer außerhalb der Schule.[113] Andere solcher Handlungen zu beschuldigen, konnte aber ebenso zur Entlassung führen, wenn der Schulrektor der Aussage keinen Glauben schenkte. So war im Jahr 1700 der Schüler Melchior Schmid aus dem Wilhelmsgymnasium in München entfernt worden, weil er „Anschuldigungen über nächtliche Unverschämtheiten und andere lächerliche, ja skandalöse Dinge vorbrachte, ohne einen wirklichen Beweis."[114] Diese Bemerkung zeigt die Schwierigkeit auf, vor der Historiker stehen, wenn sie die sexuelle Gewalt in der frühen Neuzeit erforschen. Nicht nur die Erwartungshaltungen über Beweise und Zeugenaussagen waren grundsätzlich andere als heute, sondern auch die Taxonomie sexueller Grenzverletzungen. Was heute als sexuelle Gewalt bezeichnet wird, entbehrte mitunter einer solcher Bezeichnung und konnte nur durch ein Geständnis wirklich bewiesen werden. Stritt ein Täter alles ab, war ihm nur schwer beizukommen. Daher berieten die Konsultoren der Oberrheinischen Provinz 1746 wie man mit einem Jesuiten umgehen solle, der alles abstritt: „Quid cum eo agendum?"[115]

Auch die Sichtweise der Opfer war maßgeblich anders als heute. Sie kamen als Persönlichkeiten, denen Gewalt angetan worden war, kaum in den Blick. Allein der Ehrverlust konnte geahndet und kompensiert werden. Zudem schenkte man Kindern und Jugendlichen wenig Glauben, wenn es um die Anzeige eines sexuellen Verbrechens ging, weil man glaubte, es mangle ihnen an Rationalität. Daher kann der Historiker aus der frühneuzeitlichen Taxierung von sexueller

---

113 1701 wird ein Schüler der Abschlussklasse des Wilhelmsgymnasiums München wegen einer wohl homosexuellen Grenzverletzung ermahnt, siehe BSB: Clm 1552, vol. 3, fol. 147: „inhonesta familiaritate". 1699 war Melchior Veichtshueber wegen der Verbindung zu einem Mädchen, mit der er sich betrunken in der Stadt antreffen ließ, entlassen worden, siehe ebd., fol. 85. Als die Hitze während der sogenannten Hundstage (*dies caniculares*) im Juli 1713 unerträglich wurde, sprangen einige Schüler ohne Erlaubnis des Schulpräfekten in den Schwabinger Kanal um sich abzukühlen. Gefragt, ob sie die Lizenz des Rektors besäßen, antworteten sie, die Hitze sei ein gerechter Grund auch gegen die Lizenz zu handeln, worauf diese nun freigebiger gegeben wurde (ebd., fol. 377v).
114 BSB: Clm 1552, vol. 3, fol. 118.
115 APECESJ: Sign. 40–2, 8, Consultationes Provinciae Rheni Superioris, Jg.1746, fol. 42v.

Nonkonformität wie etwa *fornicatio* oder *Leichtfertigkeit* nicht direkt auf das Vorhandensein oder die Abwesenheit von sexueller Gewalt schließen. Erst aus der Beschreibung und Analyse der Machtverhältnisse der agierenden Personen lässt sich dies einigermaßen ermitteln. Im Folgenden wird sexuelle Gewalt als bewusste Einschränkung des Handlungsspielraums einer Person durch physische Gewalt, spirituellen Druck oder psychologische Manipulation verstanden, welche anderen körperliche Intimität ohne freie Zustimmung zumutet. Damit ist jeder Machtmissbrauch, der auf die Sphäre des Sexuellen zielt, als solcher auch sexuelle Gewalt.[116] Ein solcher Fall aufgedrängter Intimität erfolgte etwa 1747, als ein Jesuitenpriester einen Studenten küsste und seine Hand unter sein Geschlechtsteil (*sub sacro*) presste.[117] Das schließt das Verhältnis von Priestern zu Frauen, die ihnen als Beichtkinder anvertraut waren, ein. Schließlich übten sie auf diesen enormen Einfluss aus und konnten sie durch spirituelle Machtmittel manipulieren. Daher müssen auch sexuelle Beziehungen, die ohne *physische* Gewalt und aus oberflächlicher Perspektive betrachtet aus gegenseitiger Zustimmung zustande kamen, als sexuelle Gewalt taxiert werden.

Gewalt geschieht schließlich immer dort, wo der Verletzliche dem Mächtigeren ausgeliefert ist, der diese Gemengelage ausnutzt. Dies wird besonders deutlich bei der Gewalt an Frauen. In der Frühen Neuzeit wurden weibliche Opfer von Vergewaltigung (*stuprum*) als passiv geschildert. Diese Betrachtungsweise erfolgte einerseits aus der Perspektive der sexuellen Penetration, andererseits aber auch, um die nichtwillentliche Mitwirkung am Geschlechtsakt auszudrücken. Wurde ein Opfer aber schwanger, musste man in der Handlungslogik der Zeit die Frau mitverantwortlich am Geschehen machen, da man annahm, dass eine Schwangerschaft nicht ohne den Orgasmus der Frau und daher ihre lustvolle Zustimmung erfolgen konnte. Für viele Gerichte schlossen sich daher Vergewaltigung und Schwangerschaft gegenseitig aus. Gegen die erstarkende Kritik der Physiologie hielten aber zahlreiche Juristen an der Idee fest, dass sich eine Frau fast immer gegen die Notzucht eines Mannes erfolgreich wehren konnte, und erschwerten so die Verfolgung von Tätern.[118]

Durch ihre Stellung als Beichtväter, konnten Priester sexuelle Gewalt ausüben, indem sie Frauen oder Kindern, aber auch Männern im Beichtstuhl Berührungen aufzwangen oder gar den Geschlechtsverkehr. Während im deutschen Sprachraum

---

116 Der Begriff „sexualisierte Gewalt" wird in diesem Band vermieden, weil er die Sexualität als Motivation und Finalursache herunterzuspielen scheint.
117 APECESJ: Sign. 40–2, 8, Jg. 1747, fol. 44. Man entzog den Jesuiten dem Schuldienst und wollte sicherstellen, dass sich der Vorfall nicht wiederholte.
118 Francisca Loetz: Sexualisierte Gewalt, 1500–1850: Plädoyer für eine historische Gewaltforschung. Frankfurt 2012, S. 30–31.

dieses Verbrechen der Sollizitation noch kaum erforscht ist, haben Historiker in Italien, Spanien, Portugal, Mittel- und Südamerika dieses Thema aufgearbeitet.[119] Für das Bistum Maranhão in Brasilien wurden etwa Mitte des 18. Jahrhundert 425 Anschuldigungen für dieses Verbrechen gezählt,[120] das in die Zuständigkeit der Inquisition fiel,[121] die zwischen „dem Bedürfnis zu bestrafen und dem Wunsch, die Institution zu schützen, die es repräsentierte und verteidigte," oszillierte.[122] Ein Beispiel aus der Oberdeutschen Provinz ist Franziskus Baumann, 1672 bis 1676 Professor am Münchner Wilhelmsgymnasium.[123] Er drängte 1699 seine Berührungen zahlreichen Mädchen auf, die diese über sich ergehen ließen (*ab ipso passa*) und ihm im Anschluss beichteten. Eine erzählte, er habe, um die Ursache ihrer körperlichen Krankheit zu erforschen, ihren Busen entblößt und berührt.[124] Der Missbrauch des Beichtstuhls durch Baumann hätte eigentlich bereits den Tatbestand der Sollizitation erfüllt und zu dessen Exkommunikation führen müssen. Da aber der Rektor des Hauses an seine Besserung glaubte, empfahl er dem Provinzial lediglich eine Versetzung, die Baumann als Buße nach Ägypten führte, bevor er an seinem Lebensende nach Deutschland zurückkehrte und 1717 in München verstarb.[125] Auch Ferdinand Lederer wurde von einer unverheirateten Frau beschul-

119 Siehe etwa die kürzlich erschienene Studie zur Diözese Quito in Lima, Fabio Locatelli: El Tribunal de la Inquisición de Lima y el delito de solicitación en la diócesis de Quito, siglo XVII. In: Huarte de San Juan. Geografía e Historia 29 (2022), S. 73–95.
120 Lana Lage da Gama Lima: Confissão pelo avesso: o crime de solicitação no Brasil Colonial, São Paulo/Brazil 1991; Lana Lage da Gama Lima: Sodomia e pedofilia em Coa: o caso do padre João da Costa. In: A Inquisição em xeque: temas, controvérsias. Hg. von Ronaldo Vainfas, Bruno Feitler, Lana Lage da Gama Lima. Rio de Janeiro 2006, S. 237–250.
121 Pollyanna Gouveia Mendonça: Raptores, incestuosos e solicitantes: transgressões do clero no Maranhão colonial. In: Revista Cantareira (2009), S. 1–23.
122 Lima: Confissão pelo avesso: o crime de solicitação no Brasil Colonial, S. 72. Vgl. auch die Magisterarbeit von Sabrina Alves da Silva: Execrados ministros do demônio: O delito de solicitação em Minas Gerais (1700–1821), São João del Rei/Brasilien 2016. Zum Wandel der kirchenrechtlichen Beurteilung der Sollizitation siehe nun Agnès Desmazières: Le crime de sollicitation réinventé. Le Saint-Office face aux crimes sexuels des clercs (1916–1939). In: Archives de sciences sociales des religions 193 (2021), S. 177–198, Paris. Generell zur Kontrolle von Sexualität durch die Römische Inquisition siehe den Überblick bei Matteo Al Kalak: Investigating the Inquisition: Controlling Sexuality and Social Control in Eighteenth-Century Italy. In: Church History 85 (2016), S. 529–551.
123 BSB: Clm 1551, vol. 2, fol. 146v; fol. 151v; fol. 156.
124 BayHStA: Jesuiten 360, Brief Jacob Rosenthaler SJ aus Oelenburg vom 18. Januar 1699 an den Provinzial, fol. 2. APECESJ: 68-D, Verz. 9146, Geburt 1644, Eintritt 1662, Tod 1717 in München.
125 Anton Huonder: Deutsche Jesuitenmissionäre des 17. und 18. Jahrhunderts: ein Beitrag zur Missionsgeschichte und zur deutschen Biographie. Freiburg 1899, S. 198. Nicht zu verwechseln mit dem Vorarlberger Franciscus Baumann (APECESJ: Sign. 68-D, Verz. 9147, Geburt 1637, Eintritt 1659, Tod 1694), dem das Mindelheimer Kolleg ein *heiligmäßiges* Leben bescheinigt, siehe ebd.

digt, er habe sie unter dem Vorwand, eine „Krankheit" zu diagnostizieren unsittlich
berührt, vor allem am Busen und dem Geschlechtsteil. Er gab zu, dass er sie „in
pube" berührt habe, aber stritt das Betasten der Brüste ab. Zudem beharrte er darauf, dies ohne „lüsternen Sinn" (*minus animo luxurioso*) getan zu haben.[126] Allerdings
musste er zugeben, dass die Frau oft ins Jesuitenkolleg kam und es Anzeichen größe-
rer Vertrautheit zwischen den beiden gab. Da das Delikt aber geheim (*occulte*) gewesen war, schritt der Orden auch nur geheim zur Bestrafung Lederers, so dass er
zukünftig „gesünder" handle (*saniora*).[127] Man gab ihm eine persönliche Buße auf
und versetze ihn. 1721 wurde auch ein Pater „P.M.H." des Kollegs Heidelberg in der
Oberrheinischen Provinz der Sollizitation „mit zwei Personen" (*duarum personarum*)
beschuldigt und bestraft.[128] 1728 wurde dort ein weiterer „gefährlicher Missbrauch"
(*abusus periculosus*) des Beichtstuhls festgestellt, da ein Jesuit versucht hatte, mehrere Frauen zu verführen. Diesem wurde die Möglichkeit gegeben, sich zu bessern,
und die Oberen angehalten, ihn genau zu überwachen.[129]

Obwohl homosexuelle Gewalt unter Erwachsenen in der Frühen Neuzeit noch
weithin unerforscht ist,[130] zeigen Zeugnisse aus klösterlichen Kontexten, dass es
aufgrund von Machtgefällen dort mitunter zu Missbrauch gekommen ist. Dies war
etwa der Fall, wenn jüngere Ordensmitglieder von älteren sexuell bedrängt wur-

---

Sign. 41–25, Historia Synopsis Collegii Mindelheimensis, fol. 80–82; ebd., fol. 93 erwähnt „gravissima
scandala a sacerdotibus in urbe data nostrorum opera sublate sub anno 1707." Da *gravissima* nur die
schlimmsten Vergehen bezeichnete, ist es möglich, dass ein Sexual- oder Gewaltdelikt hinter dem Eintrag steckt. Allerdings ist nicht unbedingt an Jesuiten als Täter zu denken, sondern eher an Schüler
des Gymnasiums. Auf dies deutet zumindest der Eintrag zum Jahr 1707 hin: „Aus dem Gymnasium
wurden einige fortgejagt, andere wo anderst hingeschickt oder sonst gestraft, und dieses bewirkte,
dass sich die übrigen durch Sittlichkeit und gute Fortschritte auszeichneten und am Ende des Schuljahres im Theater die Komedie von Leopold dem Verächter alles Zeitlichen mit großem Ruhme auf-
führten [...]" (STMI: Geschichte, Jahr 1707, s.pag.).
126 APECESJ: 68-D, Verz. 6387, Geburt 1621, Eintritt 1642, Tod 1668 in Landshut..
127 BayHStA: Jesuiten 355, undatierte Informatio, fol. 4.
128 APECESJ: Sign. 40-2, 7, Konsult vom 17. Oktober 1721, fol. 181. P. Matthias Hönicke, Professor
der Theologie, käme in Frage, der bis 1721 in Heidelberg war, dann nach Bamberg versetzt
wurde, wo er 1724 starb, aber nie entlassen wurde, siehe APECESJ: Sign. 40-2, 22 Catalogus, fol.
76v; 81r. Ludwig Lucius berichtet in seiner polemischen Geschichte des Ordens von einem Hei-
delberger Jesuiten „Christoffel,", der „eine junge Dirne verfellet und durch Anschmitzung eines
jungen Kinds Catholisch gemachet," siehe Ludwig Lucius: Jesuiter-Historie. Basel 1626, S. 207.
129 APECESJ: Sign. 40-2, 7, fol. 273.
130 Susanne Hehenberger: Unkeusch wider die Natur: Sodomieprozesse im frühneuzeitlichen
Österreich. Wien 2006; Helmut Puff: Unziemliche Werk? Sexuelle Handlungen unter Männern
vor Gerichten des 16. Jh. In: Von Lust und Schmerz. Eine historische Anthropologie der Sexualität.
Hg. von Claudia Bruns, Walter Tilman. Köln 2004.

den. Bei der Erforschung der sexuellen Gewalt an Kindern ist vor allem das Augenmerk darauf zu richten, wann und warum kirchliche Autoritäten einschritten und wie man eine Grenzverletzung definierte. So determinierte etwa das Alter des Opfers auch dessen Schuldfähigkeit. Bis zum vierzehnten Lebensjahr hielt man Jungen wie Mädchen nicht für sexuell entscheidungsfähig, bestrafte daher auch den Täter weniger scharf, weil es sich nicht um einen Erwachsenen handelte. Entscheidend war, ob es zum Koitus gekommen war und ob dieser vaginal oder anal erfolgt war.[131] Letzterer wurde unter den Tatbestand der „Sodomie" subsumiert, als widernatürlich definiert, und besonders schwer bestraft. Bei homosexuellen Akten war entscheidend, ob man im Analverkehr penetriert wurde oder ob es nur zu oralem Sex gekommen war. Der Penetrierte wurde als passiver Partner beschrieben, der Penetrierende als aktiver. Passiver Analverkehr schrieb dem Mann weibliche Attribute zu und manifestierte so in Mittelalter und früher Neuzeit eine Inversion des gesellschaftlich anerkannten Genderkonstrukts.[132] Auch Berührungen im Intimbereich galten als unehrenhaft (*dishonesta, inhonesta*), wurden aber als Verführung zur Selbstbefriedigung nur leicht bestraft. Hatte ein Opfer aber einer Vergewaltigung nicht widerstanden und einfach geschehen lassen, wurde es als mitverantwortlich für die Tat angesehen, und wenn der Priester einen Jungen

---

131 Loetz: Sexualisierte Gewalt, S. 99.
132 Robert Mills: Seeing Sodomy in the Middle Ages. Chicago 2015, S. 25–80. Ich verwende die Begriffe „aktiv" und „passiv" gemäß der frühneuzeitlichen Sichtweise, die Boswell folgendermaßen erklärt: „I use these terms throughout with the understanding that ‚active' refers to the individual in a male homosexual liaison who inserts his penis into his partner, either orally or anally, and that ‚passive' refers to the party so entered. I do not mean to suggest anything about the psychological aspects either of the acts involved (e.g., ‚passive' should not be interpreted as ‚uninterested,' ‚coerced,' ‚unwilling,' ‚effeminate,' etc.) or of the relationship: a very aggressive, socially dominant person may prefer what for want of better terms is here called ‚passive' sexual behavior. This dichotomy sometimes, though less often, occurs in historical documents in reference to women (gay or nongay) and in such cases should be understood in a sense analogous to its application to men: a woman who takes the ‚active' part enters her partner, either with some portion of her body or with an object; her ‚passive' partner-male or female-is entered. (Such comments about women may be more a projection of male sexual feelings than observation of female ones.) This whole area of speech is awkward and troubling; these efforts to clarify are the best I can offer, but far from satisfactory." Siehe John Boswell: Christianity, Social Tolerance, and Homosexuality: Gay People in Western Europe from the Beginning of the Christian Era to the Fourteenth Century. Chicago 1980, S. 50. Siehe auch Federico Garza Carvajal, Federico Garza Carvajal: Butterflies will Burn: Prosecuting Sodomites in Early modern Spain and Mexico. Austin 2003.

dazu überredete, der penetrierende Partner zu sein, wurde dieser gar zum Hauptschuldigen, der mit der Todesstrafe zu rechnen hatte.[133]

Der Lehrer an einem Jesuitengymnasium, der einen Schüler missbrauchte, hatte in der Sichtweise der Zeit auch dessen kindliche Unschuld zerstört, indem er den Schüler mit einer sexuellen Realität konfrontiert hatte, die für diesen noch nicht opportun war.[134] Ebenso zeigten sich deutliche Unterschiede in der Bewertung der Taten hinsichtlich der sozialen Herkunft der Opfer. Der Ehrverlust adliger Söhne durch sexuelle Übergriffe wurde als schwerwiegender betrachtet als der von Kindern aus dem Bürgertum oder den unteren Schichten. Außerdem wurde den adligen Opfern größere Bedeutung eingeräumt, weil man befürchten musste, dass deren Familien sich als Patrone und Wohltäter zurückziehen oder sogar zu Feinden der Gesellschaft Jesu werden könnten. Es kostete daher die geschändeten Schüler und auch Erwachsenen immensen Mut, sich zu einer Anzeige durchzuringen, denn die Erwartungshaltung war nicht, dass deren Zeugnis sofort akzeptiert, sondern vielmehr mit Misstrauen begegnet wurde. Gerüchte allein waren nicht ausschlaggebend, wie man am Fall des Schulmeisters Rieder aus Zürich sieht. Er wurde 1710 nach fast zwanzig Jahren „unzüchtiger Betastungen" in mindestens vierzehn Fällen angeklagt,[135] obwohl seit Jahren zahlreiche Gerüchte über ihn zirkulierten. Niemand wollte ihn direkt beschuldigen, nicht nur weil das Strafrecht den Aussagen von Kindern wenig Glauben schenkte, sondern auch die Bestätigung durch mehrere Zeugen vorschrieb. Erst als ihm der Neffe eines hohen Beamten zum Opfer fiel, schritt man zur Anklage.[136] An Jesuitenschulen war es im Prinzip nicht anders, allerdings scheint man den Aussagen der eigenen Studenten zumeist geglaubt zu haben.

Aus dem Schweigen der Kinder ist aber keineswegs auf die Abwesenheit oder Falschheit ihrer Missbrauchsanschuldigungen zu schließen. Wenn sie sich dennoch durchrangen, ihr Schicksal entweder den Eltern oder einem Priester mitzuteilen, dann meist nur, weil die psychische oder physiologische Schmerzgrenze erreicht war. Die Dunkelziffer war hoch, da die Kinder oft aus Angst vor Bestrafung durch ihre Eltern schwiegen. Denn manche Eltern fürchteten, das eigene

---

133 Johann Christoph Frölich von Frölichsburg: Commentarius in Kayser Carl deß Fünfften, und deß H. Röm. Reichs Peinliche Hals-Gerichts-Ordnung [...]. Frankurt; Leipzig 1714, lib. 3, tit. 6, S. 283–293.

134 Vgl. Julia König: Kindliche Sexualität: Geschichte, Begriff und Probleme. Frankfurt am Main 2020, S. 355–356.

135 Loetz: Sexualisierte Gewalt, S. 92.

136 „Dorfvorgesetzte und Mitbewohner mieden es, sich mit Autoritäten wie Lehrer und Pfarrer anzulegen. Um vor ein Gericht zu gelangen, mussten Kinder besonders hohe Hürden überwinden." Ebd., S. 99.

Kind verbreite ein Gerücht, welches sie juristisch wegen Rufschädigung belangbar gemacht hätte, und schenkten dem gesellschaftlich angesehenen Kleriker mehr Vertrauen als dem eigenen Fleisch und Blut. Schließlich wurde in der Frühen Neuzeit auch die verbale Ehrverletzung (*Infamie*) als Gewalttat angesehen und streng sanktioniert.[137] Doch selbst, wenn die Eltern der Anschuldigung ihres Kindes glaubten, musste dieses immer noch damit rechnen, auch durch ein Gericht bestraft zu werden, wenn man ihm etwa Lust an der sexuellen Handlung zuschrieb oder beim Analverkehr die freiwillige Mitwirkung. Da die genauen juristischen Unterschiede den Jugendlichen nicht bekannt gewesen sein dürften, sondern nur die allgemeinen Bestimmungen, haben wohl viele für eine homosexuelle Handlung den Feuertod oder die Hinrichtung durch das Schwert befürchtet und daher lieber geschwiegen.[138]

---

137 Ebd., S. 10–16.
138 Vgl. ebd., S. 109–114.

4 Die Entlassung aus der Gesellschaft Jesu (*dimissio*)

Die Gesellschaft Jesu rekrutierte oft aus ihren Schulen die besten Studenten, die sich zum geistlichen Stand berufen fühlten, als Novizen. Allerdings mussten diese in einem zwei Jahre dauernden Prozess den Erwartungen des Novizenmeisters sowie ihrer Ordensmitbrüder gerecht werden, bevor sie zu den Gelübden zugelassen wurden. Schließlich war die Auslese der besten Kandidaten und die Entlassung (*dimissio)* ungeeigneter Kandidaten unabdingbar für die Qualitätskontrolle des Ordenspersonals. Man betrachtete diese Auslese wie das Zurechtschneiden eines Weinstocks, an dem die toten Triebe entfernt werden, um den kräftigen die Möglichkeit zu geben, Furcht hervorzubringen, wie das von den Jesuiten selbst herausgegebene *Imago Primi Saeculi Societatis Jesu* von 1640 in Schrift und Emblem darlegt.[139] Unter dem für Oberdeutschland zuständigen Provinzial Paul Hoffaeus wurden in den Jahren 1569 bis 1581 – die Provinz zählte 1563 lediglich 160 Mitglieder – aus gerechtem Grund oder aufgrund unmoralischen Betragens immerhin 22 Jesuiten ausgeschlossen, 9 andere entflohen und wurden dadurch dimittiert, sowie 14 Novizen.[140] Weitere 57 wurden bis zum Jahr 1600 entlassen, weitere 195 bis zum Jahr 1650. Im Jahr 1655/56 wurden allein 16 Novizen und insgesamt 221 bis zum Jahr 1700 entlassen, sofern alle Fälle korrekt erfasst wurden.[141] Die Oberrheinische Provinz mit Sitz in Mainz verzeichnete von 1685 bis 1734 106 Entlassungen.[142]

4.1 Die Entlassung aus dem Noviziat

In der Probezeit des Noviziates wurden daher zahlreiche Bewerber abgewiesen, gingen freiwillig oder wurden sogar von ihren Eltern aus einem Kolleg herausgeholt. Die Gründe reichten von körperlichen Defekten wie schwachen Augen oder

---

139 Sidronius de Hossche: Imago primi saeculi Societatis Jesu a provincia Flandro-Belgica ejusdem societatis repraesentata. Antwerpen 1640, S. 203. Vgl. Patricia W. Manning: Disciplining Brothers in the Seventeenth-Century Jesuit Province of Aragon. In: Renaissance and Reformation 37 (2014), S. 115–139.
140 APECESJ: Sign. 40–3, Verz. 72, Liber Manualis R.P. Hoffaei, fol. 65.
141 APECESJ: Sign. 43–90, 43, fol. 1–15. Ein großer Teil wurde aus dem Noviziat entlassen.
142 STAM: Archiv der Oberrheinischen Jesuitenprovinz, 15/453, Catalogi breves personarum (1596–1798) fol. 235–238. Aus dem Noviziatsjahr 1631 wurden 14 entlassen (ebd., fol. 279), nach Gelübden 6.

einer ungenügenden physischen Kondition, über psychische Probleme wie Skrupel, religiösen Mystizismus, bis hin zu mangelnder Intelligenz. Selbst nach den Gelübden konnte man ausgeschlossen werden, etwa wenn eine Krankheit einen Jesuiten zu einer zu großen finanziellen oder gemeinschaftlichen Belastung machte. Die Provinz beriet etwa mehrmals über P. Caspar Klein, der derart starke Schmerzen im linken Bein hatte, dass diese ihn fast in den Wahnsinn trieben. Anstatt ihn zu entlassen, entschied man sich aber detaillierte medizinische Gutachten einzuholen und ihn auf Kur zu schicken.[143]

Häufig erfolgte aber auch die Entlassung aufgrund von Charakterschwächen, wie etwa der Unfähigkeit die eigene Kraft zu kontrollieren oder mangelndem Ernst (*constantia*). Auch Freundschaften konnten zur Entlassung führen. So war zwischen den Mitgliedern derselben Novizenklasse, die ständig zusammen war, ein respektabler Abstand zu wahren. Wer diese Grenze überschritt und sich mit anderen im Schlafzimmer (*cubiculum*) für ein privates Gespräch traf, wurde streng ermahnt. Derartige „Konventikelbildung" wurde auch unter Koadjutoren und Professen als Verstoß gegen die Nächstenliebe betrachtet, weil man durch Freundschaften einige bevorzugte und andere vernachlässigte.[144] Das Schlafzimmer war demnach ein eindeutig definierter privater Raum, dessen Integrität es zu wahren galt. Missachtete ein Novize diese Regel und hielt trotz Ermahnung an seiner Privatsphäre fest, wurde ihm *levitas animae*, Leichtfertigkeit oder mangelnder Ernst vorgeworfen, der in schweren Fällen zur Entlassung führte. Leider sind Unterlagen für Novizen nur sporadisch überliefert. So gibt etwa das Profess- und Novizitatsbuch von Paris den Entlassungsgrund meist an, während sich andere darüber ausschweigen. Auch die nach der Ersten Gelübden Entlassenen wurden in den gedruckten Katalogen der Gesellschaft Jesu nicht namentlich, sondern nur numerisch erwähnt.[145] Diese Anonymisierung erlaubte es dem Orden, nach außen den eigenen guten Ruf zu wahren

---

143 BayHStA: Jesuiten 339. APECESJ: Sign. 68-D, Verz. 6684, Geburt 1651, Eintritt 1651, Tod 1719, *coadjutor spiritualis*.
144 Für die Oberrheinische Provinz, siehe etwa APECESJ: Sign. 41–16, 9, Memoriale Bamberg, 14. Juni 1695, s. pag.: „Non tolerentur conventicula ..." APO: Jezuitów w Nysie, *ordinationes*, 45/141/0/-/16, fol. 275, zu den Beschlüssen der böhmischen Provinzkongregation 1658 von Heinrich Lamparter am 15. Juni 1658. Ebd., fol. 328, wo Provinzial Ferdinand Waldhauser aus Brünn am 20. August 1702 einschärft, den Missbrauch des gegenseitigen Besuchens in den Schlafzimmern abzustellen. Ebd., fol. 278 schärft den Befehl des Generals von 1660 ein, dass Feuerwerke in der Gesellschaft streng verboten sind (*bombardarum usus*), fol. 327 vom 17. Juni 1702 erneuert dieses Verbot (*pulveres pyrios aut ignes*) und fügt das Verbot hinzu, auch nicht über und durch ein Feuer zu springen (*per ignem saltent*).
145 BNF: Registre du noviciat des Jésuites, à Paris. Latin 10988. HASK: Bestand 223 Jesuiten, A 638 von ca. 1670. In den handschriftlichen Katalogen erscheinen die Namen aber, siehe etwa APECESJ: Sign. 40–2, 22, Catalogus Rhenaniae Superioris.

ohne durch Angaben zu Sexualität, Psyche oder körperlichen Gebrechen Verstimmungen in der Bevölkerung hervorzurufen.[146]

4.2 Das Schlafzimmer als kontrollierter Privatraum

Das Schlafzimmer war ein Raum, in dem es zu keinen Treffen oder Gesprächen mit anderen kommen sollte. Er war ein *privatissimum*, das auch der Rektor nur mit gutem Grund betreten sollte. Den strengen Verboten über einen Besuch auf dem Zimmer lag auch die Furcht zugrunde, dass so Gesprächsgruppen entstehen konnten, die sich der Aufsicht der Oberen entzogen oder gar die Autorität der Ordensleitung untergruben. Außerdem war es durch Freundschaften auch häufig zu homosexuellen Beziehungen in einer Jesuitenkommunität gekommen, die man durch das strenge Verbot jeglicher Treffen im *cubiculum* zu verhindern suchte.

Sexuelle Kontakte scheinen auch hinter dem Verbot zu stehen, nachts das Zimmer eines Schülers aufzusuchen oder diese zu sich kommen zu lassen.[147] Während des siebzehnten und achtzehnten Jahrhunderts mussten Visitatoren und Provinziäle beständig die Mahnung, die Schlafzimmer der Studenten zu meiden oder diese auf die Zimmer der Lehrer zu rufen, wiederholen. Provinzial Martin Müller hob 1691 sogar hervor, dass besonders „Auswärtige, vor allem Jungen" der Eintritt in das Jesuitenhaus und ganz besonders der Schlafzimmer verboten und nur nach vorheriger Genehmigung des Rektors erlaubt sei. Die explizite Benennung einer Besuchergruppe deutet auf sexuelle Grenzverletzungen mit Kindern im Dillinger Kolleg hin, an den diese Ermahnung gerichtet war.[148] Die Nichtbeachtung dieser Regel in allen untersuchten Provinzen hat dem Missbrauch von Schülern auf den Zimmern der Jesuiten maßgeblich Vorschub geleitet.[149] Noch 1771, nur

---

146 Lynn Martin: The Jesuit Mind: The Mentality of an Elite in Early Modern France. Ithaca 1988, S. 116–117; G. D. Thompson: The Jesuit Province of France on the Eve of its Destruction in 1762. In: Archivum Historicum Societatis Iesu 87 (2018), S. 3–72; Doris Moreno Martínez: Obediencias negociadas y desobediencias silenciadas en la Compañía de Jesús en España, ss. XVI–XVII. In: Hispania 74 (2014), S. 661–686. Das Register der Niederrheinischen Provinz verzeichnete die Dimission und oft auch den künftigen Wirkungsort, aber kaum jemals den Dimissionsgrund, siehe APECESJ: Sign. 40–1, 5.
147 APO: 45/141/0/-/16, Ordinationes, Brief des böhmischen Provinzials Julius Zwicker aus Prag vom 18. Mai 1726 an den General, fol. 124.
148 APECESJ: Sign. 41–14, 5, Memorabilia Dillingen, Ermahnung des Provinzials vom 19. Januar 1691, fol. 69v.
149 Aus der Vielzahl der Quellen, seien hier nur einige erwähnt. APECESJ: Sign. 41–14, 5, Ermahnung vom 5. November 1693, fol. 67v–68; ferner Sign. 41–14, 2, Ordinationes Dillingen, Memoriale für das Jahr 1752, fol. 56; ebenso für das Jahr 1755, ebd., 57; vom 5. November 1693, fol. 68; vom

zwei Jahre vor der Auflösung des Ordens, wiederholte der Provinzial der bayerischen Provinz ein Verbot des Jahres 1766, dass ohne jegliche Ausnahme (*nullam exceptionem admittant*), *niemals* ein Schüler der unteren Klassen unter dem Vorwand geistlicher Führung, Beichte oder Nachhilfe je auf das Schlafzimmer eines Jesuiten kommen dürfe. Der Provinzial nannte die entgegenstehende Gewohnheit einen „untolerierbaren Defekt" (*intolerabilis defectus*) und forderte die Jesuiten seiner Provinz auf, dies und alles zu unterlassen, was bei Katholiken Anstoß erregen konnte. Jeder Übertritt werde auf das Schwerste bestraft.[150] Die Direktheit dieser Anordnung lässt vermuten, dass sich 1766 ein sehr schweres Vergehen in der Oberdeutschen Provinz ereignet hat, von dem allerdings nichts weiter bekannt ist. Außerdem machte der Provinzial deutlich, dass er von den angeblichen Gründen, dies es notwendig machen würden, einen Schüler aufs Zimmer zu holen, nichts hielt. Da er diese Gründe als Vorwände bezeichnete, muss sich der Leser natürlich fragen, was die wirklichen Gründe gewesen sind. Zu viele kommen nicht in Frage. Es gab zwar ein paar Fälle, in denen ein Schüler als geheimer Bote eingesetzt wurde um Liebesbriefe in die Stadt zu schmuggeln, in fast allen anderen aber handelte es sich um sexuelle Handlungen.

4.3 Die Entlassung *nach* den Gelübden

Aber auch *nach* den Gelübden, mit denen man sich an die Gesellschaft Jesu band, konnte ein Jesuit immer noch relativ einfach entlassen werden. Es gab zwei unterschiedliche Stufen dieser Gelübde. Zum einen die Scholastikergelübde nach dem Noviziat mit denen ein Jesuit die Gelübde von Armut, Keuschheit und Gehorsam ablegte und fortan entweder ein *scholasticus approbatus* war, der Theologie studierte und Priester wurde, oder ein *coadjutor temporalis* ohne höhere Weihen und daher fast immer ein Laienbruder/Frater war. Diese wurden ordensintern oft als *vota simplicia* oder einfache Gelübde bezeichnet.[151] Nach etwa zehn Jahren im Orden wurde ein Jesuit nach eingehender Qualifaktionsprüfung zu den sogenannten *letzten* Gelübden zugelassen, mit denen die Priester zu geistlichen Koadjutoren oder *coadjutores spirituales* wurden, die wenigen aber, die zu den üblichen drei

---

19. Januar 1698, fol. 69v. Jungen und Diener, die das zwanzigste Lebensjahr noch nicht erreicht hatten, durften daher auch nicht in die Küche des Kollegs – zu ihrem eigenen Schutz, siehe APO: 45/141/0/-/16, Ordinationes, Blasius Stammius für die Provinz Böhmen am 1. November 1651, fol. 249.
150 APECESJ: Sign. 40–3, 1, Brief des Provinzials Joseph Erhard vom 12. November 1771, s. pag.
151 Siehe etwa BayHStA: Jesuiten 306, Informatio über Joseph Amrhein vom 27. Oktober 1724, fol. 14; Informatio über Melchior Bencard vom Februar 1727, fol. 17–17v.

noch ein viertes Gelübde ablegten, zu Voll-Professen (s. u.).[152] Allerdings gab es auch eine ganze Reihe von Jesuiten, denen man letzte Gelübde nicht zugestand, weil sie auffällig geworden waren oder Probleme verursacht hatten. Es konnte also durchaus sein, dass ein Jesuit die Priesterweihe erhalten hatte und selbst nach fast zwanzig Jahren im Orden immer noch *scholasticus approbatus* war, wie etwa Lucas Geislmair, den man allerdings 1723 entließ.[153]

Wenn die Ordensoberen die moralische Gewissheit hatten, dass ein Jesuit den intellektuellen, moralischen, physischen, psychologischen, oder spirituellen Ansprüchen nicht genügte, konnte die Entlassung eines *scholasticus approbatus* recht zügig erfolgen. Der 25-jährige Scholastiker Georg Völkl wurde, etwa „wegen seiner Dummheit" (*ob stultitiam*) entlassen.[154] Selbst nach den Letzten Gelübden bestand noch die Möglichkeit einen Jesuiten zu entlassen, allerdings waren die rechtlichen Hürden grösser, weil die Entscheidung in den Händen des Generals lag. Demnach konnte ein Mitglied entlassen werden, „(1) wenn es ‚unverbesserlich [*incorrigibile*] war in einigen Leidenschaften oder Laster, welche die göttliche Majestät beleidigen,' oder wenn seine Mitgliedschaft (2) ‚dem Wohl der Gesellschaft zuwiderläuft,' und 3) ‚gleichzeitig dem Wohl der Gesellschaft und dem des Einzelnen zuwiderläuft.'"[155] Als konkrete Gründe wurden in den Dimissionsakten Verfehlungen wie schwerer Ungehorsam,[156] Sodomie, Diebstahl,[157] Mord oder Rufschädigung der Gesellschaft

---

152 Klaus Schatz: Geschichte der deutschen Jesuiten (1814–1983), Bd. 5. Münster 2013, S. 43–56.

153 APECESJ: Sign. 68-D, Verz. 7770. BAYSHTAM: Jesuiten 306, Informatio über Lucas Geislmair vom 27. Oktober 1723, fol. 13–13v.

154 BayHStA: Jesuiten 349.

155 A. Lynn Martin: Vocational Crises and the Crisis in Vocations among Jesuits in France during the Sixteenth Century. In: The Catholic Historical Review 72 (1986), S. 201–221, hier S. 204. Zur Entlassung bzw. Einkerkerung der *incorrigibiles* in anderen Orden siehe Ulrich L. Lehner: Mönche und Nonnen im Klosterkerker. Ein verdrängtes Kapitel Kirchengeschichte. Kevalaer 2015.

156 Obwohl nicht erwähnt, ist als Dimissionsgrund für Rudolph Flaxland 1642 Ungehorsam denkbar, führte er doch – wenn die Identifizierung mit Johann Adam von Flaxland zutrifft – später als Dekan von Bruchsal den Widerstand gegen seinen Bischof für die Selbständigkeit seines Stifts an. Er starb 1654, wobei die Jesuiten vermerkten, er sei möglicherweise vergiftet worden. Siehe APECESJ: Sign. 43–90, fol. 9; fol. 36, siehe ferner Franz Xaver Remling: Geschichte der Bischöfe zu Speyer, Bd. 2. Mainz 1852, S. 534. In der Oberrheinischen Provinz überlegte man 1715 den Pater Paulus Eretsman wegen schweren Ungehorsams auszuschließen. Dieser hatte allerdings auch extreme Arbeitsscheu an den Tag gelegt und Krankheiten simuliert, siehe APECESJ: Sign. 40-2, 7, 11. Dezember 1715, fol. 148. 1723 wurde er schließlich auch dimittiert, siehe APECESJ: Sign. 68-D, Verz. 11759. STAM: 15/453, fol. 267 bescheinigte ihm im Jahr 1720/21 Jähzorn (*passiones irae*) und übermäßige Liebe zur Ruhe (*amat otium*). Es zeige sich, dass er den Anforderungen nicht genüge (*non satisfecit*).

157 So etwa die Entlassung des Leopold Beck 1737 wegen zahlreichen schweren Diebstählen, siehe APECESJ: Sign. 43–90, fol. 20 und der des P. Johann Bapt. Martin im selben Jahr, ebd. Zu Martin siehe auch den eignen Faszikel BayHStA: Jesuiten 348. Ebenso wegen schweren Diebstahls

genannt. Erfolgte die Entlassung auf Ansuchen der Provinzoberen, wurden detaillierte Informationen eingeholt, manchmal auch der Provinzkonsult befragt, um dem General eine möglichst eindeutige Darstellung zu liefern. Bruder Lucas Komenski etwa wurde um 1650 entlassen, weil er die Novizen despektierlich anredete und dadurch ständig Querelen verursachte.[158] Andere verabschiedete man, weil man sie als intellektuell unbegabt oder nicht lernfähig einstufte.[159] Wenn man Gewissheit erlangt hatte, dass ein Jesuit der Gesellschaft nur zur Last fiel und zu keiner Arbeit zu gebrauchen war, wurde er entlassen. Christoph Waizmann etwa nannte der Neuburger Superior 1726 „einen völlig unbrauchbaren" Mann (*plane inutilem*), der daraufhin entlassen wurde.[160] Liebesbriefe wurden ebenso als legitimer Dimissionsgrund anerkannt, vor allem wenn bereits die ganze Stadt über die Vertrautheit eines Jesuiten mit einem Mädchen munkelte.[161] Auch die Not der Eltern, die Pflege oder Unterstützung brauchten, konnte zur einvernehmlichen Auflösung der Mitgliedschaft führen.[162] Arbeitsscheue Jesuiten (*otiosi*), die vielleicht wie P. Justus Sommer im Jahr 1715/16 auch noch allen möglichen Eitelkeiten des Körpers (*corporis vanitatis*) zugeneigt waren, galten als unnütz und als Last, die man durch die Dimission loswerden konnte.[163]

Unter den sexuellen Grenzverletzungen wogen in der frühen Neuzeit homosexuelle Akte besonders schwer. 1625/26 wurden daher aus dem Mindelheimer Kolleg gleich zwei Jesuiten entlassen, die allen Ermahnungen zum Trotz, ihr sexuelles Verhalten nicht gebessert hatten.[164] Besonders delikat wurde die Affäre dadurch, dass

---

entlassen wurde Michael Buechner (APECESJ: Sign. 68-D, 8785) im Jahr 1662, siehe APECESJ: Sign. 43–90, fol. 31.

158 Paul Shore: Mission Mostly Accomplished – Narratives of Jesuit Success and Failures in Hungary and Transylvania, 1640–1772. In: Publicationes Universitatis Miskolciensis: Sectio philosophica 15 (2009), S. 182; Paul J Shore: Narratives of Adversity: Jesuits in the eastern peripheries of the Habsburg realms (1640–1773). Budapest; New York 2012, S. 61. Ein ähnlicher Fall ist für Posen dokumentiert, wo ein P. Dzuzienski (?) wegen „verbis gravibus et rusticis contumeliose" entlassen wurde, siehe BJ K: BJ Rkp. 5197, fol. 3. In der Oberrheinischen Provinz kritisierte man 1704/05 zwar Franziskus Dorn im Tertiat als „criticus, suspiciosus mordax otiosus," beließ ihn aber im Orden, siehe STAM: 15/453, fol. 261v.

159 BayHStA: Jesuiten 306, fol. 10–11. Ebd.: Jesuiten 306, Informatio über den *scholasticus approbatus* Caspar Schwaighofer/Schweickhofer aus München vom 3. Mai 1726, fol. 15–15v; Jesuiten 306, Informatio über Melchior Bencard aus Ingolstadt vom Februar 1727, fol. 17–17v.

160 BayHStA: Jesuiten 306, Informatio über Christoph Waizmann vom 6. März 1726, fol. 16.

161 APECESJ: Sign. 40–2, 8, 1734, fol. 7v; (1740), fol. 23. Siehe ebenso ebd., Sign. 40–2, 7, 11. September 1730, fol. 291.

162 APECESJ: Sign. 40–2, 8, 1747, fol. 51–51v zu Marcus Winckelblech.

163 Allerdings hat man Sommer doch nicht entlassen, siehe dazu STAM: 15 / 453, fol. 264; APECESJ: Sign. 68-D, Verz. 10195.

164 Der Personalstand des Kollegs in APECESJ: Sign. 40–3, 71, fol. 141–142.

der Fürstabt von Kempten, Eucharius Wolfurt, anscheinend in Reginald Silvester verliebt war. Der Mindelheimer Chronist nahm sich mit der Wendung *„cui in amoribus erat"* kein Blatt vor den Mund.[165] Das Hauptwort *amor* weist eine auf starke emotionale Komponente hin, nicht nur einfache Zuneigung (*familiaritas*). Ob die beiden aber in einer romantischen Beziehung waren oder der Abt den Silvester Reginald nur anhimmelte, lässt sich anhand der Quellen nicht entscheiden. Dass man im Jesuitenkolleg Mindelheim von den *amoribus* gewusst hat und sich nicht einmal scheute sie in der Hausgeschichte zu erwähnen, macht eine Einordnung noch schwieriger. Zum einen hatte der Orden nämlich im Fürstabt einen großen Gönner, da er dem Kolleg ein Ziborium, Bücher und wertvolle Musikinstrumente geschenkt hatte.[166] Wollte man seine Unterstützung nicht verlieren, konnte man ihm schlecht die Gesellschaft Silvesters entziehen. Allerdings hätte der Rektor sicher keine sexuelle Beziehung gedeckt, Förderung durch den Fürstabt hin oder her, da er ja für das Seelenheil Silvesters verantwortlich war. Wenn es demnach eine sexuelle Beziehung gegeben haben sollte, ist davon auszugehen, dass sie Silvester geheim hielt. Außerdem scheint der Pater sowieso die Gesellschaft anderer Männer dem Abt vorgezogen zu haben. Er nutzte, wie der Chronist angab, „die Möglichkeit, seinem Verlangen nachzukommen" (*desideria sua reficiendi*), als der Rektor ihn beauftragte am 1. Januar 1625 nach Kempten zu reisen. Eigentlich hätte er die Geschäftsreise mit Michael Aicheler als Gefährten antreten sollen. Reginald fälschte aber nun kurzerhand einen Brief, in dem er sich auf die Autorität seines Freundes, des Fürstabtes, berief, und sich selbst nach Babenhausen beorderte. Daher ließ er Aicheler zurück (*remisso*) und begab sich zum Fuggerschloss nach Babenhausen, wo er sich in nachts „schlecht" benahm (*ille male se gessuit*), wie die *Historia* des Kollegs berichtete. Dass hier eindeutig auf sexuelle Taten angespielt wird, legt das in der erklärenden Notiz angefügte Adjektiv *turpissima*[167] nahe. Was aber genau geschah, ist unbekannt. Vielleicht wurde Silvester in flagranti beim Geschlechtsverkehr ertappt – mit wem auch immer – oder man hat nächtliches Stöhnen aus seinem Zimmer gehört, oder aber er hat versucht, sich an einem Bediensteten zu vergehen, oder gar sexuellen Kontakt mit einem Mitglied der Familie Fugger gehabt. Von dort versandte er jedenfalls einige Briefe, wohl mit dem offiziellen Siegel des Ordens, und unternahm, wie sich der Chronist ausdrückte, allerhand „Wanderungen." Diese *evagationes* wurden mit dem Herumstreunen eines wilden Tieres verglichen,

---

165 APECESJ: Sign. 41–25, Historia Synopsis Collegii Mindelheimensis, fol. 27: „Reginaldus Sylvester, qui forte favore Principis Campidunensi, cui in amoribus erat, insolentior factus [...]."
166 APECESJ: Sign. 41–25, fol. 24. Zur Korrespondenz zwischen Kempten und der Jesuitenniederlassung Kaufbeuren zwischen 1630 und 1744, siehe STAA: Fürststift Kempten, Archiv Akten 2275, allerdings ohne Bezug auf Silvester.
167 STMI: Historia Collegii Mindelheimensis, fol. 71 f.

was wiederum dem Ganzen einen sexuellen Anstrich gibt, so dass anzunehmen ist, dass Silvester wohl auch an anderen Orten in der Umgebung sexuell aktiv war. Erst am 31. Januar kehrte Silvester zurück, fiel aber sofort wieder in alte Verhaltensmuster zurück.[168] Daher wurde er schon am 2. Februar nach München beordert, wohin ihn Johannes Faber begleitete.[169] Dort entließ man ihn umgehend und verglich den Akt seiner Dimission mit dem Herausschneiden eines Geschwüres (*abscisus*).[170] Die Entlassung wurde vom Fürstabt mit Schmerz und vom Präfekten Kemptens mit Verwunderung aufgenommen, da sie die wahren Hintergründe nicht kannten. Um die beiden diskret über alles (*fama*) zu informieren und sich ihres Schweigen zu vergewissern, sandte der Rektor am 17. Februar Pater Hugo Wolfurt zu ihnen.[171] Doch Silvester war nicht der einzige Jesuit, der dem Mindelheimer Rektor in diesem Jahr Kopfzerbrechen bereitete. Der zweite war Johannes Keller, ein Freund Silvesters, dessen Verhalten ebenfalls eine sexuelle Konnotation zu haben scheint. Im Mai 1625 wurde er bereits streng ermahnt, da der Rektor fürchtete, Keller könne mit seiner religiösen Berufung Schiffbruch (*naufragium*) erleiden, weil er „gesungen hatte." Was aber genau vorgefallen ist und warum das Singen (*caneret*) dem Rektor so anstößig vorkam, lässt sich erst aus der weiteren Geschichte seiner Entlassung rekonstruieren.[172] Die *Historia* berichtete, er sei zu unklug und zu frei (*liberius*) im Umgang mit Studenten gewesen, aber auch, dass er laszive Lieder (*lascivis cantilensis*) über die Schandtaten (*facinora*) seiner Jugend sang,[173] und dass zuletzt seine Liebesbriefe an die verheiratete Frau des Bürgermeisters öffentlich bekannt wurden. All dies brachte den Orden in solchen Verruf, dass die Mindelheimer selbst ein halbes Jahr nach der Affäre noch mit den Fingern auf die Jesuiten zeigten.[174] Das Adjektiv *lascivis* fehlt allerdings in der gedruckten Geschichte der Provinz ebenso wie die Erwähnung

168 STMI: Historia Collegii Mindelheimensis, fol. 71 f: „Vix redierat Reginaldus suum repetivit." Zu Silvester siehe APECESJ: 68-D, Verz. 4503: Geburt 1588 in Pruntrut, Eintritt 1607, Dimission am 2. August 1625, *coadjutor spiritualis*. Ebd., Sign. 41–25, fol. 65 berichtet auch von der Dimission 1664 von Christopher Esterreicher; ebd. fol. 73 Flucht des Mathias Bloeckle („pedem extulit"). Nach dem Dimissionsbuch der Provinz in ebd., Sign. 43–90, fol. 36 soll Silvester nach seiner Entlassung in Schwand in Österreich als Pfarrer untergekommen sein.
169 Zu Faber siehe APECESJ: Sign. 68-D, Verz. 8158, Geburt 1553, Eintritt 1573, Profess-Gelübde, 1630 Tod.
170 STMI: Historia Collegii Mindelheimensis, fol. 71 f.
171 STMI: Historia Collegii Mindelheimensis, fol. 71 f: „Subitam mutationem aegre [...]" Der nach Kempten gesandte Hugo Wolfurt (APECESJ: Sign. 68-D, 3181, Geburt 1573 in Bregenz, Eintritt 1591, Tod 1633) war wohl ein Verwandter des Abtes.
172 STMI: Historia Collegii Mindelheimensis, fol. 72.
173 APECESJ: Sign. 41–25, fol. 15–16. APECESJ: 68-D, Verz. 6792: Johannes Keller, Geburt 1589 in Wyl, Eintritt 1613, Priester, Dimission am 18. April 1626, *scholasticus approbatus*.
174 Franz Xaver Kropf: Historia Provinciae Societatis Jesu Germaniae Superioris, Bd. 4. München 1746, S. 317. Ebenso hatte er versucht, die Frau des Bürgermeisters zum Ehebruch zu verführen,

der Liebesbriefe, um die sexuelle Natur des Skandals zu verschleiern. Ob der zu freie Umgang mit den Schülern auch grenzverletzendes Verhalten beinhaltete, lässt sich nicht ausschließen. Keller wurde jedenfalls 1626 entlassen. Danach verliert sich seine Spur.

Die Dimission bedeutete einen Schnitt, der dem Betroffenen, wie es der Schweizer Adam Herler, ausdrückte, wie ein gegen ihn geschleuderter „Blitz" vorkommen musste.[175] Als im Juni 1664 der General die Dimission des Ambrosius Marra auf Empfehlung der Assistenten sowie der Konsultoren der portugiesischen Jesuitenprovinz guthieß, wurde ihm wie allen anderen Dimittenten „ewiges Stillschweigen" auferlegt.[176] Die Römische Kongregation für den Klerus unter dem Vorsitz von Girolamo Farnese war über die Behandlung Marras durch die Jesuiten ungehalten. Seine fünfmonatige Inhaftierung und anschließende Entlassung unter Vorenthaltung eines Beichtvaters in der Osterwoche widersprach den etablierten Bestrafungsformen. Außerdem zweifelte man in der Kurie, ob die Entlassung wirklich zum Wohl des Ordens geschehen sei. Auch an der Form übte man Kritik. So hätte der Entlassungsgrund nicht „inquietudo" oder „obstinatio" sein dürfen, da das Gelübde zum Gehorsam ja ein Heilmittel für diese darstelle.[177] Der Provinzprokurator verteidigte das Vorgehen und erklärte, dass die Gesellschaft das Recht besitze, nicht nur Novizen, sondern auch Mitglieder nach den „drei einfachen Gelübden," den Ersten Gelübden, auszuschließen sowie in einigen

siehe STMI: Historia Collegii Mindelheimensis, deutsche Fassung, s.pag.: „Endlich bekam der P. Rektor auch einen schändlichen Brief in die Hand, welcher dieser Elende an die Bürgermeisterin eigenhändig geschrieben hatte, um sie bey dem vorgerückten Alter ihres Gemahls zum Ehebruch zu verführen. Bey diesen Überführungsbeweisen wurde derselbe in Biburg zur Strafe eingekerkert und dann aus unserem Orden entlassen, zur Rettung unseres guten Rufes, wieda dieses bekannt gemacht, um zu beweisen, dass der Orden zur Erhaltung der guten Sitten alles, was in seiner Macht stehe thue. Allein unsere Widersacher stellten sich damit noch nicht zufrieden, sondern haben in der Versammlung in der Wohnung des Stadtpflegers alle diese Schandbriefe und Pasquillen verlesen."

175 BayHStA: Jesuiten 353, Brief Adam Herler an den Provinzial vom 25. Juni 1655, ohne Ortsangabe, fol. 21.

176 ANdTT: Armário Jesuítico e Cartório dos Jesuítas, liv. 4, fol. 315, Sicula dimissionis, unterzeichnet von V. de Vermigli an Marc Aurel Maraldi, Girolamo Farnese: „Verum et quia perpetui silentio imposito habet assistentiam in jure quod habet Societas Jesu ad expellendos religiosos [...] Siquidem non ambigitus quin incorrigibilis ille censendus sit qui ter aut saepius severe monitus et castigatus nullo modo corrigitur, nec delinquere destitit." Auch entlassenen Weltgeistlichen erlegte man strengstes Schweigen als Bedingung für Entlassungsschreiben auf, siehe etwa die Dimission des Kanonikus Georg Plaichshirn von St. Zeno wegen Simonie AEM: AA001/1, GR.PR.114, Jg. 1697, 17. Juni 1697, 146.

177 ANdTT: Armário Jesuítico, liv. 4, fol. 369–370. ebd., fol. 322.

Fällen auch nach den Letzten Gelübden, „allerdings mit einiger Schwierigkeit."[178] Marra fiel in die erste Kategorie. Allen Versuchen der Oberen, ihn zu disziplinieren, widerstand er. Sein Verhalten was so „intolerabel," dass man sich gezwungen sah, ihn einzukerkern. Seine unaufhörlich vorgebrachten Beschwerdebriefe (*libellos*), in denen er Provinziäle und Mitbrüder aller möglichen Ungerechtigkeiten und Sünden bezichtigte, „als ob er allein im Orden gelehrt und gerecht sei, wie Job im Lande Hus,"[179] haben sicherlich seine Lage nur verschärft. Aus der Sicht des Ordens aber war dadurch klar, dass er gegen das Gemeinwohl der Gesellschaft so nachhaltig verstoßen hatte, er erwiesenermaßen „unbrauchbar" für das religiöse Leben war und seine weitere Präsenz nur Schaden und Unruhe hervorbrächte.[180] Marra war dem Orden eine Last und an keiner Stelle einsetzbar: „Ohne ein Eingreifen Gottes kann man nicht hoffen, dass er auch irgendein Schulamt ausfüllen könnte, weil [...] er sich mit allen ständig in Zwietracht begibt [...] und sein Handeln geradezu zur Verrücktheit degeneriert."[181] Ein Ausschluss sei damit nicht nur zum Besten der Jesuiten, sondern auch zum Nutzen der Kirche, da Marra in seinen Schreiben den Apostolischen Stuhl als tyrannisch bezeichnete, als schädlich für die Kirche Gottes und in einigen Äußerungen häretisch, ja lutherisch klinge.[182]

Eine ganze Reihe von Jesuiten suchte aber auch selbst um Dimission aus dem Orden an. Nach fast dreißig Jahren im Orden bat P. Caspar Köpferl 1657 um die Entlassung. Der Provinzial holte den Rat seiner Konsultoren ein, ob der Fall unter die in den Generalkongregationen angeführten Fälle für eine mögliche Entlassung falle.[183] Dabei stellte sich heraus, dass P. Anton Welser, mit dem Köpferl in Neuburg ständig aneinander geraten war,[184] bereits 1638 eine Entlassung wegen seines Ungehorsams in Aussicht gestellt hatte.[185] „Von jener Zeit an," schrieb Welser, „begann er mit mir über seine Leiden zu sprechen, wobei er sich stets ganz still und bedäch-

---

178 ANdTT: Armário Jesuítico, liv. 4, fol. 327.

179 ANdTT: Armário Jesuítico, liv. 4, fol. 327v.

180 ANdTT: Armário Jesuítico, liv. 4, fol. 328v.

181 ANdTT: Armário Jesuítico, liv. 4, fol. 329: „[...] sine miraculo Deo, non sperabatur emendatio, ut [...]quod erat ineptus ad omnia munera Societatis et maxime ad exercitium Scholae [...]."

182 ANdTT: Armário Jesuítico, liv. 4, fol. 330.

183 BayHStA: Jesuiten 309, unpaginiertes Brieffragment vom 15. Dezember 1657. APECESJ: 68-D, Verz. 6844. Geburt 1604, Eintritt 1627, Austritt 1658.

184 BayHStA: Jesuiten 309, Brief von Caspar *Köpferl an den Provinzial* vom 3. Oktober 1639, fol. 26.

185 BayHStA: Jesuiten 309, Brief von Anton Welser an den Provinzial vom 4. Oktober 1639, fol. 27. Für einen anderen Entlassungsfall aufgrund notorischen Ungehorsams siehe ebd., Jesuiten 306, Informatio über Joseph Amrhein aus München vom 27. Oktober 1724, fol. 14, vgl. APECESJ: Sign. 68-D, 9328, Geburt 1692, Eintritt 1711, Austritt 1724.

tig im Kolleg verhielt. Wenn er sich für seine vergangenen Dummheiten (stultitias) entschuldigt und gehorsam ist, dann meine ich, muss er nicht entlassen werden."[186] Sollte er aber die Entlassung selber wünschen, solle man sie ihm freimütig (*liben-ter*) gewähren, meinte Welser. Eine solche Petition reichte er allerdings nie ein. Zudem brauchte der Orden gute Lehrer, und Köpferl war einer der wenigen die ein „animum ad docendum Humaniores litteras" besaßen, also zum Lehr-amt außerordentlich befähigt waren.[187] Zwanzig Jahre später aber war er für den Orden zur Last geworden. Er schrieb nun, er sei überzeugt, „dass es besser sei, außerhalb der Gesellschaft zu leben [...], so dass ich Gottes Willen auslege [*interpretabi*]." Auch wenn einige ihm vielleicht vorwerfen würden, sich nicht gut entschieden zu haben (*non bona me decernere*), habe er doch beständig mit sich gerungen, sich in allen Schwierigkeiten bemüht und seine Berufung zum Jesuitenorden verteidigt. Nun sei sein Entschluss gereift und wohlüberlegt.[188] Im Februar 1659 bestätigte der General in Rom die Dimission.[189]

Dennoch finden sich auch Entlassungen von Jesuitenpriestern, die im Anschluss nicht einmal als Weltgeistliche Dienst taten, sondern lieber ihr geistliches Amt nicht mehr ausübten, obwohl sie von dessen Pflichten nicht dispensiert waren. Für den 1722 entlassenen Philosophieprofessor Johannes Dauch hieß es lapidar, dass er „wegen seiner unveränderlichen Disposition" (*de immutata dispositione*) ausge-schlossen werde.[190] Er sei arbeitsscheu, verursache immer Streit, führe sich aber auch gegen seine Schüler schlecht auf.[191] Er kam als Hauslehrer der vier kleinen Kinder eines italienischen Bildgießers in Kassel unter. Da sich aber das Gerücht ver-breitet hatte, er sei zum evangelischen Glauben konvertiert, kehrte er in seinen let-zten Aufenthaltsort Heiligenstadt in der Oberrheinischen Provinz kurz zurück, um zu „beweisen, dass er noch Katholik sei. Das gelang ihm bestimmt nur wenig und er benahm sich dabei ziemlich albern, ja er ließ sich ganz weltlich gekleidet, mit lan-gem Haar und einem mit Schleifen geschmückten Hut auf den Straßen sehen, dabei folgte ihm ein hessischer Soldat als Lakai. Er besuchte einige Herren und rühmte sich brüstend und prahlend seiner Stellung, dann ritt er, wie er sagte, zu seiner Er-holung nach Religerode; er las auch keine Messe, eine Handlung, die sonst doch den Priester kennzeichnet, und gab auch kein offensichtliches Zeichen dafür, dass er

---

186 BayHStA: Jesuiten 309, Brief von Anton Welser an den Provinzial vom 4. Oktober 1639, fol. 27.
187 BayHStA: Jesuiten 309, Brief von Anton Welser an den Provinzial vom 4. Oktober 1639, fol. 27.
188 BayHStA: Jesuiten 309, Motive von Caspar *Köpferl, undatiert, fol. 30.*
189 BayHStA: Jesuiten 309, Dimissio vom 23. Februar 1658, fol. 28. Siehe auch APECESJ: 68-D, Verz. 6844, dort aber unter „*Käpferl.*" Geburt 1604, Eintritt 1627, Dimission 1658, *coadjutor spiritualis.*
190 APECESJ: Sign. 40–2, 9, fol. 240. Er war wohl ein *coadjutor spiritualis.*
191 APECESJ: Sign. 40–2, 7, Konsult vom 17. April 1721, fol. 187.

noch dem Glauben treu sei; im Gegenteil, sage ich, er machte sich verdächtig …"[192] Dauch erscheint in den *Litterae Annuae* seines ehemaligen Kollegs als ein Mensch, der auf Äußerlichkeiten fixiert, Gefallen am Luxus findet und das geistliche Leben vernachlässigt. Die Beurteilungen Dauchs aus seinem Tertiat vertiefen diesen Eindruck. Dort wurde er als unruhiger und sogar unvertrauenswürdiger (*infidelis*) Mann gesehen, als pflichtvergessen und faul, als Verächter der Ordensarmut, aber auch als jähzornig. Privat von seinen Vorgesetzten ermahnt, bezichtigte er andere ihn ständig zu verfolgen und Böses gegen ihn auszuhecken.[193] Es ist schwer vorstellbar, dass ihm der Provinzial eine Träne nachweinte.

4.4 Psychische Krankheitsbilder und sexuelle Grenzverletzungen als Entlassungsgrund

Depression oder mangelnde Intention bei der Ablegung der Gelübde konnten ebenso die Entlassung erleichtern. Michael Müller, der 1605 in Markdorf bei Konstanz geboren wurde und 1630 eingetreten war, bat 1647 wegen schwerer Depression (*melancholia consumere*) um Entlassung. Diese sei durch völlige Erschöpfung hervorgerufen, da weder er noch die anderen Laienbrüder die nötige Rekreationszeit erhielten, weil ihnen die Vollprofessen vorwarfen, sie seien schon genug abgelenkt (*distracti*) und bräuchten nicht noch mehr Muße.[194] Obwohl eine Entlassung eine stillschweigende Anerkennung der Vorwürfe Müller bedeutete, wurde ihm der Austritt erlaubt, wahrscheinlich weil der Provinzial befürchtete, Müller könne eine zunehmende Last für den Orden werden. Auch Christoph Kerschbaumer fühlte sich von Mitbrüdern schikaniert. Ständig denke man von ihm nur das Schlimmste. Er fühlte sich von Anfang an zu den Gelübden innerlich gezwungen (*coacta et violenta*), weil er das Klosterleben als Flucht aus der sündigen Welt ansah, um sein Seelenheil zu finden. Seine Melancholie und Schlaflosigkeit,[195] wur-

---

192 Bernhard Opfermann (Hg.): Die Geschichte des Heiligenstädter Jesuitenkollegs, Bd. 2. Duderstadt 1989, S. 128.
193 STAM: 15/453, fol. 266v.
194 BayHStA: Jesuiten 293, Brief von Michael Müller vom 16. Juni 1647 an den Provinzial, fol. 1. Wann die Entlassung erfolgt ist, wurde im Personalkatalog nicht vermerkt, siehe APECESJ: 68-D, Verz. 5747, Geburt 1605, Eintritt 1630, Dimissionsjahr fehlt.
195 BayHStA: Jesuiten 301, fol. 1, Motive des Christoph Kerschbaumer. Siehe auch APECESJ: 68-D, Verz. 6751, Geburt 1627, Eintritt 1650, Dimission 1673, *coadjutor spiritualis*. Erstaunlicherweise fehlt in der Dimissionsakte der Hinweis, dass er im Hospiz in Schierling sein Gewand ablegte. Ob dieser Beleg nun als Hinweis darauf auszulegen ist, dass er sich nackt ausgezogen hat um eine unsittliche Tat zu begehen oder dass er von dort in weltlichem Gewand zu fliehen versuchte, ist nicht klar. Nach AJTG: *Diarium Collegii Straubingani*, 9. Mai 1673: „NB. R. (P.) D. Christophorus

den wohl als Symptome ehrlichen Berufungsmangels angesehen, da ihm der Austritt 1673, nach dreizehn Jahren im Orden, erlaubt wurde. Auch der dreiundzwanzigjährige Johannes Reisinger aus Eichstätt bat als Coadjutor am 24. Oktober 1655, nach nur drei Jahren im Orden, um den Austritt. Bemerkenswerterweise verfasste er sein Schreiben auf deutsch.[196] Zunächst habe man seine Bitte um Entlassung als „Versuchung" abgetan. Dennoch habe er „weder bey Tag noch Nacht kein Ruhe nit gehabt" und beständig diesen Wunsch seinem Beichtvater vorgetragen. Durch die Erwähnung der Dauerhaftigkeit seines Ansinnens konnte er dem Provinzial ausweisen, dass es sich bei seinem Wunsch nicht um eine Stimmungsschwankung, sondern um eine echte Berufungskrise handelte. Schließlich referierte er, die Gelübde nicht aus freiem Willen abgelegt zu haben, sie auch nie halten wollte, „sondern nur aus lauter Furcht meines Gewissens," weil er meinte, im Orden leichter sein Seelenheil zu finden.[197] Reisingers Hinweis, dass er Armut, Gehorsam und Ehelosigkeit nie wirklich intendiert habe, machte eine Entlassung einfacher, weil man annehmen konnte, dass die Verbindlichkeit der Profess gar nicht bestand.[198] Diese Behauptung verstärkte er durch seinen Freiheitwillen, den bisherigen Erfahrungshorizont zu erweitern: Er wünsche sich nämlich außerhalb der Gesellschaft Jesu „mein angefangen Ruas [sic!]," also seine Lebensreise, fortsetzen um noch im jugendlichen Alter etwas von der Welt zu sehen, „in der ich mir noch trau fort zu kommen."[199] In der Erwartungshaltung eines Vorgesetzten konnte Reisinger so als potentieller Ausreißer und Skandalverursacher eingeordnet werden, was ihm die Erfüllung seines Wunsches erleichterte.

Joseph von Roll aus dem schweizerischen Solothurn, geboren 1704 und in die Gesellschaft Jesu 1721 eingetreten, hatte zwar erfolgreich die esten Gelübde abgelegt,[200] dann aber immer deutlicher „Anzeichen eines erlahmenden Geistes" ge-

---

Kerschbaumer, qui praeterita Hebdomada sacra Biburgum hinc missus furat, dimittendus heri inde ad nos/depositis Schirlingae in hospitio vestibus/ nemine nostrorum arbitro/rheda a Biburgensi Superiore/data hac advectus, hodie summo mane descendit Danubio in Austriam. Magnum eius adventus/et merito quidem/ ab initio incusserat metum etc. Sed ubi is summo mane discessit Bassavium, evanuit. Visitatus est tum ab uno alterove Domino in hospitio, a quibus aliqua postea intellecta sunt."
196 APECESJ: 68-D, Verz. 5106. BayHStA: Jesuiten 295.
197 BayHStA: Jesuiten 295, fol. 1–1v.
198 Vgl. dazu die exzellente Studie von Anne Jacobson Schutte: By Force and Fear – Taking and Breaking Monastic Vows in Early Modern Europe. Ithaca 2011.
199 BayHStA: Jesuiten 295, fol. 1–1v.
200 BayHStA: Jesuiten 306, Informatio de M. Josepho ad dimissionem, aus Landsberg vom 1. Mai 1727, fol. 1. Die *Informationes* des achtzehnten Jahrhunderts tendieren dazu, genaue biographische Angaben zu Geburtstag und Professablegung zu machen. APECESJ: Sign. 68-D, Verz. 4944. Geboren 1704, Eintritt 1721, Austritt 1727.

zeigt, „so dass man um seine religiöse Berufung fürchten" müsse, schrieb sein Superior.[201] Anstatt sich seinem Seelenheil zu widmen, zog er es vor, sich immer
mehr für weltliche Belange zu interessieren, verfiel so der *levitas*, und bat schließlich die Gesellschaft verlassen zu dürfen, nicht nur weil es ihm unmöglich geworden sei die Ordenspflichten zu erfüllen, sondern auch weil er überhaupt keine
Berufung mehr dazu spüre (*experiatur nullam penitus in religiosa vocatione constantiam*) und ihm schwere Melancholie das „Tragen des Religiosenjochs zu
schwer mache."[202] Christoph Cramer aus Speyer klagte über die Furcht in der Gesellschaft sein Leben zu beschließen und den Horror selbst Priester zu werden.[203]
Simon Gigl wurde in beiderseitigem Einvernehmen entlassen, da er eine allzu
große „Vertrautheit mit dem anderen Geschlecht," hatte, „die er nicht nur einmal,
und nicht ohne Skandal suchte."[204] Einen anderen ließ man ziehen, weil er angab,
er fürchte im Orden um sein Seelenheil und weil „Gefahr bestehe dass er Hand an
sich lege" (*mihi manus inferam*).[205] Auch den Chirurgen Anton Jackisch aus Schle-
sien entließ man, da er im Probejahr Briefe eines Mädchens bekam, die ihn daran
erinnerten, dass er ihr die Ehe versprochen hatte. Vom Superior, der die Briefe
zensiert hatte, zur Rede gestellt, verneinte er diese Verpflichtung. Am Ende des
Probejahres aber begann sie ihm wieder zu schreiben, so dass der Rektor ihm erklärte, er könne nicht zu Gelübden zugelassen werden, bis er seine Angelegenheit
geklärt habe. Er habe sich in betrügerischer Weise in die Gesellschaft eingeschli-
chen.[206] Eustachius Schönhueb aus Waldmünchen war man froh loszuwerden, weil
er an geistiger Entkräftung litt, und Gefahr der „mania", also des Wahnsinns,[207] bestand, er zum Studium wie für jeden anderen Dienst völlig untauglich sei, und die
Mediziner ihm ein „sitzendes Leben" prognostizierten.[208] Auch fühlte sich dieser
nicht in die Gesellschaft von Gott berufen, sondern „vom Beichtvater gedrängt"

---

201 BayHStA: Jesuiten 306, fol. 1.
202 BayHStA: Jesuiten 306, fol. 1.
203 BayHStA: Jesuiten 306, Informatio aus Landsberg vom 1. Mai 1727, fol. 2–2v. APECESJ: Sign.
68-D, Verz. 8719. Geboren 1698, Eintritt 1715, Austritt 1727.
204 BayHStA: Jesuiten 306, Informatio aus Augsburg vom 20. August 1727, fol 4–4v. APECESJ:
Sign. 68-D, Verz. 7723. Geboren 1694, Eintritt 1719, Coadjutor, Austritt 1727.
205 BayHStA: Jesuiten 306, Informatio über Thomas Scheffler, undatiert, fol. 5v. APECESJ: Sign.
68-D, Verz. 4491.
206 BayHStA: Jesuiten 306, Informatio über Anton Jackisch, undatiert, fol. 6–6v. APECESJ: Sign.
68-D, Verz. 6958. Geboren 1693, Eintritt 1724, Austritt 1728.
207 Akten zum wahnsinnig gewordenen Pater Gerhard Pesch, der einen dreifachen Mord verübte, von 1554 bis 1574 im APECESJ: Sign. 66–8 (Kö S II), 581/582, Nr. 26a.
208 BayHStA: Jesuiten 306, Informatio über Eustachius Schoenhueb aus Landshut vom 25. Dezember 1720, fol. 7–7v. APECESJ: Sign. 68-D, Verz. 4190. Geboren 1693, Eintritt 1710, Austritt 1721.

(*compulsione*).[209] 1699 musste man Pater Joachim Gasser entlassen, weil er im Ebersberger Kolleg durch seine Zornausbrüche und nächtliches Schreien alle in Angst und Schrecken versetzte und als „wahnsinnig" (*amentia*) galt.[210] Wegen seines manischen Jähzorns approbierte man nach 20 Jahren im Orden auch das Gesuch des P. Lucas Geislmayr um die Dimission. Er sei ein „virum atrabile," also hoch depressiv, und mit schlimmen Verwirrungen (*perturbationes*) geschlagen, die ihn an seiner Berufung zweifeln ließen.[211] Wurde ein Jesuit gewalttätig und verletzte gar einen Mitbruder, musste man in schweren Fällen ebenfalls zur Dimission schreiten. Ein solcher Fall ereignete sich 1749, als ein Frater einen anderen mit dem Küchenmesser am Kopf verletzte. Die Konsultoren waren sich einig, dass der Täter es nicht wert sei, „im Habit der Gesellschaft" zu verbleiben.[212]

Emotional zerrüttet erschien den Oberen der aus Burgund stammende Joseph Journot. Dieser bat 1667 um die Entlassung, aber gleichzeitig auch um „Satisfaktion" für die ihm angetane Schikanierung und Unrecht.[213] In Freiburg/Schweiz hatte er allerdings keinen guten Ruf, vor allem wegen seiner „vehementia", aber auch seines „indiskreten Verhaltens mit Schülern" – ein Hinweis auf grenzwertiges Verhalten.[214] Seine „vehementes affectiones, quas patitur incorrigibiles," also seine unkorrigierbaren Affektausbrüche, machten ihn für die Gesellschaft nutzlos.[215] Journot selbst gestand seine aufgewühlten Emotionen ein, wies aber auch darauf hin, dass diese „vivacissimas et tenacissimas apprehensiones" ihn in ständiger Aufregung oder Angst hielten und so auch seinen Studienfortschritt beeinträchtigten. Im Beichtstuhl bringe ihn seine „phantasia" oft nahe an die Ohnmacht und in der Öffentlichkeit an Zornesausbrüche.[216] Der Provinzial ließ ihn ziehen.[217]

209 BayHStA: Jesuiten 306, fol. 7–7v.
210 BayHStA: Jesuiten 340, Brief von Carolus Hoeger aus Ebersberg an den Provinzial vom 21. April 1699, fol. 1. APECESJ: Sign. 68-D, Verz. 7836, Geburt 1663, Eintritt 1684, Dimission 1700. Danach Eintritt ins Noviziat in Rottenbuch. Er starb als Priester in Landsberg am 15. Okober 1726 (www.Matricula-Online.de: Bistum Augsburg, Pfarrei Landsberg Mariä Himmelfahrt, 13-S, fol. 387: "Eximius Dm. Magister Magnus Joachim Gasser), jedoch nicht als Jesuit. Ein weiterer Brief Gassers ist erhalten in BayHStA: Jesuiten 345, vom 22. Mai 1699, fol. 3.
211 BayHStA: Jesuiten 306, Informatio über Lukas Geislmayr aus Muenchen vom 27. Oktober 1723, fol. 13. APECESJ: Sign. 68-D, 7770. Geboren 1685, Eintritt 1704, Austritt 1723.
212 APECESJ: Sign. 40–2, 8, Consultationes Provinciae Rheni Superioris, 1749, fol. 58.
213 BayHStA: Jesuiten 327, Brieffragment, fol. 1. APECESJ: Sign. 68-D, 6877. Geboren 1641, Eintritt 1658, Austritt 1667, *scholasticus approbatus*.
214 BayHStA: Jesuiten 327, Brief des Rektors Johannes Schirmbeck aus Freiburg/Schw. vom 7. März 1667 an den Provinzial, fol. 2: „ ... indiscretum modum agendi cum discipulis."
215 BayHStA: Jesuiten 327, Brieffragment, fol. 4 vom 11. Oktober 1667.
216 BayHStA: Jesuiten 327, Liste der Austrittsgründe von Joseph Journot, fol. 6. BayHStA: Jesuiten 327, Brief aus Landsberg vom 25. Oktober 1667 an den Provinzial, fol.5–5v.
217 APECESJ: Sign. 40–3, 71, fol. 480.

Einfacher war es, wenn der Wunsch eines Jesuiten, den Orden zu verlassen, dem des Provinzials zu seiner Entlassung zuvorkam. Bartholomäus Gambeck etwa beschrieb die innere Zerrissenheit, die er im Orden verspürte, aber auch die Unfähigkeit den Erwartungen seiner Vorgesetzten wegen seines Mangels an „Talenten" (*talentorum*) zu entsprechen. Mit der Redewendung, „Ich kenne meine Natur, die mich wieder und wieder zum alten Chaos zurückdreht,"[218] zeigte er die Ernsthaftigkeit seines Austrittswillens an und dass er bereits viele Male versucht hatte gegen Versuchungen anzukämpfen, aber immer wieder unterlag. Ändere sich nichts an seiner Lage, sei er zum Wahnsinn verdammt, „oder größeren Übeln" (*mala gravamina*). Mit letzterem Begriff setzte er den Provinzial sanft unter Druck. Schließlich informierte er ihn, dass er beim Verbleib im Orden früher oder später mit einem Skandal, der nicht unbedingt etwas mit einem Sexualdelikt zu tun haben musste (*gravamina*), rechnen konnte.[219]

Ein weiterer solcher Fall scheint beim Tiroler Franz Remich vorzuliegen, der als 25-jähriger, sechs Jahre nach seinem Eintritt in den Orden im Jahr 1660, darüber nachsinnte, die Dimission zu erlangen. Zunächst wurde diese Überlegung im Orden als „Versuchung gegen die Berufung" (*tentatum esse contra vocationem*) verstanden und nicht als neutraler Abwägungsprozess.[220] Dies ist insofern bemerkenswert, weil Remich nur Scholastiker war und nur die Ersten Gelübde abgelegt hatte. Man scheint daher ernsthaft abgewogen zu haben, ob die vorliegenden Gründe ausreichten, die Profess aufzulösen. Der Straubinger Rektor Biegeisen zeigte Verständnis, weil „sein Wesen sehr schwierig und wenig geeignet ist für die Gesellschaft ... doch in der Bitte um Entlassung, von der er nun absteht, meint er eine schwere Sünde zu begehen, die ihn vom ewigen Heil ausschließt [...]"[221] Diese Bemerkung zeigt deutlich, wie schwer sich Männer taten, selbst vor dem Letzten Gelübde aus der Gesellschaft auszutreten. Sie fürchteten ihre Berufung zu verfehlen und nach ihrem Tod in die Hölle zu kommen. Weitaus schwerwiegender wog als Entlassungsgrund, dass man Remich öfter mit sich selbst redend auf einem Spaziergang sah und dass „seine großen Schwierigkeiten sowohl augenfällig als auch verdeckt" waren, was auf eine Behinderung oder andere auffällige Verhaltensmerkmale hinwies.

---

218 BayHStA: Jesuiten 333, Brief von Bartholomäus Gambeck an den Provinzial vom 20. Oktober 1671, fol. 2: „Novi meam naturam, qua in antiquam chaos iterum ac iterum revolvar [...]."
219 BayHStA: Jesuiten 333, Brief von Bartholomäus Gambeck an den Provinzial vom 20. Oktober 1671, fol. 2.
220 BayHStA: Jesuiten 352, Brief von Georg Biegeisen aus Straubing vom 21. Juni 1666, fol. 5. Zu Remich siehe APECESJ: 68-D, Verz. 5090: Geboren 1641 in Mühlbach/Tirol, Eintritt 1660, Austritt am 30. Oktober 1666.
221 BayHStA: Jesuiten 352, Brief von Georg Biegeisen aus Straubing vom 21. Juni 1666, fol. 5.

Daher meine ich, dass wenn er in der Gesellschaft bleibt, er ihr keine große Ehre einbringen wird, und keinen großen Nutzen, [...] weil er keine herausragenden Gaben zu besitzen scheint, nur einen mittelmäßigen Geist, keine überragende Urteilskraft, keine Klugheit [*prudentia, qua nulla est*] [...] Er besitzt weder Ernsthaftigkeit der Sitten noch Tugend noch Eifer für das Geistliche [*favor spiritus*] [...] Ja einer der Patres sagte, dass er in seinem ganzen Leben noch keinen schlechteren Magister in der Gesellschaft gesehen habe. [...] Er gibt sich der Muße und dem Schlaf hin [...][222]

Biegeisen befürchtete sogar, dass Remichs bösartiges Wesen ihn über kurz oder lang zu einem zu einem Störenfried in jedem Kolleg machen würde. Auch emotional war Remich instabil, wie man an seinen unkontrollierten Gefühlsausbrüchen (*affectus ... vehementes*), und vor allem seiner Traurigkeit (*tristitia*) schloss. Diese Bemerkung ist im Zusammenhang mit einer später geäußerten Beschreibung Biegeisens zu lesen, nach der Remich in der Straubinger Kollegskirche durch sein Anstarren der Schüler und der jungen Frauen auffiel.[223] Dies schien dem Rektor nicht nur peinlich zu sein, sondern wohl ein Anzeichen dafür, dass der junge Jesuit seine Affekte nicht im Griff hatte und vielleicht sexuelle Gedanken hegte. Jede ehrliche Betätigung schien er zudem zu verabscheuen (*honestibus occupationibus quodammodo abhorrere*). Da er auch auf alle Disziplinierungsversuche nur mit Murren (*murmurationes*) reagierte, galt er bald als unkorrigierbar. Unterstrichen ist aber im Text die folgende Bemerkung:

Denn er liebt in unbeherrschter Manier die besonders schönen Jungen, missbraucht aber deren Freundschaft ruchlos.[224]

Dieser Satz scheint nahezulegen, dass der Rektor annahm, Remich habe homosexuelle Neigungen und lebe diese entweder bereits aus oder stehe kurz davor, da seine Nähe zu bestimmten Schülern auffällig war. Die Wendung, „er missbrauche" (*crasse et illiberaliter utitur*) deren Freundschaft, legt übergriffiges Verhalten oder sexuelle Gewalt im weiteren Sinne nahe. Daher wäre die Bitte um Entlassung dem Orden sehr willkommen gewesen. Doch nicht nur aus Höllenangst, sondern auch aus familiären Gründen hatte Remich den Antrag zurückgezogen. Seine Eltern seien mit einem anderen Jesuiten verwandt und Remichs Ausscheiden wäre als Familienschande betrachtet worden.[225]

---

222 BayHStA: Jesuiten 352, fol. 5v.
223 BayHStA: Jesuiten 352, fol. 6.
224 BayHStA: Jesuiten 352, fol. 6: „Denique in familiaritate puerorum nimius gratiosiores enim intemperanter amat, eorumque amicitia satis crasse et illiberaliter utitur." Die Übersetzung teilweise von Karl Heinrich von Lang: Reverendi in Christo Patris Jacobi Marelli Soc. Jesus. Amores. E scriniis provinciae Superioris Germaniae Monachi nuper apertis brevi libello expositi. München 1815, S. 29.
225 BayHStA: Jesuiten 352, fol. 6.

Über den Sommer 1666 versuchte Rektor Biegeisen ihm beide Ängste zu nehmen, und schon am 30. August 1666 konnte er dem Provinzial berichten, dass Remich wegen „zu wenig Eifer zum Gebet und noch weniger Lust zu einem ernsthaften Studium" um Dimission angesucht habe. Die harsche Beurteilung Biegeisens vom Juni verschwieg Bernhard Duhr in seiner *Geschichte der Jesuiten in den Ländern deutscher Zunge*. Stattdessen zitierte er lieber aus einem Brief Remich's an seine Eltern, in dem er am 27. Oktober 1666 erklärte, dass er nach langer reiflicher Überlegung beschlossen habe den Orden zu verlassen obwohl, „ ... mich die Societät gern behalten und ich mit Lust verblieben" wäre. „Wie denn ich von der Societet nichts anderes als lauter Guethaten empfangen, ja eine solche Liebe hab ich jederzeit von allen erfahren, dass ich diesen heiligen Orden in Ewigkeit nit werde können bezahlen."[226] Geflissentlich den potentiellen Triebtäter und Tunichtgut Remich verschweigend, benutzte Duhr den Fall, wohl wider besseren Wissens, um die „Großzügigkeit" der Gesellschaft Jesu, die dem Entlassenen sogar noch ein gutes Gewand aus schwarzem Stoff mitgab, zu beweisen. Er nahm Remichs Versprechen ewiger Dankbarkeit, ohne die er nie einen Entlassungsbrief erhalten hätte, für bare Münze, obwohl er den eigentlichen Tathergang kennen musste.[227]

Der Entlassungsbrief selbst, für den sich das entsprechende Formular in den Archivalien findet, erwähnte, wie auch bei diözesanen Dimissorien üblich, nur, dass der Jesuit „aus gerechten Gründen" (*iustas causas*) entlassen worden sei.[228] So konnte auch Johannes B. Martin, der wegen schweren Diebstahls in der Kommunität der Jesuiten untragbar geworden war, nach seiner Entlassung Moderator des Grafen Truchsess von Friedberg und Trauchburg sowie Pfarrer in Herbetingen im Bistum Konstanz werden.[229] In extremen Fällen wurden die Dimissorien aber, wie im Fall des cholerischen Bartholomäus Schrecksnadel, verweigert.[230]

---

226 Bernhard Duhr: Geschichte der Jesuiten in den Ländern deutscher Zunge, Bd. 3. München-Regensburg 1921, S. 264.
227 Baumgarten taxiert Duhr korrekt, wenn er schreibt: „Getreu seiner bisherigen Darstellungsweise glättet, mildert, entschuldigt, übergeht der Verfasser vielfach die unangenehmen Dinge, die doch in größeren Gemeinschaften unausbleiblich sind. ... Duhr glaubte das verantworten zu können, und so müssen wir uns mit den Andeutungen allgemeinster Art begnügen. Von der Handhabung der Strafen erhalten wir überhaupt kein auch nur den bescheidensten Anforderungen genügendes Bild," siehe Paul Maria Baumgarten: Ordenszucht und Ordensstrafrecht – Beiträge zur Geschichte der Gesellschaft Jesu besonders in Spanien. Traunstein 1932, S. 28.
228 BayHStA: Jesuiten 546: fol. 6.
229 BayHStA: Jesuiten 348.
230 BayHStA: Jesuiten 320, fol. 57–57v, ohne Datum (1669).

4.5 Die Entlassung nach dem Profess-Gelübde

Eine kleine Anzahl von Jesuiten legte neben den üblichen drei Gelübden noch ein viertes Gelübde zu besonderem Gehorsam gegenüber dem Papst ab. Dieses sogenannte Profess-Gelübde band auch die Gesellschaft Jesu auch an den Einzelnen. Die Entlassung eines solchen Voll-Professen war daher fast unmöglich. Selbst den Übertritt in einen anderen Orden erlaubte man nur in seltenen Fällen.[231] Konsequenterweise wurden Vollprofessen, die aus dem Orden geflohen waren auch als „vollkommene Apostaten" angesehen, während diejenigen mit einfachen Gelübden (also Koadjutoren oder Scholastiker) nur „apostati imperfecti" waren.[232]

Dimissionen waren aber aus schwerwiegenden Gründen auch nach dem Profess-Gelübde immer noch möglich, hingen aber vom General in Rom ab.[233] In diesem Zentralismus sah bereits Juan de Mariana im siebzehnten Jahrhundert die Quelle der meisten Probleme des Ordens: Der General besitze eine monarchische Stellung ohne jegliche Regulierungsinstanz. Er könne schalten und walten, wie es ihm beliebe, und sei niemandem Rechenschaft schuldig.[234] Daher konnte der General selbst einen überführten Sexualstraftäter wie den *coadjutor spiritualis* Jakob Marell wieder in den Orden aufnehmen, auch wenn zahlreiche Jesuiten vor Ort dagegen waren. Man fragt sich allerdings, warum? Es scheint, dass die Entlassung eines solchen Jesuiten für die Ordenskurie in Rom gleichbedeutend mit einem Eingeständnis eigenen Versagens gewesen wäre: Man hätte einen Mann entlassen, der jahrzehntelang ordensintern als mustergültig evaluiert worden war. Bei Außenste-

---

231 Am ehesten erlaubte man den Eintritt in den Kartäuserorden, siehe etwa aus der Oberrheinischen Provinz den Fall des Valentin Buettner, der 1732 zu diesem Zweck dimittiert wurde, siehe STAM: 15/453, fol. 237; 330. In der Oberdeutschen Provinz wechselte 1710 Johannes Mennlin, der das Profess-Gelübde abgelegt hatte, zu den Augustiner Chorherren in Kreuzlingen, siehe APECESJ: Sign. 43–90, fol. 16.

232 Sonia Isidori: I dimessi dalla Compagnia di Gesù nel Vicereame del Perù. Ricerche di Storia Sociale e Religiosa, Bd. 47 2018, hier S. 10.

233 Wilhelm Kratz: Das vierte Gelübde in der Gesellschaft Jesu. In: Zeitschrift für katholische Theologie 37 (1913), S. 538–562; Martin: Vocational Crises.

234 Henri de Saint Ignace: Tuba magna […] de necessitate […] reformandi Societatem Jesu. Strassbourg 1713, S. 21. Auch die weit verbreitete *Praktische Moral der Jesuiten*, deren ersten beiden Bände von Sébastien Joseph du Cambout de Pontchâteau (1634–1690) stammten, die Folgebände aber wohl vom Jansenisten Antoine Arnauld (1612–1694), enthalten ähnliches Material. Rady Roldán-Figueroa: The martyrs of Japan – Publication History and Catholic Missions in the Spanish World (Spain, New Spain, and the Philippines, 1597–1700). Leiden, Boston 2021 (Studies in the history of Christian traditions 195), S. 60; Bruno Neveu: Sébastien Joseph du Cambout de Pontchâteau, 1634–1690 et ses missions à Rome: D'après sa correspondance et des documents inédits. Paris 1968.

henden hätte dies wohl den Eindruck erweckt, als ob die Ordensoberen in Disziplin und Moral nachlässig gewesen oder gar in dessen Untaten verstrickt gewesen wären. Zudem musste man von einem Jesuiten mit Profess-Gelübde eine starke Identifizierung mit dem Orden erwarten, so dass ihn seine Entlassung vor den finanziellen und sozialen Ruin gestellt hätte. Mit einer solchen Extremsituation konfrontiert, so fürchtete man, könnte ein Entlassener zum Protestantismus konvertieren, um sich wenigstens seinen Unterhalt zu sichern, so aber einen enormen Skandal hervorrufen wie etwa der Religionswechsel des vormaligen Theologieprofessors Andrew Sall im Jahr 1674.[235] Entschloss man sich aber dennoch zur Dimission, so wurde der Jesuit zunächst bestraft, und erhielt erst dann seine Entlassungspapiere. Er sollte spüren, dass er eine schlimme Tat vollbracht hatte.[236]

Gerade im sechzehnten Jahrhundert kam es aufgrund des rapiden Wachstums der Gesellschaft Jesu zu zahlreichen Entlassungen, die der frühe Jesuit Pedro de Ribadeneira auf falsche Erwartungen von Seiten der Neumitglieder aber auch auf mangelnde Vorsicht der Novizenmeister zurückführte. Diejenigen, die aus dem Orden nach den Gelübden entlassen worden seien, hätten von Gott ihre gerechte Strafe erhalten, da sie als Mörder und Diebe endeten. Der bekannte Schriftsteller hatte sogar die Lebensgeschichten solcher Exjesuiten gesammelt, ebenso wie auch ein anderer Mitbruder im Orden, aber die Gesellschaft entschied sich, diese nicht zu veröffentlichen. Zu groß wäre die Häme gewesen, hätten die Jesuiten zugegeben, solche Mitglieder gehabt zu haben. Dennoch wurden Ribadeneiras *Dialoghi* bei Tisch den Novizen des Ordens in Spanien vorgelesen, um sie einerseits in ihrer Ernsthaftigkeit zu unterstützen, andererseits aber auch um sie einzuschüchtern. Auch italienische Abschriften existierten und wurden dort

---

235 Andrew Sall: True Catholic and Apostolic Faith Maintain'd in the Church of England. Oxford 1676; Andrew Sall: A Sermon Preached at Christ-Church in Dublin, Before the Lord Lieutenant and Council, the Fifth Day of July, 1674. Dublin 1674. Siehe auch die Kritiken und Widerlegungen durch Nicholas French: The Doleful Fall of Andrew Sall, a Jesuit of the Fourth Vow. London 1749; Ignatius Brown: An Unerrable Church Or None Being a Rejoynder to the Unerring, Unerrable Church Against Dr. Andrew Sall's Repley Entituled The Catholic Apostolic Church of England. s.l. 1678.

236 Patricia W. Manning: Repentance and Departure from the Society of Jesus in the Seventeenth-Century Province of Aragón. In: Bulletin of Spanish Studies 89 (2012), S. 699–723. Zu den *resolutiones casuum difficiliorum* der österreichischen Provinz siehe ÖNW: Cod. 11983. Ein Beispiel für eine Dimission nach dem Vierten Gelübde in der Oberdeutschen Provinz ist der ehemalige Novizenmeister Joachim Erndel/Erndlin der 1634 entlassen wurde und zu den Serviten übertrat, siehe APECESJ: Sign. 43–90, fol. 8, vgl. ebd., Sign. 68-D, Verz. 8210, vgl. Hans-Michael Körner: Große bayerische biographische Enzyklopädie. Berlin 2005, S. 465–466.

ähnlich verwandt. Zudem entwickelten sich auch lokale Traditionen über das Schicksal und vor allem den grausamen Tod der Entlassenen.[237]

Auch in den Kolonialgebieten und Missionen kam es zu Entlassungen, entweder aufgrund der Flucht aus dem Orden, etwa um eine Ehe einzugehen, oder aber wegen sexueller Grenzverletzungen mit Männern oder Frauen,[238] oder einer Straftat wie Diebstahl oder Geldfälschung.[239] Allerdings scheint sich in den spanisch sprechenden Gebieten im siebzehnten Jahrhundert eine rigidere Praxis der Dimission durchzusetzen. Provinziäle und General des Ordens wogen nun sehr genau ab, ob eine Entlassung mehr Schaden als Nutzen erbringen würde. Dabei standen stets der Orden und seine Reputation im Vordergrund, nicht das Individuum. Die Zahl der Entlassungen sank rapide.[240] Ähnlich verhielt es sich in der Oberdeutschen Provinz der Jesuiten. Unter den zwischen 1556 und 1570 entlassenen Mitgliedern (s. Kap. 3) befanden sich zudem zahlreiche einflussreiche Priester, die als

---

237 Isidori: I dimessi dalla Compagnia di Gesù nel Vicereame del Perù, S. 8. Eine ähnliche Schrift verfasste Bobadilla, siehe Mario Scaduto: Il ‚Libretto consolatorio‘ di Bobadilla a Domènech sulle vocazioni mancate (1570). In: Archivum Historicum Societatis Iesu 43 (1974), S. 85–102. Ein weiteres Werk dieses Genres ist das 1661 entstandene Manuskript von Joannes Nadasi, *Tristes annuae Desertorum,* siehe PFK: Jesuitica, 118. F 2. Es verarbeitet Material von 1540 bis 1659. Ein deutsches Pendant ist APECESJ: Sign. 43–90, wo auf fol. 30 ff. auch jeweils die Quellen verzeichnet sind, auf die solche Traditionen zurückgingen. Siehe dazu Shore: Mission; Gábor Tüskés: Johannes Nádasi. Europäische Verbindungen der geistlichen Erzählliteratur Ungarns im 17. Jahrhundert. Tübingen 2001, S. 178–179. Daher schreibt Jacobus Cellesius über die Sammlung solcher Details durch P. Julis Mancinelli: „Magna cum diligentia contexuit Catalogum pro sua ipsius directione, ususque privato, & ad nostram instructionem, eorum nominum, qui nostra ex Societate egressi plerumque malum sortiti sunt exitum," siehe Jacobus Cellesi: Vita P. Julii Mancinelli S.J.; italice scripta, latine reddita a Simeone Mair. Innsbruck 1677, S. 155.
238 Die Standardformulierung war die „familiaritas oder Vertrautheit mit dem anderen Geschlecht," wie etwa im Fall des Pater Wolff 1678 in der Oberrheinischen Provinz, siehe APECESJ: Sign. 40–2, 9, fol. 86 [Bild 117] (die Paginierung ändert sich in den Band mehrmals!). Bei einem anonymisierten Magister im Jahr 1675 ebd., fol. 79 [Bild 113], der wegen „turpia," einem nicht näher bestimmten Sexualdelikt, zu bestrafen und auszustoßen sei, kann es sich eventuell auch um den Missbrauch eines Schülers handeln. Die Dimissi des Jahres 1675 waren Matthäus Wortmann, Adolph Lyseck und Zacharias Bartisch, im Jahr 1676 Friedrich Schelleberg, Christoph Pflaum, Anton Plentz und Christoph Höller (ebd., Sign. 40–2, 24, fol. 128; fol. 136). Ein anderer Magister „F.J.L." berührte Mädchen, scherzte unsittlich mit ihnen, und wurde daher dimittiert, siehe APECESJ: 40–2, 8, 27. April 1746, fol. 41. Frater Johannes Jakobus Felber beging schwere Delikte, weswegen man ihn 1721 entließ, siehe APECESJ: Sign. 40–2,9, fol. 234–235. Welche Delikte dies aber waren, ist nicht überliefert.
239 Isidori: I dimessi dalla Compagnia di Gesù nel Vicereame del Perù, S. 9; Lehner: Mönche und Nonnen im Klosterkerker.
240 Martínez: Obediencias negociadas.

Hofprediger, Hofbeichtväter oder Professoren wirkten.[241] Erst ab der Mitte des siebzehnten Jahrhunderts scheint sich auch eine zunehmend restriktive Entlassungspraxis durchzusetzen. Der böhmische Provinzial David Krupsky machte am 7. Mai 1665 auf die Abkehr von der großzügigen Entlassungspraxis des Jesuitengenerals Vincenzo Carafa von 1647 aufmerksam. In der Zukunft werde man nicht mehr so freigebig Entlassungsbriefe ausstellen, sondern versuchen, die Männer durch ihre Beichtväter so zu begleiten, dass sie auch als Mitglieder der Gesellschaft sterben.[242]

4.6 Entlassung wegen homosexueller Liebe

Manchmal überlagerten sich Grenzverletzungen. So bedeutete die *levitas animae* einerseits mangelnden Ernst zum religiösen Leben, weil man dem eigenen Verlangen Priorität einräumte, zum anderen war sie aber ordensintern eine *Chiffre* für sexuelle „Leichtfertigkeit,"[243] vor allem, wie es scheint, unter Männern.

Obwohl die meisten dokumentierten homosexuellen Beziehungen aus dem siebzehnten Jahrhundert auf einem starken Machtgefälle beruhten, oft zwischen Lehrer und Schüler oder zwischen älterem und jüngerem Mann, finden sich auch einige genuine Liebesbeziehungen. Viele sind aber aufgrund ihrer mangelnden Dokumentation nur schwer einzuordnen, wie etwa die kurzen Bemerkungen zu Conrad Schwager (Schwaigerle), den man 1566 entließ, weil er in seinen „verweiblichten" (*effeminati*) Sitten mit „summa turpitudine" gesündigt habe. Die Kombination von Verweiblichung und Betonung eines in der Regel stets sexuellen Vergehens (*turpitudine*), lässt trotz der fehlenden Begriffe *crimen nefandum* oder *sodomia* recht eindeutig auf Homosexualität schließen,

---

241 Pater Vitus Liner, der 1574 das Kolleg in Luzern begründet hatte, wurde 1584 in ein Mönchskloster eingewiesen, was auf eine schwere Straftat hinweist, und Elias Hasenmüller, der Protestant wurde, schrieb gar eine polemische Geschichte der Gesellschaft Jesu, die zu einem Standardwerk des frühneuzeitlichen Luthertums wurde. Karl Heinrich von Lang: Geschichte der Jesuiten in Baiern. Nürnberg 1819, S. 59. Zu Hasenmüller und anderen Konvertiten aus dem Jesuitenorden siehe Thomas Kaufmann: Konfession und Kultur: lutherischer Protestantismus in der zweiten Hälfte des Reformationsjahrhunderts. Tübingen 2006 (Spätmittelalter und Reformation 29), S. 229–297, 401–403.
242 APO: 45/141/0/-/16, fol. 281. Die Anzahl der Entlassenen, die Lang referiert, sind allerdings nicht korrekt. Das Dimissionsbuch scheint Lang unbekannt geblieben zu sein, siehe Lang: Geschichte der Jesuiten in Baiern, S. 61. Zum Dimissionsbuch der Oberdeutschen Provinz, siehe APECESJ: Sign. 43–90.
243 Für den Tatbestand Leichtfertigkeit als Sexualdelikt in der Frühen Neuzeit siehe die ausgezeichnete Studie von Stefan Breit: „Leichtfertigkeit" und ländliche Gesellschaft – Voreheliche Sexualität in der frühen Neuzeit. Berlin 1991.

allerdings ohne weiteren Kontext. Schwager, der im Orden als Theologieprofessor in Dillingen doziert hatte, schaffte es nach seinem Ausschluss, Kanoniker in Passau und 1570 sogar Domprediger und Hofrat zu werden. Allerdings, so der Chronist der Jesuiten, habe er sich in seinem ausschweifenden Leben Syphilis zugezogen (*morbum Gallicum*), die sein Gesicht und seinen Körper schrecklich entstellt habe. Die Infektion mit der vor allem durch Geschlechtsverkehr übertragenen Krankheit, wurde hier aber nicht nur als gerechte Gottesstrafe interpretiert. Sie wurde auch als ordensinterne Information verstanden, die vielleicht auch Novizen und jungen Ordensmitgliedern gegeben wurde, um sie vor der Übertretung der Sexualnormen zu warnen.[244] Wenn man bedenkt, dass bis 1675 nach internen Angaben nur zwölf Jesuiten in der Oberdeutschen Provinz für „gravissima scelera," womit Homosexualität bezeichnet wurde, entlassen wurden,[245] dann war es wohl nicht eines der drängendsten Probleme der Gesellschaft. Allerdings ist dabei auch zu bedenken, dass in vielen Fällen die Gründe für eine Entlassung nicht überliefert wurden und daher von einer hohen „Dunkelziffer" auszugehen ist.

Eine homosexuelle Liebesbeziehung scheint aber zwischen den Jesuitenmagistern Ignatius Wilhelm, der 1674 geboren wurde und 1741 starb, und Johann Baptist Vischl/Fischel, der 1677 in Cham geboren wurde,[246] bestanden zu haben. Beide un-

---

244 APECESJ: Sign. 43–90, fol. 29; Sign. 68-D 4101, Geburt 1555, Dimission 1566 als *scholasticus approbatus*. Schwager starb bereits 1574, siehe Ludwig Heinrich Krick: Das ehemalige Domstift Passau und die ehemal. Kollegiatstifte des Bistums Passau: Chronologische Reihenfolgen ihrer Mitglieder von der Gründung der Stifte bis zu ihrer Aufhebung. Passau 1922, S. 66. Unklar ist hingegen die Einordnung von Simon Demerius (Demesius, Emrius; APECESJ: Sign. 68-D, 8547, Geburt 1544, Eintritt 1559, Dimission 1565) aus Lüttich, dem der Eintrag im Dimissionsbuch ähnliche Laster wie Menrad Kugler zuschreibt und daher auf Homosexualität hinweist. Zu ihm siehe auch Francesco Sacchini: Historiae Societatis Iesu pars tertia siue Borgia. Auctore R.P. Francisco Sacchino Societatis eiusdem sacerdote. Rom 1649, S. 226. Auch dem vormaligen Pater Johannes Schweizer (Sign. 68-D, Verz. 4067, Geburt 1574, Eintritt 1594, Dimission 1609, *scholasticus approbatus*) wurde mit „graviter lapsus" wohl ein Sexualdelikt vorgeworfen, das er als Pfarrer von Boos im Bistum Augsburg verübt hat. Der Chronist der Jesuiten vermerkte zusätzlich, dass Schweizer an der „morbo elephantiaco," einer wie Syphilis stark entstellenden Krankheit, verstarb (APECESJ: Sign. 40–90, fol. 36). Um welche Form der Elephantiasis es sich handelte, ist aber unklar, siehe dazu Julius Heller/Georg Sticker: Die Haut- und Geschlechtskrankheiten im Staats-, Straf-, Zivil- und Sozialrecht – Entwurf einer Geschichte der ansteckenden Geschlechtskrankheiten. Berlin 1931, S. 428.
245 APECESJ: Sign. 43–90, fol. 33.
246 Vielleicht handelt es sich bei ihm um einen Verwandten der Vischl von Schönstein. 1713 starb in Straubing Joseph Franz Xaver Ignatius Vischl von Schächendorff, siehe Eduard Wimmer: Sammelblätter zur Geschichte der Stadt Straubing, Bd. 3, Straubing 1884, S. 527. Johann Christoph Engelhard Vischl von Schächendorff, wohl der Vater des Genannten, war lange Jahre Hofrat in München, dann von 1715–1721 Kastner in Straubing, bis er aufgrund der Schwängerung einer Adligen seines Amtes enthoben wurde, siehe Georg Ferchl: Bayerische Behörden und Beamte,

terrichteten am Münchner Wilhelmsgymnasium als *scholastici approbati*.[247] Als solche waren sie voll ausgebildet und hatten die ersten Gelübde abgelegt, hatten aber noch nicht die höheren Weihen erhalten. Wilhelm hatte, wie der Rektor des Kollegs schrieb, bereits kurz nach seinen Gelübden „angefangen, in seiner Berufung zu strauchein, wegen seiner übergroßen Leichtfertigkeit des Geistes [*levitatem animae*] und der Vehemenz seiner Leidenschaften."[248] Oft ermahnt, fiel er (*relapsus*), wie seine Vorgesetzten berichteten, in die alten Laster zurück. Die Redewendung vom Rückfall in „alte Laster" wurde oft als Chiffre für sexuelle Verfehlungen verwandt. Anscheinend waren Wilhelms Normüberschreitungen nicht so gravierend, dass man ihn schon vor seiner Amtszeit in München entließ. Allerdings entwickelte er dort als Grammatiklehrer eine „skandalöse Vertrautheit mit Johann Baptist Vischl," einem fast gleichaltrigen Kollegen.[249] Beide verbrachten anscheinend derart viel Zeit miteinander, dass jeder in der Kommunität über sie zu munkeln begann. Der Hausobere wollte die beiden voneinander trennen, wahrscheinlich zunächst durch Fernhaltung vom jeweils anderen, gefolgt durch die Versetzung in andere Kollegien. Anstatt darauf einzugehen, zeigten sich beide „empört" (*indignari*), widersetzten sich (*refragari*) der Weisung, und „baten in ihrer Verzweiflung" (*tam perdite*) im August 1701 um Entlassung aus dem Orden. Der Rektor war schockiert, da dieses Verhalten seine schlimmsten Befürchtungen zu bestätigen schien. Beide, Wilhelm und Vischl, waren geachtete Mitglieder des Lehrkörpers und hatten auch Reden bei öffentlichen Veranstaltungen gegeben. Ein Bekanntwerden ihrer offensichtlich intimen Beziehung wäre für das Münchener Gymnasium desaströs gewesen. Schnelles Handeln war daher gefordert. Da sich aber der Provinzial in der Schweiz aufhielt, schickte man Wilhelm, der einen unglücklichen Ein-

---

1550–1804. In: Oberbayerisches Archiv für vaterländische Geschichte 53 (1911), S. 1075; Beate Spiegel: Skandal in Straubing anno 1718. Gerüchte, Verdächtigungen und Beschuldigungen um die Schwängerung eines Fräuleins. In: Volkskundliche Fallstudien: Profile empirischer Kulturforschung heute. Hg. von Burkhart Lauterbach: Münster; New York; Berlin; München 1998 (Münchner Beiträge zur Volkskunde 22), S. 9–24.

247 BayHStA: Jesuiten 341 und 342.

248 BayHStA: Jesuiten 341 u. 342, Informatio zu Wilhelm/Vischl vom 21. August 1701. Karl Heinrich von Lang: Reverendi in Christo Patris Jacobi Marelli Soc. Jesus. Amores: E libello expositi. München 1815, S. 6. Vischl erscheint 1699 als Student der Theologie am Wilhelmsgymnasium, siehe BSB: Clm 1552, vol. 3, fol. 108. APECESJ: 68-D, 3635: Vischl wurde 1677 in Cham geboren, trat 1693 ein, und wurde am 21. August 1701 entlassen. Ignatius Wilhelm (siehe ebd., Verz. 3276) wurde 1674 in München geboren, trat 1692 nach seinem Abschluss am Jesuitengymnasium München in die Gesellschaft Jesu ein und wurde am selben Tag wie Vischl entlassen. Beide sind erwähnt als Lehrer für das Jahr 1701 (BSB: Clm 1552, vol. 3, fol. 137), sowie als Festredner im Februar (fol. 148) und im Juni 1701 (fol. 159).

249 BayHStA: Jesuiten 341 u. 342, Bericht von Andreas Waibel SJ vom 21. August 1701, fol. 1.

druck machte (*homo miser*) zunächst am 1. August nach Ebersberg auf Exerzitien. Der Rektor schrieb an den Provinzial, dass „der tief verwurzelte (*radicata iam nimium*) Umgang" beider nicht so sehr irreligiös als „heimlich" geschehen sei (*obscuram*) und dies erfahrungsgemäß zumeist auf sexuelle Handlungen (*turpia*) hinweise.[250] Zum Besten der Gesellschaft Jesu wurden daher beiden vom Provinzial Entlassungsbriefe ausgehändigt. Allerdings machte es der Orden zur Auflage, die von Vischl an Wilhelm geschriebenen Briefe ausgehändigt zu bekommen, in denen er seine Vorgesetzten kritisierte, aber auch zugab, Ignaz Wilhelm zum „Verkehr verführt" (*sollicitavit ac pertraxit ad commercium*) zu haben.[251] Am 21. August 1701 erhielten beide weltliche Kleidung und wurden offiziell aus dem Orden entlassen. Die offizielle Erlaubnis des Ordensgenerals, der der Entscheidung des Provinzials zustimmte, aber durchaus auch deren Einkerkerung als Lösung erlaubt hätte, traf erst im Oktober in München ein.[252]

Vischl und Wilhelm konnten nicht ohne einander sein – sie liebten sich. Den Schock darüber hatte das Jesuitenkolleg noch sechzehn Jahre später nicht wirklich verkraftet.[253] Der Chronist des Wilhelmsgymnasiums erinnerte nämlich 1717 anlässlich einer akademischen Festrede über den kurze Zeit später heiliggesprochenen Jesuiten Stanislaus Kostka an jene Rede, die Wilhelm über den Heiligen einige Monate vor seiner Dimission gehalten hatte. Kurz nach der Flucht, so der Chronist, habe er im Kolleg ein anonymes Epigramm gefunden, das scherzhaft Wilhelm ermahnte, seine Flucht aus dem Jesuitenleben in Weltkleidern nicht mit der Flucht Kostkas ohne seinen Ordenshabit zu vergleichen.[254] Die Erinnerung an

---

250 BayHStA: Jesuiten 341 u. 342, Dimissio von Andreas Waibel SJ vom 21. August 1701, fol. 1v: „[...] fassus est suam inconstantiam iam nimium radicatam commercium cum Vischlio non tantum irreligiosum, sed est obscurum, ab eodem se sollicitatem ad turpia, iam alias depravatum facile cessisse, nec posse amplius [...] malos habitus."

251 BayHStA: Jesuiten 341 u. 342, fol. 2. „[...] postquam idem P. Provinciali ab eodem Vischelio postremas acceperat literas [...]," fol. 3. Auch das Diarium des Wilhelmsgymnasiums vermerkt die Dimission: BSB: Clm 1552, vol. 3, fol. 161; fol. 163.

252 BayHStA: Jesuiten 341 u. 342, fol. 3, Brief von Ordensgeneral T. Gonzalez SJ vom 1. Oktober 1701.

253 Als im neunzehnten Jahrhundert Karl Heinrich von Lang diesen Fall zum ersten Mal beschrieb, unterschob er das zitierte Partizip der „Liebenden", obwohl *amantes* im Text nicht vorkommt. Seine Analyse beschreibt aber die Beziehung in legitimen Worten.

254 Siehe BSB: Clm 1552, vol. 3, fol. 140: „Ad Wilhelmus de Fuga Stanislai in habitu rustico disserentem. Epigramma. Ne Wilhelme parem Koska te dixeris: obstataritas habitus disparitasque fuga." Siehe auch Franciscus Sacchini: Vita B. Stanislai Kostkae, Poloni e societate Jesu. Ingolstadt 1609, S. 30–3.

Wilhelm konnte lebendig bleiben, weil dieser im Gegensatz zu Vischl nie aus dem Blickfeld Münchens verschwand.[255] Der Austritt hatte für ihn auch keinen Karriereknick bedeutet.

Wilhelm wurde nach seiner Dimission zum Erzieher des bayerischen Kurprinzen ernannt und avancierte zum vielleicht engsten Berater von Kurfürst Max Emanuel, der ihn aus Dank für seine unbedingte Loyalität im belgischen Exil 1709 in den Adelsstand erhob. 1714/15 übte er sogar das Amt des Kriegskanzleidirektors aus, war Administrator der Reichsgrafschaft Haag von 1715 bis 1740, Kabinettsekretär von 1715 bis 1726, und ab 1727 sogar Geheimer Rat. Die Tatsache, dass der Kurfürst einen ehemaligen Jesuiten und offensichtlich homosexuellen Lehrer einstellte, ist der Forschung bisher völlig entgangen, wirft aber ein markant tolerantes Licht auf Max Emanuel. Zwar enthielt der Entlassungsbrief Wilhelms sicherlich keine negativen Kommentare und keinen Hinweis auf sein Verhältnis zu Vischl, aber es erscheint mehr als plausibel, dass der Kurfürst weitere Erkundigungen über die Sitten seines Erziehers eingezogen hatte.[256]

Bereits 1651 hatte die Provinz den adligen Pater Johann Werner von Ehingen, der in den Ordensverzeichnissen schlicht als „Wernerus Ehinger" erschien, ebenso wegen homosexueller Handlungen entlassen. 1613 oder 1614 geboren, war er bereits 1631 in den Orden eingetreten. 1641 begann er in Regensburg eine Affäre mit einem nicht näher bekannten „Baron," enthielt sich dann nach eigenen Aussagen ein paar Jahre sexueller Kontakte, bis er 1647 nach Solothurn in der Schweiz kam. Dort fiel er „in sein altes Laster" zurück und missbrauchte 1648 einen Jugendlichen (*iuvenis*), vielleicht einen der Gymnasiasten, die er unterrichtete, namens Joseph, der einem der Patres erzählte, er habe von Ehingen und den Jesuiten „mehr Schlechtes als Gutes gelernt." Er bekannte, dass ihn Ehingen oft (*saepius*) unmoralisch berührt und

---

255 „Dimissus hunc fortuna subinde ad gradu honoris in hujare aula subrexit, quem brevi epigrammate notavis memno, occasione praesenti argumenti de B. Stanislao invitatus, anno 1717. NB: Hic volens dismissus esse." BSB: Clm 1552, vol. 3, fol. 161; fol. 140.

256 Kraus erwähnt diese Tatsache nicht, siehe Andreas Kraus: Das Gymnasium der Jesuiten zu München (1559–1773): staatspolitische, sozialgeschichtliche, behördengeschichtliche, und kulturgeschichtliche Bedeutung. München 2001 (Schriftenreihe zur bayerischen Landesgeschichte, Bd. 133), S. 174; 631. Zumeist wird in der Literatur zu Max Emanuel leidglich darauf hingewiesen, dass Wilhelm vormals Jesuit gewesen war, wie etwa von Claudia von Kruedener: Kurfürstin Therese Kunigunde von Bayern (1676–1730) und ihre Friedenspolitik in europäischen Dimensionen zwischen Papst und Kaiser. Regensburg 2020, S. 301. Wilhelm blieb auch Paktist der Marianischen Kongregation der Jesuiten, siehe Album Marianum Majoris Congregationis Beatae Virginis Mariae Matris Propitiae ab Angelo Salutatae Monachii: 1740. München 1740. Er war verheiratet mit Maria Anna Susanna von Wilhelm (gest. 18. August 1734 in München; AEM: CB301, M9328, Sterbebuch U. L. Frau, fol. 10v), dann mit Maria Helena von Rädl (gest. 3. April 1760, AEM: ebd., fol. 151v), und starb am 16. Mai 1741 (AEM: ebd., fol. 46v).

zu solchen Berührungen eingeladen habe, obwohl er vorher ganz unschuldig (*innocens*) gewesen war.[257] Zusammen mit dem Jesuiten Jakob Thebas wurde Ehingen 1649 Garnisonsgeistlicher in Tübingen, bevor beide 1650 nach Rottenburg am Neckar zogen, um an der dortigen Lateinschule zu wirken.[258] Da im Militär ein besonders lockerer Umgang mit moralischen Normen gepflegt wurde, ist anzunehmen, dass er auch hier sexuell aktiv war. Am 25. August 1650 adressierte er ein umfängliches Geständnis an den Provinzial, nachdem bereits zwei Berichte über sein Verhalten, auch andere zur Homosexualität zu verleiten, eingegangen waren.

> Ich muss deswegen bekennen und klopfe mir öffentlich an meine Brust, dass ich des Öfteren mit Joseph Berührungen ausgetauscht habe, allerdings ohne Samenerguss, und einige Male auch gegenseitig zum Samenerguss. Manchmal habe ich dazu eingeladen und andermal es zugelassen [...][259]

Ehingen wies aber die Aussagen des Jungen zurück, er sei der allein Schuldige und dass er versucht habe, auch andere zum Verkehr zu verleiten (*instructionis causa*). Nur einmal habe er einen anderen Jungen über der Unterhose (*super indusio*) berührt und bei sich „mäßig Feuchtigkeit" (*modicam humectationem*) festgestellt, aber es sei ihm nie in den Sinn gekommen (*numquam in mentem meam venisse*), dass dieses eine Mal oder der Samenerguss eine schwere Straftat gewesen wäre. Schließlich sei er innerlich aufgewühlt gewesen und war jeder Widerstandskraft beraubt.[260]

Mit der Herabspielung des Samenergusses versuchte Ehingen eine Taxierung seiner Tat als unsittliche Berührung zu erreichen, die kriminalrechtlich weitaus großzügiger geahndet wurde als Unzucht oder Sodomie. Die Konsultoren der Provinz waren sich aber einig, dass Ehingen aufgrund ähnlicher Taten in der Vergangenheit entlassen werden sollte. Schließlich habe die Provinz ihn bereits bei seinem ersten Fehltritt in Regensburg dimittieren wollen. Damals hatte nur die Intervention des Provinzials von Gravenegg dies verhindert. Der Adlige hätte

---

257 BayHStA: Jesuiten 350, Informatio aus München vom 13. Dezember 1650. Ehingen sprach von einem „Frater Josephus," aber ein Laienbruder dieses Namens ist nach APECESJ: Sign. 40–3, 71, fol. 316, 326 in den Jahren 1647/48, 1648/49 nicht nachweisbar, nur zwei Fratres in Solothurn, Jacob Braun und Bartholomäus Amann. Es scheint sich eher um einen Schüler oder Hausdiener gehandelt zu haben, oder um einen Laienbruder aus einem anderen Orden. Zum Unterricht Ehingers siehe STASOL: ZSB S I 111/1, Historia, fol. 17; 21; 27.
258 Konrad Gröber: Geschichte des Jesuitenkollegs und -gymnasiums in Konstanz. Konstanz 1904, S. 98–99; Friedrich Fiala: Geschichtliches über die Schule von Solothurn. Solothurn 1875, S. 57.
259 BayHStA: Jesuiten 350, Brief Ehingers an den Provinzial vom 25. August 1650 aus Rottenburg: „[...] tactus cum Josepho frequentius intercessisse absque tamen seminis profusione, et aliquoties etiam ad mutuos, invitatum et admissum [...]."
260 BayHStA: Jesuiten 350, Brief an den Provinzial vom 25. August 1650 aus Rottenburg.

wohl einige Schwierigkeiten gehabt in einem Bistum als Priester unterzukommen, wenn nicht sein Bruder Marquard von Ehingen 1651, dem Jahr der Entlassung Werners, Beichtvater des Fürstbischofs von Freising geworden wäre und in
diesem Amt bis 1676 verblieb.[261] Daher endete die Entlassung auch nicht mit
einem Karriereknick. Vielmehr wurde Werner von Ehingen bereits 1653 Stadtpfarrer
in Wasserburg und war ab 1663 sogar Domherr in Freising, wo er 1666 verstarb.[262]

Es gibt aber aus dem siebzehnten Jahrhundert nur eine Handvoll bekannter
Parallelen zum Fall Vischl/Wilhelm, allerdings keine einzige aus dem Jesuitenorden.
Eine ist die Beziehung von Francisco Correa Notto, der als Sakristan der Kathedrale
in Lissabon die niederen Weihen empfangen hatte und dessen Liebesbriefe aus
dem Jahr 1664 erhalten geblieben sind. In seinen Briefen an Manuel Viega stilisierte
sich Notto manchmal als weiblich, was der Erwartungshaltung homosexueller Part-
nerschaften in dieser Zeit entsprach, wie etwa auch aus dem Prozess gegen Padre
João de Mendonça de Maia, hervorgeht.[263] Auch die Briefe des 40-jährigen Hieronymiten Fr. Mathias de Mattos (gest. 1716) geben Einblick in die homoerotische Welt in
Lissabon. Er verliebte sich in den jungen Choristen Fr. Francisco da Ilha da Madeira.
Er besuchte ihn über ein Jahr lang nachts in seiner Zelle, um dort mit ihm zu onanieren, dann aber auch einmal Analverkehr mit ihm zu haben. Sich der Strafe für
vollkommene Sodomie (*sodomia perfecta*) bewusst – Todesstrafe oder Verbannung
– zog Mattos vor dem Samenerguss sein Glied heraus, und verübte damit nur den
Tatbestand der unvollkommenen Sodomie (*sodomia imperfecta*). Francisco's Briefe
zeigen eine ausgewogene Gegenseitigkeit in ihrer Beziehung, die keine starre Rol-
lenverteilung zu kennen scheint. Nach Bekanntwerden der Beziehung wurden
beide streng ermahnt aber nicht belangt, obwohl es nicht das erste Mal war, dass
Matto bei der Inquisition wegen seiner ausgelebten Sexualität aufgefallen war. Von

---

261 Franz Sales Romstöck: Die Jesuitennullen Prantl's an der Universität Ingolstadt und ihre Leidensgenossen: eine biobibliographische Studie. Eichstätt 1898, S. 70; Bernhard Duhr: Die Teufelsaustreibung in Altötting. Beiträge zur Geschichte der Renaissance und Reformation. Festschrift
Joseph Schlecht, München; Freising 1917, hier S. 74; Bernhard Duhr: Die Jesuiten am Hofe München in der zweiten Hälfte des 17. Jahrhunderts. In: Historisches Jahrbuch 39 (1918), S. 73–114,
hier S. 108–113.
262 Carl Holzherr: Geschichte der Reichsfreiherren von Ehingen bei Rottenburg a.N.: ein Beitrag
zur Geschichte Schwabens und seines Adels. Stuttgart 1884, S. 106. APECESJ: Sign. 68-D, Verz. 8294
Geburt 1614, Eintritt 1631, Entlassung 1651.
263 ANdTT: Inquisição de Lisboa n. 5007, siehe auch Luiz Mott: Cinco cartas de amor de um sodomita português do século XVII. In: Resgate – Revista Interdisciplinar de Cultura 1 (1990),
S. 91–99, hier S. 94. Zum Fall de Maia siehe Luiz Mott: A índia nos processos de sodomia da Inquisição portuguesa. In: Império de várias faces – Relações de poder no mundo ibérico da Época
Moderna (2009), S. 49–66.

nun an wurde er etwas vorsichtiger, avancierte aber dennoch zum bekannten Prediger und übersah als Generalvisitator seines Ordens sogar dessen Disziplin.[264]

Eine homosexuelle Liebesgeschichte aus dem achtzehnten Jahrhundert könnte der Entlassung von Josef Moser und Maximilian Veeser zu Grunde liegen. Josef Anton Moser in Ingolstadt wurde bei seiner Dimission im Jahr 1754 zwar nur als verdorbener Jugendlicher (*iuvenis pessimorum morum*)[265] beschrieben, da aber einige Jahre später Maximilian Veeser als dessen *socius* bezeichnet und 1757 ebenso entlassen wurde, ist eine homosexuelle Beziehung der beiden wahrscheinlich.[266]

Die Tatsache, dass selbst Exjesuiten, die den heteronormativen Erwartungen der Frühen Neuzeit nicht entsprachen, nach ihrer Entlassung Karriere in Kirche und Welt machten, sollte nicht dazu verführen, auf eine Toleranz ihres homosexuellen Lebensstils zu schließen. Vielmehr ist wahrscheinlich, dass zumindest einige die wahren Gründe ihrer Entlassung verheimlichen konnten, und sich vom Orden wohlwollendes Schweigen zusichern lassen konnten. Denn es lag durchaus im Interesse der inszenierten Keuschheit der Jesuiten, die Realität von Normenverletzungen abzustreiten. Vormalige Mitglieder, die auffielen, konnte man die Aneignung dieses Lasters erst nach ihrem Ordensaustritt zuschreiben, um die Inszenierung der Keuschheit aufrecht zu erhalten.

Dass man Exjesuiten gerne als Verwaltungsangestellte eingestellt hat, mag mit ihrer rigorosen Ausbildung in Rhetorik, Sprachen und Mathematik zusammenhängen. Jedenfalls ist die Liste derjenigen Entlassenen, die im geistlichen wie weltlichen Bereich unterkamen, lang. Vischl wurde etwa Legationssekretär Savoyens beim Reichstag in Regensburg,[267] der 1628 entlassene Christopher Seeman später

---

264 Luiz Mott: Meu menino lindo: cartas de amor de um frade sodomita, Lisboa (1690). In: Luso-Brazilian Review (2001), S. 97–115.

265 APECESJ: Sign. 43–90, fol. 23, siehe zur Vita von Moser ebd., Sign. 68-D, Verz. 5772, Geburt 1725, Eintritt 1744, Dimission 1754. Siehe auch Sign. 40–3, 6, fol. 118. Der Personalkatalog von 1754 bezeichnet ihn als „Catech. in Dinzlau," siehe Catalogus Personarum et Officiorum Provinciae Germaniae Superioris Societatis Jesu ab Anno 1753 in Annum 1754. München 1754, S. 31. Im selben Jahr immatrikulierte er sich an der juristischen Fakultät der Universität Straßburg, siehe Gustav C. Knod (Hg.): Die Alten Matrikeln der Universität Strassburg, 1621 bis 1793. Strasbourg 1897, S. 409.

266 APECESJ: Sign. 43–90, fol. 23; ebd. Sign. 68-D, Verz. 3687, Geburt 1729, Eintritt 1747, Austritt in Dillingen 1757. Veeser, der in Wolfegg in Schwaben geboren wurde (ebd. Sign. 40–3, 6, fol. 120) wurde im Anschluss Pfarrer in Güttingen im Hegau/Schweiz, siehe Georg Christoph Hamberger: Das Gelehrte Teutschland oder Lexicon der jeztlebenden Teutschen Schriftsteller: Erster Nachtrag, Bd. 2. Lemgo 1774, S. 298. Über größere Disziplinschwierigkeiten berichtete der Provinzial an den Rektor von Dillingen vom 30. August 1758, ebd., Sign. 41–14, 2, fol. 59v–60.

267 APECESJ: Sign. 43–90, fol. 15. Georg Heinrich Paritius: Kurz gefaßte Nachricht von allen in denen Ringmauern der Stadt Regensburg gelegenen Reichs-Stifftern, Haubtkirchen u. Clöstern Catholischer Religion. Regensburg 1723, S. 52.

Generalvikar von Brixen,[268] der 1698 entlassene Matthias Bovius Moderator an einem kurfürstlichen Hof,[269] der 1724 dimittierte Melchior Choulat Sekretär der habsburgischen Statthalterin Maria Elisabeth in den Spanischen Niederlanden,[270] der 1726 entlassene Caspar Schweickhofer Sekretär am Reichstag in Regensburg,[271] der 1733 weggeschickte Johann B. Kleirl Geistlicher Rat und Spitaldirektor in Regensburg.[272] Sogar Michael Rauschendorfer, 1739 entlassen, konnte später Regens des Priesterseminars in Regensburg werden, obwohl er „wegen seines freien Umgangs mit Frauen" in keinem guten Ruf stand.[273]

---

268 APECESJ: Sign. 43–90, fol. 7, vgl. ebd., Sign. 68-D, Verz. 4723.

269 APECESJ: Sign. 43–90, fol. 15. Siehe ebd., Sign. 68-D, Verz. 8887, Geburt 1669, Eintritt 1687 Austritt 1698.

270 APECESJ: Sign. 43–90, fol. 18. Siehe ebd., Sign. 68-D, Verz. 8657, Geburt 1692, Eintritt 1710, Austritt 1721.

271 APECESJ: Sign. 43–90, fol. 18. ebd., Sign. 68-D, Verz. 4072, Geburt 1703, Eintritt 1722, Austritt 1726.

272 APECESJ: Sign. 43–90, fol. 19. Ebd., Sign. 68-D, Verz. 6680, Geburt 1711, Eintritt 1731, Austritt 1733.

273 APECESJ: Sign. 43–90, fol. 21. APECESJ: Sign 68-D, Verz. 5194, Geburt 1714, Eintritt 1734, Austritt 1739.

5 Verschwörungstheorien, Homosexualität, und Päderastie als literarische Motive

Während die Jesuiten die Verbreitung und Vertiefung des Katholizismus als ihre von Gott sanktionierte Mission ansahen, war die Fremdwahrnehmung oft eine andere. Lutheraner, Calvinisten und Sozinianer sahen in ihnen die Speerspitze der Gegenreformation, doch auch innerkatholisch war der Orden umstritten. Für katholische Kritiker verletzte der Orden zahlreiche Handlungserwartungen durch seine Strategie, die Elite eines Landes zu transformieren, war ihnen aber auch moralisch suspekt.

Der Polemiker Kaspar Schoppe, ein brillanter Rhetoriker und selbst devoter Katholik, entfesselte in der ersten Hälfte des siebzehnten Jahrhunderts einen publizistischen Generalangriff auf die Gesellschaft Jesu. Unter dem Pseudonym Alphonsus de Vargas beschuldigte er sie, die Weltherrschaft erringen zu wollen. Außerdem verbreitete er das Gerücht, dass praktizierte „Sodomie" im Orden weit verbreitet sei, und brandmarkte ihn daher als „Armee des Teufels." Er referierte den Fall des Laurentius Merulus, der in Florenz Notar war und einen Pater Belisacio Tassano bei homosexuellem Verkehr ertappt hatte. Die Jesuiten stellten sich aber hinter Tassano und gingen in die Offensive. Merulus musste daher in eine Asylstadt fliehen. Dort wurde er aber in ein Jesuitenkolleg gelockt und gezwungen, seine Anschuldigung zu widerrufen. Doch bevor er das Dokument unterzeichnete, schnitt er sich die Kehle durch.[274] Ob dieses Narrativ wirklich auf Tatsachen beruht, war nicht zu eruieren, aber für das Verstehen der Jesuitenkritik ist das hier von nachrangiger Bedeutung. Denn für Schoppe offenbarte dieser Fall die Mentalität des Ordens: Dieser versuche ständig, eigene Fehler zu minimieren oder abzustreiten, so dass die Gesellschaft Jesu als blütenreines Institut erscheine. Ohne den Begriff zu nennen, kritisierte er also die jesuitische *Inszenierung der Keuschheit* bzw. die *Inszenierung ihrer Unschuld.* Zusätzliche rhetorische Munition lieferte ihm die die Schrift des bekannten Jesuitentheologen Juan Mariana, *Liber de Morbis Societatis Jesu.* Er brachte sie auf Lateinisch heraus und konnte so einen der markantesten Jesuiten seiner Zeit als Kronzeugen für die systematische Vertuschung von Delikten aller Art anführen. Ohne Scheu verurteilte Mariana diese Politik der Geheimhaltung:

---

274 Alphonsus de Vargas [Kaspar Schoppe]: Relatio ad reges et principes christianos de stratagematis et sophismatis politicis Societatis Jesu ad monarchiam orbis terrarum sibi conficiendam [...] s.l. 1641, S. 20–24.

Die ganze Regierung der Gesellschaft scheint auf den Zweck ausgerichtet das, was in der Gesellschaft schlecht ist, mit Erde zu bedecken und der Kenntnis der Menschen zu entziehen.[275]

Im siebzehnten und achtzehnten Jahrhundert bestritten die Jesuiten die Echtheit der Schrift Marianas, doch namhafte Theologen nahmen sie zum Anlass, die Interna des Ordens nun auch öffentlich zu kritisieren. Besonders umfang- und detailreich war die in der zweiten Auflage zweibändige Darstellung der *Tuba Magna* des französischen Karmeliten Henri de S. Ignace. Sie war ein Lasterkatalog, der dem Orden vor allem Verheimlichung von Schandtaten dogmatischer und moralischer Art vorwarf, Fanatismus (*zelotypia*), aber auch Ruhm-, Geld- und Machtsucht. Die ersten vier Kapitel bezogen sich zudem namentlich auf bereits von Mariana herausgestellte Probleme. Andere Teile referierten die fiktiven *Secreta Monita* des Ordens, die als offizielle Anweisungen der Oberen ausgegeben worden waren.[276] Mariana erhielt schon auf der dritten Seite der *Tuba Magna* Gelegenheit den Orden bloßstellen. Nur brutale Kritik, so Mariana, helfe den Jesuiten, sich zu reformieren und die schlechten Mitglieder wie verdorrte Triebe abzutrennen:

Ich habe die Verpflichtung [*fiduciam*], die Übel in der Gesellschaft und ihrer öffentlichen Leitung aufzudecken, vor allem diejenigen, die von der Gemeinschaft gebilligt werden [...] Aber was dann? Ich spreche so direkt, dass jeder sich sein Urteil selbst bilden kann, wie er will. Ich aber, der ich mit fortschreitendem Alter dem letzten Gericht entgegeneile, bin umso mehr davon überzeugt, dass unsere Gesellschaft gefallen wäre [...] wenn Gott nicht [...] Abhilfe geschaffen hätte [...][277]

---

275 „Totum Societatis regimen hunc habere videtur scopum, ut quae impropbe in Societate fiunt, injecta terra cooperiantur, & hominum notitiae subtrahantur." Vargas: Relatio ad reges, c. 15, 90. Das Zitat Juan Marianas stammt aus seinem *Liber de Morbis Societatis Jesu*, das auch unter dem Titel *Discursus de erroribus qui in forma gubernationis S.J. occurrunt* zirkulierte. Der Text, der zuerst 1625 auf Französisch, 1631 im originalen Spanisch erschien, ist in der lateinischen Fassung abgedruckt bei Kaspar Schoppe: Anatomia Societatis Jesu. Lubduni 1633, S. 22–31. Zu Mariana siehe auch Markus Friedrich: Der lange Arm Roms?: Globale Verwaltung und Kommunikation im Jesuitenorden 1540–1773. Frankfurt 2011, S. 137–140. Eine lesenswerte Darstellung zu Marianas Kritik am Jesuitenorden bei Paul Maria Baumgarten: Ordenszucht und Ordensstrafrecht: Beiträge zur Geschichte der Gesellschaft Jesu besonders in Spanien. Traunstein 1932, S. 127–145; 197–199.

276 Sabina Pavone: Between History and Myth: The Monita secreta Societatis Jesu. In: John O'Malley u. a. (Hg.): The Jesuits vol. 2: Cultures, Sciences, and the Arts, 1540–1773, Toronto 2005; José Eduardo Franco, Christine Vogel: As Monita Secreta – História de um Best-seller Antijesuítico. In: PerCursos 4 (2003), S. 93–133.

277 „Multa mihi fiduciam sumpsi in detegendis Societatis malis, & publici regiminis erroribus: iique potissimum, quae cum communiter approbantur, libentius fiunt. At quid ergo? Candide loquor, & sine fuco ac spe quacumque: rem quisque ut libuerit aestimabit. Verum quod in me est, quo propius ingravescente aetate ad extremum judicium accedo, eo certius assevero, Societatem

Mariana kreidete nicht die Verheimlichung von Delikten als solche an, da die *discretio* zu seiner Zeit eine *soziale Norm* zum Schutz der persönlichen und institutionellen Ehre darstellte. Was er am Orden aber heftig kritisierte, war sein Mangel an Integrität. Anstatt Vergehen konsequent zu bestrafen, verschweige man sie und verschließe die Augen vor ihnen so lange bis sie an die Öffentlichkeit kämen und die Möglichkeit eines Skandals bestand. Die Gesellschaft war für ihn daher zu einseitig darauf bedacht, ihren guten Ruf zu wahren und nicht ausreichend daran interessiert, Delikte zu ahnden und daher vor weiteren Übertretungen abzuschrecken.[278]

Nimmt man Marianas Kritik ernst und bezieht sie auch auf sexuelle Vergehen, rückt dies auch Schoppes 1635 publizierte Analyse des Jesuitenhasses in ein realistisches Licht. Dort verwies er auf den weit verbreiteten Missbrauch von Kindern und Jugendlichen an Jesuitenschulen, der bereits viele Familien dazu gebracht hätte, ihre Söhne anderswo einzuschreiben. An den Schulen der Gesellschaft, so Schoppe, sei anscheinend Päderastie ein alltägliches Phänomen![279] Es ist in diesem Zusammenhang weniger wichtig, wie weit verbreitet solcher Missbrauch wirklich war, sondern vielmehr, dass Schoppe und mit ihm ein bedeutender katholischer Bevölkerungsanteil diese Polemik für wahr oder zumindest für möglich hielt und dass selbst Mariana auf solche Probleme anspielte. Warum aber glaubten Katholiken so etwas? Da es wohl auszuschließen ist, dass sie sich massenhaft der Lektüre antikatholischer Schriften hingaben, in denen solche Tropen gegen Jesuiten zum Standardrepertoire gehörten, muss man sich fragen, ob sie durch innerkatholische Propaganda dahingehend sensibilisiert worden waren oder aber Gerüchte über solche Vergehen aus ihrem unmittelbaren Erfahrungsraum wahrgenommen haben. Vielleicht überlagerten sich auch manchmal zwei oder alle drei Bereiche. Zudem ist es plausibel anzunehmen, dass katholische Leser anti-jesuitischer evangelischer Polemik *weniger* Vertrauen schenkten, weil man ja bereits wusste, dass sie konfessionelle Propaganda betrieb. Kann man dann aber rückschließen, dass ein katholischer Leser der Frühen Neuzeit

---

nostrum [...] in praeceps ruere [...] nisi Deus ipse det opem ne ultra pestis incedat." Henri de Saint Ignace: Tuba magna [...] de necessitate [...] reformandi Societatem Jesu. Strassbourg 1713, S. 3.

278 Ebd., c. 4, 24.

279 Schoppe ediert die Schrift *De causis publici erga Jesuitas odii disputatio* in seinen *Arcana*, vgl. Kaspar Schoppe: Arcana Societatis Iesu publico bene vulgata cum appendicibus utilissimis. Genua 1635, S. 49. „ [...] simul etiam quod mihi alii quidam nobilissimi juvenes, qui in contubernio, & convictu Jesuitarum vivebant, affirmassent, paederastiam quotidianum inter scholasticos convictores peccatum esse [...]," siehe Ignace: Tuba Magna, 548. Die *Tuba* wurde 1658 auch ins Englische übersetzt unter dem Titel Henri de Saint Ignace: A further discovery of the mystery of Jesuitisme. In a collection of severall pieces, representing the humours, designs and practises of those who call themselves the Society of Jesus. London 1658.

einem Buch wie Schoppes grundsätzlich *aufgeschlossener* und daher mit einem Vertrauensvorschuss gegenübertrat? Wenn man diese Frage bejaht, stellt sich aber die Rückfrage, was einen Erwartungshorizont konstituierte, in dem die Alltäglichkeit der Päderastie einen Platz fand, umso drängender. Daher kann der heutige Historiker selbst derartig böswillige Polemiken nicht einfach vom Tisch fegen und ihnen jeglichen Quellenwert absprechen. Schließlich erlauben sie es, einen binnenkatholischen Erwartungshorizont zu rekonstruieren. Auch wenn man viele der Vorwürfe Schuppes konkret wohl nicht verifizieren kann, ist es durchaus plausibel, dass ihm manche Erzählung aufgrund seiner hervorragenden Vernetzung aus der der Innenwelt pädagogischer Institutionen zugetragen wurde.

Abgesehen vom Vorwurf der Päderastie, wurden Jesuitengymnasien auch als Orte der Unkeuschheit bezeichnet, die ihre Schüler zu Onanie oder Homosexualität verleiteten. Gerade in einem Zeitalter, das keusche Lebensgestaltung der Jungen besonders hervorzuheben begann,[280] war dies ein schwerwiegender Tadel. Obwohl das „Vorurteil" vom „sodomitischen Jesuiten" eine gezielte Erfindung des ausgehenden siebzehnten Jahrhunderts ist, kann man eine weite Verbreitung sexueller Devianz in den Kollegien ebenso wenig leugnen[281] wie auch die Probleme anderer Orden mit der Homosexualität. Der Blick auf einen Sodomie-Prozess in Gent 1578 zeigt dies recht deutlich. Der Scharfrichter brannte zwei verurteilten Dominikanern und einem Augustiner am 28. Juni 1578 die Kopfhaare ab und peitschte sie aus, bevor sie für die nächsten fünfzig Jahre aus dem Land verbannt wurden.[282] Sie waren mit „passiver Sodomie," d. h. als Penetrierte, glimpflich davongekommen, während die Ordensgenossen, die der aktiven Sodomie schuldig befunden worden waren, den Feuertod starben. Da die protestantischen Reformer

---

280 Ulrich L. Lehner: The Inner Life of Catholic Reform. From the Council of Trent to the Enlightenment. New York; Oxford 2022, S. 64–66.

281 Pierre Hurteau: Catholic Moral Discourse on Male Sodomy and Masturbation in the Seventeenth and Eighteenth Centuries. In: Journal of the History of Sexuality 4 (1993), S. 1–26; La Gorce/Mathieu Bertrand Simon René De: La pseudo-conversion du père Henri. Fiction satirique et mise en scène du discours de vérité. In: Albineana, Cahiers d'Aubigné 23 (2011), S. 285–315; Pierre Martin: L'invention du Jésuite pédophile. In: Albineana, Cahiers d'Aubigné 23 (2011), S. 13–49; Natacha Salliot: Diffamation, apologie et propagande sous Henri IV. Les stratégies jésuites dans la polémique autour de l'affaire du Père Henri. In: Albineana, Cahiers d'Aubigné 23 (2011), S. 317–330. Im achtzehnten Jahrhundert wurde der sodomitische Jesuit wiederum zum literarischen Gemeinplatz, vor allem aufgrund der Girard-Affäre, siehe etwa Jason T. Kuznicki: Scandal and Disclosure in the Old Regime. Ph.D. Dissertation Johns Hopkins University Baltimore 2006, S. 161.

282 Jonas Roelens: From Slurs to Silence? Sodomy and Mendicants in the Writings of Catholic Laymen in Early Modern Ghent. In: The Sixteenth Century Journal 46 (2015), S. 629–649, hier S. 545.

alle Ordensmitglieder unter den Generalverdacht sexueller Devianz gestellt hatten und damit auch spätmittelalterliche Motive aufnahmen, verbreitete sich das neue Vorurteil schnell. Allerdings hatte man im späten Mittelalter gleichgeschlechtlich agierende Priester weitaus milder beurteilt. Der Grund lag in einer anderen Sicht der Homosexualität. Sie wurde seit dem sechzehnten Jahrhundert zunehmend mit „Andersartigkeit" identifiziert, von der man sich eindeutig abgrenzen wollte. Daher wurde in evangelischen Gebieten die Gleichsetzung von katholischem Klerus mit Sodomie oder sexueller Devianz zum Abgrenzungsmechanismus gegenüber katholischem Priester- und Mönchstum.[283] So verwundert es nicht, dass die neue calvinistische Republik von Gent den gesamten katholischen Klerus als „sodomitisch" charakterisierte. Katholische Polemiker standen ihnen in diesem Spiel der Abgrenzung nicht nach und bezichtigten sogar Calvin selbst einer gleichgeschlechtlichen Affäre und Zwingli gar der Bestialität.[284]

Zum Misstrauen gegen die Jesuiten in der katholischen Bevölkerung trug sicherlich auch trug deren maßlose Selbstüberschätzung als Apostel der Keuschheit bei. Sie glaubten, durch ein dem hl. Franz Xaver gegebenes, himmlisches Privileg keiner sexuellen Versuchung erliegen zu können. Gerade „einfältige" (*imperitos*)[285] Jugendliche und deren Eltern nahmen nach Schoppe dies für bare Münze, und wähnten eine Jesuitenschule daher als Raum, der von jeglicher sexuellen Versuchung frei war.[286] Falluntersuchungen ehemaliger Jesuiten bestätigen diesen Vorwurf und zeigen, dass mancher junge Mann glaubte auf geradezu magische Weise, im Orden von allen sexuellen Versuchungen befreit zu werden.

---

283 Gregory S. Hutchison: The Sodomitic Moor: Queerness in the Narrative of Reconquista. In: G Queering the Middle Ages. Hg. von Glenn Burger, Steven F. Kruger. St. Paul 2001, S. 99–122; Silke R. Falkner: „Having It off" with Fish, Camels, and Lads: Sodomitic Pleasures in German-Language Turcica. In: Journal of the History of Sexuality 13 (2004), S. 401–427; Peter Dressendörfer: Islam unter der Inquisition: die Morisco-Prozesse in Toledo 1575–1610. Wiesbaden 1971, S. 8; Ludolf Pelizaeus: Angst und Terror seit der Endphase der Reconquista im christlichen und moslemischen Spanien. In: Das Mittelalter 12 (2007), S. 35–47; Roelens: From Slurs to Silence?.
284 Roelens: From Slurs to Silence?, S. 548.
285 Vargas: Relatio ad reges, S. 85.
286 Ebd., S. 86–87: „Habere autem se gratiam Voti, qua, se ad alienam salutem procurandam obstrinxerunt, velut 1. Reg.2. scriptum est: Dat votum voventi, & pedes sanctorum suorum servabit. Id eft, quibus gratiam dedit ut voverent, iisdem gratiam dabit, ut votum bona fide exsolvant, nec eos permittet cadere ipsius causa per universum orbem circumcursantes, omniumque se hominum consuetudini implicantes. Itaque necessaria Jesuitis est gratia, ut nihil foeminarum forma, nihil puerorum & epheborum specie commoveantur, nec inde natura obscenius ipsis excitata singultiat, magisque tentio, quam tentatio subantes & insolenter æstuantes derumpat." Ebd., 89: „Exinde nec muliebres aspernatus amores tandem non a Societate tantum, sed prorsus etiam a Ecclesia defecit, & malus male periit: velut mihi primarius quidam Cardinalis ab ipsis Jesuitis acceptum retuli."

Besonders peinlich war es daher für die Jesuiten, dass bereits in den ersten Jahrzehnten nach der Gründung der Vorwurf im Raum stand, Juan Bautista de Ribera, einst der Beichtvater des hl. Carlo Borromeo, habe homosexuelle und päderastische Akte verübt.[287] Daraufhin habe Borromeo die Jesuiten von der Leitung seines Priesterseminars Mailand entfernt. Von der Anschuldigung erfuhr die Öffentlichkeit erst durch eine die Biographie Borromeos aus der Feder von Pietro Giussani aus dem Jahr 1610. Jesuitengeneral Claudio Acquaviva bezeichnete die Anschuldigungen als grundlos, Ribera als „innocentissimo" und erreichte die Entfernung der Zeilen.[288] Allerdings waren die Fahnen bereits zum Drucker gelangt und so konnte die „Korrektur" erst in der Ausgabe von 1613 berücksichtigt werden. Giussanis Text berichtete, dass die Anschuldigung gegen Ribera, sich an einem Pagen der Donna Virginia, der Schwägerin Borromeos, vergangen zu haben, eine Erfindung des Teufels gewesen war, „um den Einfluss der Jesuiten auf ihren einflussreichen Onkel" in den 1560er Jahren zu vermindern. Der anscheinend minderjährige Page schilderte angeblich die Verführung so detailgetreu, dass Borromeo eine geheime Untersuchung einleitete (*per via d'essamina secreto*), welche aber die Unschuld Riberas feststellte.[289] Wäre sie zum gegenteiligen Schluss gekommen,

---

287 Zu Ribera, der von 1525 bis 1594 lebte, siehe Andrew Steinmetz: History of the Jesuits, Bd. 2. London 1848, S. 172. Samuel Sugenheim: Der heilige Karl Borromeo und die Jesuiten. In: Das Neue Reich 2 (1872), S. 689–697, hier S. 393–394; Samuel Sugenheim: Geschichte der Jesuiten in Deutschland, Bd. 2. Frankfurt am Main 1847, S. 355–356. „Accusato di abominevole delitto," siehe L. Mogni: Il Gesuitismo smascherato, ovvero una massima, un delitto od una stoltezza per ogni giorno dell'anno. s.l. 1849, S. 103. Bereits Arnaud dokumentiert diesen Fall in seinen Annales de la Societe des soi-disans Jesuites; ou recueil historique-chronologique de tous les actes, Bd. 1. Paris 1764, S. 132–159. Seltsamerweise erschien aber noch 1611 eine Ausgabe mit der obigen Geschichte.

288 Flavio Rurale: I gesuiti a Milano: Religione e politica nel secondo Cinquecento. Rom 1992, S. 217.

289 Ebd., S. 261. Der Text bei Giussiani lautet: „[...] tentato di commettere peccato con un Paggio di Donna Virginia, Cognata del Cardinale, tenendosi certi, che subitamente l'havrebbe cacciato da se, per l'aborrimento estremo, ch'egli haveva a un vitio tanto nefando. Si posero eglino all'impresa, fervendosi di persona a ciò molto atta, e che seppe rappresentare il fatto tanto al vivo, che poco manco, che non riuscisse il diabolico intento. Restò il Cardinale tutto stordito sentendo un casso tanto enorme; massimamente perché il fatto gli venne significato in guisa tale, che pareva non havesse bisogno d'altre prove; poscia che fina il Paggio istesso attestò del delitto, cosi bene haveva ordita la sua tela l'astuto Demonio. Iddio che non volle lasciare il Padre con tanto dishonore, ne che il bene, ch'egli faceva, restasse impedito, inspiro il Cardinale a fare gran diligenza, per ritrovar la verità de fatto; non potendosi pur dare ad intendere, che peccato si grave cader potesse in persona di tanta religione, restandone perciò con l'animo travagliatissimo; e così facendone diligente inquisitione, per via d'essamina secreto, scoperse il trattato, e l'inganno diabolico che dentro v'era nascosto; del che ricevé egli molta consolatione, e si come da una parte fece il debito risentimmo contro i colpevoli di questo recesso, cosi dall'altra volle che il Padre conti-

hätte Borromeo ihn bestraft oder es sich nicht nehmen lassen, wenn nötig auch direkt den Papst deswegen anzugehen. Letzteres tat er einmal in der Überzeugung der Gesellschaft Jesu keinen größeren Dienst erweisen zu können, „als diejenigen ihrer Mitglieder zu demütigen, die eine Disziplinierung verachten, und dass man es nicht seltsam finden wird, dass es in einer großen Gemeinschaft ein Subjekt gibt, das weniger würdig ist als die anderen."[290] Manchmal erschien es ihm sogar, als ob „die Gesellschaft sich in großer Gefahr befindet, dekadent zu werden, es sei denn man verabreicht ihr die nötigen Heilmittel."[291]

Ribera war 1554 in die Gesellschaft eingetreten und zwischen 1560 und 1564 Generalprokurator des Ordens in Rom.[292] In dieser Tätigkeit lernte er Borromeo wohl im August 1562 kennen und beeindruckte ihn durch seinen religiösen Eifer. Der Jesuit leitete ihn durch die Großen Exerzitien, an deren Ende sich Borromeo entschloss, Priester zu werden.[293] Francisco Rodrigues hat versucht, Ribera damit zu verteidigen, dass er von 1565 bis 1578, als den Jesuiten die Betreuung des Priesterseminars Mailand anvertraut war, gar nicht Borromeos Beichtvater war. So konzentrierte er sich aber auf den von Jesuitenkritikern hergestellten Zusammenhang von Missbrauch und Entfernung aus dem Seminar.[294] Er ließ völlig außer Acht, dass die Tat, deren Örtlichkeit nicht beschrieben wurde, in Rom stattgefunden haben könnte, weil sich der Page dort mit der Familie Borromeos aufhielt. Zudem hätte Borromeo wohl kaum eine Untersuchung eingeleitet, hätte er gewusst, dass angebliches Opfer und Täter mehre hundert Kilometer voneinander entfernt gewesen und sich nie gesehen hätten. Ribera suchte auch bereits 1563 darum an, von seinem Orden nach Indien geschickt zu werden, wohin er sich zum Jahresende

---

nuasse nell'opera santa cominciata," siehe Giovanni Pietro Giussano: Vita Di S. Carlo Borromeo 1610, S. 22. Ebenso abgedruckt 1611 in Giovanni Pietro Giussano: Vita Di S. Carlo Borromeo. Brescia 1611, S. 15–16.

290 Er schrieb diese Zeilen 1579 an seinen Agenten Spetiano in Rom, allerdings nicht über Ribera, sondern den Jesuiten Giulio Mazzarino und dessen Predigten auf dem Gebiet seiner Diözese. Annales de la Societe des soi-disans Jesuites; ou recueil historique-chronologique de tous les actes, S. 150. Zu Mazzarino siehe Joseph McCabe: A Candid History of the Jesuits. New York 1913, S. 97–98.

291 McCabe: A Candid History of the Jesuits, S. 98.

292 Liam Matthew Brockey: Journey to the East. Cambridge 2009, S. 94; Ines G Županov: Relics management: Building a spiritual empire in Asia. In: The Nomadic Object. The Challenge of World for Early Modern Religious Art. Hg. von Christine Göttler, Mia Mochizuki. Leiden, Boston 2018, hier S. 455; Camilla Russell: Being a Jesuit in Renaissance Italy – Biographical Writing in the Early Global Age. Cambridge 2022, S. 239.

293 Giuseppe Alberigo: Carlo Borromeo e il suo modello di vescovo. San Carlo e il suo tempo, Rom 1986, hier S. 191–192.

294 Eine ausführliche Verteidigung der Jesuiten, besonders Riberas, bei Francisco Rodrigues: Jesuitophobia: Resposta Serena a Uma Diatribe. Porto 1917, S. 237–251.

1564 aufmachte. Das Zeitfenster, das sich für den möglichen Missbrauch ergibt, erstreckt sich demnach vom August 1562 bis zum Ende des Jahres 1564. Es wäre ohne jede andere Quelle eine Verzerrung, aus dem Wunsch des Jahres 1563 bereits ein Schuldeingeständnis ableiten zu wollen. Allerdings wurden in der Tat oftmals schwierige Jesuiten, auch Missbrauchstäter und „Sodomiten", zur Buße die Missionsgebiete entsandt. Seine Versetzung muss Außenstehenden aber als Schuldeingeständnis erschienen sein. Oder versuchte der Orden nur, den populären Jesuiten aus der Schusslinie zu nehmen? Zudem wäre zu fragen, ob Borromeo Ribera so herzlich für seinen religiösen Eifer als Missionar in einem Brief vom 3. Februar 1565 gedankt hätte, wenn der Jesuit schuldig gewesen wäre. Die Biographen Borromeos wie die Historiker der Gesellschaft Jesu verneinten dies, ließen aber die lateinische Ermahnung des Heiligen am Ende des Briefes unerklärt: „Confortare in Domino et in potentia virtutis ejus esto robustus et viriliter age. Det tibi Dominus potestatem calcandi super serpentes et scorpiones." Denn die Ermahnung „mannhaft" (*viriliter*) zu handeln, muss man nicht unbedingt als generische Aufforderung zur Tugend verstehen, sondern kann sie durchaus auch als Anspielung auf Heteronormativität verstehen und damit als Warnung, nicht in die Sünde der unmännlichen Päderastie zurückzufallen. Die Bitte, der Herr möge ihm die Macht geben, Schlangen und Skorpione mit den Füssen zu zertreten, ist ebenso nicht unbedingt aus dem indischen Kontext zu verstehen, sondern möglicherweise eine Anspielung auf sexuelle Versuchungen.[295] Borromeo empfing zwar noch ein paar andere Briefe von Ribera aus Goa, in denen es allerdings nur um Missionsbelange geht, obwohl er zahlreiche vorige Briefe erwähnt, die der Kardinal allem Anschein nach aber vernichtet hat.[296] Warum aber? Waren sie zu persönlich? Die Verteidiger Riberas blendeten diese Tatsache ebenso aus wie das seltsame Zusammentreffen der Rückkunft Riberas 1575 in Rom und der von Borromeo verfügten Abberufung der Jesuiten aus dem mailändischen Priesterseminar im Jahr 1578.[297] Ribera erhielt von 1582 bis 1584 wiederum das Amt des Generalprokurators und zog sich dann nach Spanien zurück, wo er in Plascenia im Jahr 1594 starb.[298] Wenn Borromeo aber seinem einstigen spirituellen Lehrer wirklich unverbrüchlich treu geblieben wäre, warum gibt es dann zwischen beiden nicht keinerlei verifizierbaren Kontakte von 1575 bis zum Tod Borromeos 1584, und warum gibt es keinen Hinweis auf ein Eingreifen Riberas in der Seminarangelegenheit, um seinen Ordensgenossen im Umgang mit seinem berühmten Schüler zu helfen?

---

295 Aristide Sala: Documenti circa la vita e le gesta di S. Carlo Borromeo, Bd. 3. Mailand 1861, S. 231–232. Die Kursivsetzung im Text ist von mir.
296 Joseph Wicki: Documenta Indica, Bd. 6. Rom 1960, S. 463–476.
297 McCabe: A Candid History of the Jesuits, S. 69–70.
298 Wicki: Documenta Indica, S. 17.

Die antijesuitischen Pamphlete der Zeit erkannten diese Zusammenhänge, artikulierten sie aber ungenügend. So führte Schoppe an, Carlos Neffe Federico Borromeo habe ihm persönlich erklärt, dass er von der überheblichen Selbsteinschätzung der Jesuiten, die Heroen der Keuschheit zu sein, nicht überzeugt war, sondern vielmehr vom Gegenteil. Er würde sie am liebsten aus allen Schulen seines Bistums entfernen.[299] Die vorschnelle Zurückweisung dieser Bemerkung von nachfolgenden Historikergenerationen mit dem Hinweis, sie sei ja nicht von Carlo, sondern Federico Borromeo geäußert worden griff zu kurz. Vielmehr zeigt der Kontext, dass die Rehabilitation Riberas eines gründlicheren Fundaments bedarf.

Schoppes Kritik richtete sich aber als katholischer Polemiker vor allem gegen den *anmaßenden* Anspruch auf vollkommene Keuschheit, da es auch zu Lebzeiten des hl. Franz Xaver ernsthafte Probleme gab. Er führte einen angeblichen Fall von Päderastie in Leuven im Jahr 1552 an, einen Aufstand der Gemeinde von Montepulciano im Jahr 1560, als man dem Rektor P. Giovanni Gombaro vorwarf, Umgang mit Prostituierten zu pflegen,[300] die Konversion zum Judentum durch Gasparo Mena, der 1636 aus in Salamanca geflohen war, nachdem das Verhältnis mit seiner Beichttochter aufgeflogen war,[301] die Ermordung des ehebrecherischen Frater Balthasar de Rois 1634 durch einen betrogenen Ehemann,[302] P. Francesco Antonio Biasuccis Anzüglichkeiten gegenüber Nonnen in einem Florentiner Konvent 1726,[303] und „kürzlich" die Ermordung eines Jesuiten in Evora durch einen

---

299 „Sed hac sua gloriatione non modo gravissime Borromeo non persuaserunt, verum et iam ita eum sibi alienarunt, ut in pofterum nec visos, nec auditos vellet, quemadmodum familiaribus & amicis non semel fassus eft, ficut etiam Seminariorum suorum Clericos tandem scholis eorum interdixit, quod verbis negaret se posse exprimere nefaria illa,quæ in Braidensis Collegii eorum scholis perpetrari comperisset, quorum causa, si in sua foret manu, omnibus omnino scholis eos se prohibiturum affirmabat, quod me ex ipsomet audisse Deim mihi testem judiecemque adjuro [...]," s. Vargas: Relatio ad reges, S. 86.
300 Kathleen Comerford: Jesuit Foundations and Medici Power, 1532–1621. Leiden; Boston 2016, S. 161; Theodor Griesinger: The Jesuits: A Complete History of Their Open and Secret Proceedings from the Foundation of the Order to the Present Time 1903, S. 287.
301 Martin Mulsow, Richard H. Popkin: Introduction. Secret conversions to Judaism in Early Modern Europe, Leiden; Boston 2003.
302 Antoine Arnauld, Der Jesuiten Christenthumb und Lebens-Wandel, übergesetzet und vorgestellet aus einem [...] Frantzöischem Wercklein, La Morale pratique des Jesuites. Freystadt [ps.] 1670, S. 207–209; Antoine Arnauld, La Morale Pratique des Jesuites, Bd. 1, Köln 1669, 260–261.
303 Nicolaus Coprevitius/Coprivitz SJ soll in der Aula seines Kollegs vier Jungfrauen verführt und geschwängert haben, darunter ein Hoffräulein, siehe Vargas: Relatio ad reges, S. 90. Zu ihm siehe auch Regina Pörtner: Defending The Catholic Enterprise: National Sentiment, Ethnic Tensions, And The Jesuit Mission In Seventeenth-Century Hungary. In: Whose Love of Which Country?

seiner Mitbrüder.[304] Dieses Panorama der Devianz, deren Faktizität hier nicht weiter untersucht wird, bot Schoppe die Möglichkeit nicht nur einzelne Jesuiten, sondern den ganzen Orden als Ort finsterer Gelüste darzustellen. Von der Knabenliebe, dem Bordellbesuch, Ehebruch, Nonnenbelästigung und Mord aus Eifersucht wurde dem Leser alles geboten.

Noch eindringlicher formulierte ein ehemaliger Jesuit aus der Provinz Aquitanien einige Jahrzehnte später seine Kritik. Der Franzose Pierre Jarrige, der lange Jahre in La Rochelle stationiert war, 1647 zum Protestantismus konvertierte und 1650 zum Katholizismus zurückkehrte, nahm in seinem Bestseller *Les Jesuites mis sur l'echafaut* (1648) kein Blatt vor den Mund.[305] Der von ihm schwer kritisierte Jesuitenpater Jacques Beaufés (gest. 1650)[306] reagierte zwar mit einem eigenen Pamphlet auf die Angriffe, stachelte damit aber Jarrige nur zu weitergehenden Angriffen auf die Gesellschaft Jesu an.[307] Sicherlich war Jarriges Polemik, mit der er seine Konversion rechtfertigte und sich das Patronat reicher calvinistischer Kreise sicherte, rhetorisch aufgeladen. Sein Hass auf die früheren Ordensgenossen überzeugte Historiker davon, dass sich hinter den berichteten Skandalen keine verifizierbaren oder plausible Geschichten verbargen. Zu extrem, zu unglaublich klangen diese. Schließlich bediente Jarrige die etablierten Feindbilder, wie das des pädophilen Jesuiten. Jedoch zeigen detaillierte Analyse und Vergleich, dass gerade die Angaben zu Fällen sexueller Gewalt und sexueller „Devianz" innerhalb des Ordens plausibel erscheinen. So schrieb er etwa über die sexuellen Praktiken seiner Mitbrüder:

> Die verliebte Zärtlichkeit, die unanständige Betastung, die Befleckung ihres eigenen Leibes und andere solche unzüchtigen Sachen sind so gemein unter ihren jungen Leuten, dass sie überall Flecken und Merkmale davon [...] hinterlassen.[308]

Composite States, National Histories and Patriotic Discourses in Early Modern East Central Europe. Hg. von Balazs Trencsenyi, Márton Zászkaliczky. Leiden, Boston 2010, 569–589.

304 Lorenzo Ricci, Urbano Tosetti: Riflessioni di un Portoghese sopra il memoriale presentato da' P.P. Gesuiti alla santità di P.P. Clemente XIII. [...] esposte in una lettera scritta ad un amico di Roma. Lissabon 1758, S. 131–133.

305 Pierre Jarrige: Les Jesuites mis sur l'echafaut. Leiden 1649. Zu seiner Person siehe Didier Boisson: Conversion et reconversion au XVII e siècle: les itinéraires confessionnels de François Clouet et de Pierre Jarrige. In: Bulletin de la Société de l'Histoire du Protestantisme Français (1903–2015) 155 (2009), S. 447–467.

306 Josephus Fejér: Defuncti Secundi Saeculi Societatis Jesu, Bd. 1. Rom 1985, S. 98.

307 Pierre Jarrige: Nachricht von den vielen Lastern, welche die Jesuiten in der Provinz Quienne begangen haben. s.l. 1761, S. 2, c. 13, 196–202. Augustin de Backer: Bibliothèque de la Compagnie de Jésus, Bd. 4. Paris 1893, S. 752–757.

308 Jarrige: Nachricht, S. 56. Vgl. Karl Heinrich von Lang: Geschichte der Jesuiten in Baiern. Nürnberg 1819, S. 40. Zur Kritik an Langs Antijesuitismus, siehe den Vorwurf von Patricius Witt-

Der Autor beschrieb hier ein Panorama homoerotischer Handlungen in den Jesuitenkollegien, die von Vertrautheit und gegenseitiger Berührung bis zur Onanie (*pollutio*; Befleckung) reichten. Letztere sexuelle Grenzverletzung selbst schilderte er im Jargon der Zeit als „Flecken" auf der Reputation des Ordens. Er hob den Missbrauch der Vertrauensstellung von Lehrer und Priester hervor, indem er detaillierte Einzelfälle anführte, in denen Schüler zu Instrumenten der Wollust ihrer Lehrer wurden:

> Ich kann mit Grunde der Wahrheit versichern, dass ich alle Arten der Geilheit auf die Jesuiten bringen kann. Herzu brauche ich nicht mehr als drey oder vier Collegien in der Provinz Guienne[309] durchzugehen, wo ich mich selbst aufgehalten habe, und ich werde deutlich darthun können, dass keine Art der Wollust sey, die nicht einige unter ihnen versucht hätten.[310]

Jarrige vermied die ungenauen Beschreibungen, die Schoppe verwandte, weil er sich wohl auf eigene Quellen und seine Erinnerung berufen konnte. Er nannte eine ganze Reihe von Delinquenten beim Namen. Ob sich diese tatsächlich schuldig gemacht haben, müsste aber durch eine Auswertung der Ordensakten im Archiv des Generalats in Rom und den in Frankreich verstreuten Quellen untersucht werden.[311] Dennoch kann man Jarriges Beschreibungen keineswegs Quellenwert absprechen, weil sie zu extrem erscheinen, da fast alle seiner Fälle exakte Parallelen in der Oberdeutschen Provinz der Gesellschaft Jesu im 17. Jh. besitzen, die archivalisch belegt sind. Ferner sind viele seiner Anschuldigungen in detaillierte Berichte anderer Charakterschwächen eingebettet. So war etwa der breitgetretene Konflikt der bekannten Jesuitenprediger Jean Adam und Jacques Biroat an sich nicht wirklich berichtenswert, doch er endete in der Anschuldigung, Adam habe einer Ursulinerin den Traktat von der Erschaffung des Menschen des hl. Makarius mit zu vielen anatomischen Details erklärt. Er insinuierte damit, dass er die Nonne zu sexuellen Leidenschaften anstachelte und ihr durch diese „Aufklärung" auch die Unschuld genommen hat. Schon Johann Christoph Gottsched fand dies reichlich

---

mann: Die Jesuiten und der Ritter Heinrich von Lang oder Nachweis: wie die Gegner der Jesuiten deren Geschichte schreiben. Augsburg 1845.

309 Latinisiert ist dies die *Provincia Aquitaniae*.

310 Jarrige: Nachricht, S. 56.

311 Dabei ist davon auszugehen, dass man vielleicht nur indirekte Bestätigungen finden wird, wie etwa lapidare Bemerkungen zu Versetzungen oder generelle Ermahnungen zu sexuellen Verhaltensmustern. Eine andere Quelle wären die „informationes," die man an den Provinzial und den General sandte.

übertrieben, und Pierre Bayle gestand, dass Jarrige Adam noch recht gut davonkommen ließ.[312]

Historiker mögen zwar eine gesunde Vorsicht an den Tag legen und stutzen, wenn sie die Geschichte von Pater Sanguinet in Limoges lesen,[313] allerdings gibt es selbst zu diesem Parallelen. Dieser Priester, der „oft des Sonntags und wenn sonst keine Schule war, einen schönen Knaben zu sich gerufen habe, unter dem Schein, seine Exercitien [i. e. Schularbeiten, U.L.] zu corrigiren. Aber hat ihn mit verliebten Reden unterhalten, und sich von ihm mit solcher Begierde betasten lassen, dass ihn die Gewohnheit der Sünde so sehr verblendete, dass er ihn zu sich auf den Lehrstuhl kommen ließ, *ut inter manus eius se pollueret* [„und zwischen seine Hände ejakulierte," U.L.], während die anderen Schüler fleißig waren."[314] Wiederum finden sich exakte Parallelen in der Oberdeutschen Provinz, die sogar in der Art und Weise wie der Jesuit den Katheder während des Unterrichts missbrauchte, überein stimmen. Daher ist Jarriges Aussage, es gebe *kein* Kollegium in der Provinz, in dem nicht wenigstens *ein paar* solcher Fälle vorgekommen seien, ebenso ernst zu nehmen, wie sein Hinweis auf eine homoerotisch strukturierte Schülerschaft unter den Opfern. Diese sprächen mitunter sogar davon, dieser und jener sei „das Mädchen des Lehrers" („la Demouselle de nostre Regent") um so die sexuelle Passivität in der Beziehung zum Lehrer als aktiv Penetrierenden auszudrücken.[315]

---

312 Jarrige: Les Jesuites mis sur l'echafaut, c. 10. Zur Kritik Bayles und Gottscheds siehe Pierre Bayle: Historisches und Critisches Wörterbuch: nach der neuesten Auflage von 1740 ins Deutsche übersetzt; auch mit einer Vorrede [...] von Johann Christoph Gottsched, Bd. 1. Leipzig 1741, S. 73; 79. Siehe auch Eugène Griselle: Profils de Jésuites du XVIIe siècle [...] Lille 1911, S. 38–43.

313 Es kommen zwei Jesuiten der Provinz Aquitanien in Frage, Jean Sanguinet (gest. Périgueux 1698) und Paul Sanguinet (gest. in Pali 1683). Josephus Fejér: Defuncti Secundi Saeculi Societatis Jesu, Bd. 5. Rom 1990, S. 25.

314 Jarrige: Nachricht, S. 57; Jarrige: Les Jesuites mis sur l'echafaut, S. 35–36. Es kann es sich nur um Jean Sanguinet (gest. 1698) oder Paul Sanguinet (gest. 1683) handeln, die beide aus der Provinz Aquitanien stammten, siehe Josephus Fejér: Defuncti Secundi Saeculi Societatis Jesu, Bd. 4. Rom 1989, S. 25.

315 Jarrige: Les Jesuites mis sur l'echafaut, S. 36. „Hic vel ille est Amasium nostri praeceptoris," Pierre Jarrige: Jesuita in ferali pegmata ob nefanda crimina in provincia Guienna perpetrata, e Gallico latinitate donatus cum judicio generali de hoc ordine. Lugdunum Batavorum 1665, S. 74–75. Zu brasilianischen und portugiesischen Fällen, in denen die Favoriten des Priester-Lehrers als „Mädchen" bezeichnet wurden, siehe Veronica De Jesus Gomes: As distintas faces da menoridade na Mesa Inquisitorial: uma análise dos testemunhos de meninos sodomizados por padres (Lisboa, 1638). In: Revista de História da UEG 11 (2022), S. 1–25, hier S. 12; José Pedro Paiva: O episcopado. In: História da Diocese de Viseu. Hg. von José Pedro Paiva. Bd. 2, Coimbra 2016, hier S. 389; Luiz Mott: Ventura e desventuras de um mercedário sodomita em Belém do Pará pós-Filipino. In: Politeia-História e Sociedade 11 (2011), S. 81–103, hier S. 92.

Dass Jarriges Bemerkungen über die Häufigkeit solcher Vorfälle akkurat ein Problem ständiger Grenzverletzungen beschrieben, wird deutlich, wenn man die Ermahnungen des Mainzer Provinzkapitels von 1660 neben sie stellt. Dort wird von der „sinnlichen Liebe der Professoren zu ihren Schülern" (*de sensuali amore professorum in discipulos*) als einem ernsten und abzustellenden Problem gesprochen. Wenn ein Jesuitenlehrer gegenüber dem Schüler seine „Liebe" physisch ausdrückte, konnte von einer gleichberechtigten Beziehung keineswegs die Rede sein. Dem Schüler als Schutzbefohlenen wurde Gewalt angetan, wenn nicht physisch, so doch durch das schulische und spirituelle Abhängigkeitsverhältnis.[316] Dass der Provinzial den Ausdruck „amor" verwandte und damit recht direkt wurde, anstatt sich hinter dem üblichen Begriff der „engen Vertrautheit" (*familiaritas*) zu verstecken, ist bemerkenswert. Es ist anzunehmen, dass wohl ein handfester Skandal zu dieser Ermahnung für die ganze Provinz geführt hat und dass dieser kein Einzelfall war. Die Anweisung ist an Eindeutigkeit kaum zu überbieten: Die Hausrektoren wurden angehalten, dieses Übel auszurotten (*eradicetur*). Es handelte sich also *keineswegs* nur um eine prophylaktische Maßnahme, sondern um die Abstellung eines verbreiteten Missbrauchs. Die Rektoren sollten bei einem Verdachtsfall sofort reagieren und den Provinzial informieren, ohne Rücksicht darauf, dass man eventuell einen Klassenlehrer während des Schuljahres ersetzen müsse. Ferner wurde es den Jesuitenlehrern verboten, Schüler auf eine Reise mitzunehmen, da man direkte Übergriffe befürchtete, oder auch nur mit einem Schüler alleine spazieren zu gehen.[317] Auch die von Jarrige erwähnten Berührungen der Jesuiten und Jesuitenscholastiker untereinander finden ihr Pendant in den Akten der Oberrheinischen Provinz. 1672 konstatierte man eine gewisse sexuelle Leichtfertigkeit (*levitas*) unter Jesuitenscholastikern. Man wies diese an, das gegenseitige Berühren von Füßen und Händen zu unterlassen, um keine Leidenschaft anzustacheln. Im selben Dokument musste man den Lehrern auch wieder einmal das in der Provinz zu freizügige (*liberius*) Betreten der Schlafzimmer der Studenten verbieten, da dies Probleme (*querelas*) verursacht hatte. Letzteres war eine Chiffre, welche die sexuelle Gewalt verschleierte, die der Lehrer vornahm, wenn er den Schüler im vulnerablen Kontext des eigenen Schlafzimmers bedrängte.[318]

---

316 Zur Analyse moderner Machtgefälle siehe etwa Klaus Kießling: Geistlicher und sexueller Machtmissbrauch in der katholischen Kirche. Würzburg 2021.
317 APECESJ: Abt. 40–2, 1, Archivi Provinciae Rhenanae superioris, fol. 615 „Advigilent iisdem, ut amor ille sensualis quorundam professorum erga suos discipulos eradicetur, moneant etiam per ipsum anni decursum, si opus fuerit, Provincialem, nec permittant, ut cum alio mittuntur, secum trahant suos discipulos, qui illos ad aliquod viae spatium comitentur."
318 APECESJ: Abt. 40–2, 1, fol. 652, vom 19. Juni 1672.

Jarrige erwähnte ebenso Beispiele von Untersuchungen gegen Jesuiten, die trotz detaillierter Tatbeschreibungen zu keiner Bestrafung des Täters führten. Selbst den bekannten Schriftsteller Pater Leonard Alemay (Hemajus) beschuldigte er, seine Schüler Stiefel und Strümpfe ausziehen lassen, um sich an ihrer „Nacktheit" zu ergötzen. Wiederum gab es identische Fälle in den deutschen Provinzen, die sogar das Detail des Abnehmens der Strümpfe festhielten, so dass sich auch diese Beschreibung nicht als an den Haaren herbeigezogen zurückweisen lässt.[319] Allerdings berichtete Jarrige nicht nur von Päderastie und Homosexualität, sondern auch von heterosexuellen Grenzverletzungen. Pierre Regnier und Fronton Gadaut in Fontenay[320] wirft er etwa vor, sie unternähmen ausgiebige Besuche bei devoten Damen, allerdings nicht um sie spirituell zu beraten, sondern mit ihnen Geschlechtsverkehr zu haben. Da ihnen der Rektor des Kollegs vorschrieb, jeweils einen Mitbruder als Begleiter mitzunehmen, ließen Regnier und Gadaut diesen jeweils vor der Türe warten, obwohl sie sich wöchentlich sechs oder sieben Mal über mehrere Stunden hinweg dort trafen.[321] Hier ist allerdings Vorsicht geboten, auch wenn der Fall erstaunlich dem des Johannes Federer in Regensburg ähnelt, da Gadaut 1658 bis 1660 Provinzial der Provinz Aquitanien war und vielleicht Jarrige aus Bitterkeit ein Gerücht über ihn verbreitete.[322] Francois Penot, mit dem er in La Rochelle stationiert war, warf er nicht näher bezeichnete Schlüpfrigkeiten vor.[323] P. Jean Delvaux (gest. 1684)[324] wurde gar als Mehrfach-Vergewaltiger dargestellt:

> Jean Richard und François Ducreux werden es mir nicht leugnen können. Denn nachdem sie in der Beichte von ihm erfahren hatten [...], dass er diese liederliche Person etliche Male gemissbrauchet hätte, so klagten sie ihn deswegen bey dem Provinzial an.[325]

---

319 Jarrige: *Les Jesuites mis sur l'echafaut*, S. 37. Zu Leonard Alemay (1594–1650) siehe Christian Gottlieb Jöcher: Allgemeines Gelehrten-Lexicon [...], Bd. 1. Leipzig 1750, S. 248.

320 Gadaut war von 1642 bis 1645 Rektor des Kollegs Fontenay, 1645 bis 1649 Pierre Regnier, siehe Pierre Delattre: Les établissements des jésuites en France depuis quatre siècles: répertoire topo-bibliographique publié à l'occasion du quatrième centenaire de la fondation de la Compagnie de Jésus, 1540–1940, Bd. 2. Enghien 1955, S. 493. Vgl. auch H. Barckhausen: Une enquête sur l'instruction publique au xviIe siecle. In: Annales de la Fac. des Lettres Bordeaux 4 (1887), S. 271–297, hier S. 293.

321 Jarrige: *Nachricht*, S. 60.

322 Grisele: Profils de Jésuites du XVIIe siècle, S. 171.

323 Dieser lebte von 1589 bis 1673/4, siehe Carlos Sommervogel: Bibliothèque de la Compagnie de Jésus, Bd. 6. Brussel 1895, S. 477; Jarrige: Les Jesuites mis sur l'echafaut, S. 58; 67; 159.

324 Josephus Fejér: Defuncti Secundi Saeculi Societatis Jesu, Bd. 2. Rom 1986, S. 24; Pierre Delattre: Les Etablissements des Jésuites en France depuis quatre siècles: répertoire topo-bibliographique, Bd. 2. Enghien; Wetteren 1957, S. 1619.

325 Jarrige: Nachricht, S. 63.

Jarrige rief hier nicht nur noch lebende Zeugen aus dem Orden als Zeugen an, sondern über jeden Zweifel erhabene, akademische Autoren, wie François Ducreux (gest. 1666)[326] oder Jean Ricard (gest. 1663 in Poitiers).[327] Da beide bei Drucklegung 1648 noch am Leben waren, konnten sie in der rhetorischen Argumentation Jarriges prinzipiell vom Publikum als Zeugen seiner Wahrhaftigkeit herangezogen werden. Die Bemerkung über Delvaux insinuierte aber auch einen Bruch des Beichtgeheimnisses. Dies war ohne Zustimmung des Opfers rechtlich nicht erlaubt, aber durchaus möglich. Priester, die es verletzten, wurden dann mit schwersten Kirchenstrafen belegt. Plausibler erscheint es, dass das Opfer die Erlaubnis gab, den Fall dem Provinzial zu berichten. Der Beichtstuhl war jedenfalls eine Hauptquelle für die Denunzierung von Priestern, wie auch aus dem Fall von Jakob Marell hervorgeht, was belegt, dass die Opfer erhebliche Schuldgefühle plagten.

5.1 Klerus und Päderastie

Besonders skandalös war es, dass Jarrige auch den noch lebenden, berühmten Prediger Etienne Petiot der grenzenlosen Wollust bezichtigte.[328] Er habe sich einst in ein junges Mädchen verliebt, ihr im Beichtstuhl Avancen gemacht und dort in ihre Hand ejakuliert. Der Provinzial habe ihm sogar ein Zimmer eingerichtet zu dem sich die Geliebte in Mannskleidern gekleidet begab, um nicht aufzufallen.[329] Hier wurde die durchaus plausible Sollizitation eines Mädchens mit dem wenig wahrscheinlichen Offerieren eines Liebensnests durch den Provinzial verwoben, die sicherstellen sollte, dass der Leser die Taten nicht nur als die von Einzeltätern zur Kenntnis nahm, sondern als solche eines degenerierten Or-

---

326 Francois Perennes/Jacques Paul Migne: Dictionnaire de Biographie Chretienne et Anti-Chretienne, Bd. 1. Paris 1851, S. 1297.

327 Fejér: Defuncti Secundi Saeculi Societatis Jesu, S. 234.

328 Petiot lebte von 1602 bis 1673, siehe Jarrige: Nachricht, S. 74–76; Abbé Arbellot: Le P. Etienne de Petiot. In: Bulletin de la Société archéologique et historique du Limousin 19 (1869), S. 31–33. Zu Jarrige siehe Delattre: Les Etablissements des Jésuites en France depuis quatre siécles: répertoire topo-bibliographique (=LEDJF), S. 999–1002.

329 Jarrige, Nachricht, 84 nennt als Übertreter der sexuellen Normen auch Pierre Le Gualez (LEDJF 1: 759; 774; LEDJF 3: 1508), Codiot (eventuell meinte er Jacques Cothereau, der 1639 bis 1641 Rektor von Poitiers war, siehe LEDJF 1: 766; LEDJF 2: 471; 494; LEDJF 4: 4: 29; 39; LEDJF 5: 474.). Francois Penot (gest. 1673, siehe LEDJF 2: 494; 1020; 1408; LEDJF 3: 41, 57; LEDJF 4: 576), Henry du Chesne (gest. 1668; LEDJF 2: 500; LEDJF 3: 47; LEDJF 4: 1500), Jacques Dufresne (Provinz Aquitanien, gest. 1662, LEDJF 2: 375), Pierre Regnier (siehe LEDJF 2: 494; 318; 1000; 1006), Jacques Biroat, der zu den Benediktinern übertrat siehe LEDJF 2: 1142. Allerdings konnte ich den Hinweisen auf grenzwertiges Verhalten nicht nachgehen.

dens. Petiot wurde als „verliebter Mönch" beschrieben, der einmal aus dem Kloster gelassen, „wie ein wildes Pferd, das den Zaum abgestreift hat [...] davon läuft."[330] Der Jesuit diente Jarrige so als Projektionsfläche für seine Zölibatskritik.[331] Der Priester wurde als ein Wesen beschrieben, dem internalisierte Grenzen abgehen, weil er wie ein Pferd nur durch äußere Zügel gebändigt wird. Damit wurde nicht nur die Idee der Enthaltsamkeit untergraben und als unerfüllbare Phantasie dargestellt, sondern in der Tradition evangelischer Kritik das Gelübde der Keuschheit als menschliche Erfindung beschrieben, das die „Unreinigkeit [...] mit dem Mantel der Gottesfurcht bedecket."[332] Zuletzt wurde der Jesuit aber auch als enthemmter Päderast dargestellt, den er mit dem assyrischen König Sardanapal, dem Inbegriff sexueller Perversion, verglich, damit aber auch Petiot „verweiblichte" (*effeminate*) Charakteristika zuschrieb:[333]

> Unter allen Arten der Geilheit fällt wohl die als die verfluchteste am meisten in die Sinnen, wenn man unschuldige kleine Kinder schändet; und es wäre kein Wunder, wenn der Himmels selbst mit seinem Donner dergleichen Unfläter zerschmetterte, oder wenn die Erde ihre Abgründe öffnete, sie zu verschlingen. Unser Sardanapal [...] lockte [...] die Tochter eines Pächters an sich, welche nicht älter war als etwa 9 oder 10 Jahr, und unter dem Scheine sie beten zu lassen, führte er sie in den dichtesten Wald.[334]

Gerade noch rechtzeitig kam ihr Vater, der ihre Hilferufe gehört hatte, um sie vor dem „Wolf" Petiot zu retten. Die „schlimmste Sünde wider die Natur," die Päderastie, kreidete er auch Jacques Beaufés an, des am meisten irregulären (*plus irreguliers*) Jesuiten. Das Adjektiv deutete bereits an, dass Beaufés schwerste Verbrechen begangen haben musste – denn nur solche waren mit der Irregularität behaftet, wie Mord, Vergewaltigung, Simonie etc. In der Tat warf er ihm vor, bereits im Noviziat in ungehemmtem Zorn Mitbrüder körperlich schwer verletzt zu haben. In der ganzen Provinz sei bekannt, dass der General Viteleschi aus Rom Provinzial Ignace Malescot angewiesen hatte, mit Beaufés keine Geduld mehr zu haben, sondern ihn als unkorrigierbar zu entlassen:

---

330 Jarrige: Nachricht, S. 85.
331 Auch die Abstammung vieler Jesuiten von „schlechten," d. h. sozial niedriger stehender Familien ist ein wichtiger Kritikpunkt Jarriges, um deren Qualifikation für die Lehre der Kinder der gesellschaftlichen Elite zu untergraben. Ebd., S. 203–204.
332 Ebd., S. 86. Siehe etwa Bernhard Lohse: Luthers Kritik am Mönchtum. In: Evangelische Theologie 20 (1960), S. 413–432.
333 H. G. Cocks: Visions of Sodom: Religion, Homoerotic Desire, and the End of the World in England, c. 1550–1850. Chicago 2017, S. 10–11; John Boswell: Christianity, Social Tolerance, and Homosexuality: Gay People in Western Europe from the Beginning of the Christian Era to the Fourteenth Century. Chicago 1980, S. 375–377.
334 Jarrige: Nachricht, S. 90.

> Sein Hauptverbrechen bestand darin, [...] [dass er, U.L.] einige kleine Schuljungen [*petits escoliers*] von außerordentlicher Schönheit unehrenhaft berührt [*touché déhonestement*] hatte und sogar im [Kolleg]Haus eines Nachts mit einem meiner Kommilitonen, dem jungen Philosophen Martial Lamy, zu Bett ging [...] Diese gewaltsame Veranlagung [*inclination violente*] ließ ihn engen Kontakt zu jungen Kindern suchen [*l'attachoir*] [...] Die Vorahnung [*prévues*] der Oberen um diese ungezügelten Affekte [*avoyant de cette affection déréglée*] [...] wurde bestätigt, aber um die Gemeinschaft nicht zu stören [*n'édifier*], verbargen [*cacher*] sie diese Anklage.[335]

Angesichts solcher Verbrechen solle Beaufés sein Antlitz vor Schande verstecken (*ce qui doit couvrir de honte son visage*). Der angegriffene Jesuit verteidigte sich aber in einem Pamphlet: Der Orden hätte ihn doch sicher entlassen, wenn auch nur ein kleiner Teil von Jarriges Behauptungen wahr sei.[336] Eine recht dürftige Verteidigung. Denn die Behandlung des Falles Marells und anderer zeigt, dass man durchaus Verbrecher duldete, vor allem wenn sie bekannt oder das Profess-Gelübde abgelegt hatten. Dies entzog damit auch einer solchen Verteidigungsstrategie ihren Boden. Doch nicht nur bei sexuellem Kindesmissbrauch soll die Ordensleitung laut Jarrige meist geschwiegen und untätig geblieben sein, sondern auch bei der Strafverfolgung von Waisenhausangestellten und Eltern, indem sie Morde an Kleinkindern kleinredeten, etwa wenn sie ein blutig geschlagenes Kind ohne Nachfrage begruben, oder sich nicht der tödlichen Vernachlässigung von Findelkindern in Waisenhäusern entgegenstellten, und selbst aktiv an Abtreibungen mitwirkten.[337]

Inwieweit sich die Anschuldigungen gegen Petiot verifizieren lassen, kann nur eine intensive Suche in den Archiven Frankreichs und Roms klären. Dass es aber zahlreiche Päderastiefälle in Jesuitenschulen gab,[338] steht außer Frage. Der Fall eines so jungen Mädchens scheint bisher aber singulär unter den Jesuiten des 17. Jahrhunderts zu sein. Dass derartige Vorfälle extrem selten (*delicta rarissima*) vorkamen,[339] wie eine Quelle aussagt, aber durchaus nicht unbekannt

---

335 Jarrige: Les Jesuites mis sur l'echafaut, S. 101.

336 Adolphe Boucher: Histoire dramatique et pittoresque des Jésuites [...] Illustrée de 30 magnifiques dessins par T. Fragonard, Bd. 10. Paris 1846, S. 222.

337 Jarrige: Nachricht, S. 1, c. 1, 47. Die Jesuiten von Bordeaux waren in der Tat für das Waisenhaus der Stadt verantwortlich. Jarriges Aussagen zur Vernachlässigung von Waisenkindern wurden weitgehend bestätigt durch Martin Dinges: Stadtarmut in Bordeaux 1525–1675: Alltag, Politik, Mentalitäten. Bonn 1988, S. 380–383. Zur Problematik im Heiligen Römischen Reich siehe Markus Meumann: Findelkinder, Waisenhäuser, Kindsmord in der Frühen Neuzeit: Unversorgte Kinder in der frühneuzeitlichen Gesellschaft. Berlin 1995.

338 Zur Problematik von Schule und Päderastie in der Gegenwart siehe die psychologische Studie von Thierry Petitot: Le pédéraste et le pédophile à l'école. Paris 2007.

339 So der Geistliche Rat Freising im Jahr 1711, siehe AEM: AA001/1, GR.PR.139, 26. September 1712, Bild 263.

waren, zeigte sowohl die Verurteilung des bekannten Komponisten Nicolas Gombert im Jahr 1540 zu einer Galeerenstrafe wegen Päderastie[340] als auch der Fall des Schlosskaplans Seitz aus Haarbach im Bistum Regensburg. Letzterer wurde am 27. Juli 1711 wegen „Leichtfertigkeit mit jungen Mädchen" zu einer einjährigen Galeerenstrafe in Venedig verurteilt.[341] Bereits am 22. Januar 1711 hatte der geistliche Rat in Freising durch die Landshuter Regierung von dem Verbrechen erfahren. Man schickte den Exjesuiten und Domkapitular Ignatius Mändl, um Seitz zu verhaften. In Freising wurde er zunächst eingekerkert.[342] Im Laufe des Prozesses wurde bekannt, er „verführet Kinder."[343] Nach Befragung der Opfer wurde das ganze Ausmaß seiner Verbrechen deutlich. Nicht nur in Landshut, sondern auch in Haarbach, Biburg und Geisenhausen hatte er Missbrauch verübt.[344] Erst im Juli sprach der geistliche Rat Freising sein Urteil:

> Matthias Seitz welcher in *materia lubrica* [...] zu Landshut mit kleinen Kindern sowohl als auch erwachsenen Mädeln große Exzesse verübt, und nunmehr ein halbes Jahr alhier incarceriert gewesen, ist anheuth d. Sentenz publiziert worden, so dahin gangen, dass er auf ein ganzes Jahr auf die Galeere condemnirt sein solle, worauf sodan zu dessen Überbringung nach Venedig die Anstalt verfiegt, und ist den 26. Juli alldahin abgeführt worden.[345]

Die Richter glaubten den Aussagen der Kinder (*glaubhafft*) und hofften, durch die Galeerenstrafe dem Seitz einen solchen „schroeck und abscheu einzujagen," dass sich dieser nie wieder eines solchen Verbrechens schuldig machen werde.[346] Der degradierte Seitz überlebte den Galeerendienst und wurde am 15. Oktober 1712 im Auftrag von Cardinal Piazza in der Gegenwart von Zeugen von der Irregularität und Infamie absolviert.[347] 1713 erteilte ihm das Bistum Freising die *litterae dimissoriae*, so dass er sich als Priester in eine andere Diözese begeben konnte.[348] Er fand schließlich eine Anstellung im Bistum Passau.[349] Aufgrund seiner hero-

---

340 Emilio Ros-Fábregas: Cómo leer, cantar o grabar el cancionero de Uppsala (1556): ¿de principio a fin? In: Revista de Musicología (2012), S. 43–68.

341 AEM: AA001/1, R169, Verzeichnis von Kriminalfällen.

342 AEM: AA001/1, GR.PR.128, Jg. 1711, Bild 29.

343 AEM: AA001/1, GR.PR.128, Jg. 1711, Bild 32, 26. Januar 1711.

344 AEM: AA001/1, GR.PR.128, Jg. 1711, Bild 40, 5. Februar 1711. AEM: AA001/1, GR.PR.128, Jg. 1711, Bild 44, 9. Februar 1711.

345 AEM: AA001/1, GR.PR.128, Jg. 1711, Bild 179, 20. Juli 1711; 27. Juli 1711, Bild 187.

346 AEM: AA001/1, GR.PR.128, 27. Juli 1711, Bild 187.

347 AEM: AA001/1, GR.PR.139, 26. September 1712, Bild 263.

348 AEM: AA001/1, GR.PR.130, 11. Mai 1713, Bild 139. Seitz fehlt allerdings in der Liste der Dimissorien in AA001/1, R3509.

349 DAW: PP 121, Protokoll vom 3. Mai 1713, fol. 396.

ischen Betreuung pestkranker Pfarrangehöriger in Oberhollabrunn schickte man ihn 1714 als ordentlichen Kaplan nach Zwettl, wo sich seine Spur verliert.[350]

Homosexualität wurde nicht nur von evangelischer, sondern auch katholischer Seite als genuines Laster des Klerus angesehen, als eine „Liebe, deren Namen man nicht auszusprechen" wagte (*amor que não ousava dizer o nome*).[351] Allerdings hat die historische Kriminalforschung vor allem für das 16. Jahrhundert herausgearbeitet, dass ein erheblicher Teil homosexueller Beziehungen einem päderastischen Schema folgte. Dies hatte zur Folge, dass das polemische Typenbild des homosexuellen Klosterlehrers in den Handlungshorizont der Päderastie eingebettet war. Daher vermuteten die Bürger von Bologna im 16. Jahrhunderts, dass Ottavio Bargellini wohl deswegen darüber nachdachte, Mönch zu werden, weil er hoffte im Kloster seine Sexualität ausleben zu können.[352] Der erst fünfzehnjährige, „bartlose" (*sbarbato*) Ottavio entstammte einer der vornehmsten Familien der Stadt und wurde im Augustinerkloster San Giacomo von einem Frater Georgio Gudietti wohl unter dem Vorwand weiterer Studien auf seine Zelle gelockt und dort vergewaltigt, später auch drei oder viermal vom ehemaligen Ordensgeneral der Serviten Aurelio Menocchi. Trotz Gewalt, suchten die Täter oftmals nach ihrer Tat mit Geschenken entweder weitere Treffen zu ermöglichen oder das Opfer ruhigzustellen oder aber eine romantische Beziehung aufrecht zu erhalten. Letzteres nahm der italienische Historiker Zuccarello an, der in den Geschenken, die auch im Fall Marell eine große Rolle spielten, eine Charakteristik der homosexuellen Subkultur im Klerus sah,[353] die es anscheinend auch in deutschen Landen gab.[354] Menocchi kam als Priester mit einer harmlosen Strafe davon – auch weil der Junge vor dem Prozess gegen ihn bereits 1594 hingerichtet worden war. Allerdings wurde in den Befragungen der Serviten deutlich, dass Menocchi bereits 1576 ähnliches vorgeworfen worden war. Da dieser aber die frühere Anklage verschwiegen hatte, wurde er vom Kardinal Protektor zu dreijähriger Haft verbannt, in der er *seine* Würde wiederherstellen sollte.[355] Aus Furcht vor einem Skandal vermied man weitergehende Maßnahmen. Das Opfer von Don Francesco Finetti war ebenfalls erst vierzehn Jahre

---

350 DAW: PP122, Protokoll vom 16. März 1714, fol. 194; PP122, Protokoll vom 21. März 1714, fol. 211. PP 255, Bild 40 (1714).

351 Mott: Ventura e desventuras, S. 85.

352 Ugo Zuccarello: La sodomia al tribunale bolognese del Torrone tra XVI e XVII secolo. In: La sodomia al tribunale bolognese del Torrone tra XVI e XVII secolo (2000), S. 37–51, hier S. 46–47.

353 Ebd., S. 45.

354 Darauf deutet der Fall des Werner Veitz in Köln hin, der verdächtigt wurde, mit Geistlichen „Unzucht" zu treiben. HASK: Best. 125 Kriminalakten, A 154, Bl. 7.

355 Zuccarello: La sodomia, S. 44–45.

alt. Auch er hatte als Erwachsener seine Schutzpflicht verletzt, und sich gewaltsam an einem Jungen befriedigt.[356]

5.2 Körper und Identität nichtjesuitischer Missbrauchsopfer in Brasilien, Indien und Portugal

In Lissabon unterhielten einige Priester Bordelle mit minder- und volljährigen Prostituierten und engagierten sich netzwerkartig durch den Austausch von Sexualpartnern.[357] In Brasilien konnte ein ähnliches Netzwerk identifiziert werden.[358] Die überführten Kleriker, unter denen *keine* Jesuiten waren, wussten, wie sie ihre sexuelle Ausbeutung von Jugendlichen straffrei vornehmen oder gleichgeschlechtliche Beziehungen zu Volljährigen ohne Bestrafung unterhalten konnten.[359] Als etwa 1591 der 65-jährige Padre Frutuoso Álvares angeklagt wurde, weil er zugegeben hatte seit fünfzehn Jahren unzählige Male Sodomie begangen zu haben, mit Männern von 18 Jahren, aber auch zahlreichen Jugendlichen, darunter auch Zwölfjährigen, gab er stets an, im Geschlechtsakt lediglich der *passive* Teil gewesen zu sein und nie aktiv penetriert zu haben. Daher wurde er auch nur ermahnt, sich in der Zukunft solcher Sünden zu enthalten.[360] In den folgenden Jahren stand er insgesamt fünfmal wegen solcher Vergehen vor Gericht, so dass sich der Visitator der Inquisition fragte, ob nur die Todesstrafe den „Appetit" des Klerikers zügeln werde.[361] Eine strengere Bestrafung brachte es ihm aber nicht ein.

Ein besonders markantes Beispiel ist der Fall des 1670 von der Inquisition in Goa/Indien arrestierten Priesters João da Costa, der zugab, 25 Jungen zwischen sieben und vierzehn Jahren missbraucht zu haben, obwohl der Prozess 49 Opfer

---

356 Ebd., S. 39–41.

357 Veronica De Jesus Gomes: Prazeres ilícitos: a prostituição homossexual protagonizada por padres na Lisboa Seiscentista. In: Anais da Jornada de Estudos Historicos Professor Manoel Salgado 5 (2019), S. 981–996. Siehe auch Gomes: As distintas faces da menoridade na Mesa Inquisitorial; Veronica De Jesus Gomes: Atos Nefandos: Eclesiásti cos homossexuais na teia da Inquisição. Curitiba 2015; Veronica De Jesus Gomes: Vício dos clérigos: a sodomia nas malhas do Tribunal do Santo Ofício de Lisboa, Niterói 2010.

358 Ronaldo Manoel Silva: O pecado nefando na primeira visitação do Santo Ofício ao Brasil (1591–1595). In: Revista Aedos 8 (2016), S. 62–84.

359 Ebd.

360 Ebd., S. 67.

361 Ebd., S. 69. Zu Alvarez siehe besonders Cássio Bruno de Araujo Rocha: Masculinidade e homoerotismo no Império português seiscentista: as aventuras sodomíticas do Padre Frutuoso Álvares, vigário do Matoim. In: Em Tempo de Histórias 25 (2015), S. 151–171.

identifizierte.[362] Der Portugiese war bereits wegen pädophiler und sodomitischer Taten 1661 aus dem Kapuzinerorden verstoßen worden, hatte sich aber trotzdem die heiligen Weihen verschafft und war dann nach Indien gegangen.[363] Schon 1666 hatte er vor dem Inquisitor Paolo Castellino de Freitas gestanden und bekannt, mit sechs Jungen, drei darunter zehn, zwölf und vierzehn Jahre alt, Sodomie getrieben zu haben, wurde aber nur ermahnt dies nicht zu wiederholen. 1670 wurden ihm weitere Taten, alle „cum penetratione et effusione seminis,“ d. h. mit Penetration und Ejakulation, vorgeworfen. In weiteren Verhören bis April 1671 erweiterte sich die Liste seiner Opfer auf 49 Namen. Am Ende des Prozesses musste man feststellen, dass da Costa „unzählige [sic!] sodomitische Akte als aktiver Teil [*sendo agente*] mit einer ganzen Reihe von männlichen Personen vollbracht hatte“ und offensichtlich unfähig war, sein Verhalten zu ändern. Er wurde den staatlichen Behörden übergeben.[364] Die Opfer wurden, sofern sie über vierzehn Jahre alt waren und aktiv penetriert hatten, von der Inquisition als Mittäter und Komplizen angesehen. Geht man die Liste der Opfer durch, wird schnell deutlich, dass eine große Zahl der Jungen in einem Abhängigkeitsverhältnis zu da Costa stand. Manche waren Hausdiener des Klosters in dem da Costa lebte, oder deren Kinder, sowie Ministranten. In einigen Fällen gebrauchte er Gewalt, wie etwa bei João de Siqueira, einem 16-jährigen Brahmanen, der sich weigerte, sich zu bücken und freizumachen. Er warf ihn zu Boden und penetrierte ihn, wurde aber durch das Klopfen an der Tür durch den Sakristan abgehalten zu ejakulieren.[365] Eine Reihe von Jungen fühlte sich aber nicht als Opfer, da sie von da Costa für ihre Dienste bezahlt wurden, ähnlich jungen afrikanischen Mädchen, die mit den Klerikern schliefen.[366] Vielleicht wurde der Priester aber auch als Guru oder Yoga-Meister gesehen und hatte daher so direkten und unwidersprochenen Zugang zu Kindern. Auch in Portugal muss man ähnliche Verhaltensmuster annehmen. Zwischen 1626 und 1739 erschienen vor der Inquisition in Lissabon, Coimbra, und Evora insgesamt siebzehn Lehrer im Alter von 20 bis 61 Jahren, um sich zu verantworten. Nur fünf von ihnen stammten aus alteingesessenen christlichen Fami-

---

362 Lana Lage da Gama Lima: Sodomia e pedofilia em Coa: o caso do padre João da Costa. In: A Inquisição em xeque: temas, controvérsias. Hg. von Ronaldo Vainfas, Bruno Feitler, Lana Lage da Gama Lima. Rio de Janeiro 2006.
363 ANdTT: PT/TT/TSO-IL/028/12197, https://digitarq.arquivos.pt/viewer?id=2312398 (20. Mai 2023).
364 Lima: Sodomia e pedofilia em Coa: o caso do padre João da Costa, S. 245.
365 Ebd., S. 247.
366 Ebd., S. 248.

lien. Neun wurden offiziell angeklagt für judaisierendes Verhalten und vier für Sodomie bzw. homosexuelle Handlungen.[367]

Veronica Gomes hat die verschiedenen sexuellen Gewalttaten, die Priester an Kindern und Jugendlichen in Brasilien und Portugal verübten, untersucht, und eine ganze Bandbreite sexueller Praktiken identifiziert, aber auch herausgearbeitet, dass die meisten Opfer aus unterprivilegierten Familien bzw. Handwerkerfamilien stammten.[368] Zudem wurde aus ihren Studien deutlich, dass manche Ordensmänner selbst *nach* dem Ausschluss aus dem Orden durch Tätigkeiten als Hauslehrer auch weiterhin an Jugendliche herankommen konnten.[369] Da diese Studenten oft im selben Haus wie die Lehrer schliefen, war es diesen, vor allem wenn sie noch Priester waren, ein Leichtes, eine Gruppe als Favoriten heranzuziehen, was man heute als *grooming*[370] bezeichnet, und sexuell auszubeuten. Von einem ist bekannt, dass er diese offen seine Favoriten und sogar „Mädchen" [*meninas*] nannte, was die ähnlich lautenden Aussagen Jarriges bestätigt.[371] Damit wird deutlich, dass diese Jugendlichen in einer *dreifachen Abhängigkeit* zu ihrem geistlichen Lehrer standen. Zum einen waren sie seine akademischen Schüler, dann aber auch seine geistlichen Ziehsöhne und oft auch Beichtkinder sowie die verfügbaren Sexualobjekte.[372]

Die Inquisition in Portugal aber betrachtete die Opfer nur aus der Perspektive ihrer Handlungen. Es spielte keine Rolle, ob der Priester den Schüler zum „aktiven" Partner bestimmt hatte, weil er wusste, dass dieser mit dem Tod bestraft werden konnte. Sein Verlangen, penetriert zu werden, war daher *kein* symbolischer Machtverzicht, sondern vielmehr Fortsetzung des Missbrauchs. An dessen Ende wurde das Opfer durch Zurechnung des Verbrechens ein zweites Mal symbolisch erniedrigt.[373] Da die Bestrafung von Jugendlichen im Vergleich mit älteren Personen, die ebenso sexuelle Grenzen überschritten, deutlich harscher erscheint, zeigt sich hier vielleicht eine Grundüberzeugung der Frühen Neuzeit, dass der ungebändigte sexuelle

---

367 Paulo Drumond Braga: Mestres de Meninos em Portugal nos séculos XVI a XVIII. Alguns contributos com base em fontes inquisitoriais. In: Estudios Humanísticos. Historia (2011), S. 197–208. Die Archivalien hierzu sind im ANdTT: Inquisição de Lisboa, proc. 2664, 9488, 13144; Inquisição Coimbra proc. 497.

368 Gomes: As distintas faces da menoridade na Mesa Inquisitorial, S. 10. Siehe auch Gomes: Vício dos clérigos: a sodomia nas malhas do Tribunal do Santo Ofício de Lisboa; Gomes: Atos Nefandos: Eclesiásti cos homossexuais na teia da Inquisição.

369 Gomes: As distintas faces da menoridade na Mesa Inquisitorial, S. 11.

370 William D. Erickson/NH Walbek/RK Seely: Behavior patterns of child molesters. In: Archives of Sexual Behavior 17 (1988), S. 77–86; Anne-Marie McAlinden: ‚Setting 'Em Up': Personal, familial and institutional grooming in the sexual abuse of children. In: Social & Legal Studies 15 (2006), S. 339–362.

371 Gomes: As distintas faces da menoridade na Mesa Inquisitorial, S. 12; Paiva: O episcopado.

372 Pierre Bourdieu: Die männliche Herrschaft, 5. Auflage Aufl. Frankfurt am Main 2020, S. 117.

373 Im Anschluss an die Ausführungen von Ebd., S. 41–42.

Trieb der Jugend mit aller Kraft in Zaum gehalten und daher auch bestraft werden müsse.[374] Man fürchtete, dass sich sonst ein schlechtes Beispiel wie ein Flächenbrand unter der Jugend verbreiten könnte. Der Erwachsene hatte daher die größere Unschuldsvermutung auf seiner Seite, da er sich ja der Vernunft vollauf bedienen und so auch moralisch fortentwickeln konnte. Der Erwachsene wurde zudem, wenn er Priester war, meist nur ermahnt und nur in den allerwenigsten Fällen der Justiz zugeführt. Nur in Ausnahmen wurden Päderasten und „Sodomiten" nach Indien verbannt; 60 Prozent der verurteilten Kleriker wurden nach Afrika und 15 Prozent nach Brasilien geschickt.[375] Antonio Dias do Rio, der nach dem Tod des Vaters von Haushalt zu Haushalt herumgereicht und missbraucht wurde, bis er sich als 16-jähriger 1630 selbst denunzierte, wurde für acht Jahre ins afrikanische Angola verbannt.[376] Die straff hierarchisch organisierte koloniale Gesellschaft, sei sie nun spanisch, portugiesisch oder französisch bestimmt, erschloss sexuellen Triebtätern in den religiösen Orden eine Bandbreite neuer Opfer unter Frauen, jungen Männern, Kindern und Untergebenen.[377]

Manche argumentierten zu ihrer Verteidigung, dass sie erst der Zölibat zur sexuellen Ausbeutung getrieben habe.[378] Von der portugiesischen Inquisition in Goa wurde etwa 1643 ein Priester wegen Sodomie verurteilt, der einen 19-jährigen Liebhaber hatte, und 1644 ein 66-jähriger Priester namens Santos de Almeida, der wegen seiner homoerotischen Skandalchronik hingerichtet wurde.[379] 1666 gestand der 50-jährige Kapuziner João da Costa aus Lissabon, dass er 46 Opfer im Alter zwischen sieben und sechzehn Jahren sodomisiert und teilweise vergewaltigt hatte.[380] Einer der frühesten bezeugten Fälle in Lima war der des Dominikaners Bernardino de Minaya in 1551, dessen Opfer zwischen 9 und 12 Jahre alt waren. Er ließ die Kinder unter einem Vorwand zu sich rufen und missbrauchte sie dann. Minaya drohte er würde sie umbringen, sollten sie etwas von seinen Taten erzählen.[381]

---

374 Winfried Speitkamp: Jugend in der Neuzeit: Deutschland vom 16. bis zum 20. Jahrhundert. Göttingen 1998, S. 32.

375 Luiz Mott: A índia nos processos de sodomia da Inquisição portuguesa. In: Império de várias faces: Relações de poder no mundo ibérico da Época Moderna (2009), S. 49–66, hier S. 58.

376 Gomes: As distintas faces da menoridade na Mesa Inquisitorial, S. 8. ANdTT: Inquisição de Lisboa, Proc. 3699.

377 Fernanda Vanina Molina: El convento de Sodoma: frailes, órdenes religiosas y prácticas sodomíticas en el Virreinato del Perú (Siglos XVI-XVII). In: Histoire(s) de l'Amérique latine 9 (2013), S. 1–17, hier S. 11.

378 Ebd., S. 13–14.

379 Mott: A índia nos processos de sodomia da Inquisição portuguesa, S. 51.

380 Ebd., S. 60.

381 Molina: El convento de Sodoma, S. 8.

Der Fall des Franziskaners Ambrosio de Renteria von 1597 in Lima aber zeigt, dass sich manche Kleriker bewusst in den ersten Jahren ihrer Ordenszugehörigkeit zurückhielten, um sich danach umso schlimmer an Kindern zu vergehen. Nachdem er im Orden einigen Einfluss gewonnen hatte, begann er seine sexuellen Aktivitäten über das Kloster hinaus auszuweiten. Er missbrauchte Jungen, weil diese, wie die Ureinwohner, „einfache" Opfer waren, wie er selber zugab.[382] 1596 hatte die Inquisition auch den Provinzial der Dominikaner, Domingo de Valderrama, wegen der sexuellen Ausbeutung junger Mönche geladen. Er hatte für seinen Taten das Novizenhaus, mit Wissen des Novizenmeisters, genutzt.[383]

Vom Mercedarier Lucas de Souza im brasilianischen Belém ist bekannt, dass er einige durchaus auch mehrjährige Beziehungen unterhielt, aber so notorisch aufdringlich gegenüber allen jungen Männern war, dass sich diese von der Klosterpforte fernhielten. Trotz der offiziell geächteten Verhaltensweise kann von Heimlichkeit bei seinen Annäherungsversuchen keinesfalls die Rede sein. Die Ordensoberen schritten aber nicht ein, auch nachdem er zweimal für seine Aufdringlichkeit tätlich angegriffen worden war.[384] Die Nonnen des Ortes nannten seinen Liebhaber, der durch eine Strickleiter einstieg und dem die anderen Mönche dienen mussten, nur „Pater Lucas' Frau" (*mulher de Frei Lucas*).[385] Erst 1658 wurde ihm der Prozess gemacht. Kinder und Jugendliche scheinen aber nicht unter seinen Sexualpartnern gewesen zu sein, was aber die Ausübung sexueller Gewalt durch seine Machtstellung in der Gemeinde nicht ausschliesst. Der Orden wollte den vorigen Prior aber nicht der Inquisition ausliefern, sondern ihn selbst bestrafen. Nach langer Weigerung und neun Monaten im Kerker wurde er aber dennoch der Inquisition übergeben. Er wurde vom Orden ausgeschlossen und nach Lissabon zur Verurteilung gebracht. Detailliert legte er eine Chronik seiner amourösen Abenteuer vor, und weil er in den Augen der Inquisition keinen Skandal verursacht hatte, wurde er 1660 nicht zum Tod auf dem Scheiterhaufen verurteilt, sondern lediglich seiner aktiven und passive Wahlstimme im Orden beraubt und gezwungen sich einiger Bußübungen unterwerfen, ebenso aber zu zehn Jahren Galeerendienst verurteilt. Allerdings wurde er im Alter von 72 Jahren, bereits nach drei Jahren von der Galeere entlassen.[386]

Die Verhöre der kindlichen und jugendlichen Opfer durch die Inquisition Portugals zeigen, dass der Körper eines Jungen eindeutig *anders* wahrgenommen wurde als der des Priesters, der des Kindes *anders* als der des Erwachsenen. Der

---

382 Ebd., S. 9.
383 Ebd., S. 9–10.
384 Mott: Ventura e desventuras, S. 85; 89.
385 Ebd., S. 92.
386 Ebd., S. 93–101.

Körper war für die Jungen auch symbolhafter Ausdruck ihrer Abstammung und damit ihrer sozialen Stellung. In der adligen wie der bürgerlichen Familie war das Kind Sprössling einer genealogischen Linie und wurde unter der potenziellen Fähigkeit, diese Linie fortzusetzen, betrachtet. Der sexuelle Missbrauch gefährdete diese Fortsetzung aber.[387] Bei Bekanntwerden wäre sie einem „symbolischen Macht- und Autoritätsverlust" gelichgekommen, die einen künftigen Ehepartner ebenso abschreckte wie einen Bischof, der es sich zweimal überlegte, einen solchen Jungen, selbst wenn er begabt und adliger Abkunft war, in seinen Klerus aufzunehmen. Zu groß war das Stigma, das damit verbunden war. Die adligen Kinder waren insofern auch die einfacheren Opfer, weil sie am meisten zu verlieren hatten. Zudem waren sie trotz ihres besseren Lebensstandards verwundbarer, da sie als Jugendliche oft weit weg von der Familie in einem Internat oder bei einem Hauslehrer lebten. Dieser nahm dadurch die Stelle des Familienvaters ein, dem man Gehorsam schuldig war und sich unterwürfig bis zur sexuellen Selbstverleugnung zeigte. Nicht nur, dass man den kindlichen Körper als unterentwickelt ansah, man sprach Kindern auch die notwendigen intellektuellen und moralischen Fähigkeiten ab, bis sie das siebte Lebensjahr erreicht hatten,[388] aber auch darüber hinaus. Auch Jugendliche hatten nach Ansicht der Zeit noch nicht das volle Urteilsvermögen und wurden daher nur bedingt als zuverlässige Zeugen oder Ankläger betrachtet. Dies machte sie zu „idealen" Opfern päderastischer Kleriker, die um diese juristische wie gesellschaftliche Einschätzung ihres Intellekts natürlich wussten. Dem adligen Kind oder Jugendlichen aber gestand man durch seine Abkunft, Erziehung und Manieren auch größeren Vernunftgebrauch und moralische Integrität zu. Dies wird besonders deutlich anhand des Falles des 40-jährigen Ordensmannes (*hábito de Santiago*) Francisco Dias Palma, Pfarrer in Gomes Aires, einem Ortsteil von Ourique. Er war bekannt für seine Vergewaltigungen von Jungen, die aufgrund schwerer Analverletzungen oft nicht mehr sitzen konnten.[389] Seinen zahlreichen Opfern aus unterschiedlichen Altersgruppen der Unterschicht schenkte man keinen Glauben. Doch die gut artikulierte Aussage eines erst gerade einmal 12 Jahre alten adligen Jungen, wurde fast wie die Aussage eines Erwachsenen akzeptiert. Zudem hatte er, eingedenk der Notwendigkeit von Beweisen, sofort nach der Tat einem Zeugen seine vom Sperma des Priesters befleckte Unterhose gezeigt und die Ge-

---

387 Gomes: As distintas faces da menoridade na Mesa Inquisitorial, S. 2.
388 Vgl. dazu die „protestantische" Sichtweise, die das Kind als von der Erbsünde pervertiert verstand, siehe Steven Ozment: When Fathers Ruled: Family Life in Reformation Europe. Cambridge 1983, S. 161–171. Einige Fälle, in denen brutal vergewaltigte Kindern noch im achtzehnten Jahrhundert der Wert ihrer Anklagen abgesprochen wurde bei Julia König: Kindliche Sexualität: Geschichte, Begriff und Probleme, Bd. 30. Frankfurt am Main 2020, S. 381–385.
389 Gomes: As distintas faces da menoridade na Mesa Inquisitorial, S. 16.

walttat geschildert und so eine Beweiskette etabliert, die ihn in den Augen der Inquisitoren eindeutig als Opfer qualifizierte. Soziale Abstammung definierte damit maßgeblich auch die Zuerkennung von Vernünftigkeit.[390]

5.3 Sexuelle Gewalt bei den Jesuiten Hollands und Belgiens

Die vielleicht kompakteste Zusammenstellung von Delikten, die angeblich von Jesuiten verübt worden sind, findet sich in einem Spottgedicht des Niederländers Jan de Bisschop. Er ergötzte sich auf Dutzenden von Seiten am unmoralischen Verhalten der Jesuiten seines Landes, von denen er viele als Jesuit und Schüler selbst erlebt hatte. Bitterkeit und Enttäuschung spricht aus den Zeilen.

Anders als bei Jarrige traten aber Homosexualität und Päderastie in den Hintergrund. Bisschop betonte vielmehr heterosexuelle Gewalt, die sich in der sexuellen Ausbeutung frommer Frauen durch ihre Geißelung manifestierte.[391] Diese Jesuiten zwängten Menschen ihre Gelüste auf. Im Unterschied zu Jarrige waren aber die meisten der namentlich Genannten bereits verstorben. Penibel verzeichnete er die Namen der Männer und ihren Wirkungsort, um seine Kenntnis von den innersten Geheimnissen des Ordens zur Schau zu stellen. Dies ist umso erstaunlicher, als es innerhalb der Gesellschaft strengste Geheimhaltung verbot, Außenstehenden von internen Problemen mitzuteilen. Die Details der Darstellung machen es eher unwahrscheinlich, dass sie auf vagen Gerüchten beruhten. Doch von wem hatte Bisschop sein Wissen? Vielleicht von den wenigen „guten" Jesuiten, die wegen angeblichem Jansenismus ungerecht eingekerkert waren, während die Triebtäter mit leichten oder gar ohne Strafen davonkamen?[392]

Da die Darstellung Bisschops die Moral der Gesellschaft Jesu als lax und verlogen darstellte, wie man es aus der jansenistischen Literatur kennt,[393] und noch

---

390 Ebd., S. 20–21.

391 Ein ähnlicher Fall ereignete sich 1678 in der Oberrheinischen Provinz, siehe APECESJ: Sign. 40-2, 9, fol. 86, wo P. Wolff nicht nur Geschlechtsverkehr mit Frauen vorgeworfen wurde, sondern auch Exzesse im Alkoholkonsum und Selbstabtötung „passionum mortificatione."

392 Jan de Bisschop: Chorus Musarum, id est, Elogia, poemata, epigrammata, echo, aenigmata, ludus poeticus, ars hermetica, &c. Lyon 1700, S. 289. Die Patres Villensagne und Wilhelm de Landsheere wurden als Opfer dieses Verfolgungswahns genannt. Zu Pater Landsheere (Lansheere, Landtsheer etc.), der 1605 in Kassel geboren wurde, seine letzten Gelübde 1638 abgelegt hatte, und am 7. Dezember 1666 in Gent verstarb, siehe PIBA 2: 48. Stolz erwähnt er auch seinen Jesuitenlehrer Overbeek, der aber nicht eindeutig zugeordnet werden kann, siehe Ebd., S. 291.

393 Zur Darstellung und Analyse der Termini *lax* und *rigoristisch* sowie zur Darstellung des moraltheologischen Konflikts siehe die magistrale Studie Jean-Pascal Gay: Morales en conflit: théologie et polémique au Grand Siècle (1640–1700). Paris 2011. Einen guten Überblick über die

dazu die als Jansenisten verfolgten Jesuiten heroisierte, dachten manche Historiker, er könne selbst Jansenist gewesen sein. Daher hat man wohl auch seine inhaltlichen Kritikpunkte lediglich als rhetorische Angriffe betrachtet und keiner näheren Untersuchung auf ihren Wahrheitsgehalt unterzogen. Eine solche drängt sich aber auf, wenn man ein neu aufgefundenes Dokument berücksichtigt. Aus ihm geht hervor, dass Bisschop mehrere Jahre Mitglied der Gesellschaft Jesu war, die ersten Gelübde abgelegt hatte, bis er den Orden 1675 verließ. Als Grund gab er an, unfreiwillig und aus reiner Furcht in den Orden eingetreten zu sein, weswegen auch seine Profess ungültig sei. Schon damals aber klagte er den Orden moralischer Verkommenheit an. Dem Provinzial drohte er an, nachdem er trotz eindeutiger Ordensanweisung, ausgetretenen Jesuiten ihr Eigentum zurückzuerstatten, bisher nichts restituiert bekommen habe, sein Wissen über die enormen „Diebstähle" und andere meist finanzielle Unregelmäßigkeiten in der Provinz an die Öffentlichkeit zu bringen.[394] Bisschops Mitgliedschaft erklärt sein detailliertes Wissen über nicht regelkonformes Verhalten unter Jesuiten bis zu seinem Austritt. Die Identität des Jesuiten Joannes de Bisschop und Jan de Bisschop scheint daher plausibel.[395] Da er aber erst fünfundzwanzig Jahre später seine Kritik an der Gesellschaft Jesu publizierte, ist es wahrscheinlich, dass man ihm 1675 seinen Besitz zurückerstattete. Handelt es sich dann aber um eine späte Abrechnung mit der Gesellschaft Jesu am Lebensende, die vielleicht durch Erinnerungsprobleme gekennzeichnet ist? Wiederum sprechen die exakten und zahlreichen Namen eher für Quellen, auf die Bisschop auch nach seinem Austritt zurückgreifen konnte wie etwa Gedächtnisprotokolle oder Tagebücher.

Welche Details berichtete er aber nun? Sein Grundthema war nicht nur die Doppelmoral des Ordens, einerseits Moral zu predigen andererseits Sittenverbrecher kaum zu ahnden, sondern vor allem Machtmissbrauch. Die Priester des Ordens nutzten ihre sakramentale Sonderstellung aus, um ihrer eigenen Wollust zu

---

moraltheologischen Entwürfe der Jesuiten bietet Paola Vismara (†): Moral Economy and the Jesuits. In: Journal of Jesuit Studies 5 (2018), S. 610–630.

394 AAtM: Jesuits 17/5, Brief von J. Bisschop an unbekannt vom 23. August 1675.

395 Joannes B. de Bisschop (geboren 1638, dimittiert 1675), siehe Willem Audenaert, Herman Morlion: Prosopographia Iesuitica Belgica antiqua (=PIBA). Biographical Dictionary of the Jesuits in the Low Countries 1542–1773, Bd. 1. Leuven-Heverlee 2000, S. 112. Zu einem Jesuiten gleichen Namens, der 1664 verstarb, siehe Joseph Van den Gheyn/Eugène Bacha/u. a.: Catalogue des manuscrits de la Bibliothèque royale de Belgique: Histoire des ordres religieux [...], Bd. 6. Brüssel 1906, S. 312. Zu Bisschop als Autor, ohne Berücksichtigung seines früheren Lebens als Jesuit, siehe Rudolph de Smet: Displiceant multis, multis mea forte placebunt: Janus De Bisschop (fl. 1686–1700), deux poèmes néo-latins inédits et quelques lettres destinées à Jacobus Gronovius. In: Myricae. Essays on Neo-Latin Literature in Memory of Jozef Ijsewijn. Hg. von Dirk Sacré, Gilbert Tournoy. Louvain 2000, S. 565–590.

frönen, oftmals mit Gewalt oder durch geschickte Überredung. Damit bediente der Autor einerseits den weit verbreiteten Typus des lasziven Jesuiten-Beichtvaters.[396] Er dichtete etwa über die sadistisch-sexuellen Verhaltensweise des P. Johannes Ackerboom,[397] der eine Jungfrau nach ihrer Beichte mit Ruten gezüchtigt habe (*flagellabat virginem*), und über Peter Gersen, der die Mädchen auf dem Land überfiel und züchtigte (*virgines nudas in agris ... virgunculas pulcherrimas*).[398] Der bekannte Missionar Johannes de Visscher sei wegen seiner Vorliebe, Prostituierte mit Ruten

---

396 Nicole Reinhardt: Voices of Conscience: Royal Confessors and Political Counsel in Seventeenth-Century Spain and France. Oxford 2016, S. 322–345.
397 Bisschop: Chorus musarum, S. 295. Johannes Ackerboom wurde 1594 geboren und starb 1669 in Antwerpen, PIBA 1: 42. Petrus Wils wurde 1613 geboren und starb 1677 in Brüssel, PIBA 2: 443. Adrianus Wolf, geboren 1638, gestorben 1699, PIBA 2: 451. Ebd. ebenfalls erwähnt, Frater Maximilian Daems, PIBA 1: 263, der 1628 geboren wurde und 1703 starb, und daher noch am Leben war als Bisschop seine Anschuldigung schrieb, wurde beschuldigt aus Geldgier seine Position als Apotheker missbraucht zu haben. Der Nachruf auf Wolf findet sich in der Königlichen Bibliothek Brüssel, siehe Van den Gheyn, Bacha, u. a.: Catalogue des manuscrits de la Bibliothèque royale de Belgique: Histoire des ordres religieux et des églises particulières, S. 353.
398 Bisschop: *Chorus musarum*, S. 295–296; Carl August Fetzer: Der Flagellantismus und die Jesuitenbeichte: histor.-psycholog. Geschichte d. Geißelungs-Inst., Kloster-Züchtigungen u. Beichtstuhl-Verirrungen aller Zeiten. Leipzig and Stuttgart 1834, S. 121. Die Jesuiten, die Bisschop als moralisch verkommen anführt, sind etwa Petrus de Ghersem (Ghersen, Gersen, Gersem etc.; geb. 1601 gest. 1678 in Antwerpen; PIBA 1: 376–377), der „verurteilte Joannes Ipols" (Bisschop, Chorus musarum, S. 283; geb. 1613, gest. 1668; PIBA 2: 8), Alphonsus Sarassa (Bisschop, Chorus musarum, S. 283; geb. 1617, gest. 1667 in Antwerpen; PIBA 2: 286), Joannes oder Carolus Manderscheidt (Bisschop, S. 284; PIBA 2: 99), Joannes oder Thomas Dekens (Bisschop, Chorus musarum, S. 287; PIBA 1, 275); Franciscus de Cleyn (Bisschop, Chorus musarum, S. 287–288; Provinzial ab 1661, PIBA 1: 215); Joses van Renterghem (Bisschop, Chorus musarum, S. 287; Provinzial 1657–1661, PIBA 3: 322 und Index). Bisschop, Chorus musarum, S. 288 berichtet von den Patres Poirtrers, Villenfaigne, Huver und Boereghe als unschuldig wegen Jansenismus inkarzeriert (zu Johannes Heuver oder Huver, geb. 1606 und gest. 1676 in Kortrijk, siehe PIBA 1: 449; zu Adrianus Poirters, geb. 1606, gest. 1676 in Mechelen, siehe PIBA 2: 218–219; zu Andreaas Boereghem, geb. 1601, gest. 1672 in Leuven, siehe PIBA 1: 123), die Fratres van der Specken, Hasenburg und Lannoi als unschuldig inkarzeriert (zu Quintinius de Lannoy, siehe PIBA 2: 50). Zu Nicolaus Hasenburch, geb. 1597, gest. 1670 in Antwerpen siehe PIBA 1: 426; zu Joannes van der Speck, geb. 1625, der zwischen 1665 und 1669 entlassen wurde, siehe PIBA 2: 325). Villenfaigne war angeblich des Jansenismus verdächtig (Bisschop, Chorus musarum, S. 289; PIBA 2: 404; geb. 1608, gest. 1678 in Antwerpen). Wer mit Magister Herman gemeint ist, ist unklar, vielleicht Hermannus Isaac, der am 28. Februar 1666 starb (PIBA 2: 8; Bisschop, Chorus musarum, S. 289). Das sexuelle Verhalten von Petrus Bouvaeus gegenüber Frauen findet sich bei Bisschop, Chorus musarum, S. 291. Dieser wurde tatsächlich zwischen 1669 und 1671 (PIBA 1: 149) entlassen. Spitzzüngig bemerkt Bisschop, Bouvaeus habe die ignatianische Familie durch die Zeugung dreier Kinder vermehrt (Bisschop, Chorus musarum, S. 292). Petrus de Schildere (Bisschop, Chorus musarum, S. 291–292; PIBA 2: 294, geb. 1630, gestorben 1686) wird bezichtigt, eine Geliebte zu haben, wie auch Jodokus de Bacq (PIBA 2: 67, geb. 1616, gest. 1678). Bisschop, Chorus musarum, S. 293 schreibt, er habe selbst gesehen, wie Schildere mit einem Mädchen ins Bett stieg.

zu schlagen, von der Inquisition belangt worden,[399] und auch Mathias Schweitzer wird ähnlicher Akte beschuldigt.[400] Die Patres, die sich Geliebte hielten, würden sich, ohne rot zu werden, „Löwen" (*leones*) nennen und seien nicht nur Raubtiere sondern auch Zuhälter (*lenones*) – ein kunstvolles Spiel mit den zwei ähnlich lautenden lateinischen Hauptwörtern.[401] Ähnliches berichtete Bisschop auch von Wilhelm van der Maele, der Jungfrauen „defloriert habe" und daher aus der Gesellschaft entlassen wurde,[402] und zahlreichen anderen.[403]

Einige der von Bisschop Erwähnten wurden in der Tat aus der Gesellschaft entlassen. Obwohl die Gründe für die Entlassung nicht bekannt sind, ist es aufgrund vergleichbarer Taten in der Oberdeutschen Provinz der Gesellschaft Jesu wahrscheinlich, dass zumindest einige wirklich wegen der angeführten Taten aus dem Orden entfernt worden sind. In vielen anderen Fällen wird der Hass auf die früheren Oberen aber auch die Wahrheit entstellt haben. Man müsste detailliert den gesamten Briefwechsel der Jesuiten für diese Jahre durchgehen, um die Anschuldigungen zu verifizieren oder zu falsifizieren. Erstaunlicherweise finden sich in seinem Gedicht aber keine Hinweise auf sexuelle Gewalt in den Jesuitenschulen oder homosexuelles Verhalten, bis auf eine Zeile: „Ich könnte, wenn ich wollte zwanzig und noch mehr anführen, die unglücklich (*infelicitare*) mit der Sodomie infiziert sind (*infectos*)." Die Mitbrüder hätten ihm dies während des „Ju-

---

399 Bisschop: Chorus musarum, S. 310. PIBA 2: 408. Joannes de Visscher wurde 1632 in Rotterdam geboren, kam 1663 nach Mexiko und starb 1674 in San Lucar de Barrameda/Spain. Zu de Visschers Briefen aus Lissabon, Mexiko und Peru, siehe PIBA 3: 457.

400 Ebd. Mathias Schweitzer, geboren 1634, wurde zwischen 1672 und 1675 entlassen und ging nach Spanien, PIBA 2: 301.

401 Ebd., S. 291.

402 Ebd., S. 294. Der 163 geborene van der Maele wurde tatsächlich zwischen 1665 und 1669 entlassen, siehe PIBA 2: 89.

403 Matthias de Meyer, geboren 1632, gestorben 1688 in Antwerpen, wurde nie entlassen, PIBA 2: 131. Thomas Journeeel, geboren 1614, gestorben 1667 in Brügge, PIBA 2: 23. Lambert Engels wurde 1633 geboren und zwischen 1665 und 1669 entlassen, PIBA 1: 325. Weitere Namen bei Bisschop, Chorus musarum, S. 294–295 sind Robert Lammertijn (PIBA 2: 45), Henricus Wedts (PIBA 2: 431, entlassen zwischen 1665 und 1669), Gulielmus van den Eeden (PIBA 1: 319), Albert Raymaker (PIBA 2: 241), Antonius van Plancken (PIBA 2: 214; 1702 entlassen), Jacobus Dammam (PIBA 1: 266, gest. 1677), Andreas van Assche (PIBA 1: 60). Auf Bisschop, Chorus musarum, S. 297–298 wird Johannes Goyvaerts sexueller Vergehen beschuldigt (PIBA 1, 395, gest. 1678), ebd., S. 305 auch Antonius Ghuyset (PIBA 1: 378; gest. 1687). Ägidius van der Beke schreibe nach Bisschop, Chorus musarum, ebd. Bücher voller schmutziger Embleme (emblematibus stercoreis; zu den Lebensdaten siehe PIBA 1: 90: gest. 1673). Balthasar Merendonck sei Alkoholiker gewesen und habe sich aus dem Fenster fallend das Genick gebrochen (Bisschop, Chorus musarum, S. 311, vgl. PIBA 2: 117 nach der er 1674 starb). Weiters erwähnt wurden Isaac Beyaart, Norbert Collaart, Jacob del Vaal, Andreas Losson, Joannes Vrammout, Petrus de Coninck, Dionysius Brack, etc.

beljahres" in der Beichte bekannt (*confessi*). Welches Jahr Bisschop damit meinte ist unklar, aber in einem Jubeljahr durften Priester auch von besonders schweren Sünden und Strafen lossprechen (*censuris ac casis reservatis*), die normalerweise eine Erlaubnis des Bischofs oder gar des Papstes erforderten.[404] Stimmt Bisschops Aussage, dann zeigt sie, dass Jubeljahre nicht nur die Funktion der Feier und der Austeilung von Ablässen besaßen, sondern auch eine reinigende Wirkung nach innen: Ordensmitglieder, die sonst fürchten mussten, beim Oberen angezeigt zu werden, trauten sich, ihre Sünden zu bekennen.[405]

5.4 Der „hedonistische Jesuit" in der Polemik des achtzehnten Jahrhunderts

Auch Fortunatus Peracher ließ an der Gesellschaft Jesu als Konvertit zum reformierten Bekenntnis kein gutes Haar. Seine Bemerkungen hat man ebenso lange als Hassrede und Schundrhetorik abgetan. Seine eigene Vita hat seine Glaubwürdigkeit nicht gerade bestärkt, kam er doch mit seiner Flucht nach Zürich 1703 nur einer Entlassung aus dem Orden wegen der sexuellen Beziehung zu einem Mädchen zuvor, deren Schweigen er mit zwei Goldstücken gekauft zu haben glaubte.[406]

Doch abgesehen vom Tatsachengehalt mancher Information, bediente er das durch den Jansenismus verbreitete Vorurteil des moralisch laxen Jesuiten und offerierte ein lebendiges Bild seiner moralisch verdorbenen Oberen. Der Jesuitenprovinzial Martin Müller, sei etwa „gar nicht scrupulös, sondern jovialisch ein halber oder gantzer Atheist, wie seine Vorfahren P. Andreas Waibl und P. Matthäus Beck."[407] Diese Darstellung erlaubte es Peracher, sich als „wahren Christen" zu inszenieren, der aus einem „atheistischen" Orden ohne moralischen Kompass geflo-

---

404 Gaetano Felice Verani: Theologia speculativa universa dogmatica, et moralis, Bd. 8. München 1700, S. 534–544.

405 Doch — wie um das Beichtgeheimnis zu schützen — fügt er an, dass er um der Ehre der Familien willen, diese Namen verschweige. Bisschop: Chorus musarum, S. 310.

406 Ulrich L. Lehner: Mönche und Nonnen im Klosterkerker. Ein verdrängtes Kapitel Kirchengeschichte. Kevalaer 2015, S. 51. Siehe auch Friedrich: Der lange Arm Roms?, S. 328.

407 Johann F. Peracher: Miles Gloriosus: das ist: P. Joseph Sonnenberg aus der Compaignie der frechen Jesuiten wider unser Reformirte Züricherische Kirch und derselben anderes Jubel-Jahr neu auftrettender Hoher- und Gross-Sprecher. Zürich 1721, S. 733. Zu Müller, siehe APECESJ: 68D, Verz. 5748: Geburt 1637 in Hall/Tirol, Eintritt 1658, Tod 1704; zu Waibl: ebd., 3530: Geburt 1642 in Überlingen, Eintritt 1658, Tod 1716. Ebd., zu Beck/Peck, 68-D, Verz. 5507, Geburt 1656, Eintritt 1674, Tod 1733. Eine interessante Kritik Perachers findet sich bei Johann Nicolaus Weislinger: Des allenthalben feindseligst angegriffenen J. N. Weislingers [...] höchst-billig und gründliche Antwort [...], Bd. 2. Capell 1736, S. 309–315.

hen war.[408] Die Betonung des moralischen Versagens der Oberen, etwa das angebliche Zitat des Provinzials Müllers „Behüte uns Gott von frommen Leuten!,"[409] schmetterte zudem die mögliche Kritik ab, dass es Missbrauch nur auf lokaler Ebene gebe. Daher musste der Leser schlussfolgern, dass auch von der Ordensleitung keine Besserung der Disziplin und keine Bestrafung von Vergehen zu erwarten war. Jeder Provinzial handle wie Müller nach der Devise, das Unkraut bis zum Gericht stehen zu lassen, um „durch die Finger viel menschliche Schwachheiten" zu übersehen.[410] Die Motivation dafür sei die eigene Vergangenheit Müllers, der als junger Student der Logik „vor dem Frauenzimmer gar kein Abscheuen gehabt" habe. „Warum sollte er dann streng und auch mit anderen, ihm jetzt untergebenen Jesuiten verfahren, dann sie etwa auch der Kitzel ankommet?"[411]

Der Orden wurde bei Perracher als Gesellschaft dargestellt, in der die Oberen die Sexualdelikte ihrer Untergebenen vertuschten oder nicht ernst nahmen, weil sie selbst ähnliche begangen hatten. Sogar der „Mord" an Franz Xaver Wagner durch exzessive Blutabnahme wurde den Oberen vorsichtig, nur zwischen den Zeilen, angelastet. Der 30 Jahre alte Solothurner war der Bruder des aus der Gesellschaft entlassenen Urs Victor Wagner. Seine Vorgesetzten hätten den „im Hirn verrückten Magistro Francisco Xaverio Wagner von Solothurn in dem Collegio zu Luzern [...] zur Ader gelassen, bis ihm alle Wurmstich vergangen und er Tod umgesunken."[412]

Die *Litterae Annua* des Kollegs bestätigen zumindest eine geistige Verwirrtheit (*in illo mentis emotae aestu*) Wagners, die tödlich war (*in supremo morbo passus est fatalem*). Wagner scheint bereits einige Zeit unter ihr gelitten zu haben. Nur mit größter Anstrengung habe man die Krankheit beherrschen können. Die Redewendung, welche diese Schwierigkeit beschreibt (*non alia re magis quam superioris nutu et obedientiae tessera potuit coerceri*), insinuiert, dass Wagner allein

---

408 Atheismus wurde meist mit Hedonismus gleichgesetzt. Siehe die grundlegende Darstellung für das siebzehnte Jahrhundert von Jonathan Israel: The Radical Enlightenment. Philosophy and the Making of Modernity, 1650–1750. New York 2001. Ein ehemaliger Jesuit, der 1689 angeklagt wurde, Atheist geworden zu sein war Casimir Lyszynski/Kazimierza Łyszczyńskiego. Gemäß der rhetorischen Inszenierung der Zeit, sei er durch große Sünden (*scelera*) zur Überzeugung gelangt, dass es keinen Gott gebe, siehe Andrzej Chryzostom Załuski: Epistolae historico-familiares: Acta Johannis Tertii usque ad obitum ejus exlusivè Continens, Bd. 1.2. Brunsberg 1710, S. 1059; 1120–1121; 1137. Zum Überblick empfiehlt sich Andrzej Nowicki: Kazimierz Łyszczyński 1634–1689. Łódź 1989.
409 Peracher: Miles Gloriosus, S. 733.
410 Ebd.
411 Ebd.
412 Ebd., S. 424. Zu Wagner siehe APECESJ: Sign. 68-D, Verz. 3552, Geburt 1665, Eintritt 1681, Tod 1695, *scholasticus approbatus*.

zu dieser Kontrolle nicht in der Lage war, sondern externe Hilfe brauchte. Das „Abnicken" (*nutu*) des Rektors scheint auf extreme Maßnahmen zur Ruhigstellung, etwa das Anbinden oder Einsperren, hinzudeuten, kann aber durchaus auch als Hinweis auf die Erlaubnis des Aderlassens hinweisen, ebenso das starke Verb „zwingen" (*coerceri*). Dennoch war der Nachruf außergewöhnlich empathisch geschrieben und stellte vor allem das geduldig ertragene Leiden Wagners heraus, dem man eine heiligmäßige Nachahmung des Hl. Franz Xaver attestierte. Es findet sich dort kein Hinweis auf zensurwürdige Lehren oder nonkonformes Verhalten, bis auf seinen Wunsch der erste Jesuit zu sein, der in der neuen Gruft bestattet werden solle. Und auch dieser wurde vom Chronisten mit dem Hinweis auf seine geistige Verwirrtheit erklärt.[413]

Karl Heinrich Ritter von Lang scheint allerdings eine negative Auswirkung von Wagners Krankheit auf seine Lehrtätigkeit angenommen zu haben. Er schrieb diesem sogar grenzverletzendes Verhalten zu, da er die moralische Reinheit seiner Schüler durch Anleitung zur Selbstbefriedigung zerstört hätte. Lang datierte dieses Verhalten auf das Jahr 1690 als Wagner angeblich am Konstanzer Kolleg eingesetzt war.[414] Damit charakterisierte er ihn wie seinen Bruder Urs Victor als Verführer der Jugend und insinuierte mögliche Päderastie als Hintergrund.[415] Allerdings konnte dieser Archivbeleg nicht aufgefunden werden. Auch wenn Perachers Anschuldigung im Fall der intendierten Tötung wenig glaubhaft ist, da sich der Obere die Irregularität zugezogen hätte, ist eine durch Aderlassen in Kauf genommene Schwächung bis zum Tod durchaus vorstellbar.

Doch die Darstellung der „halb atheistischen" und hedonistischen Jesuiten wurde noch dadurch überhöht, dass Peracher auch Fälle von Sodomie im Orden ansprach sowie ungeahndete sadistische Vergehen an Schutzbefohlenen. Es war wiederum ein Provinzial, der mit einer Skandalgeschichte bedacht wurde:

> Laurentius Keppler ein Jesuit [...] und gewesener Provincial, hat als ein so jähriger Mann noch den jungen Knaben und Studenten, die ihm in seinem Zimmer gebeichtet, die Hosen abgezogen und sie mit kleinen Stricken gemächlich gezüchtigt: Vorgebend, dass dieses ein

---

413 STALU: KK 25, fol. 47.

414 Da Wagner zumindest 1688/89 am dortigen Kolleg war, ist dies durchaus möglich. Zeitgleich mit ihm war Johannes Keer dort, siehe APECESJ: Sign. 40–3, 46, fol. 14.

415 „In M. Franc. Xav. Wagner, Constant. qui pueros ad polluiones sollicitavit diversosque modos docuit. 1690," in Karl Heinrich von Lang: Abenteuer des ehrwürdigen Pater Jacob Marell, Mitgliedes der Gesellschaft Jesu: entlehnt aus Actenstücken, welche in den Archiven des Jesuitenordens in München aufgefunden worden sind. Bautzen 1845, S. 33. Allerdings konnte ich dieses angebliche Zitat Langs nirgends verifizieren noch irgendwelche Hinweise auf die Taten. Dass Wagner krank war, erhellt sich auch aus BayHStA: Jesuiten 312, Brief von P. Schifferl vom 13. August 1691, fol. 1. Ein Bericht über die Aufnahme Wagners in Noviziat im Jahr 1681 findet sich in ebd. Jesuiten 303, fol. 22.

> Gott sehr wohlgefällige Demuth seye, welches aber als mir ein solcher junger Knab erzelet, ich dem Patri Rectori Guilelmo Hainzel angedeutet.[416]

Diese Darstellung sadistischer Praktiken an Schülern wurde von Historikern gar nicht erst aufgegriffen. Zu sehr erinnerte sie an den literarischen Topos des Jesuiten als Kinderschänder. Jarrige hatte schließlich auch Alemay vorgeworfen, seinen Schüler befohlen zu haben, sich nackt auszuziehen, so dass er sie „aus Geilheit" auf den Hintern bestrafen konnte.[417]

Die kurze, aber detaillierte Beschreibung der Peinigung bei Peracher stimmt in der Tat mit Handlungsweisen überein, die man „spanische Flagellation" nannte und die im 16. Jahrhundert in manchen europäischen Regionen, vor allem in den Niederlanden intensiv betrieben wurde. Manche devote Frau ließ sich einmal in der Woche von ihrem Beichtvater geißeln. Allerdings war der Vorwurf sexualisierter Bußformen nach der Reformation ein feststehender Bestandteil antikatholischer Propaganda, vor allem seit der Publikation von Johann Meiboms Buch über die sexuelle Luststeigerung bei der Geißelung im Jahr 1639.[418] Die Jesuiten selbst hatten Exzesse wie die des Dordrechter Franziskaners Cornelis Adriaensen (gest. 1581) zwar stets abgelehnt, was Polemiker allerdings nicht hinderte, sie ihnen dennoch zuzuschreiben.[419] Die Archivalien der Oberdeutschen Provinz aus dem siebzehnten Jahrhundert berichten allerdings nur höchst selten von sadistischen Vergehen und dann zumeist in einem Klassenzimmer. Vielleicht bediente

---

416 Peracher: Miles Gloriosus, S. 144. Zu Keppler siehe APECESJ: 68-D, 6771: Geburt 1605, Eintritt 1621, Tod 1688. Zu P. Wilhelm Hainzel/Heinzel/Heinzl, siehe ebd., 68-D, Verz. 7306: Geburt 1638, Eintritt 1654, Tod 1704.

417 Jarrige: Nachricht, S. 58. Diese auch noch im neunzehnten Jahrhundert anzutreffende Methode, sexuellen Missbrauch durch eine Prügelstrafe zu vertuschen, wurde 1869 auch zwei Jesuiten am College de Tivoli, P. de la Juddie und Commire, angelastet. ANP: Cultes. Congrégations religieuses, Congrégations d'hommes, Jesuites, F/19/6288, Dossier 2, Affaire de l'institution Tivoli à Bordeaux, condamnation de trois pères jésuites à 300 francs de dommages et intérêts envers M. Ségéral, père de l'élève victime de la brutalité du religieux (1868–1869).

418 John R. Yamamoto-Wilson: Pain, Pleasure and Perversity: Discourses of Suffering in Seventeenth-Century England. Abingdon 2013, S. 75–88.

419 „Super hoc libello saepius a Theologis Lovaniensibus instituta deliberatio: & sane graves ex eo erant apud populum offensiones, ubi praesertim emanavit, quasdam esse mulieres, quae semel in hebdomadi pietatis specie a confessariis caederentur. Nec falsa narrabantur: sed suspicio gravabat innoxios," siehe Sidronius de Hossche: Imago primi saeculi Societatis Jesu a provincia Flandro-Belgica ejusdem societatis repraesentata. Antwerpen 1640, S. 736. Siehe auch Fetzer: *Der Flagellantismus*, S. 119–120. Zur neueren Interpretation von Cornelis ist v. a. Decavele heranzuziehen, der den Wahrheitsgehalt der Anschuldigungen gegen ihn vor dem Hintergrund der zeitgenössischen Polemik exakt untersucht und analysiert, siehe Johan Decavele: Het waarheidsgehalte in de preken van Broeder Cornelis van Oord recht in Brugge (1566–1574). In: Handelingen

Peracher also das konfessionelle Vorurteil, da im Protestantismus die Selbst-Geißelung unbekannt war, im Katholizismus aber weitläufig praktiziert wurde. Das geistliche Leben der Jesuiten kannte auch nach wie vor die öffentliche Geiße-lung im Refektorium sowie die private (*disciplina domestica*) in den Zellen der einzelnen Mitglieder. Erstere war vor allem für schwere Regelverstöße gedacht, die zweite zur persönlichen Buße.[420] Wer aber einen Schüler schlug (*caedat*), sollte nach den Ermahnungen des Provinzials mit Ruten vor allen Konventmit-gliedern ausgepeitscht werden (*virgis, non baculis*).[421]

van het Genootschap voor Geschiedenis 148 (2011), S. 3–44. Bostoen zeigt auf, wie sich die literari-sche Figur des Cornelis vom realen Mönch unterscheidet, und DeWitte, wie Texte Cornelis unter-schoben wurden, siehe Karel Bostoen: Broer Cornelis en zijn historie: een politieke satire. In: Literatuur 1 (1984), S. 254–261; Alfons Dewitte: De Historie (1569–1578) van broeder Cornelis Adriaenszoon van Dordrecht: auteur en drukker. In: Handelingen van het Genootschap voor Ge-schiedenis 140 (2003), S. 111–127.
420 Der Klassiker ist die Geschichte der Flagellanten des französischen Klerikers von Boileau, der den Missbrauch der Selbst-Geißelung aufdeckte, Jacques Boileau: Historia flagellantium. De recto et perverso flagrorum usu apud Christianos, etc. Paris 1700.
421 APECESJ: Sign. 40–2, 1, Archivi Provinciae Rhenanae superioris, 10. Oktober 1660, fol. 616.

6 Sexualität in der Gesellschaft Jesu

Auch in den deutschsprachigen Provinzen der Gesellschaft Jesu lassen sich für das siebzehnte und achtzehnte Jahrhundert Muster sexuellen Missbrauchs identifizieren. Die Konsultoren der Oberrheinischen Provinz zeigten sich etwa in Mainz am 10. Oktober 1660 erzürnt „de sensuali amore professorum in discipulos," also die physisch gezeigte Liebe der Professoren zu ihren Studenten. Deren Ermahnung ist an Eindeutigkeit kaum zu überbieten: Die Hausrektoren wurden angehalten dieses Übel auszurotten (*eradicetur*) und in einem solchen Fall sofort an den Provinzial zu berichten, auch wenn dies einen Personalwechsel während des Schuljahres nötig machen sollte. Jede Möglichkeit sexueller Annäherung wollte man ausschalten.[422] Die Wortwahl macht deutlich, dass es sich keineswegs um eine präventive Maßnahme, sondern um die Abstellung eines Missstandes handelte. Dass eine ganze Provinz mit einer solchen Direktive behelligt wurde, erlaubt es ferner aber auch darauf zu schließen, dass derartige Probleme verbreitet waren. 1672 erfolgte eine weitere Ermahnung über die sexuelle Leichtfertigkeit (*levitas*) unter Jesuitenscholastikern sowie über das das freizügige (*liberius*) Betreten der Schlafzimmer der Studenten, was als Chiffre für homoerotische Handlungen stand.[423]

Interne Disziplinprobleme wurden in der Frühen Neuzeit in allen Ordensgemeinschaften geheim gehalten. Auch die Höfe und Dynastien versuchten nach Möglichkeit, kompromittierende Narrative zu unterdrücken. Bei den Jesuiten unterschied man ferner gemäß einer Verordnung von General Acquaviva von 1604 zwischen *öffentlichen* und *nichtöffentlichen* Delikten. Nur wenn die Vergehen öffentlich bekannt waren, sollten sie in einem Informativprozess gesammelt werden, so dass man eine Entlassung vornehmen konnte.[424] Für geheim begangene Vergehen galt es, zunächst „discreta charitas," diskrete Nächstenliebe, zu üben.[425] Bereits 1595 hatte der General in einem Dekret klargestellt:

---

422 APECESJ: Abt. 40–2, 1, fol. 615: „Advigilent iisdem, ut amor ille sensualis quorundam professorum erga suos discipulos eradicetur, moneant etiam per ipsum anni decursum, si opus fuerit, Provincialem, nec permittant, ut cum alio mittuntur, secum trahant suos discipulos, qui illos ad aliquod viae spatium comitentur."

423 APECESJ: Abt. 40–2, 1, fol. 652, vom 19. Juni 1672. Vgl. APO: 45/141/0/-/16, fol. 328, Ermahnung durch Provinzial Ferdinand Waldhauser aus Brünn am 20. August 1702, den Missbrauch des gegenseitigen Besuchens in den Schlafzimmern abzustellen. Vgl. ebd., fol. 124 Brief des böhmischen Provinzials Julius Zwicker aus Prag vom 18. Mai 1726 an den General wiederum wegen Betretens der Schlafzimmer.

424 Zum Ablauf eines solchen kirchlichen Kriminalprozesses siehe Ulrich L. Lehner: Mönche und Nonnen im Klosterkerker. Ein verdrängtes Kapitel Kirchengeschichte. Kevalaer 2015.

425 Ordinationes Praepositorum Generalium communes toti societati. Rom 1595, instructio circa casus reservatos, 2.

Wenn jemand unzüchtige Handlungen mit einem andern verübt hat und die Sache geheim und ohne Skandal geblieben ist, auch wenn er in diesem Fall absolut eine Entlassung verdient hätte, sollte man dies nicht tun, außer die Angelegenheit ist nicht geheim geblieben und erscheint dringend, weil Umstände eintreten können, wegen denen man dem Angeklagten einen solchen Akt vielleicht nachsehen kann.[426]

Die im folgenden Jahr vorgenommene Visitation des Jesuitenkollegs München durch Paul Hoffaeus stellte daher ernüchternd zur Regel des Ordens über die Keuschheit fest,[427] dass diese häufig nicht befolgt werde. Jesuiten träfen sich mit Frauen auf der Straße, hörten oftmals die Beichte im Haus von Kranken und riefen so Skandale hervor. Zu eng sei der Kontakt zwischen Beichtvater und männlichem oder weiblichem Pönitenten:

Oft, wenn auch nicht sehr oft, entstand so eine übermäßige Intimität zwischen den beiden [...] süße, angenehme, verweichlichte, mit Fleisch und Sinnlichkeit infizierte Worte [...] Ist es nicht die größte Blindheit des Herzens und des Verstandes, dass ein Beichtvater sich so frei und sicher, so ohne Angst und Verlegenheit traut, [...] so viele gute Stunden mit Frauen herumzualbern [...] Denn es steht fest, dass es selbst den Fürsten bekannt wurde, dass es auch unter unseren Beichtvätern nicht an solchen mangelte, die durch die Vehikel der erwähnten satanischen Akte in unkeusches Verhalten gefallen waren, und hierauf entweder aus eigenem Antrieb apostasierten oder als abscheuliche Pestbeulen aus der Gesellschaft herausgeschnitten und ausgeschlossen wurden.[428]

---

426 Eine Originalhandschrift der Verordnung von Acquaviva vom 5. August 1595 befindet sich in der ÖNW: Cod. 11953, Ordinationes maioris momenti a. 1579–1709 Provinciae Bohemiae Societatis Jesu, fol. 7: „De iis qui in religione ficte procedunt." Der lateinische Text lautet: „Si quis actus impudicos cum alio exercuisset et res occulta esset et sine scandalo, licet casus absolute sit ejusmodi, propter quem merito quis dimitti debeat, tamen non agatur nisi de re occulta et non urgenti quia possent occurrere circumstantiae propter quas posset delato condonari unus talis actus," (nach Ignaz von Döllinger, Fanz Heinrich Reusch: Geschichte der Moralstreitigkeiten in der Römisch-Katholischen Kirche, Bd. 1. Nördlingen 1889, S. 644.). Der vollständige Text ist abgedruckt in Félix Zubillaga: Monumenta Mexicana 6. Rome 1976 (Monumenta Historica Societatis Jesu 114), S. 719–723.
427 Regulae Societatis Jesu. Lyon 1606, S. 13.
428 „Saepe, utinam non saepissime nimia intercessit familiaritas utriusque et severitas confessarii forte nulla; vereor, ne potius verba suavia, placentia, effeminata, mixta carne et sensualitate infecta seu tincta affectibus [...] An non summa est cordis et mentis excaecatio, quod confessarius tam libere et secure tam sine metu et rubore audeat [...] tot bonas horas cum feminis nugari [...] Denique constat quod tandem etiam principibus innotuit, non defuisse ex nostris etiam confessariis, qui mediantibus toties jam dictis satanicis praeludiis in turpitudinem fuerit prolapsi, deinde a sua vocatione sponte apostasse vel a Societate tanquam turpissimas pestes abscissos et ejectos fuisse." Franz Heinrich Reusch: Beiträge zur Geschichte des Jesuitenordens. München 1894, S. 262–263.

Sexuelle Delikte kamen oft durch Hinweise in der Beichte den Oberen zu Ohren, durch direkte Denunziation oder aber durch indirekte, anonyme Hinweise. Ein solcher scheint im Posener Kolleg 1699 vorzuliegen, als wohl Schüler dem Magister Bori „infame Kleider" eines Musikers an die Tür gehängt haben. Diese insinuierten wohl ein laszives Leben oder eine Beziehung zu diesem Musiker und hätte den Jesuiten verdächtig erscheinen lassen. Die Bezeichnung „infam" jedenfalls zeigt, dass es sich um eine schwer rufschädigende Handlung handelte.[429]

Während der nächtliche Samenerguss von den katholischen Moraltheologen der Zeit als nicht sündhaft eingestuft wurde, weil er unwillentlich geschah, wurde die Selbstbefriedigung schwer verurteilt. Der bedeutende Theologe Escobar de Mendoza stellte sogar die Frage, ob ein in der Zelle masturbierender Mönch ein Sakrileg begehe, weil er einen heiligen Raum entweihe.[430] Daher unterzogen Jesuitenlehrer, die annahmen, dass Selbstbefriedigung unter den Schülern oder Jesuiten praktiziert wurde, die Verdächtigen einem Verhör.[431] Man nahm an, dass sich unschuldige Jungen dieses „Laster" leicht durch das schlechte Vorbild anderer aneignen konnten. Daher verglich der Jesuit Wolfgang Rauscher, Prediger an der Frauenkirche in München, die Onanie mit der Hexenkunst, die ihre Opfer nicht mehr loslässt und andere zur Nachfolge auffordert: „Wo der böse Geist einmal einen nichts-werthen Bueben verführt hat, so braucht er einen solchen für ein Instrument noch mehr zu verführen. Ist in einer Schuel nur einer der Unzucht ergebner Knab, so wird er bald Gsellen haben."[432] Allerdings haben auch eine Reihe von Jesuiten ihre Schüler zur Selbstbefriedigung angestiftet und sie mit ihnen durchgeführt. Daher ist zunächst zu fragen, wie man ordensintern mit Onanie umging.

Einen Hinweis gibt das Gesuch des jungen Schweizer Jesuiten Johann Arregger. Obwohl er vor kurzem mit einer jungen Protestantin geflohen war, in die er sich verliebt hatte (*erat in amore*), war er nach seiner Rückkehr voller Reue und bat, die Dimission aus dem Orden, die man zuvor verzögert und nach seiner Flucht genehmigt hatte, widerrufen zu dürfen.[433] Die Entlassung wurde in der Tat zurückgezogen. Kaum war dies aber geschehen, kam Arregger zu dem Entschluss,

---

429 BJ K: BJ Rkp. 5197, fol. 25.

430 Antonio Escobar y Mendoza: Universæ theologiæ moralis, receptiores absque lite sententiæ nec non problematicæ disquisitiones, Bd. 2. Lyon 1655, probl. CLXXI, S. 302–303.

431 Ob diese ähnlich „psychoterroristisch" abliefen, wie beim Hugenotten (nicht Priester, wie irrtümlich auf S. 367 angeführt) Pierre Villaume, ist allerdings nicht bekannt: „Die Fragetechniken, die Villaume vorschlägt, sind in der Tat perfide und darauf ausgerichtet, dass der ,Schuldige' weinend zusammenbricht. Der Zwang zum Geständnis erinnert dabei unangenehm an die Praxis der Befragung von Kinderhexen." König, Kindliche Sexualität: Geschichte, Begriff und Probleme, 367.

432 Wolfgang Rauscher: Oel und Wein deß mitleidigen Samaritans [...]. Dillingen 1689, S. 91.

433 BayHStA: Jesuiten 344, Brief von Theoderich Balthasar vom 3. April 1705, fol. 1; Brief von Johann B. Arregger a den Provinzial vom 3. April 1705.

dass er doch nicht in der Gesellschaft verbleiben könne ohne sie irgendwann der Infamie auszusetzen. Daher bat er erneut um die Entlassung.[434] Woher kam der plötzliche Gesinnungswandel? Arreger war als 15-jähriger in die Gesellschaft 1698 eingetreten, und war zum Zeitpunkt des Austritts gerade einmal 22 Jahre alt. Vor allem sein Verlangen nach sexueller Selbstbefriedigung, das sein Superior als „schlechte Angewohnheit gegen das sechste Gebot zu sündigen, die er schon im säkularen Bereich gelernt habe," beschrieb, gab den Ausschlag in seiner erneuten Berufungskrise.[435] Diese Bemerkung wirkt einerseits wie eine Entschuldigung, versuchte aber andererseits, Arregger als Außenseiter bloßzustellen. Er habe einen Makel in die Gesellschaft gebracht, ihn aber nicht *dort*, sondern bereits in der „Welt" erlernt. Damit machte der Superior klar, dass die Praxis der Selbstbefriedigung stets von außen in die Gesellschaft hineingetragen wurde. Mehrmals habe der Superior versucht, ihm zu helfen. Spirituelle Hilfsmittel (*remedia*) linderten sein Leiden aber nicht. Er fiel stets in das alte Laster zurück (*relapsus*), bis er schließlich so von der Versuchung des Fleisches erregt war, dass er mit „einer häretischen Frau gesündigt" habe. Erst in der Ehe könne er geheilt werden, war sich der Provinzial sicher.[436]

Ein weiteres Beispiel ist Georg Lauth, der seit 1673 um Entlassung aus der Gesellschaft Jesu bat, weil er seit mindestens sieben Jahren ein bis zweimal in der Woche, nun aber drei bis viermal, manchmal halb-wach (*semivigili*) den Versuchungen des Fleisches nachgebe (*in actum prodeant*), d. h. masturbiere, und er nicht fähig sei, enthaltsam zu leben (*constantiam promittere non possum*).[437] Vor einigen Jahren habe er einen Komplizen (*complice*) für seine Handlungen gehabt, der mittlerweile entlassen sei. Da Lauths Taten aber „occulte" geschehen waren, betrachtete man seine Sucht nach Selbstbefriedigung nicht als Entlassungsgrund. So fügte er sich Ende Januar in sein Schicksal und bat, zu den höheren Weihen zugelassen zu werden, die ihm auch erteilt wurden.[438]

Das dritte Fallbeispiel ist der aus Konstanz stammende Anton Ehinger. Er wurde 1670 geboren und war mit achtzehn Jahren in den Orden eingetreten. Nun, nach zehn Jahren als Jesuit, bat er aus Amberg schreibend, Ende Juni 1698,

434 BayHStA: Jesuiten 344, Brief Johann Arregger an den Provinzial vom 22. Mai 1705, fol. 5.
435 BayHStA: Jesuiten 344, Relatio, undatiert, 28. Juli 1705, fol. 6–6v: „[...] malam consuetudinem peccandi contra sextum praeceptum, iam in saeculo contractam."
436 BayHStA: Jesuiten 344, Relatio, undatiert, 28. Juli 1705, fol. 6–6v.
437 BayHStA: Jesuiten 302, Brief von Georg Lauth an den Provinzial vom 2. Januar 1674 aus München, fol. 3.
438 BayHStA: Jesuiten 302, Brief von Georg Lauth an den Provinzial vom 27. Januar 1674, fol. 4. Georg Lauth wurde 1674 zum Diakon und Priester geweiht. (AEM: AA001/1, FS132). Er starb 1686 in Neuburg. Der Nachruf bescheinigt ihm geistige Verwirrung, siehe APECESJ: Sign. 40–3, 23 nu. 481.

den Provinzial, ihn zu entlassen, verbrämte den eigentlichen Grund aber mit Hinweis, keine Berufung zum Jesuitenleben zu verspüren.[439] Für den Provinzial war diese Bitte zu schwammig. Er wollte mehr wissen und erteilte ihm daher vorerst eine Absage. Nun lichtete Ehinger mit einer „ulteriore informatione" den eigentlichen Grund. Er habe seit seiner Jugend (*adolescentem*) die unheilbare (*incurabilis*) „schlechteste Angewohnheit in sexuellen Dingen [lubricis] ständig, ja gewohnheitsmäßig, zu sündigen,"[440] womit er wiederum die Selbstbefriedigung meinte. In der Humanistenklasse hatte er aber von seinem Lehrer Felix Luger gelernt, dass die Gesellschaft Jesu das spezielle Privileg besitze, von Sünden wider die Keuschheit frei zu sein. Aus innerer Not, seinen Drang zur Selbstbefriedigung loszuwerden, sei er daher in die Gesellschaft eingetreten. Im Noviziat habe er den Versuchungen widerstehen können (*tentationibus*), aber nach den Ersten Gelübden einen großen Rückfall erlebt (*graves lapsus*), der ihm seit dem Philosophiestudium dann zur Gewohnheit wurde.[441] Nach diesen Informationen empfahlen auch seine Oberen die Dimission und versetzten ihn bis zum Eintreffen einer Entscheidung des Generals nach Landsberg um sicherzustellen, dass er nicht zu den Protestanten überlaufe.[442] Da von Ehinger keine „besseren Früchte" zu erwarten seien, solle man ihn ruhig entlassen, entschied der General.[443] Die Entlassungsnotiz des Provinzials umschrieb Ehingers Drang zur Selbstbefriedigung mit der Chiffre, dass er „gewohnheitsmäßig sündige".[444]

Die Fixierung auf Keuschheit scheint einige Jesuiten in den Wahnsinn getrieben zu haben. Der *scholasticus approbatus* Michael Schoech bat etwa 1713 nach einer Visitation des Ingolstädter Kollegs um sofortige Entlassung, da er sich nicht mehr in der Lage sehe, keusch zu leben: Er denke so obsessiv an Sex, dass er ganz verwirrt im Kopf sei.[445] Der 1687 in Eichstätt geborene Frater Bartholomäus Altmann bat 1712 um seine Entlassung, da er die „schweren Versuchungen des Fleisches" nicht mehr ertragen könne.[446] Diese „seltsamen Versuchungen, Trugbilder

---

439 BayHStA: Jesuiten 336, Brief Anton Ehinger an den Provinzial vom 28. Juni 1698, fol. 2–3v.
440 BayHStA: Jesuiten 336, Brief Anton Ehinger an den Provinzial vom 10. August 1698, fol. 5.
441 BayHStA: Jesuiten 336, Brief Anton Ehinger an den Provinzial vom 10. August 1698, fol. 5v–6v.
442 BayHStA: Jesuiten 336, Brief wohl des Superiors oder Provinzials vom 22. September 1698, unsigniert, fol. 8–9.
443 BayHStA: Jesuiten 336, Brief des Generals aus Rom vom 25. Oktober 1698, fol. 12. Intus auch Bemerkungen zu Johannes Wiser, Ferdinand Orban, und der malabrischen Mission.
444 BayHStA: Jesuiten 336, undatierte „causa," fol. 1–1v. Siehe auch ebd., Jesuiten 362, Brief von Jakob Prugger an den Provinzial vom 10. Oktober 1695, fol. 35. APECESJ: Sign. 68-D, Verz. 8293. Der Provinzkatalog hält das falsche Austrittsjahr 1688 fest.
445 BayHStA: Jesuiten 360, Brief von Matthäus Perck an den Provinzial, undatiert, fol. 5; Entlassungsgesuch Schoechs vom 4. April 1713, fol. 4.
446 APECESJ: Sign. 68-D Verz. 9350. BayHStA: Jesuiten 332, fol. 1, Informatio ohne Datum, wohl 1712.

und Erschütterungen" (*tentationes absurdissimae, phantasmata et commotiones*) nähmen nach der Selbstgeißelung nur zu, so dass man nicht nur um sein Seelenheil, sondern auch um den Ruf der Gesellschaft Jesu fürchten müsse. Denn früher oder später werde er sicher durch einen schweren unsittlichen Vorfall einen Skandal erregen (*per lapsum gravissimum occasione maximo dedecori et scandalo*).[447] In den Exerzitien verfestigte sich sein Entschluss. Selbst sein Superior nannte ihn einen „unglücklichen Menschen," der nicht für das religiöse Leben geschaffen sei, es sei denn man wolle ihn medizinisch behandeln (*pharmacopolio*).[448] Penibel listete Altmann auf, was er bereits alles versucht hatte, um sich zu heilen. So habe er etwa schon drei Jahre keinen Wein mehr getrunken, kaum mit Frauen geredet, sich dreimal in der Woche gegeißelt etc. „Es ist kein H[eiliger, U.L.] in dem Himmel, den ich nicht angerufen habe," schrieb er.[449] Mit derart vielen Problemen belastet, ließen ihn die Jesuiten freudig ziehen.

6.1 Bestrafung päderastischer Weltgeistlicher

Es wäre aber verfehlt, Päderastie nur bei Schulorden wie Jesuiten oder Piaristen zu suchen. Fälle von Schulmeistern sind ebenso bekannt wie auch solche von priesterlichen Hauslehrern. Im Unterschied zur Gesellschaft Jesu griff ein Bischof, wenn ein solcher Fall vor seinem geistlichen Gericht verhandelt wurde, auch durch. Aus dem Bistum Freising ist nicht nur die Galeerenstrafe für einen Mehrfachtäter aus dem Jahr 1713 belegt, sondern auch ein Prozess für das Jahr 1730, der besonders wegen des Tatorts und der Herkunft des Delinquenten von Interesse ist. Der 1706 in München geborene Schneidersohn Joseph Anton Moret, der 1724 das Wilhelmsgymnasium absolviert hatte und dann das Lyzeum besuchte, wurde im Juni 1730 wegen versuchter Vergewaltigung eines Schülers verhaftet.[450] Der Priester wurde vom Geistlichen Rat in Freising zu einem halben Jahr Buße – was wohl Kerker bedeutete – bei den Erdinger Kapuzinern untergebracht. Erst dann wollte man ein endgültiges Urteil fällen. Bereits Ende Juni bat er aber um Milderung seiner Strafe.[451] Doch erst beim herannahenden Winter, aufgrund des

---

447 BayHStA: Jesuiten 332, fol. 1.

448 BayHStA: Jesuiten 332, fol. 1v.

449 BayHStA: Jesuiten 332, fol. 2.

450 Zur Biographie siehe Oberdeutsche Personendatenbank: https://oberdeutsche-personendatenbank. digitale-sammlungen.de/Datenbank/Moret,_Joseph_Anton#Literatur/Quellen (20. Mai 2023).

451 AEM: AA001/1, GR.PR.147, Jg. 1730, 21. Juni 1730, fol. 149; siehe ebd., 21. Oktober 1730, fol. 238 über die gute Führung im Kapuzinerkloster Erding. Aus dem Jahr 1723 datiert der Fall des unpräbendierten Münchener Priesters Loderbank, der wegen versuchter Sodomie verhört wurde

Mangels an Brennholz und aufgrund guter Führung erlaubte man ihm die vorzeitige Entlassung Ende Oktober um in Freising sein Urteil entgegenzunehmen.[452]

Die Inquisitoren, unter denen sich auch der Präfekt des Wilhelmsgymnasiums Johannes Weichemayr befand,[453] waren nicht nur am Tathergang interessiert, sondern auch wo Morets sexuelle Begierde geweckt wurde. Der Beklagte gab an, am Münchner Wilhelmsgymnasium bereits in der Syntax und Poetikklasse über Homosexualität informiert (*edoctus*) und zu ihr verführt worden zu sein. Allerdings sei er erst in der Rhetoriklasse über die Schwere einer solchen Sünde aufgeklärt worden. Dennoch habe er sie ab und an ausgeübt. Seit einem halben Jahr habe er einen Schüler, der ihm anvertraut war (*iuvene suo cura commisso*), mit sexuellen Berührungen traktiert. Als er schließlich seine Anstellung deswegen verlor (*exclusus fuerit*), hatte er auf betrügerische Weise sich Dimissorien von seinem Bischof zu erwirkt, um zur Weihe zugelassen zu werden.[454] Doch auch als Priester hat er diese Taten mit einem heranwachsenden Jungen (*discipulo pubere*) zu wiederholen versucht. Nackt, seine Schuhe aufgeschnürt (*dissolutis caligis*), warf er sich mit Gewalt auf den Schüler und versuchte ihn zu vergewaltigen (*oprimendo; incumbendo*), wurde aber durch dessen Widerstand und durch herannahende Jesuitenmagister (*appropinquantibus magistris Societatis deterritus*), die den Jungen wohl um Hilfe schreien hörten, abgeschreckt, den nächsten Akt (*actum proximum*), also den Analverkehr, zu vollziehen. Daraus erhellt sich nicht nur, dass Moret ein Serientäter war, der mehrere ehrenhafte (*honestorum*) Schüler skandalös verführt hatte (*scandalose seductione*), sondern auch, dass zumindest die zweite Tat *innerhalb* des Wil-

---

(AEM: AA001/1, GR.PR.140, Jg. 1723, 15. März 1723, fol. 65v; ebd., 18. März, fol. 71v; 5. April 1723, fol. 73v; 15. April 1723, fol. 89), der bei seinem plötzlichen Ableben 1737 ein erstaunliches Vermögen von 12.000 Gulden besaß (AA001/3, PfarrA2233).

452 AEM: AA001/1, GR.PR.147, Jg. 1730, 27. Oktober 1730, 258; das Strafdekret ebd., 30. Oktober 1730, fol. 255–256: „[...] in causa nefando sodomia vi attentato cum proprio discipulo atque seducto iuvenis."

453 APECESJ: Sign. 68-D, Verz. 3446, Geburt 1676, Eintritt 1697, Profess-Gelübde, Tod 1748.

454 Der Nachname Morets ist auf Deutsch mit einem „h" am Ende geschrieben. Allerdings ist innerhalb des Strafdekrets die Schreibweise „Moret," aber auch als Meser lesbar (so zumindest die unterschiedliche Lesart durch mich und einen Kollegen). In den Weiheregistern des Bistums Freising erscheint ein Moret jedenfalls nicht, wohl aber ein Joseph Anton Meser, der 1724 zum Subdiakonat aus dem Wilhelmsgymnasium zugelassen wird, siehe AEM: AA001/1, R4, Brief von Georg Kolb SJ vom 17. September 1724, Bild 341: „morum optimorum;" ebd., 17. Dezember 1724, Bild 358. Ordination zum Priester am 22. September 1725, siehe ebd., AA001/1, R126, fol. 470, wo als Geburtsdatum der 1. Juli 1700 angegeben ist. Dies würde aber die Diskrepanz des Alters erklären, das im Juni bei der Anklage mit 30 Jahren, im Strafdekret mit 25 Jahren angegeben ist. Letzterer Meser starb allerdings als Benefiziat im Bistum Freising am 23. März 1776, siehe ebd., CB250/M8328, fol. 83–83v.

helmsgymnasiums stattgefunden haben musste, da sonst keine Magister anwesend gewesen wären. In der Chronik des Gymnasiums wurde dazu allerdings nichts vermerkt. Der Geistliche Rat in Freising verurteilte Moret, die nächsten sieben Jahre jährliche Exerzitien bei den Jesuiten zu unternehmen, dreimal in der Woche zu fasten und sich zu geißeln, vor allem aber das Bistum zu verlassen und nie wieder zurückzukommen. Es ist wenig erstaunlich, dass der Fall den Fürstbischof veranlasste, die zahlreichen in München sich aufhaltenden „vagierenden" Priester genauer zu überwachen.[455] Moret selbst aber schrieb sich 1731 an der Universität Salzburg in Jura ein.[456] Danach verliert sich seine Spur. Vielleicht vermutete er, dass ihm dieses Zusatzstudium eine Anstellung in einem anderen Bistum ermöglichen würde.

Manchmal scheinen solche Priester aber auch nur versetzt worden zu sein. Die Entscheidung, einen straffällig gewordenen Priester immer und immer wieder zu versetzen, hing sicherlich mit dessen sakramentaler Weihe zusammen, aber auch mit einer nicht zu unterschätzenden, hochkomplexen Entscheidungskultur, die im jesuitischen Probabilismus ihren Höhepunkt fand. In dieser moraltheologischen Theorie wurden Handlungen vor allem nach ihrer Legitimität und Rationalität beurteilt. Man versuchte exakt abzuwägen, welche Handlungsoption etwa bei einer Bestrafung die wahrscheinlichere und damit vernünftigere war, wobei die Dimension von Gewalt in persönlichen und vor allem sexuellen Beziehungen fast völlig ausgeblendet wurde. Leitziel blieb auch hier die Reputation der Kirche und des Ordens. Zeigte ein Priester echte Reue, musste man ihm eine weitere Chance zugestehen, lautete das Axiom solchen Denkens, da dies die „vernünftigere" Alternative war, weil man ja von der grundsätzlichen Bekehrungsfähigkeit des Menschen ausging.[457]

---

455 AEM: AA001/1, R2137.

456 Oberdeutsche Personendatenbank: https://oberdeutsche-personendatenbank.digitale-sammlungen.de/Datenbank/Moret,_Joseph_Anton#Literatur/Quellen (20. Mai 2023).

457 Heinrich von Lang referierte einen Fall, gab aber keinerlei Signatur an, so dass die Auffindung des Materials bisher unmöglich war. Es handelte sich um das Inzestverbrechen des Pfarrers von Fronhofen (1641) bei Augsburg. Er hatte die Tat mit seinen beiden Schwestern verübt und war bis zur Klärung des Sachverhalts seines Amtes enthoben. Die staatliche Regierung bat die Jesuiten um zwei theologische Gutachten, die beide zum selben Schluss kamen: Der Pfarrer solle nicht degradiert und werden, wenn er echte Reue zeige. Dann könne man ihn wieder in der Seelsorge einsetzen. Die Jesuiten argumentierten, dass es wahrscheinlicher (*probabilior*) sei, dem angeklagten Wege der Besserung als eine schwere Strafe wie das Ausscheiden aus dem Klerikerstand aufzuerlegen, wenn ein Zweifel an der Tat bestehe. Die beiden Schwestern, die wohl durch die Stellung des Bruders zum Geschlechtsverkehr gezwungen wurden, kamen im Gutachten gar nicht in den Blick. Das mildere Urteil sei das „humanere," meinte Wittmann. Auch dieser scheint den Text gekannt zu haben, gab aber auch keinen Fundort an. Patricius Wittmann: Die Jesuiten und der Ritter Heinrich

6.2 Das Gymnasium in Augsburg und der Fall Jakob Marell SJ

Als der Historiker Karl Heinrich von Lang den Fall Jakob Marells, eines gewissenlosen und brutalen Sexualstraftäters, 1815 der Öffentlichkeit vorstellte, wiesen kirchliche Apologeten die Schrift entweder als Erfindung zurück oder spielten sie herab.[458] Eine Rezension in der *Literaturzeitung für katholische Religionslehrer* führte etwa an, man müsse unter Tausenden Mitgliedern einige Verbrecher erwarten.

> So muss man in der That einen Orden bewundern, der während siebzig Jahren unter der großen Anzahl seiner Glieder nur so wenige, d.i. 34 schlechte Menschen zählte, die er bestrafen oder aus seiner Mitte ausstoßen musste. Es war demnach der Orden rein, und hierin bestand der große Vorzug seiner Verfassung, dass er sich der schlechten Mitglieder entlediget [...] hat.[459]

Auch die Namensnennung der Delinquenten und Opfer wurde in der Rezension kritisiert. Andere, wie etwa der Historiker Felix von Lipowsky, meinten, der Orden sei im Fall Marell „behutsam" vorgegangen.[460] Die folgenden Ausführungen versuchen, den Fall kontextuell neu aufzubereiten und einzuordnen.

Jesuiten berichteten ihrem Provinzial über die Missbrauchstaten ihrer Mitbrüder stets in gleichbleibenden Formeln. Normalerweise schrieb der Rektor des Kollegiums selbst, doch wenn es die Umsicht erforderte, ihn zu umgehen, konnte sich auch ein Jesuit vor Ort an ihn wenden. Der Dienstweg zum General in Rom ging einzig über den Provinzial. Die Denunziationen sind vom Motiv der Verpflichtung geprägt, einen traurigen und für die Reputation des Ordens gefährlichen Fall der Obrigkeit kenntlich zu machen.[461]

---

von Lang oder Nachweis: wie die Gegner der Jesuiten deren Geschichte schreiben. Augsburg 1845, S. 38; Karl Heinrich von Lang: Geschichte der Jesuiten in Baiern. Nürnberg 1819, S. 143.
458 Placidus Ignatius Braun: Geschichte des Kollegiums der Jesuiten in Augsburg. München 1822, S. IV.
459 Rezension von K.H. von Lang, Reverendi in Christo Patris Jacobi Marelli SJ Amores. In: Litteraturzeitung für katholische Religionslehrer 7 (1816), H. 4, S. 61–64. Siehe auch Anonymus: Rezension von B. Werkmeister, Sendschreiben an Herrn Ritt. H. von Lang über eine merkwürdige Recension. In: Litteraturzeitung für katholische Religionslehrer 7 (1816), H. 41–43, S. 237–254; 257–266..
460 Karl Heinrich von Lang: Reverendi in Christo Patris Jacobi Marelli Soc. Jesus. Amores. E scriniis provinciae Superioris Germaniae Monachi nuper apertis brevi libello expositi. München 1815; Felix Joseph Lipowsky: Geschichte der Jesuiten in Baiern, Bd. 2. München 1816, S. 254–255. Sogar der Aufklärer und Priester Benedikt von Werkmeister griff wegen der Verteidigung Langs zur Feder, siehe Benedikt von Werkmeister: Sendschreiben an Herrn Ritter von Lang über eine merkwürdige Rezension in der Felder'schen Litteraturzeitung gegen seine Schrift P. Marelli Amores. Kempten 1816.
461 BayHStA: Jesuiten 338, Brief von J. Banholzer SJ an den Provinzial vom 3. Juli 1698, fol. 4–4v: „Cogor aperire R.V. casum [...] lamentabilem, famaeque societatis exitiosum [...]"; Jesuiten 360,

Für den 1649 geborenen Provinzprokurator P. Jakob Marell fand allerdings P. Jacob Banholzer am 3. Juli 1698 weitaus deutlichere Worte. Dieser sei der schändlichste (*turpissimus*) und über Jahre hinweg „gewohnheitsmäßige, eingewurzelte Sodomit, der schlimmste Verderber der adeligen Jugend und, was der Abscheulichkeit die Krone aufsetzt, der gottlose Verführer der geistlichen Söhne, welche ihm zur Beichte anvertraut sind."[462] Bereits die Anklage auf eine kontinuierliche homosexuelle Betätigung wäre Skandal genug gewesen, diese wurde aber hier durch die „Verderbung" (*corruptor pessimus juventutis nobilissimae*) der adeligen Jugend, also des sexuellen Missbrauchs, besonders erschwert.[463] Der Missbrauch an Kindern hochadeliger Familien wog noch dazu weitaus schwerer als der von Kindern aus dem Bürgertum, weil erstere durch Marells Handlungen in ihrer sozialen Stellung weitaus tiefer erniedrigt und entehrt wurden. Durch die Penetrierung erlitt nämlich ihre öffentliche Person bei Bekanntwerden irreparablen Schaden, ja ein unauslöschliches Stigma.[464] Ihren Höhepunkt erreichte die Anschuldigung aber in der Qualifizierung, dass die Opfer auch Marells Beichtkinder waren. Daher wurde aus dem verbrecherischen Priester der „seductor impius," der „gottlose" Verführer.[465] Das Verbrechen der Sollizitation wurde zwar nicht genannt, aber durch die Erwähnung des Beichtstuhls angedeutet. In der Rechtssprache der Zeit war aber der Missbrauch geistlicher „Kinder" wie etwa Beichtkinder, Taufkinder etc., auch als „Inzest" im weiteren Sinn zu verstehen und daher als Sakrileg. Im engeren Sinne inzestuöse Priester, die Verkehr mit Blutsverwandten hatten, waren nach dem Kirchenrecht von ihren Stellen zu entfernen und zu entlassen.[466]

Brief vom 18. Januar 1699, fol. 2: „Cogor [...] denuo significare;" Jesuiten 350, Brief von Theobald Biler aus Freiburg vom 15. Oktober 1656, fol. 1: „Tristissimus mihi [...] causa, ad quem [...] detegere puto me obligari ex offico et conscientia."

462 BayHStA: Jesuiten 338, ebd., „[...] turpissimus [...] inveteratus sodomita, corruptor pessimus juventutis nobilissimae, et, quod abominationis caput est, suorum spiritualium filiorum, pro confessione habet, seductor impius." Die Archivalien zum Fall Marell wurden ediert bei Lang: Amores Marelli, S. 5–6.

463 Zu mittelalterlichen Päderastie im Klerus siehe Dyan Elliott: The Corrupter of Boys: Sodomy, Scandal, and the Medieval Clergy. Philadelphia 2020.

464 Diana C. Moses: Livy's Lucretia and the validity of coerced consent. In: Consent and Coercion. Hg. von Angeliki E. Laiou. Washington, D.C. 1993, S. 39–81.

465 Für die juristische Beurteilung spielte es eine erhebliche Rolle, ob eine homosexuelle Handlung nur einmal, mehrmals oder kontinuierlich ausgeübt wurde. Daher scheint die Wortwahl zu implizieren, dass zwar bereits fortwährend homosexuelle Handlungen allein verurteilenswert gewesen wären, diese aber durch die Involvierung von Schülern eine besondere Schwere erhielten.

466 Ehrenreich Pirhing: Jus canonicum nova methodo explicatum [...], Bd. 5. Dillingen 1677, S. tit. 16, S. 575.

Marell habe die Studenten nicht nur unsittlich berührt, sondern ihnen auch befohlen seinen nackten Körper zu berühren und auf ihn zu masturbieren. Letzteres wurde durch den Ausdruck der „Befleckung" (*pollutio; polluendum*) angezeigt.[467] Noch schwerwiegender war aber, dass er die Schüler auf sein Bett geworfen (*in lectum suum conjectis*) und penetriert hatte. *Conjectis* scheint auf eine Vergewaltigung hinzuweisen, auch wenn der juristische Terminus des *stuprum* (*Schändung*) nicht erwähnt wird. Allerdings haben forensische Mediziner im siebzehnten Jahrhundert diesen Begriff oft gleichbedeutend mit *sodomia* verwendet und Richtern empfohlen, bei einer Anklage bestimme physiologische Charakteristika zu untersuchen, die auf einen Missbrauch von Jungen hinweisen können. Von einer medizinischen Untersuchung von Marells Opfern ist allerdings nicht bekannt.[468] Um eine verharmlosende Interpretation auszuschließen, beschrieb Banholzer die sexuellen Akte als formalste Sodomie (*formalissimam [...] sodomiam*), unter Verwendung des kanonistisch definierten Verbs „exercere," um die fortdauernde Ausübung solcher Taten anzuzeigen.

Bezeichnenderweise intensivierten sich Marells Annäherungen zunehmend. Es begann mit geheimen Treffen und der Betrachtung pornographischer Bilder, die zur gegenseitigen Selbstbefriedigung führten, und irgendwann auch zum Analverkehr. Es war den Opfern, auf deren Anschuldigung Banholzers Brief beruht, völlig uneinsichtig, wie Marell kurz vor oder nach den Missbrauchstaten die Eucharistie feiern konnte. Sie fürchteten, ein Blitz könne den Pater als göttliche Strafe am Altar ereilen.[469] Allerdings war ein derartig leichtfertiges Verhalten gegenüber den Sakramenten bei schweren Missbrauchstätern nicht unüblich.[470] Nach außen hin schien Marell ein frommer Mann zu sein und beklagte sich in einem Brief an den Ellwanger Propst von Peutingen sogar über den verdorbenen Weltklerus. Nicht ohne eine seltsame Ironie der Geschichte zu erkennen, liest man Marells Entsetzen über einen Pfarrer im Bistum Passau, der über Jahre hin-

---

467 Zur Einordnung der Onanie in der Frühen Neuzeit siehe den Überblick bei König: Kindliche Sexualität, S. 262–277.

468 George S. Rousseau: Policing the Anus: Stuprum and Sodomy according to Paolo Zacchia's Forensic Medicine. In: The Sciences of Homosexuality in Early Modern Europe. Hg. von Kenneth Borris, George S. Rousseau. New York, London 2013; Moses: Livy's Lucretia and the Validity of Coerced Consent, S. 49. Zu den Merkmalen siehe auch Carolus Antonius de Luca: Praxis judiciaria: in civilem divisa, et criminalem. Genf 1686, c. 8, S. 271.

469 BayHStA: Jesuiten 338, Brief von J. Banholzer SJ an den Provinzial vom 3. Juli 1698, fol. 4–4v.

470 Vgl. den Fall des P. Figulus in Prüm/Trier, siehe Lehner: Mönche und Nonnen im Klosterkerker, S. 111–113.

weg nur vorgespielt hatte, geweiht zu sein. Seine eigene „Simulation" und Verstellung scheint ihm nicht aufgefallen zu sein.[471]

Erst die Predigt, die P. Ignaz Erhart am Sonntag nach Ostern 1698 in der Aula des Gymnasiums für die Gymnasiasten hielt, hatte den Stein ins Rollen gebracht. Vielleicht erkannte sich der vierzehnjährige Kraft Anton Wilhelm Graf von Oettingen in der Parabel des guten Hirten als verlorenes Schaf wieder oder aber identifizierte Marell als bösen Hirten. Auf jeden Fall empfand er derart starke Gewissensbisse, dass er sich Erhart im Beichtsakrament offenbarte. Er gab zu, mehrmals mit Marrell geschlafen zu haben.[472] Später war dieser Graf Oettingen durch seine Ehefrau Eleonore von Schönborn nicht nur mit mehreren Fürstbischöfen des Reichs verwandt, sondern auch in die Geistererscheinungen auf Schloss Baldern verwickelt.[473]

Unter den vier bekannten Opfern Marells aus der Rhetorik- und Poetikklasse waren drei aus den angesehensten Adelsgeschlechtern Bayerns, wie der Fugger, und sogar zwei Verwandte (*ephebi*) des Bischofs von Augsburg,[474] die Marell durch großzügige Geschenke und bevorzugendes Verhalten in der Schule an sich gebunden hatte.[475] Vielleicht mag es überraschen, dass die Kinder reicher Familien so offen auf Geldgeschenke reagierten. Anscheinend bekamen sie aber kein Taschengeld, und so eröffneten ihnen die Summen Marells eine ungewohnte Unabhängigkeit, sich eigene Kleidung oder Süßigkeiten zu kaufen. Darüber hinaus sahen sie ihre Eltern nur selten, so dass sich Marell auch als Ersatzvater inszenieren konnte, der sich durch Gefälligkeiten einschmeichelte. Banholzer vermied anfangs eine Befragung der adligen Söhne, um nicht zu viel Lärm (*strepitum facere*)

---

471 APECESJ: 42–5, 2, Epistulae ad Ignatius Peutingen, Brief von Jakob Marell vom 29. August 1698, fol. 54. Von einem anderen Fall der Simulierung berichten die *Litterae Annuae Provinciae Austriae*, ÖNW: Cod. 12167, fol. 3.

472 BayHStA: Jesuiten 338, Brief von P. Ignaz Erhart SJ an den Provinzial, vom 22. September 1698, fol. 2–3v; Aussage von Kraft Wilhelm Anton von Oettingen (1684–1751) vom 26. Dezember 1698, fol. 8.

473 Eine Übersicht über die zahlreichen in mehreren Archiven verstreuten Geistergeschichten um Schloss Baldern gibt Hartwig Büsemeyer: Die Geister, die er rief: wie ein Kapuzinermönch die Obrigkeit narrte. Schwäbisch Gmünd 2022.

474 Im Schultheaterstück des Jahres 1698, in dem mindestens drei der Opfer Marells mitspielten, finden sich unter den adligen Söhnen: Christian Heinrich von Felsenstein, Kaspar Anton von Hueber, Franz Xaver Eittel Rheding von Biberegg, Josef Ignatius von Dyrrhaim, Maximilian Maria von Wolfsegg, Josef Anton Pappus von Trazberg, Bernhard Valentin Langenmantel von Westhaim, Felix Anton von Traz-und Kuenenberg, Georg Anton von Rittersberg, Georg Karl von Hueber, Johann Ulrich von Panzau, Josef Ferdinand im Hoff von Spielberg, Josef Oktavius von Panzau, siehe Anonymus: Conradinus Sueviae Dux. Tragoedia. Conradini deß letzten Schwäbischen Hertzogs, Tod [...] Augsburg 1698.

475 BayHStA: Jesuiten 338, Brief von J. Banholzer SJ an den Provinzial vom 3. Juli 1698, fol. 4–4v.

zu machen, denn er fürchtete, dass es noch weitere Opfer gebe. Zudem trieb ihn die Sorge um, dass Marell durch die Befragung gewarnt werden oder dass die Nachricht von einem Missbrauchstäter in der konfessionell gemischten Stadt Augsburg einen Skandal verursachen könnte. Banholzer interpretierte auch den plötzlichen Schulwechsel des jungen Grafen Zeil nach Salzburg als direkte Konsequenz eines versuchten Missbrauchs durch Marell.[476]

Banholzer war zudem bereits „einige" Jahre zuvor in Regensburg aufgefallen, dass Marell besonders schöne Jungen (*maxime formosos adolescentes*) aus guten Familien als Beichtkinder anlockte oder versuchte, sie anderen Beichtvätern mit Geschenken abspenstig zu machen. Obwohl solches Verhalten Verdacht hätte erregen müssen, entschuldigte sich Banholzer, sich nichts weiter dabei gedacht zu haben.[477] Allerdings beschönigte er mit der Zeitangabe „vor einigen Jahren" das ganze Ausmaß des Skandals, da Marell 24 Jahre zuvor für die Jahre 1675/76 in Regensburg stationiert war und dort auch die Priesterweihe empfangen hatte. 1678 bis 1680 wirkte er dann als Professor in Ellwangen, dann ab 1683 in Augsburg als Professor, Provinzkurator und Präses der Marianischen Sodalität, unterbrochen nur von einem anscheinend kurzen Aufenthalt in München 1685, wo er u.a. Katechet an der Michaelskirche war.[478] Damit ist von einem Vierteljahrhundert Missbrauch auszugehen, der wohl nach seiner Transferierung in die österreichische Provinz seine Fortsetzung fand. Von „einigen Jahren" konnte also überhaupt nicht die Rede sein.

Allerdings sei nun erwiesen, fuhr Banholzer fort, dass der „Fall dieses Menschen" wie eine „tödliche Krankheit" (*lethalis morbus*), welche zwar beweinenswert sei, durch wirksame und vorkehrende Mittel (*remedio simul potenti ac provido*), behandelt werden müsse (*curandus*). Der drastische Vergleich machte auf zweierlei aufmerksam: Zum einen bestand die Gefahr, dass die Reputation der Gesellschaft Jesu in Augsburg irreparabel beschädigt würde, sollten Nachrichten über den Missbrauch „unters Volks kommen" (*in vulgus erumpat*). Zum anderen fürchtete Banholzer, dass sich ausgelebte Homosexualität wie eine „Krankheit" im Gymnasium verbreiten könnte. Einer der Schüler Marells, Rupert von Fugger, hatte bereits versucht, einen bisher unbeteiligten Kameraden zu verführen (*ad eadem flagitia sollicitans*), und berichtete stolz, dass man bei solchen Handlungen nicht mit Strafen

---

476 BayHStA: Jesuiten 338, Brief von J. Banholzer SJ an den Provinzial vom 3. Juli 1698, fol. 4–4v.
477 BayHStA: Jesuiten 338, fol.4–4v. Siehe die Aussage von Anton Rupert Christopherus von Fugger zu Kirchberg und Weißenhorn vom 26. Dezember 1698, fol. 6; Aussage von Rupert Anton Joseph von Fugger auf Babenhausen vom 26. Dezember 1698, fol. 7.
478 APECESJ: Karteikarte Marell, 4547, Priesterweihe am 4. April 1676. Zum Aufenthalt in München siehe ebd., Sign. 41–7, Historia Collegii Monacensis, fol. 28.

rechnen müsse, da sie Marell selber auch begehe.[479] Außerdem hatten anscheinend auch andere Studenten untereinander homosexuelle Akte (*haec eadem inter se exercuere*) vollzogen, die ihnen „ihr Beichtvater beigebracht hatte" (*a [...] confessario didicere*).[480]

Banholzer und Ignatius Erhart unterhielten sich mit einigen Opfern, hielten die Sache aber sogar vor dem Rektor geheim und vertrauten sie nur dem Provinzial an, dem sie eine Versetzung (*translatione*) Marells nahelegten.[481] Dass man trotz der enormen Vergehen nur eine Versetzung erwog, mag darauf hindeuten, dass Banholzer die Schlussfolgerung, Marell müsse entlassen werden, dem Provinzial überlassen wollte. Andererseits ängstigte ihn die Vorstellung, eine Entlassung könne in Augsburg einen Skandal auslösen. In diesem Fall fürchtete er sogar, dass Marell, der mit den „Ketzern gut vertraut" war, sich zu den Lutheranern flüchten und konvertieren könnte.[482] Für die evangelischen Stände wäre der Übertritt des Provinzprokurators ein konfessioneller Propagandaerfolg gewesen. Man hätte in diesem Fall die Anschuldigungen auch nicht öffentlich machen können, da diese sonst den ganzen Orden in Verruf gebracht hätten, und wäre gezwungen gewesen, mögliche publizistische Angriffe Marells auszuhalten.

Ignatius Erhart schrieb dem Provinzial bereits am 22. September 1698. Eines seiner Beichtkinder habe ihm die Erlaubnis gegeben, die Informationen weiterzureichen, aber seinen Namen nur im Notfall zu nennen. Dass der homosexuelle Geschlechtsverkehr eines 14-jährigen strafbar sein konnte, weil er sich nicht gewehrt hatte, musste dem „whistle blower" Graf Oettingen bewusst gewesen sein. Vor allem aber muss die Gefahr des Ehrverlustes, der mit einem Bekanntwerden der Geschichte verbunden gewesen wäre, auf seiner Seele gelastet haben. Ähnliche Sorgen mussten auch die anderen Opfer haben, Graf Anton Rupert Fugger-Kirchberg-Weißenhorn[483] sowie der 15-jährige Graf Rupert von Fugger-Babenhausen, mit dem Marell am häufigsten zusammen war.[484]

---

479 BayHStA: Jesuiten 338, fol.4–4v. Siehe die Aussage von Anton Rupert Christopherus von Fugger zu Kirchberg und Weißenhorn vom 26. Dezember 1698, fol. 6; Aussage von Rupert Anton Joseph von Fugger auf Babenhausen vom 26. Dezember 1698, fol. 7.Lang: Amores Marelli, S. 7–8.Rupert von Fugger und Kraft Wilhelm von Oettingen spielten auch im Schultheaterstück des Jahres 1698 mit, siehe Anonymus: Conradinus Sueviae Dux.
480 BayHStA: Jesuiten 338, fol.4–4v.
481 BayHStA: Jesuiten 338, fol.4–4v; 2–3v. Lang: Amores Marelli, S. 9.
482 BayHStA: Jesuiten 338, fol. 4–4v: „Metuimus [...] transfugium ad haereticos moliatur, quibus alias plus quam optemus familiaris est [...]."
483 Dieser lebte von 1683 bis 1746, siehe Sarah Hadry: Neu-Ulm: Der Altlandkreis – Historischer Atlas von Bayern (HAB). München 2011, S. 145.
484 Dieser lebte von 1683 bis 1724. BayHStA: Jesuiten 338, siehe die Aussage von Anton Rupert Christopherus von Fugger zu Kirchberg und Weißenhorn vom 26. Dezember 1698, fol. 6; Aussage

Die Familie Fugger gehörte nicht nur zu den angesehensten des Reiches, sie hatte auch auf ihrem guten Namen im fünfzehnten Jahrhundert ein Bankenimperium aufgebaut.[485] Ein Publikmachen homosexueller Beziehungen in ihrem Familienkreis wäre für sie ein Desaster gewesen. Außerdem war Rupert bereits 15 Jahre alt und damit sexuell voll schuldfähig, hätte also bei einer Gerichtsverhandlung zumindest dem Buchstaben des Gesetzes nach um Leib und Leben fürchten müssen. Die unterschiedliche Taxierung der Schuldfähigkeit aufgrund des Alters scheint auch Erharts Brief an den Provinzial zugrunde zu liegen. Für den 14-jährigen Oettingen sprach er nämlich von der „Vereinigung beider Körper" (*corporum conjunctionem*), bei der Beschreibung des Falles des Rupert von Fugger aber von vollkommener Sodomie (*perfecta sodomia*), allerdings nicht ohne dessen Scham und inneren Schmerz zu betonen.[486] Beide Fugger konnten aber nicht angeben, wie oft der Missbrauch geschehen war. Sie waren innerlich zu aufgewühlt und wohl zu oft missbraucht worden, um eine genaue Zahl zu nennen, so dass von einem lang andauernden Missbrauch auszugehen ist.

Erhart zog es vor, Rupert von Fugger zunächst nicht zu befragen, nicht nur weil dieser seine ursprüngliche Aussage, man habe im Gymnasium wegen homosexueller Akte keine Bestrafung zu fürchten, zurückgezogen hatte, sondern auch aus Angst, seine Geschwätzigkeit könnte den Skandal eskalieren lassen oder Marell über die unternommene Untersuchung warnen.[487] Erhart gab aber noch einen weiteren Grund an, nämlich das ungeschickte Verhalten des Augsburger Präfekten. In einem „ähnlichen Fall" habe dieser nicht betroffene Schüler derart unklug befragt, dass diese durch Konjektur auf die zugrundeliegende Tat schließen und dadurch die Jesuiten bei den Augsburger Lutheranern in ein schlechtes Licht setzen konnten.[488] Allerdings konnte über diesen Fall, der in den Akten sonst nirgends dokumentiert ist, nichts weiter aufgefunden werden. Da aber die Schulämter turnusgemäß neu vergeben wurden, muss sich dieser Missbrauch in zeitlicher Nähe ereignet haben. Dies wirft auch ein Licht auf die Dunkelziffer sol-

---

von Rupert Anton Joseph von Fugger auf Babenhausen vom 26. Dezember 1698, fol. 7. Jacob Wilhelm Imhof: Notitia S. Rom. Germanii Imperii Procerum. [...] historico-heraldico-genealogica [...] in supplementum operis genealogici Ritterhusiani adornatu, editio tertia [...] cui accedit de Proceribus Aulæ Cæsareæ mantissa. Stuttgart 1699, lib. 7, c. 3, S. 486.

485 Mark Häberlein: Die Fugger: Geschichte einer Augsburger Familie (1367–1650). Stuttgart 2006.

486 BayHStA: Jesuiten 338, Brief von P. Ignaz Erhart SJ an den Provinzial, vom 22. September 1698, fol. 2–3v.

487 BayHStA: Jesuiten 338, Brief von P. Ignaz Erhart SJ an den Provinzial, vom 22. September 1698, fol. 2–3v.

488 BayHStA: Jesuiten 338, fol. 2–3v: „[...] jam nobis apud haereticos dudum exulceratos [...]."

cher Taten: Nur ein Bruchteil hat sich wirklich im Schriftverkehr niedergeschlagen und von diesem wurde wiederum nur ein kleiner Prozentsatz überliefert!

Um die Zahl der Mitwisser klein zu halten, trug Erhart den beiden Jungen auf, kein Wort zu irgend jemand sonst über die Untersuchung zu sprechen, und notfalls zu dissimulieren, da sie sich sonst einer Todsünde schuldig machten. Anton von Fugger riet er sogar, weiterhin bei Marell zu beichten, was angesichts seines Missbrauchs des Beichtstuhls mehr als erstaunlich ist. Er verteidigte diesen Rat mit dem Hinweis, dass nur so ein größeres Unglück verhütet (*ad cavendum majus malem*) werden könne, und dachte dabei weniger an die Straffreiheit Marells als an eine Befleckung des Ordensrenommees. Schließlich hielt er bei einer Warnung Marells dessen Flucht für durchaus möglich.[489] Selbst der Rektor des Kollegs, der nicht einmal den gesamten Fallverlauf kannte, wünschte sich nichts sehnlicher als Marell abreisen zu sehen und konnte ihm gegenüber kaum mehr dissimulierend auftreten.[490]

Erst in den folgenden Wochen identifizierte Oettingen zwei weitere Opfer, Franz Xaver Sattler[491] und Johann Georg Bottner, letzterer wiederum ein Adliger.[492] Die ambige Warnung P. Karl Haylands bei seinem Weggang aus Augsburg, er könne keinem jungen Mann raten, Marell als Beichtvater zu wählen, die Erhart referierte, muss aber nicht unbedingt als Hinweis gelten, dass eines der Opfer bei Hayland beichtete und ihm nicht erlaubte, weitere Schritte einzuleiten. Hayland mag nichts von dem Missbrauch gewusst haben und lediglich auf Marells ausgesprochen liberale Moraltheologie angespielt haben. Diese hatte nämlich Anstoß erregt, weil er die Jungen lehrte, dass selbst schwerste Sexualvergehen (*gravissima scelera*) keine Sünde seien, außer wenn man sich willentlich der Lust hingebe (*consensus in voluptatem*).[493] Erhart identifizierte dies als eine „dumme, dem Quietismus ähnliche Lehre" (*stultius et quietismo similius*).[494]

Diese als Häresie erklärte Schule der Mystik erklärte, dass wenn die Seele eines Menschen völlig in Gott ruhe, er keine Sünde mit seinem Leib begehen könne. Der Mystiker wurde so von den normativen Verhaltenserwartungen dispen-

489 BayHStA: Jesuiten 338, fol. 2–3v. Lang: Amores Marelli, S. 17.

490 BayHStA: Jesuiten 338, Brief von Christoph Oberpeutter vom 26. Dezember 1698, fol. 9. Ebd., S. 20.

491 Anonymus: Conradinus Sueviae Dux.

492 Im Theaterstück des Jahres 1699 wird neben Bottner auch ein Nobilis Franz Xaver Sattler in der Syntax Major aufgeführt. Anonymus, Severa parentis in filium Justitia, olim a Meroveo in Gallia, nunc in Theatro exhibita Augusta Vindelicorum. Augsburg 1699.

493 BayHStA: Jesuiten 338, Brief von P. Ignaz Erhart SJ an den Provinzial, vom 22. September 1698, fol. 2–3v. Zu Karl Hayland (1645–1717) siehe APECESJ: Sign. 68-D, 7339.

494 BayHStA: Jesuiten 338, fol. 2–3v. Lang: Knabenliebschaften, S. 38; Neues genealogisch-schematisches Reichs- und Staats-Handbuch vor das Jahr 1761. Frankfurt am Main 1761, S. 110.

siert und konnte sich so einen autonomen Handlungsraum erschaffen. Vor allem seinen spirituellen Anhängern konnte ein Quietist vorspiegeln, dass Handlungen, die für den normalen Menschen sündhaft waren, in seinem Fall moralisch indifferent seien, weil er ja nur Instrument des göttlichen Willens sei, dessen ganze Intention in Gott ruhe. Diese Grundidee fand sich in fast allen dokumentierten Fällen sexuellen Missbrauchs von Kindern und spirituell Abhängigen.[495]

Die Beweislast war überwältigend, da die Opfer ausführliche Geständnisse unterzeichneten. Marells Versuche, die Anklage als Lügengebäude und Verschwörung abzutun, scheiterten. Seine zahlreichen Briefe an den Provinzial müssen leider als verloren gelten. Da der General in einem Brief an die Provinz die Entlassung Marells nahelegte und dieser am 13. Oktober 1698 das Augsburger Kolleg Richtung Ebersberg verließ, um von da an nicht wieder in den Unterlagen der Provinz aufzutauchen, nahm man lange Zeit an, er sei wirklich dimittiert worden.[496] Zudem vermerkte der Personalkatalog er sei am 15. November 1698 aus der oberdeutschen Provinz entlassen worden.[497] 1834 aber bemerkte Joseph von Hormayr in der Bayerischen Staatsbibliothek in München eine kalligraphische Handschrift Marells aus dem Jahr 1725, in der er sich als Jesuit bezeichnete. Daher nahmen er und andere Historiker an, dass die Dimission nie wirklich erfolgt sei.[498] Der Fall war allerdings komplizierter. Marell wurde durchaus rechtswirksam entlassen,

---

495 Ohne auch nur die Frage nach dem Realzusammenhang von Quietismus und sexuellem Missbrauch zu stellen, deklamiert Claus Arnold die Verfolgung quietistischer Mystiker durch die Inquisition in Rom aufgrund zahlreicher Verdachtsfälle auf sexuellen Missbrauch als „typisch repressive Reaktion, welche ein unkontrolliertes geistliches Leben über einen inquisitorischen Topos kriminalisieren wollte" (61). Warum sich Arnold nicht die Mühe gemacht hat, wenigstens ein paar Fällen archivalisch nachzugehen, um ein informiertes Urteil anstatt eines Bauchgefühls abzugeben, ist für mich nicht nachvollziehbar. So bleibt sein „Urteil" nämlich lediglich eine unbegründete „Meinung." Claus Arnold: Verketzerung von Spiritualität oder Verfolgung von Missbrauch? Der „Molinosismus" respektive „Quietismus" in der Wahrnehmung des Heiligen Offiziums. In: „Wahre" und „falsche" Heiligkeit. Hg. von Hubert Wolf. Berlin 2017, S. 59–70. Ein Blick in die Studien von Weiß, Jaffary u.a. hätte genügt, siehe Otto Weiß: Weisungen aus dem Jenseits?: der Einfluss mystizistischer Phänomene auf Ordens- und Kirchenleitungen im 19. Jahrhundert. Regensburg 2011; Nora E. Jaffary: False Mystics – Deviant Orthodoxy in Colonial Mexico. Lincoln, London 2004; Frans Ciappara: Simulated Sanctity in Seventeenth- and Eighteenth-Century Malta. In: Studies in Church History 47 (2011), S. 284–294; Anne Jacobson Schutte: Aspiring Saints: Pretense of Holiness, Inquisition, and Gender in the Republic of Venice, 1618–1750. Baltimore 2001; Cecilia Ferrazzi: Autobiography of an Aspiring Saint. Hg. von Anne Jacobson Schutte. Chicago 2007.
496 BCUF: Hs. L 256, Diarium Collegii Augustani, 1698, fol. 221; fol. 204 die Personalübersicht des Kollegs.
497 Marell fehlt aber im Verzeichnis der Entlassenen, siehe APECESJ: Sign. 43–90, fol. 15; ebd., Sign. 68-D, Verz. 4547.
498 Joseph von Hormayr: P. Jakob Marell noch im Jahre 1725 Jesuit. In: Taschenbuch für die vaterländische Geschichte 5 (1834), S. 219–221.

trat aber bereits am 19. April 1699 in Wien wieder in die österreichische Provinz ein, wo er in Kaschau am 19. März 1700 nach weniger als einem Jahr Noviziat wiederum die Gelübde ablegte.[499] Er wirkte in dieser Provinz noch weitere 27 Jahre. Der Eintrag im Trencséner Novizitatsbuch vermerkte nicht nur die biographischen Daten und Marells kräftige Gesundheit, sondern auch, dass er bereits zum zweiten Mal in die Gesellschaft eintrete, nachdem er aus der bayerischen (sic!) Provinz entlassen worden sei. Der Novizenmeister wies ferner auf seine Kenntnis von Latein und Deutsch, sein Philosophie- und Theologiestudium wie auch den vormaligen Status als *coadjutor spiritualis* hin.[500]

Der Aufnahme war allerdings ein bemerkenswerter Briefwechsel von Provinzial und General Thyrsus González de Santalla vorausgegangen. Der General hatte am 21. Februar 1699 dem österreichischen Provinzial Albert Mechtl vorgeschlagen, man möge doch Jakob Marell, „der kürzlich wegen einer gewissen Vertrautheit mit Gymnasiasten" (*propter quandam cum discipulis gymnasii familiaritatem*) aus der Oberdeutschen Provinz entlassen worden war, dort aufnehmen. Diese Beschreibung des Sachverhalts war allerdings höchst zweideutig. Schließlich konnte man der Bezeichnung zwar eine sexuelle Konnotation entnehmen, aber durchaus nicht die Ausmaße des Marellschen Skandals. Der General beschrieb, dass er von Marells Bittbrief, doch wieder in die Gesellschaft aufgenommen zu werden, tief bewegt sei. Zwar habe er sein Anliegen lange Zeit abgelehnt, doch nach Marells Versprechen einer Besserung (*emendationem*) seines Verhaltens und der Bereitschaft, jegliche Arbeit und Mühe, die man ihm auferlege, zu erfüllen, wenn er nur sein Leben als Jesuit in Ungarn beschließen könne, empfehle er dessen erneute Aufnahme. Er schlug daher vor, den Entlassenen als Novizen anzunehmen. Der damit verbundene Ehrverlust für einen vormaligen Provinzprokurator war natürlich massiv, aber, so González, wenn Marell diese Möglichkeit ergreife, könne man auf einen willigen Geist schließen und damit auf ehrliche Reue und Besserung. Ferner gab er dem Provinzial alle Vollmachten Marell aufzunehmen, so dass dieser nicht um weitere Dispense ansuchen musste.[501] Die Ermächtigung des Provinzials war wohl weniger ein Zeichen des Vertrauens in ihn, als die geschickte Vermeidung eines weiteren Briefwechsels, der das Risiko mit sich brachte, dass sich die Zahl der Mitwisser und damit auch die Wahrscheinlichkeit des Publikmachens der Wiederaufnahme erhöhte.

499 Catalogus generalis, seu, Nomenclator biographicus personarum Provinciae Austriae Societatis Jesu, 1551–1773, Bd. 2. Rom 1988, S. 944.

500 JTMRL: Nomina novitiorum I 1 a, fol. 56. Zu diesem Zeitpunkt gab es keine bayerische Provinz, wohl aber die Oberdeutsche Provinz.

501 ARSI: Austr. 10, Brief des Generals vom 21. Februar 1699, p. 271.

Der Provinzial scheint von der Idee einer Aufnahme Marells nicht begeistert gewesen zu sein. Denn schon am 10. und 18. April sandte er Briefe nach Rom, die Marell der Lüge beschuldigten.[502] Der Inhalt kann allerdings nur aus dem Antwortbrief des Generals vom 9. Mai 1699 rekonstruiert werden. Es scheint, dass sich Marell auf dem Weg ins Noviziat als Jesuit ausgegeben hat, was er ja nicht mehr war, und die Lizenz des Generals für den Wiedereintritt falsch dargestellt hat. Ferner habe Marell in Gesprächen, die dem Provinzial zugetragen wurden, angegeben, der General selbst habe ihn in die österreichische Provinz versetzt. Gonzalez erklärte nun, dass er den Provinzial nur dazu ermächtigt habe, ihn aufzunehmen „sine iactura nominis nostri," ohne die Erlaubnis den General beim Namen zu nennen. Außerdem wurde spezifiziert, dass Marell nur in „Schweigen und an einem entlegenen Ort" (*admittendum in silentio, in loco remoto*) zum Noviziat zugelassen wurde, also unter grösster Geheimhaltung. Es war dem General sichtlich peinlich, dass sich Marell als versetzter Jesuit ausgab, ja geradezu als Opfer stilisierte, und dabei auch noch den guten Namen des Generals benutzte, obwohl man ihm die außerordentliche Gunst und das unbedingte Stillschweigen eingeschärft hatte. Schließlich versuchte der Orden die Wiederaufnahme Marells so geheim als möglich halten und hoffte, dass niemand je von seinem Leben in Ungarn erfahren würde. Dennoch konnte es sich der General nicht verkneifen, Marells Verhalten als das eines „nicht genügend ehrenhaften Mannes" (*viri haud satis sinceri*) zu bezeichnen. Er schien sogar indirekt anzudeuten, dass es vielleicht besser wäre, ihn nicht weiter zu behalten, da ihm nicht zu trauen war: „Wenn man ihn aber behält, wird man weiterhin ein Auge auf sein Leben haben müssen."[503]

Warum der Provinzial dennoch an Marell festgehalten hat, ist aus den Akten nicht erkennbar. Vielleicht aber gibt die strenge Ermahnung des Generals im selben Brief einen Hinweis: González bemängelte nicht nur die katastrophale finanzielle Lage der ungarischen Häuser des Ordens, sondernd drohte einem Rektor sogar eine Strafe an, da er der die Mängel einer Visitation nie behoben hatte. Erbost schrieb der General: „Visitationen sind für die Katz', wenn ihnen keine Ausführung folgt."[504] Vielleicht war in einer derart verfahrenen Situation ein Mann wie Marell, der sich als guter Verwalter und vor allem als Buchhalter ausgezeichnet hatte, für den Provinzial der Ausweg aus der schwierigen monetären Lage.[505]

---

502 ARSI: Austr. 10, Brief des Generals vom 9. Mai 1699, p. 290–292.

503 ARSI: Austr. 10, Brief des Generals vom 9. Mai 1699, p. 290–291: „Si retinendus sit, in eius vita oportebit oculum habere intentum."

504 ARSI: Austr. 10, p. 292: „Jaurini pariter oportuisset Rectorem vel puniri, vel certe graviter reprehendi ob neglectam executionem eorum, quae a R.V. in priori visitatione ordinata erant. In cassum sunt visitationes, si nulla fiat executio."

505 ARSI: Austr. 10, p. 291.

Sollte dies die Motivation hinter seiner Annahme sein, so muss sie sich allerdings erst später durchgesetzt haben. Denn noch zwei Monate später, am 27. Juni 1699, wiederholte der General wie unangenehm berührt er über den unehrlichen Geist Marells sei (*animus minus sincerus*), ohne allerdings einen konkreten Anlass zu nennen. Es scheint daher, dass Marell sich weiterhin als versetzten Jesuiten ausgab. Daher wies González den österreichischen Provinzial an, dem oberdeutschen zu schreiben:

> Ich wünsche, der Hochwürdige Provinzial möge an den Provinzial der Oberdeutschen Provinz schreiben, um von ihm zu erfahren, ob er der Schande jener Provinz nachgeben solle, sobald seine Rückkehr in die Gesellschaft dort bekannt geworden ist; denn, wenn sie herauskommt, oder dies bereits geschehen ist, dann wird es das Richtige sein, ihn wiederum zu entlassen.[506]

Die Briefe zeigen das Ringen des Generals um einen geeigneten Umgang mit Marell. Allerdings scheint man sich durch seine Zulassung ins Noviziat in eine Sackgasse manövriert zu haben. Denn nach einer Entlassung wäre der redselige Marell ein ernst zu nehmendes Risiko für das Ansehen des gesamten Ordens, besonders des Generals, geworden. Schließlich hatte sich dieser für seine Wiederaufnahme eingesetzt und sich täuschen lassen. Nun sollten die Österreicher fragen, wie die Stimmung in der Heimatprovinz Marells war und einen Schlachtplan festlegen, wenn das unliebsame Geheimnis doch ans Licht der Öffentlichkeit kommen sollte.

Marell blieb, und angesichts seiner sogar vom General attestierten Unehrlichkeit ist davon auszugehen, dass er wohl auch in den vielen Kollegien Osteuropas, in denen er eingesetzt war, ähnliche Verbrechen wie in Augsburg begangen hat. Er wurde zwar fast jedes Jahr in ein anderes Kolleg versetzt, vielleicht um die Bildung von Freundschaften zu unterbinden, aber dennoch mit Beichthören, Predigen und auch Jugendbetreuung beauftragt. So lebte er in Trencsén,[507] Eperjes/ Presov,[508] Kaschau, Judenburg, Leoben, Neustadt, Klagenfurt, Steyer, Varaždin und Zagreb fast immer in der Nähe von Kindern bis zu seinem Tod 1727.[509] Der

---

506 ARSI: Austr. 10, p. 299–300: „Cupio, scribat R.V. ad Prasidem Germania Superioris, et intelligat ex illo, cedatne in infamiam illius provinciae, postquam in ea divulgatus est illius reditus ad Societatem; id etenim si vel iam evenit, vel eventurum praevideatur, expedit illum denuo dimitti."

507 Vgl. ELTE: Kézirattár Ab 115, Annuae collegii et domus probationis Trenchiniensis [ab anno 1686 usque 1727].

508 Vgl. ELTE: Kézirattár Ab 90, Historia residentiae Eperiesiensis Soc[ieta]tis Jesu ab anno 1673. ad annum 1766.

509 Ernst Friedmann: Die Jesuiten und ihr Benehmen gegen geistliche und weltliche Regenten: nebst einigen Zugaben. Großenteils aus ihren eigenen Schriften, auch aus andern bewährten Geschichtsschreibern dargestellt. Grimma 1825, S. 318–319; Catalogus Austriae S. 944. 1702

Missbrauchstäter Jakob Marell konnte demnach *fünf Jahrzehnte* nahezu ungehindert sexuellen Missbrauch an Jugendlichen begehen.

Hätten die Eltern seiner Opfer von seinen Taten erfahren, hätten sie ihn, so war sich der burgundische Lehrer Rupert von Fuggers sicher, „massacriren lassen."[510] Die Beschädigung des Rufes der Gesellschaft Jesu als Erziehungsorden wäre enorm gewesen. Vielleicht fürchtete man auch, dass Marell bei einem Ausschluss nicht nur konvertieren, sondern sogar eigene Skandalgeschichten gegen den Orden publizieren hätte können. Als Prokurator hatte er schließlich fast uneingeschränkte Aktenkenntnis, vor allem der Finanzen des Ordens. Allerdings reagierte der Orden erst auf den „casus lamentabilis famaeque societatis maxime exitiosus,"[511] als der Skandal öffentlich zu werden drohte. Zu dieser Einschätzung kam auch der katholische Aufklärer Benedikt von Werkmeister. Die Gesellschaft Jesu habe den Fall nicht bestraft, „um dem Umgreifen des Lasters Einhalt zu thun; wohl aber beinahe auf allen Seiten zeigt es sich, dass sie gefürchtet haben, die Ehre des Ordens möchte darunter leiden."[512] Fassungslos über die mangelnde Wachsamkeit des Ordens schrieb Werkmeister:

> In einem Orden, welchem die Eltern aller Stände ihre Söhne zur Bildung in den guten Sitten wie in den Wissenschaften anvertrauten, wo junge feurige Magister die Lehrer schöner Knaben waren, hätten da die Obern nicht besondere Anstalten und scharfe Maßregeln treffen sollen, dass, sobald man bemerkte, ein Magister oder Beichtvater suche sich besonders die Anhänglichkeit oder den öftern Umgang schöner Knaben zu verschaffen, ihnen die Anzeige gebracht werde, um jene Individuen genauer beobachten und jeder Unordnung frühe genug vorbeugen zu können?[513]

Vielleicht haben lange Jahre Historiker den Fall Marell auch deswegen geringgeachtet, weil er sich fast gleichzeitig mit dem Skandal des Jesuiten Jean-Baptist Girard (1680–1733) in Frankreich ereignete. Girard hatte den Beichtstuhl missbraucht, eine Frau verführt, geschwängert und sie dann zur Abtreibung angestiftet.[514] Man ver-

bis 1704 war Marell sogar Minister des Kaschauer Kollegiums, siehe Karl A. F. Fischer: Die Kaschauer und Tyrnauer Jesuiten-Universitäten im 17. und 18. Jahrhundert. In: Ungarn-Jahrbuch 15 (1987), S. 117–185, hier S. 130–131.
510 BayHStA: Jesuiten 338, Brief von Christoph Oberpeutter vom 26. Dezember 1698, fol. 9.
511 Johann Anton Theiner/Augustin Theiner: Enthüllungen über Lehren und Leben der katholischen Geistlichkeit. Sondershausen 1862, S. 45–63; Lang: Amores Marelli; Friedmann: Die Jesuiten, S. 318–319. 1822 erschien eine kritische Rezension von Langs Werk, siehe N. N.: Geschichte der Jesuiten. In: Kritisches Journal der neuesten theologischen Literatur 14 (1822), S. 191–212.
512 Werkmeister: Sendschreiben, S. 9.
513 Ebd., S. 14–15.
514 Mita Choudhury: The Wanton Jesuit and the Wayward Saint: A Tale of Sex, Religion, and Politics in Eighteenth-Century France. University Park 2015.

mutete wohl, dass Jesuitenhass die historischen Fakten verzeichnet, entstellt oder gar erfunden hatte.

6.3 Kardinal Friedrich von Hessen und sein Beichtvater Theoderich Beck

Der wohl prominenteste deutsche Jesuit des siebzehnten Jahrhunderts, der des massenhaften sexuellen Missbrauchs beschuldigt wurde, war Theoderich/Dietrich Beck [Bech/Bechaeus/Beckius/Bechei]. Mit 35 Jahren hatte er 1635 in Luzern seine Profess-Gelübde abgelegt und war damit einer der wenigen „Voll-Jesuiten."[515] Seit 1638 war er Nachfolger von Athanasius Kircher als Beichtvater des Landgrafen Friedrich von Hessen (1616–1682).[516] Nach Kirchers Weggang aus Malta im Februar 1638, hatte Kardinal Barberini dem jungen Landgrafen, der eben erst zum Katholizismus konvertiert war, Beck als Ersatz zugewiesen. Dies zeigt, dass er den höchsten Kreisen der Kurie schon damals kein Unbekannter war. Im folgenden Jahr beriet er sogar den Ordensgeneral Mutio Viteleschi über die Restrukturierung der Jesuitenkollegien auf Malta, bevor die Johanniterrevolte diese Pläne durchbrach. Allerdings war Beck, wohl durch seine enge Bindung an den Johanniterritter und Landgrafen, von den dortigen Ausbrüchen des Antijesuitismus nicht betroffen.[517]

Beck, der ein begabter Mathematiker war und „während der Belagerung Freiburgs durch die Schweden die Artillerie" befehligt und sogar ein Buch über Militärarchitektur herausgegeben hatte,[518] passte zum Landgrafen. Dieser war kein Fürstbischof, sondern als Prior der Malteserritter und späterer Kardinal lediglich ein geistlicher Fürst, der allerdings wie ein weltlicher Prinz lebte.[519] Als sein

---

515 APECESJ: 40–3, 6, fol. 13.

516 Maria Teresa Börner: Nuntius Fabio Chigi (1639 Juni–1644 März). Paderbon; Leiden; Boston 2019, S. 9.

517 David F. Allen: Anti-Jesuit Rioting by Knights of St. John during the Malta Carnival of 1639. In: Archivum Historicum Societatis Jesu 65 (1996), S. 3–30. Beck erscheint bei Buttigieg unter den Namen „Theodoric Bech," siehe Emanuel Buttigieg: Knights, Jesuits, Carnival, and the Inquisition in seventeenth-century Malta. In: The Historical Journal 55 (2012), H. 3, S. 571–596.

518 Denis De Lucca: Jesuits and Fortifications: The Contribution of the Jesuits to Military Architecture in the Baroque Age. Leiden; Boston 2012, S. 159.

519 Theodor Kurrus: Die Jesuiten an der Universität Freiburg i. Br. 1620–1773. Freiburg 1963, S. 76. Der Name variiert oft: „Bechei signs himself on different occasions as Theodorico *Bechei*, Theodorico *Begue*, or Theodoricus *Bechaeus*." Andrew V. Jones: The Motets of Carissimi. Ann Arbor 1982, S. 309. Zu Beck siehe etwa Bernhard Duhr: Geschichte der Jesuiten in den Ländern deutscher Zunge, Bd. 3. München-Regensburg 1921, S. 899–900. Beck scheint ein Schüler des Je-

Beichtvater residierte Beck die meiste Zeit an dessen Hof, im Schloss des Malteser-Ritterordens in Heitersheim bei Freiburg im Breisgau, und hatte ihm ständig zur moralischen und spirituellen Beratung zur Verfügung zu stehen. Zudem war Beck auch in der europäischen Gesellschaft bestens vernetzt. Nicht umsonst wurde er vom Wiener Hof beauftragt, als ehemaliger Schüler des italienischen Komponisten Giacomo Carissimi den Musiker an die Donau zu holen.[520]

Die Ermahnungen und Ratschläge eines Hofbeichtvaters sollten das Gewissen des Herrschers nach katholischer Lehre formen. Vielleicht erachtete man das umso wichtiger, als Hessen ein mit sechzehn Jahren konvertierter Prinz war und aus politischen Gründen die Kardinalswürde erhalten hatte. Der Orden selbst war stolz darauf, viele solcher „Gewissensräte" an den europäischen Höfen und Machtzentren zu besitzen, wo diese direkt oder indirekt der Gesellschaft Jesu von Nutzen sein konnten. Aufgrund der manchmal exklusiven und unbeschränkten Zugangsrechte zu einem Herrscher hatten diese Beichtväter oft mit persönlichen Angriffen und Beschuldigungen zu tun, die von Eifersucht motiviert waren. Allerdings waren sie aufgrund ihrer räumlichen Trennung von der Aufsicht eines Vorgesetzten auch den besonderen Versuchungen des Hofes ausgesetzt, die ein Jesuit, der in einer Kommunität lebte, nicht kannte. Darunter fiel nicht nur die Umgebung zahlreicher Frauen und Männer mit eher laxen Moralvorstellungen, die einen Hofbeichtvater gerne als Fürsprecher haben wollten, sondern auch unbegrenzte Völlereien und Trinkgelage, die dem kargen Tisch der Jesuiten fremd waren.[521] Bernhard Duhr erwähnte in seiner Geschichte der Jesuiten diese Versuchungen und ließ sie geradezu als Entschuldigungsgrund für das Verhalten Becks erscheinen. Etwas beschönigend führte er zwar Becks „schwere Vergehen mit Studenten" an, sprach dessen gezielten Missbrauch von Minderjährigen aber nicht aus und vermied auch jeden Versuch, dessen Ausmaß schriftstellerisch auszuleuchten.[522]

Friedrich von Hessen trank übermäßig viel und führte ein „Lotterleben."[523] Daher überrascht es nicht, dass schon in den 1640ern auch Gerüchte über Becks

suiten Jakob Rem (gest. 1618) gewesen zu sein, der angeblich Wunder gewirkt hat, siehe Franz Xaver Kropf: Historia Provinciae Societatis Jesu Germaniae Superioris, Bd. 4. München 1746, S. 204.

520 Jones: The Motets of Carissimi, S. 10.

521 Grundlegend dazu Nicole Reinhardt: Voices of Conscience: Royal Confessors and Political Counsel in Seventeenth-Century Spain and France. Oxford 2016. Zu Beck siehe Kurrus: Jesuiten, S. 76.

522 Duhr: Jesuiten, Bd. 3, S. 899–900.

523 Friedrich Noack: Kardinal Friedrich von Hessen, Grossprior in Heitersheim. In: Zeitschrift für die Geschichte des Oberrheines NF 80 (1928), S. 341–386, hier S. 360. Der 1706 entlassene Pater Paulus Glettle, der Beichtvater des Kurfürsten und Erzbischofs von Köln war, wurde beim Geschlechtsakt mit einer Dienerin in der Küche gefasst, später apostasierte er in Belgien, siehe APE-

ausschweifenden Lebensstil kursierten. Um den Pater auf die rechte Bahn zu führen, stellte ihm der General daher bereits 1651 einen Gefährten an die Seite, der ihn überwachen und auf seinen guten Ruf achten sollte.[524] Zudem sollte er ins Freiburger Kolleg zurück ziehen, wenn er den Malteserprior nicht auf einer Reise begleitete. Da Beck dieser Forderung aber nicht nachkam, folgte am 15. Dezember eine weitere Ermahnung durch den Ordensgeneral. Beck, der zu allem Überfluss ein Jesuit mit Profess-Gelübde war, sollte „zur Norm religiösen Lebens zurückgebracht" werden.[525]

Erstmals scheint er 1654 auch sexueller Übergriffe beschuldigt worden zu sein. Der Provinzial Oberdeutschlands hielt die schriftliche Anklage eines jugendlichen Musikers aus Prag, dass Beck ihn unsittlich berührt hatte, nicht nur für glaubhaft. „Es ist kein Zweifel möglich," kritzelte er. Nicht nur die Art der Denunziation, unter Nennung des eigenen Namens, überzeugte ihn, sondern auch die Lebensgeschichte des Jugendlichen (*adolescentis*). Dieser war selbst in ein Ordensnoviziat eingetreten, so dass man nicht mit einer Eifersuchtstat, einer Verleumdung aus Rachsucht oder übler Nachrede rechnen konnte. Schließlich, so der Provinzial, müsse man davon ausgehen, dass der Ankläger, indem er ein gottgeweihtes Leben beginne, wahrheitsgemäß über seine Vergangenheit berichte. Der Musiker bot ebenso an, einen feierlichen Eid zu schwören. Doch in der Zwischenzeit meldeten sich, wohl aufgrund vorsichtiger Nachforschungen, weitere Opfer. Zwei von ihnen lebten in Wien, drei in der Gegend Freiburgs. Letztere waren jugendliche Studenten (*adolescentes tres studiosos*), die Beck 1651 und 1652 sechs Wochen lang (!) mit „unsittlichen Berührungen traktiert und wie Mädchen missbraucht hatte, und sich auch von diesen so missbrauchen ließ."[526] Der Provinzial sprach ausdrücklich vom Missbrauch (*abusus*) und spezifizierte damit, dass es nicht bei Berührungen geblieben war. Allerdings vermied er durch das „in modum puellarum" den Begriff der Sodomie und zog es dadurch vor, davon

---

CESJ: Sign. 43–90, fol. 16. Zu Glettle, siehe ebd., Sign. 68-D, Verz. 7705, Geburt 1661, Eintritt 1679, Profess-Gelübde, Austritt 1706, Tod 1707; vgl. ebd., Sign. 40–3, 6, fol. 21v: „apostata." Dies bestätigt Johann F. Peracher: Miles Gloriosus: das ist: P. Joseph Sonnenberg aus der Compaignie der frechen Jesuiten wider unser Reformirte Züricherische Kirch und derselben anderes Jubel-Jahr neu auftrettender Hoher- und Gross-Sprecher. Zürich 1721, S. 27–28. Vgl. ebenso Bernhard Duhr: Geschichte der Jesuiten in den Ländern Deutscher Zunge, Bd. 4/2. Freiburg 1928, S. 423–425. Die Schwester Glettles war die Baronin von Leiblfing, siehe BCUF: L 259/2, fol. 235v.

524 BayHStA: Jesuiten 351, Brief von General Nickel an Provinzial Schorrer vom 20. Mai 1651, fol. 1; Brief von General Nickel an Provinzial Schorrer 2. September 1651, fol. 3.

525 BayHStA: Jesuiten 351, Brief von General Nickel an Provinzial Schorrer vom 15. Dezember 1651, fol. 2.

526 BayHStA: Jesuiten 351, Informatio über Theoderich Beck, fol. 4: „turpibis tactibus et in modo puellarum foede abusus est et illis se etiam permissit."

zu sprechen, dass Beck mit seinen Opfern sexuell verkehrt hatte, wie man es im heteronormativen Kontext mit einer Frau tat. Dies identifizierte aber Beck als den aktiv penetrierenden Partner, der den Akt der „vollkommenen Sodomie" vollzogen hatte. Zudem hatte er auch sich selbst penetrieren lassen (*permissum*). Ein weiteres Opfer war Heinrich Fiesslin, dessen Bericht an den General in Rom 1654 weitergereicht wurde. Er hatte sich in Konstanz einem Jesuiten offenbart:

> Als ich in Konstanz war, kam Anfang März ein einheimischer Jugendlicher [*ingenuus iuvenis*] zu mir, der bekannte, er sei vor drei Jahren zu gegenseitigen [*mutuos*] Berührungen von diesem [Beck, U.L.] eingeladen [*invitatum*] und dazu überredet [*persuasum*] worden, mit diesem wie mit den anderen zu verfahren.[527]

Anhand der Identifizierung selbst lokaler Opfer musste man davon ausgehen, dass in allen Wirkungsorten Becks wohl ähnliche Taten begangen worden waren. Durch seine Stellung als Priester war es ihm ein Leichtes gewesen, katholische Jugendliche vom Geschlechtsverkehr mit ihm zu überreden. Das Machtgefälle zwischen dem mächtigen Hofbeichtvater und einfachen Schülern etabliert seine Taten auch in der Sphäre der sexuellen Gewalt. Besonders delikat war, dass der Landgraf seit 1652 auch Kardinal war und 1655 sogar an einem Konklave teilnahm. Als Missbrauchstäter konnte sich Beck aber kaum einen mächtigeren Schutzherrn wünschen.

Auch Heinrich Fiesslin war Ordensnovize, noch dazu in der Gesellschaft Jesu. Sein Fall dokumentiert damit, dass Missbrauchsopfer schon im siebzehnten Jahrhundert selbst in den Orden ihrer Peiniger eintraten – so wie auch missbrauchte Kinder im zwanzigsten Jahrhundert Priester wurden.[528] In klarer Schrift und bestem Latein beschrieb er detailliert seinen Leidensweg mit Beck.[529] Zusammen mit

527 BayHStA: Jesuiten 351, ebd. fol. 4.
528 Myra L. Hidalgo: Sexual Abuse and the Culture of Catholicism. New York; London 2012; Stephen Bullivant/Giovanni Radhitio Putra Sadewo: Power, Preferment, and Patronage: An Exploratory Study of Catholic Bishops and Social Networks. In: Religions 13 (2022), H. 9, S. 851. Fiesslin wurde 1667 entlassen oder verließ die Gesellschaft aus eigenem Antrieb, siehe APECESJ: Sign. 68-D, Verz. 7897, unter Füeßlin: Geburt 1635, Eintritt 1653, Austritt am 24. September 1667.
529 BayHStA: Jesuiten 351, Zeugenaussage des Heinrich Fiesslin, undatiert, fol. 9. Das Geburtsdatum geht aus den Unterlagen im Jesuitenorden hervor. Daher ist auch etabliert, dass dieser Heinrich Fiesslin unmöglich der 1645 an der Universität Freiburg eingeschriebene Student gleichen Namens sein kann, der bereits 1652 den Bacc. A. erhielt, und dass auch der 1643 inskribierte Georg Theoderich Miller nicht der von Fiesslin genannte Miller sein kann. Siehe Hermann Meyer: Die Matrikel der Universität Freiburg von 1460–1656, Bd. 1. Freiburg im Breisgau 1907, S. 903–904. Ein anderer Georg Theodoricus Miller wurde aber am 14. Januar 1635 in Freiburg getauft, siehe Datenbank FamilySearch.org, Deutschland, Baden, Erzbistum Freiburg, katholische Kirchenbücher, 1678–1930, https://familysearch.org/ark:/61903/1:1:QYBX-2LN2 (16. Januar 2019).

zwei anderen jugendlichen Studenten (*adolescentes studiosos*), nämlich Johannes Benz, und Balthasar Kugler, war er 1651 und 1652 von Beck nach Heitersheim gerufen worden um dort die Sommerferien zu verbringen. Das Verb „evocavit" legt dabei einen Befehl und keine Einladung nahe. Im Sommer 1651 war Fiesslin gerade einmal fünfzehn Jahre alt und sein Klassenkamerad Kugler wohl im selben Alter.[530] Aber wie konnten sie als Schüler der oberen Klassen des Jesuitengymnasiums Freiburg auch ablehnen, wenn sie der Hofbeichtvater auf das Schloss rief?[531]

Zwei oder drei Tage nach der Ankunft begann Beck bereits damit, sie in den Schlafzimmern unsittlich zu berühren (*impudice tangere*) und ließ sich auch von diesen so berühren, „an diversen geheimen und nackten Körperteilen, auch an den Genitalien."[532] Während die Berührungen täglich erfolgten, kam er manchmal auch des Nachts, um mit einem von ihnen Geschlechtsverkehr zu haben. Während der Ferien „hat er dreimal (was ich weiß) mit zwei von den Genannten im selben Bett geschlafen, wo er sie wie Mädchen gebrauchte und er von ihnen so gebraucht wurde [*passus*]." Tagsüber präsentierte sich Beck aber als Gewissensrat und zelebrierte die Messe „ohne vorige Beichte (was ich weiß) [...] Dies ging sechs Wochen lang [...] was ich mit eigenen Augen gesehen habe."[533] Beck hat mit einigen der Jungen also gegenseitig Analverkehr vollzogen. Da sie damit nach damals geltendem Recht mitschuldig geworden waren, maß man ihren Anschuldigungen, durch die sie sich schwer belasteten, umso größere Glaubwürdigkeit zu. Dass Fiesslin die Sakramentsfeier ohne Beichte anführt, mag nicht nur religiösem Entsetzen zuzuschreiben sein, sondern auch juristischer Berechnung. Denn konnte man Beck nicht für seinen Missbrauch belangen, so sollte er sich doch wenigstens für die sakrilegische Messfeier verantworten müssen: Durch seine mehrmaligen Taten, die mit mindestens drei Fällen vollkommener Sodomie nicht mehr ignoriert werden konnten, hatte er sich nämlich die Irregularität zugezogen und hätte die Messe nicht zelebrieren dürfen. Seine Missachtung dieser Norm erfüllte den Tatbestand des Sakrilegs und konnte strengstens bestraft werden. Fiesslin fuhr fort:

---

530 APECESJ: Sign. 68-D, Verz. 7897, Geburt am 18. Oktober 1635 in Freiburg i.B., Eintritt 1653, Austritt 1667.

531 Kugler wie Fiesslin (als Johann Heinrich Füesslin) in der *Physica*-Klasse, ebenso erwähnt im Theaterstück des Jesuitengymnasiums für das Jahr 1652, siehe Bueß-Spiegel in einem Schawspil vorgehalten. Freiburg 1652. Zu dieser Klasse siehe Paul F. Grendler: Jesuit Schools and Universities in Europe, 1548–1773: Brill's Research Perspectives in Jesuit Studies. Leiden; Boston 2018, S. 22–23.

532 BayHStA: Jesuiten 351, fol. 9: „[...] diversis obscuris partibus corporis denudatis [...] et quidem membris genitalibus [...]."

533 BayHStA: Jesuiten 351, fol. 9.

In Freiburg habe ich ähnliches von Theoderich Miller, einem Studenten, gehört. Er hat mir erzählt, dass er im Jahr zuvor (bevor die drei vorgenannten Jugendlichen dorthin kamen), seine Ferien in Heitersheim verbracht hat und ihm ähnliche Dinge widerfahren sind. Fast jede Nacht schlief er mit dem Pater im selben Bett, und der Pater missbrauchte ihn, oder letzterer ließ sich von ihm missbrauchen [...] Während des Tages berührte er ihn unsittlich [...] Dasselbe erzählten mir auch die zwei Söhne des Jägers zu Heitersheim, die dort mit dem Pater ähnliches erlitten haben.[534]

Da dieser Pater der Gast des Freiburger Kolleg ist, ließ er mich einmal zu sich rufen, wo er mich unehrenhaft und unsittlich berührte [*inhoneste et turpiter*], meine Hand ergriff und sie an seinem Geschlechtsteil rieb [*partibus sua obscoena admota*] bis er ejakulierte [*usque ad pollutionem*].[535]

Fiesslin und Miller kannten sich wohl vom Theaterspiel am Jesuiten-Kolleg Freiburg. 1649 standen sie zusammen auf der Bühne. Obwohl Theoderich Miller dort als *Grammatista* in die untersten beiden Gymnasialklassen gehörte und damit eigentlich zwischen zehn und zwölf Jahre alt gewesen sein sollte, bei seinem Missbrauch 1650 also höchstens dreizehn, ist es wahrscheinlicher anzunehmen, dass er mit dem 1635 in Freiburg geborenen Georg Theoderich Miller identisch ist, so dass er wohl 15 Jahre alt war, als Beck in missbrauchte.[536]

Im August 1654 bestätigte der General, die Anklage erhalten zu haben, und verschlüsselte den Namen Becks mit einem Zahlencode. Auch er zweifelte keineswegs an der Echtheit der Anschuldigungen. Wenn man ihn nicht in einen anderen Orden abschieben könne, so müsse man sichergehen, dass Beck keine weiteren Ämter im Orden erhalte. Bleibe er, so müsse der Kardinal von Hessen ihn in einem Kolleg so unter Kontrolle halten, dass er zur „korrekten Disziplin" zurückkehre. Der anscheinend vom Provinzial intendierte Wechsel Becks nach Spanien wurde vom General rundweg abgelehnt. Dort würde einen noch größeren Skandal verursachen.[537]

Doch wie zumeist, änderten die Problempatres der Provinz ihr Verhalten eben nicht. Ob Beck seinen Dienstherrn im Frühling 1655 zum Konklave nach Rom begleitete, ist nicht bekannt. Wenn er es tat, konnte er sich vom Ordensge-

---

534 Seit 1653 war der Freiburger Johann Martin Schmidlin Wildschütz in Heitersheim, siehe GLAK: 229 Nr. 41360.
535 BayHStA: Jesuiten 351, fol. 9.
536 Theodoricus Miller spielte auch im Theaterstück 1649 mit, wo er als Schüler der Grammatik-Klasse erscheint, siehe Anonymus: Ironia vitae humanae [...] in Ioviano. Freiburg im Breisgau 1649. Er scheint ebenfalls 1635 geboren worden zu sein, siehe Datenbank Familysearch.org, Deutschland, Baden, Erzbistum Freiburg, katholische Kirchenbücher, 1678–1930, https://familysearch.org/ark:/61903/1:1:QYBX-2LN2 (16. Januar 2023).
537 BayHStA: Jesuiten 351, Brief von General G. Nickel vom 15. August 1654, fol. 5. Zu Spanien siehe auch fol. 8.

neral durch den Vorwand der Papstwahl fernhalten. Aber schon im Sommer trafen die nächsten Briefe aus Deutschland ein. Im Juli 1655 sprach General Nickel vom „unglaublichem Schmerz", den ihm diese Nachrichten verursachten. In ihnen wurde Beck mit neuen Details schwer belastet. Sollte diese „turpissima infamia," so schrieb der General, an die Öffentlichkeit kommen, würde der Ruf der Provinz, ja der gesamten Gesellschaft Jesu (*universa nostra Societas*) auf das schwerste (*maxima*) beschädigt. Der einzige Weg, dies zu verhindern, bestehe, so der General, darin, Beck vorerst in „Sicherheitsverwahrung" zu nehmen (*includetur*). Dabei sei aber unbedingt darauf zu achten, dass dies „ganz geheim" (*valde secreto*) geschehe. Der Provinzial selbst und alle Mitwisser sollten Beck „magna dissimulatione" freundlich einladen und ihn erst dann festnehmen und abführen (*ubi possit illum detinere vel alio secure deducere*). In Freiburg könne man ihn aus guten Gründen nicht einsperren.[538] Nicht ohne Grund vermutete man, der Kardinal könnte aufgrund der Nähe seines Schlosses seinen geliebten Beichtvater aus der Haft befreien oder den dortigen Jesuiten Schwierigkeiten bereiten. Schließlich war der Prinz als militärischer Draufgänger bekannt, dessen Reaktionen unberechenbar schienen. Beck versuchte allerdings zeitgleich, wie der General als Postskriptum anfügte, in einigen Briefen sich „von den Anschuldigungen zu reinigen." Da Beck mit seinem Kardinal sowieso nach Rom komme, widerrief er seinen Befehl zur Einkerkerung, bis er den Renegaten persönlich ermahnt habe.[539]

Am 11. September 1655 bestätigte der General den Erhalt neuer Anschuldigungen. In Rom scheint er den deutschen Jesuiten aber nicht getroffen zu haben, weil er die Rektoren von Augsburg. Luzern, Innsbruck, Hall und Trient anwies, Beck sofort festzunehmen, sollte er in einem ihrer Kollegien Quartier beziehen.[540] Anscheinend vermied der „gefuchste" Beck von nun an jeden Kontakt mit einem Jesuitenkolleg, schickte aber dem General zahlreiche Briefe, in denen er seinen Gehorsam versprach. Vor dem Weihnachtsfest 1656 informierte der General daher Provinzial Veihelin, dass sich Beck freiwillig ins Freiburger Kolleg begeben wolle. Dort solle man ihn mit gespielter Nächstenliebe (*dissimulandum ad tempus*) behandeln, bis die weiteren Schritte seiner Bestrafung feststünden.[541] Doch ein Jahr später rang man im Orden noch immer mit einem in Freiheit lebenden Beck, den der General ständig ermahnte, in ein Jesuitenhaus zu ziehen, wo „unter dem wachsamen Auge eines Superiors seine Regelbefolgung sichergestellt ist.[542]

---

538 BayHStA: Jesuiten 351, Brief von General G. Nickel vom 21. August 1655, fol. 6.
539 BayHStA: Jesuiten 351, Brief von General G. Nickel vom 21. August 1655, fol. 6.
540 BayHStA: Jesuiten 351, Brief von General G. Nickel vom 11. September 1655, fol. 7.
541 BayHStA: Jesuiten 351, Brief von General G. Nickel vom 23. Dezember 1656, unfoliiert, Fragment.
542 BayHStA: Jesuiten 351, Brief von General G. Nickel vom 10. November 1657, fol. 8.

Als sich Beck 1658 ins Elsass zurückziehen wollte, verbreitete sich in Rom das Gerücht, angeblich durch einen „Prinzen Homburg", dass Beck verstoßen worden sei. Um dieser Nachricht, einer der wichtigsten deutschen Fürsten hätte die Jesuiten fallen gelassen, wirksam entgegenzutreten, sah man es in der Ordensleitung in Rom, die eigentlich seit Jahren auf die Abberufung Becks hingearbeitet hatte, nun für das Beste an, den unliebsamen Beichtvater auf seinem Posten zu belassen. Er wurde sogar aufgefordert, öffentlich dem Gerücht entgegenzutreten, und blieb daher an der Seite des Kardinals.[543]

Wann immer der Orden Beck aufforderte in ein Kollegium zurückzukehren, griff der Kardinal zur Feder, so etwa 1661. Als nämlich der 30-jährige Jesuit Maximus Ponzon[544] nicht wie anbefohlen mit Beck im Kolleg in Konstanz erschien, sondern ihm in Heitersheim nicht von der Seite wich, erklärte Friedrich von Hessen forsch, er könne unmöglich von seinem Beichtvater lassen. Brauche man den P. Ponzon, dann sollte man Beck einfach anderen Sozius schicken oder beide in Freiburg leben lassen, „damit Wir ihn zu unserer Erforderung anhanden haben und gebrauchen können."[545] Seine Bemerkung, er werde auch weiterhin Mittel für den Unterhalt des Freiburger Kollegs bereitstellen, konnte man durchaus auch als sanfte Drohung verstehen. Sollte der General Beck wirklich abberufen, hätte dies vielleicht das Ende des Kollegs bedeutet. Im April versuchten es die Jesuiten erneut, wurden aber wiederum abgeblockt. Man solle doch gleich den General des Ordens um die Erlaubnis für Beck angehen, meinte der Kardinal dem Provinzial gegenüber. In diesem Falle sollte man ihn aber auch an seine bisherigen Gunsterweise an die Gesellschaft Jesu erinnern.[546] Allerdings verdankte auch der Landgraf von Hessen Beck viel. Schließlich hatte sein Beichtvater exzellente Kontakte zum Kaiserhof in Wien und gierte für seinen Gönner nach neuen kirchlichen Pfründen, wie etwa den Bischofssitzen von Köln, Lüttich, Breslau, Monreale in Sizilien, Toledo, Sevilla in Spanien, Strasbourg und sogar den päpstlichen Thron.[547]

1662 schlug der Visitator der oberdeutschen Provinz, Pater Christoph Schorrer, dem Kardinal in geradezu atemberaubender Dissimulation vor, Beck doch ein ruhi-

---

543 Kurrus: Jesuiten, S. 76; Elisabeth Schwerdtfeger: Friedrich von Hessen-Darmstadt. Ein Beitrag zu seinem Persönlichkeitsbild anhand der Quellen im Vatikanischen Archiv. In: Archiv für schlesische Kirchengeschichte 41 (1983), S. 165–240.

544 APECESJ: Sign. 68-D, Verz. 5324, Geburt 1631, Eintritt 1653, Tod 1685.

545 BayHStA: Jesuiten 351, Brief Kardinal von Hessen an den Provinzial vom 15. November 1661, fol. 10–10v.

546 BayHStA: Jesuiten 351, Brief Kardinal von Hessen an den Provinzial vom 26. April 1662, fol. 12.

547 Noack: Kardinal Friedrich von Hessen, Grossprior in Heitersheim, S. 367–369.

ges Religiosenleben in Konstanz oder Freiburg führen zu lassen.[548] Selbst der Generalvikar des Ordens schrieb dem Landgrafen einen dreiseitigen Brief in der Angelegenheit und machte klar: „Ich wünsche daher, dass sich dieser unverzüglich in einem anderen Kolleg einfindet."[549] Allerdings gab er auch zu, dass diesem Befehl eine „sehr schwere Ursache" (*gravissima causa*) zugrunde liege, die er aber aus Gewissensgründen nicht offen anspreche. Durch den präzisen juristischen Terminus „gravissima" musste der Kardinal eigentlich sofort verstehen, dass man Beck eines schwerwiegenden Vergehens beschuldigte, das mit der Entlassung aus dem Klerikerstand geahndet hätte werden können, und da er sich wohl Mord und Geldfälschung bei Beck nicht vorstellen konnte, blieben vor allem Vergehen gegen die sexuelle Norm wie Vergewaltigung, „Sodomie," Ehebruch, etc.[550] Ein Rückruf von Beck sei unvermeidlich da, so der Generalvikar, er auch für die Seele Becks Verantwortung vor einem höheren Gericht trage, und sicherstellen müsse, dass er an einem Ort lebt, „wo er mehr Integrität in den Sitten lebt und mehr ungeteilte Überwachung genießt."[551]

> Daher kann ich nicht und will auch nicht dem Heiligen Geist widerstehen [*resistere*] noch meinem Gewissen, meinem Amt, meinem Orden oder der unwiderstehlichen [*inexsuperabili*] Vernunft.[552]

Anfangs schien sich die Causa Beck langsam zu klären. Der rebellische Jesuit reiste ins Kolleg nach Dillingen bei Augsburg, wo er weit außerhalb des Einflussbereichs des Kardinals war. Dennoch war es ihm möglich, Briefe an seinen ehemaligen Dienstherrn abzusenden. Beck wolle „zum religiösen Leben als unser Beichtvater zurückkehren [...], wie er mir am 10. Mai aus Dillingen schrieb," drängte der Kardinal.[553] Er benötige dringend dessen Rat in zahlreichen politischen und religiösen Affären und wollte ihn deshalb so schnell als möglich wieder an seinem Hof oder im nahen Freiburg wissen. Wiederum gab der Orden dem Druck des Kardinals nach, so dass Beck kurz darauf wieder am Hof erschien.

Der Provinzvisitator stellte daher im Jahr darauf zwar fest, dass der Hofbeichtvater aus dem Verkehr gezogen werden müsse und in Konstanz Buße für seine Untaten tun solle, indem er samstags faste und sich persönlich auspeitsche. Allerdings

---

548 BayHStA: Jesuiten 351, Brief von Christoph Schorrer an den Kardinal vom 10. Mai 1662, fol. 13.

549 BayHStA: Jesuiten 351, Brief von Johannes Oliva an Kardinal Hessen vom 3. Juni 1662, fol. 15–16v.

550 Ulrich L. Lehner: Die Entlassung aus dem Klerikerstand in der Frühen Neuzeit. In: Historisches Jahrbuch (2023).

551 BayHStA: Jesuiten 351, fol. 15v.

552 BayHStA: Jesuiten 351, Brief von Johannes Oliva aus Rom vom 27. Mai 1662 an Friedrich Kardinal von Hessen vom 3. Juni 1662, fol. 15v.

553 BayHStA: Jesuiten 351, Friedrich Kardinal von Hessen vom 19. Juli 1662, fol. 17–17v.

war er sich nicht sicher, ob man den Kardinal in diesem Jahr dazu bewegen könnte, von Beck zu lassen, obwohl seine Entfernung dem Ruf des Kardinals weitaus nützlicher wäre, als wenn der Orden ihn einkerkere. Denn der umtriebige Kirchenfürst hatte bereits gedroht, dass ihm kein Jesuit mehr unter die Augen treten brauche, wenn man Beck von seinem Hof abziehe. Generalvikar Oliva war ratlos wie er sich verhalten sollte. Schlussendlich aber einigte man sich darauf, auf einen Sinneswandel des Kardinals hinzuwirken.[554] Generalvikar und Provinzial waren aber überzeugt, dass Becks Lebenswandel nicht mehr von sexuellen Übergriffen geprägt war. Vielleicht empfahlen sie daher auch seinem „Aufseher" Beck gegenüber Milde walten zu lassen, wenn er sich im Kolleg in Freiburg als Gast einfand.[555]

1663 zeigte sich Generalvikar Oliva erfreut über Becks gebessertes Verhalten, drang aber darauf, dieses weiter zu stabilisieren. Dafür „muss er frei vom Cardinal sein."[556] Die letzte Bemerkung ist im Original unterstrichen und offenbart das Drama des Falles. Zwischen Beck und dem Kardinal scheint ein geradezu pathologisches Abhängigkeitsverhältnis bestanden zu haben. Dass Oliva um das Seelenheil seines Jesuiten fürchtete, sollte er am Malteser-Hof verbleiben, lässt mindestens zwei Schlüsse zu. Zum einen erachtete er wohl den Lebensstil am Hof mit der Erfüllung von Becks religiösen Pflichten als unvereinbar. Damit wird klar, dass es dem Oliva nicht nur darum ging, Beck eine Buße für seine Verbrechen in den 1650er Jahren aufzuerlegen. Was war aber dem Ordensleben derart abträglich? In den Akten findet sich zumindest kein Hinweis auf übermäßigen Alkoholgenuss, der in anderen Fällen von den Oberen durchaus direkt angesprochen wurde. Waren Kardinal und Beck etwa einander sexuell oder zumindest romantisch verbunden, oder übte das Leben am Hof einen derart schlechten Einfluss auf Beck aus, dass er womöglich weiterhin seinen sexuellen Begierden nachkam, wenn auch in geheimer Weise? Eine homosexuelle Liaison zwischen Landgraf und Jesuit würde jedenfalls die enorme Anhänglichkeit Friedrich von Hessens erklären. Doch der Durchsetzungswille des Generalvikars steigerte sich von Jahr zu Jahr. 1663 schrieb er an den Provinzial: „Ich bin bereit, zu seinem Heil zu handeln [...] Wir müssen dieses tun, Euer Ehrwürden und ich, müssen dieses für sein Seelenheil tun: seines und unseres."[557]

---

554 Christoph Schorrer an Oliva vom 3. Mai 1663, und Johannes Oliva an Schorrer vom 31. Mai 1664, bei Döllinger, Reusch: Geschichte der Moralstreitigkeiten in der Römisch-Katholischen Kirche, S. 642–644; Ignaz von Döllinger/Franz Heinrich Reusch: Geschichte der Moralstreitigkeiten in der Römisch-Katholischen Kirche, Bd. 2. Nördlingen 1889, S. 362–364.

555 Kurrus: Jesuiten, S. 76.

556 BayHStA: Jesuiten 351, Brief von Johannes Oliva aus Rom vom 2. Juni 1663 an den Provinzial, fol. 18v–19.

557 BayHStA: Jesuiten 351, Brief von Johannes Oliva aus Rom vom 2. Juni 1663 an den Provinzial, fol. 18v–19.

Doch die Trennung war wiederum nur kurz. Obwohl Beck dem Befehl seines Oberen gehorchte und im September 1663 nach Rottenburg am Neckar abreiste, schickte er dem Landgrafen einen Brief, weswegen dieser sich am 3. Oktober 1663 wiederum an den Provinzial wandte. Man habe Beck, so schrieb der Kirchenfürst wohl ironisch, „zum Heil und zur Ruhe seiner Seele von meinem Hofe abberufen." Allerdings meine er, dass er diese klösterliche Ruhe auch in Konstanz oder Freiburg finden könne. In diesem Falle könne er ihm dann auch weiterhin als Beichtvater für wichtige Angelegenheiten zur Verfügung stehen.[558] Und wiederum kehrte Beck zurück. Aus Heitersheim schreibend, erklärte der Jesuit dem Visitator, dass der Kardinal Brief um Brief schreibe, um seine „Befreiung" rückgängig zu machen.[559] Interessanterweise scheint Beck in diesem Brief derjenige zu sein, der eine Trennung herbeisehnt. Allerdings wird es sich angesichts der wiederholten Briefe des Jesuiten an den Kardinal, in denen er früher seinen Unmut über die Abberufungen kundtat, wohl um eine Dissimulation handeln.

Auch General Oliva (ab 1664) blieb ursprünglich hart. Selbst die zahlreichen handschriftlichen Briefe des Kardinals, offensichtlich mit physischen Gebrechen verfasst, verfehlten dieses Mal ihre gewünschte Wirkung: „Ich bleibe beständig dabei, dies zu verweigern [...] Nichts darf zugestanden werden," insistierte der General gegenüber dem Oberdeutschen Provinzial. Allerdings wolle er den Briefen des Kardinals nicht einfach offen widersprechen (*oppugnandum*), da er dessen Amt Ehrfurcht schulde. „Doch in diesem Fall wage ich nicht nachzugeben, denn dann würde ich einen unmoralischen Wurm in meinem Herzen bergen. [...] Wenn er daher fortfährt, auf die Erlaubnis [zum Bleiben, U.L.] zu drängen, wird Euer Ehrwürden [der Provinzial, U.L.] fortfahren zu verneinen: und auch ich."[560] Oliva hoffte, nicht gezwungen zu werden (*cogendum*), anders zu handeln. Die Sprache des Briefes war ungewöhnlich direkt und persönlich. Vor allem aber zeigte sie das persönliche Ringen des Ordens, wie mit dem von einem deutschen Fürsten hochgeschätzten Beichtvater umzugehen war. Schon zehn Tage später schrieb Beck, er sei am Hof aus verschiedenen Gründen derzeit unabkömmlich, hoffe aber in den nächsten acht Tagen nach Freiburg zu reisen.[561] Erst am 31. Mai 1664 entschloss sich der General, dem Kardinal, „der nicht weiß, um was er bittet," nachzugeben. Er könne schließlich nicht den Königen einiger Staaten nachgeben

---

558 BayHStA: Jesuiten 351, Brief Friedrich Kardinal von Hessen an den Provinzial vom 3. Oktober 1663, fol. 20–20v.

559 BayHStA: Jesuiten 351, Theoderich Beck an den Provinzial vom 29. Januar 1664, fol.28.

560 BayHStA: Jesuiten 351, Brief des Generals Johannes Oliva aus Rom an den Provinzial vom 15. März 1664, fol. 30.

561 BayHStA: Jesuiten 351, Theoderich Beck an den Provinzial vom 25. März 1664, fol. 33. Ebd., Brief Olivas an den Provinzial vom 19. April 1664, fol. 36, auch über P. Theodor Ray in Neuburg.

und anderen nicht, außer er offenbare gute Gründe. Nun sei er dazu gezwungen (*cogi*). „Ich werde ihm einleuchtende Gründe liefern [*luculentas*], die leicht auch die höchsten Männer von der Unehrenhaftigkeit dieses Mannes [Beck, U.L.] überzeugen wird. Aber in meiner Wertschätzung für die Gesellschaft und den Hof des Kardinals wünschte ich, dass man ihn von jenem Ort, den er so entehrt hat und der seine Seele zerstört hat, verbanne."[562]

Es mag wenig überraschen, dass Kardinal von Hessen von den „einleuchtenden Gründen" des Ordensgenerals nicht bewegt wurde, seine Bitte zu überdenken. Vielleicht wusste er bereits von den Fällen sexueller Übergriffe und achtete sie gering. Daher beließ Oliva Beck als Beichtvater, allerdings mit der Auflage in einem Kolleg zu wohnen und nur in Begleitung eines Sozius zum Kardinal zu kommen.[563] Fraglich ist, ob sich Beck jemals für seine Taten verantworten musste. Noch 1665 flehte der Landgraf nicht nur den Provinzial, sondern „die gesamte Gesellschaft Jesu" an, Beck mit „Freimut" (*liberaliter*) die nötigen Vollmachten auszustellen, dass er ihn für eine wichtige Reise nach Rom als Beichtvater begleiten könne.[564] Allerdings bekam er dieses Mal eine Absage. Der General habe ihm strengstens (*gravissime ac severissime*) verboten, eine solche Lizenz zu erteilen, schrieb der Provinzial.[565] Schlussendlich scheint er sich aber darüber hinweggesetzt zu haben, denn der Kardinal lebte seit 1666 in Rom, wo auch Beck am 19. März 1676 starb. Es scheint, dass er bis zu seinem Lebendende an der Seite des Landgrafen blieb. Erst dann nahm der Kardinal seinen Bischofsitz Breslau–er war seit 1672 auch Priester–in Besitz. Innerhalb des Ordens erinnerte man sich an Beck als Verteidiger Freiburgs und begnadeten Politiker, der von Kardinal Mazarin die Rückgabe eines elsässischen Kollegs erreicht hatte, aber auch als einen, der ungerecht „verleumdet" wurde (*calumniatur*) und dazu geschwiegen hat.[566]

---

562 Brief von Johannes Paulus Oliva an Christoph Schorrer vom 31. Mai 1664, bei Döllinger, Reusch: Geschichte der Moralstreitigkeiten in der Römisch-Katholischen Kirche, S. 364.

563 Duhr: Jesuiten, Bd. 3, S. 900.

564 BayHStA: Jesuiten 546, Brief von Kardinal Hessen an den Provinzial, vom 29. Dezember 1665 aus Heitersheim, fol. 3.

565 BayHStA: Jesuiten 546, Brief von Provinzial Veihelin an den Kardinal vom 16. Januar 1666, fol. 4.

566 APECESJ: Sign. 40–3, 23, nu. 145.

6.4 Der Skandal um den Freiburger Philosophieprofessor Adam Herler

Die Gesellschaft Jesu führte zahlreiche Gymnasien in den Städten katholischer Länder. Die Schüler waren ihre Schutzbefohlenen, weswegen jeglicher sexuelle, spirituelle oder physische Missbrauch einen Vertrauensverlust zur Folge hatte, der ein ganzes Kolleg erschüttern konnte. Ein solcher Fall scheint 1655 im österreichischen Feldkirch vorzuliegen. Die Jesuiten hatten das Gymnasium erst kurz vorher gegründet und 1653 mit den philosophischen Vorlesungen begonnen. Der Missbrauch stellte daher ihr gesamtes Projekt unter einen schlechten Stern.

Der 1601 in Altdorf/Schweiz geborene P. Adam Herler,[567] der zuvor auch an den Kollegien Ingolstadt, Burghausen und Freiburg gelehrt hatte,[568] erregte durch den Missbrauch von Schülern der Syntax Minor, also einer der untersten Gymnasialklassen, Aufsehen. Die Hausoberen berichteten dem Provinzial, dass man sogar in der Stadt aufgebracht sei – das Verbrechen war demnach der Öffentlichkeit bekannt geworden. Herler hatte mit mehreren seiner gerade erst einmal 13-jährigen Schülern sexuelle Akte vollzogen. Entsprechend der juristischen Taxierung der Zeit wurden auch seine Opfer als Komplizen angesehen: „Einige meinen die Täter seien Apostaten, andere sie hätten Häresien gelehrt, wieder andere, [...] dass sie den Tod verdienen."[569]

Der erste Bericht über den Fall musste den Provinzial aufgeschreckt haben, denn Herler war nicht nur ein angesehener Philosophieprofessor, der von 1644 bis 1649 sogar zehn Mal als Dekan der philosophischen Fakultät Freiburg im Breisgau amtiert hatte, sondern auch ein Jesuit, der die Profess-Gelübde abgelegt hatte.[570] Damit gehörte er in den relativ kleinen Kreis derer, die der Orden als mustergültig ansah. Ludovicus Luz, der Superior der Jesuitenniederlassung Feldkirch, gab zu, dass er sich „nie hätte vorstellen können," dass einer seiner Mitbrüder zu solchen Taten fähig wäre. Die Delikte hätten das Potential, das Wohlwollen gegenüber dem Orden durch Magistrat und Bürgerschaft völlig zu vernichten.[571] Schließlich war

---

567 APECESJ: Sign. 68-D, 7050: Geburt 1601 in Altdorf/Schweiz, Eintritt 1621, Vierte Gelübde, Tod 1672.
568 Ludwig Gemminger: Das alte Ingolstadt. Regensburg 1864, S. 145; Bernhard Duhr: Geschichte der Jesuiten in den Ländern deutscher Zunge, Bd. 2/1. Freiburg 1913, S. 252.
569 BayHStA: Jesuiten 353, Brief von P. Ludwig L. an Provinzial Spaiser aus Feldkirch vom 2. April 1655, fol. 2.
570 Kurrus: Jesuiten, S. 51–52; Hermann Meyer (Hg.): Die Matrikel der Universität Freiburg von 1460–1656, Bd. 1. Freiburg im Breisgau 1907, S. 902.
571 BayHStA: Jesuiten 353, Brief von Ludovicus Luz an Provinzial Georg Spaiser vom 12. März 1655, fol. 4.

eines der Opfer ein Spross der adligen Familie von Planta-Wildenberg, die den Jesuiten ein beachtliches Vermächtnis versprochen hatte.[572]

Ein untauglicher (*ineptus*) Mann habe eine „große Verwirrung nach Israel gebracht hatte" (*fecit confusionem in Israel*), von der man nur unter Tränen (*lacrimis*)
berichten könne.[573] Den vollen Namen des Verbrechers aufgrund strengster Geheimhaltung vermeidend, benutzte Luz in diesem ersten Brief die Abkürzung „P.A.H." für
Herler. Die entsprach der üblichen Handhabung. Pater wurde mit P., Frater mit
F. abgekürzt, Magister mit M. Danach folgte der erste Buchstabe des Vornamens, gefolgt vom ersten Buchstaben des Nachnamens. Ein Außenstehender ohne einen Personalkatalog des Ordens wäre also kaum in der Lage gewesen, den anonymisierten
Täter zu identifizieren. Herler habe, so Luz, zwei Studenten, die sich für einen Eintritt in die Gesellschaft Jesu interessiert hätten, getrennt voneinander „völlig entkleidet [*denudatos*] und in unsittlicher [*turpiter*] Weise inspiziert." Mit letzterem Verb
ist die Betrachtung der Genitalien der Schüler gemeint. Diese „Inspizierung" hat Herler anscheinend oft vollzogen, sogar vorgegeben, sie sei vor einem Eintritt notwendig, da er so ihre sexuelle Widerstandskraft (*valetudo*) und damit ihre Keuschheit
stärke. Mit seiner „abartigen Libido" habe Herler so zwei edle (*vero nobilissimos*)
Knaben missbraucht, sowohl in seinem Schlafzimmer und sogar auf dem Klassenka-
theder, aber auch außerhalb der Schule. Manche seiner Opfer, die Luz durchweg
die „seductos," also die Verführten, nannte, gaben an, oft täglich dieser erniedrigenden Behandlung unterworfen worden zu sein.[574]

Zunächst wollte man Herler nach Augsburg abschieben. Als das nicht ging,
nach Konstanz. Doch auch dies bereitete Probleme. Daher verbreitete man das Gerücht, er sei in ein anderes Kolleg verlegt worden. In Wahrheit aber wurde er bei
den Kapuzinern in Feldkirch in Haft gehalten. Die Geschichte von Herlers Abreise
ließ sich aufrechterhalten, obwohl aufmerksame Bürger anmerkten, dass sie ihn
nie hätten die Stadttore passieren haben sehen.[575] Erst nach einigen Wochen
konnte er tatsächlich nach Konstanz gebracht werden. Sobald sich diese Neuigkeit
verbreitete, kamen auch die ersten Studenten, die wegen Herler die Schule verlas-

---

572 BayHStA: Jesuiten 353, fol. 6. Zu den von Plantas siehe Bernhard Löcher: Das österreichische
Feldkirch und seine Jesuitenkollegien „St. Nikolaus" und „Stella Matutina": höheres Bildungswesen und Baugeschichte im historischen Kontext 1649 bis 1979. Frankfurt am Main; New York 2008
(Mainzer Studien zur neueren Geschichte, Bd. 22), S. 45; 65.
573 BayHStA: Jesuiten 353, Brief Ludwig Luz an den Provinzial Georg Spaiser vom 12. MAerz
1655, fol. 4.
574 BayHStA: Jesuiten 353, Brief Ludwig Luz an den Provinzial Georg Spaiser vom 12. März 1655,
fol. 4–5. Ein ähnliches Verbot von 1686 wieder eingeschärft in Dillingen, siehe APECESJ: Sign.
41–14, 5 Memoralia a Provincialibus post visitationem Collegio Dillingano, fol. 68 vom 5. November 1693; fol. 73 vom 14. April 1713; vom 16. März 1718, fol. 73.
575 BayHStA: Jesuiten 353, Brief von Ludovicus Luz an den Provinzial vom 11. Juni 1655, fol. 19.

sen hatten, wieder zurück. Sie hatten anscheinend befürchtet, dass sie bei einem Verbleib des Paters nicht sicher sein würden. Daher sei der Schaden für die Gesellschaft noch nicht absehbar, schrieb Luz an den Provinzial. Man müsse nun vor allem verhüten, dass in der Zukunft „keine Bestien wie P. Adamus Herler mehr in der Gesellschaft toleriert" würden.[576]

Die Worte waren mehr als deutlich und machten dem Provinzial klar, dass es an den Verbrechen nichts zu beschönigen gab. Luz charakterisierte Herler aber nicht nur als ungebändigtes Tier, das seinen Trieben folgte und für jede Gemeinschaft eine Gefahr darstellte, sondern kritisierte auch indirekt die bisherige Tolerierung des Monsters durch die Oberen. Schließlich habe der „erbarmenswerte Sterbliche" bereits in Konstanz im Ruf gestanden, Schüler missbraucht zu haben, und dies sogar seinen Studenten in Feldkirch erzählt. Diese Bemerkung lässt aufhorchen, weil sie darauf hinweist, dass sich Herler offensichtlich als unangreifbar erachtete und geradezu mit seinen sexuellen Taten prahlte. Daher kann man annehmen, dass auch er, wie Marell, jahrzehntelang Schüler und Studenten missbraucht hat, bevor die Ordensleitung einschritt. Luz schickte dem Provinzial eine Liste der Feldkircher Opfer, deren Zeugnis er für glaubwürdig hielt.[577] Allerdings blieb weiter unklar, was man mit dem Triebtäter anfangen sollte. Würde er aus der Gesellschaft entlassen, stünde nach Luz zu befürchten, dass er „exutiatus", also ohne Ordenshabit, nur weiter mit solchen Schandtaten fortfahre.[578]

Der Provinzial beantwortete das Schreiben erst zwei Wochen später, am 14. April 1655. Herler wurde zum Provinzial zitiert, um gegen ihn einen Kriminalprozess zu eröffnen. Luz konnte sich aber kaum vorstellen, wie Herler seinen guten Namen wiederherstellen könne, da auch aufgefundene Briefe die Taten bestätigten. Zwar verneinte Herler anfangs den „unehrenhaften" Umgang mit den minderjährigen (*minor*) Jungen Hafner und David Zoller. Doch nachdem diese von ihren Eltern untersucht und befragt worden waren, wurde klar, dass es noch weitere Opfer gab. Auch Zacharias Sturn klagte Herler sexueller Berührungen an. Doch der Pater zeigte sich nach wie vor uneinsichtig. Er sei ein Mensch von seltsamer Kühnheit (*insolens audacia*), der keinen Meineid scheut, um sich zu verteidigen, schrieb Luz.[579] „Die gesamte Schule widerspricht allerdings seinem Zeugnis."[580] Wie durchtrieben Herler war, zeigten seine Bemerkungen vor einer Reihe von Studenten, dass das Berühren

576 BayHStA: Jesuiten 353, Brief von P. Ludovicus Luz an Provinzial Spaiser aus Feldkirch vom 2. April 1655, fol. 2: „[...] nec eiusmodi bestias in nostra societate tolerari [...]."
577 BayHStA: Jesuiten 353, Brief Ludovicus Luz an den Provinzial vom 23. April 1655, Jesuiten 353, fol. 2.
578 BayHStA: Jesuiten 353, fol. 2.
579 BayHStA: Jesuiten 353, Brief von Ludovicus Luz an den Provinzial vom 23. April 1655, fol. 3.
580 BayHStA: Jesuiten 353, fol. 3.

der Genitalien (*eiusmodi tactus*) durch den Lehrer keine Sünde sei, es ferner „dem Lehrer zukomme, sie mit Ruten zu züchtigen [*virgis excipere*], und es ihm auch erlaubt sei, sie mit Berührungen sexuell zu stimulieren [*tactibus lacessere*].“[581] Diese Legitimierung seines Missbrauchs erboste Luz:

> Mir tut dieser schamloseste [*impudentissimus*] aller Menschen in seiner unglaublichen Arroganz und seinem Hochmut [*arrogantia et superbia*] leid [...] Noch viel mehr tut mir die keusche Gesellschaft Jesu leid, die er ruchlos befleckt hat.[582]

Allerdings verlor Luz kaum ein Wort über das Leid der Opfer, da Herlers Taten in seinem normativen Erwartungshorizont vor allem die priesterliche Würde und den Ruf der Gesellschaft Jesu beschmutzt hatten. Zudem schien Luz mit der wiederkehrenden Beschreibung Herlers als „miser,“ also erbarmenswert, anzudeuten, der Täter sei völlig unfähig, seine Schuld einzusehen. Damit konnte er aber auch nicht die Absolution in der Beichte erhalten, denn diese erforderte ja Reue als Voraussetzung. Daher mussten Luz und der Provinzial also um das Seelenheil Herlers fürchten. Ohne sakramentale Vergebung war schließlich nicht davon auszugehen, dass der Knabenschänder nach seinem Tod Gott von Angesicht zu Angesicht schauen werde.

Als Beispiel für die Uneinsichtigkeit Herlers, führte Luz seinen Widerstand an, sich an das Verbot, Jungen in sein Schlafzimmer zu führen, zu halten. Der Philosophieprofessor bestritt ja, den Jungen jemals etwas Unmoralisches angetan zu haben, weswegen er auch dieses Verhalten nicht aufgeben wollte. Zudem brachte er vor, dass schließlich auch P. Caspar Neuhauser seine Schüler auf sein Schlafzimmer bringe.[583] Mit diesem Argument traf Herler aber tatsächlich einen wunden Punkt. Wollte der Superior nämlich wirklich durchgreifen, musste die Norm für jedes Mitglied der Gemeinschaft gelten, nicht nur für Herler. Allerdings scheint Luz von den Schlafzimmerbesuchen nicht gewusst zu haben, weswegen er beschämt an den Provinzial berichtete: „Es kann daher sein, dass ich nicht weiß, was auf den Schlafzimmern hier vor sich geht.“[584] Dieser Satz hatte aber weitgehende Implikationen, denn er besagte schließlich, dass die über Herler berichteten Untaten vielleicht nur die Spitze des Eisbergs waren, und das wahre Ausmaß sexuellen Missbrauchs weitaus größer sein konnte.

Adam Herlers fein säuberlich und in bestem Latein geschriebener Brief an den Provinzial vom 5. April 1655 klagte seine Opfer des frechen Meineids an. Keiner könne doch wohl glauben, was Johannes Berschler, Johannes Planta-Wildenberg

---

581 BayHStA: Jesuiten 353, fol. 3. *Lacessere* bedeutet so viel wie anreizen.
582 BayHStA: Jesuiten 353, fol. 3.
583 APECESJ: 68-D, Verz. 5391, Geburt 1629, Eintritt 1646, Profess-Gelübde , Tod 1699.
584 BayHStA: Jesuiten 353, fol. 3.

und andere gegen ihn vorbrächten. Diese seien bereits lange vor Herler von anderen Mitschülern aber nicht von ihm verführt worden.[585] Mit dieser Anschuldigung gab der Jesuit aber implizit zu, von sexueller Devianz unter seinen Schülern gewusst aber diese nie dem Superior gemeldet zu haben. Um diese noch weiter zu diskreditieren, verglich er ihre Anklage mit der gegen P. Johannes Polner vor einem Jahr, die sich als erfunden herausstellte.[586] Seine Ankläger seien homosexuell, hätten untereinander Geschlechtsverkehr oder masturbierten, aber seien aber keineswegs von ihm „Verführte." Obwohl die Liste der gegen ihn „Verschworenen" lang war, versuchte Herler jeden Einzelnen, auch die zahlreichen Adligen, zu desavouieren und ihre Glaubwürdigkeit zu untergraben. Die Namen der Opfer umfassen Michael Capitl, Philipp Jakob Duelli/Thuelli, David Zoller, Johannes Haffner und sein Bruder Johannes Jakob Haffner, Johannes Berschler, Franciscus Mayr, Johannes Heinrich Planta von Wildenberg, Johann Stephan Eusebius von Mesner, Zacharias Sturn, Fidelis Sturn, Johannes Damianus von Hummelberg,[587] Georg Origanus, Franciscus Feyrstain, Johannes Greber, Franciscus Helbock/Holböck, Johann B. Tatt, Franciscus Mair, Paulus von Florin, David Zoller,[588] Anton Waggin,[589] Josua von Bellizarrio, Johannes Franziskus Rassler, Johannes Rudolph von Schauenstein in Ehrenfels und Wilden, Franz Rudolph von Halden.[590] Planta gab sogar an, fast täglich

---

585 BayHStA: Jesuiten 353, Brief Adam Herler an den Provinzial Georg Spaiser vom 5. April 1655, fol. 6. Die Identifizierung der einzelnen Opfer haben gedruckte Theaterprogramme bzw. fol. 8 ermöglicht, siehe Patrocinium Divi Josephi. Konstanz 1653; S. Jacobus Intercisus Martyr. Ems 1655.

586 APECESJ: Sign. 68-D., Verz. 5328, Geburt 1614, Eintritt 1630, Tod 1668.

587 Später Domdekan von Chur, siehe Hans Jacob Leu: Allgemeines Helvetisches, Eydgenössisches oder Schweitzerisches Lexicon [...] C bis D. Zürich 1751, S. 296.

588 Herler beschimpfte Zoller und dessen Vater Vespasian in BayHStA: Jesuiten 353, fol. 29 als „Ebrius, et e schola profugus bis examinatus est, omnium iudicio Gymnasii pessimus." Zur Familie der Zollers in Hahnenberg siehe Joseph Zösmair: Über Gut und Schlößchen Hahnenberg. In: Jahresbericht des Vorarlberger Museum-Vereins (1895), S. 60–64, hier S. 62.

589 Waggin wurde später Jesuit und sogar Hofprediger. Er legte auch die Profess-Gelübde ab. 1664 unterrichtete er am Münchener Wilhelmsgymnasium, siehe BSB: Clm 1551, fol. 108. Siehe ferner APECESJ: Sign. 68-D, Verz. 3562, Geburt 1642, Eintritt 1658, Tod 1698. Vgl. Anton Ludewigg: Briefe und Akten zur Geschichte des Gymnasiums und des Kollegs der Gesellschaft Jesu zu Feldkirch. Jahresbericht des öffentlichen Privatgymnasiums an der Stella Matutina zu Feldkirch 1909, hier S. 141.

590 BayHStA: Jesuiten 353, Undatiertes Depositum von 17 Jungen, fol. 8–9. Ebd., fol. 28 listet Herler erneut die angeblichen Beziehungen auf und bezeugt, dass sie ihre Taten zugegeben hätten: „[...] et ut verbis sua fides constet, Protestor ido Plantam a Paulo Florino affine suo, et Origono Italo scelus vel doctum, vel exercuisse, Davidem Zoller a frustillo pueri, Stephano de Mesner, lectum ipsius accedente, ac testimonio Ioannis Berschler a Francisco Mair, obvios passim invadente Ioan. Jacobum Haffner a Tatt; alios ab aliis, quemmod. ultra mihi sunt fassi, et ego, si sit opus, nominatim producere possum."

von Herler missbraucht worden zu sein. Einmal habe er ihm dabei wohl mit einem Stab oder Zirkel den Bauchnabel verletzt, während von Hummelburg an seinem Geschlechtsteil verletzt wurde.[591] Franz Rudolph von Halden musste neben der Erniedrigung nackt ausgezogen zu werden, auch die Küsse des Paters erdulden (*osculis patitur*). Besonders aber musste Franciscus Holböck leiden, den Herler mehr als zwanzig Mal in seine Kammer rief. Allerdings wurde keines der zahlreichen Verbrechen als Sodomie taxiert, sondern „lediglich" als unsittliche Berührung, die weitaus weniger scharf geahndet wurde.[592]

Es ist nur allzu verständlich, dass der Jesuitengeneral Goswin Nickel im Mai 1655 den Oberen der Provinz schwere Vorwürfe machte, durch schuldhafte (*culpabilis*) Nachlässigkeit (*negligentia*) die Verbrechen Herlers ermöglicht zu haben. Man könnte versuchen, meinte der General, den Triebtäter in einen anderen Orden abzuschieben.[593] Da Herler nun in der Tat um einen Wechsel zu den Augustinern bat, setzte der Provinzial eine Pro- und Contra Liste auf, um alle möglichen Aspekte des Falles abzuwägen. Die Pro-Seite war kurz und begann mit der seltsamen Feststellung, dass Herler keine sexuellen Triebe habe (*non habet motus carnis ullos*). Angesichts eines Sexualstraftäters ist dies ein erstaunlicher Kommentar. Wahrscheinlich meinte der Provinzial aber damit, dass Herler mit den Jungen keinen Verkehr gehabt und sie auch nicht befriedigt hatte, weil er seine Berührungen als abstruse Frömmigkeitsübung ansah. Außerdem bescheinigte er ihm großes Wissen in der Philosophie, fruchtbare Arbeit in einigen Ämtern der Gesellschaft, mutigen Einsatz in Burghausen während der Pest, aber auch, dass „die Jungen sich möglicherweise im Rausch gegen ihn verschworen hätten." Unter den Contra-Punkten, wurde vermerkt, dass er Jungen nicht nur unsittlich betrachtet, sondern auch angefasst hatte, auch wenn diese „tactus honesta" auf keinen Orgasmus aus waren. Außerdem habe Herler eine geradezu pathologische Veranlagung, die Geschlechtsteile und Körper der Jungen mit Gewalt anzufassen (*attrectare*).[594]

Allerdings schien die Option, Herler ziehen zu lassen, immer unwahrscheinlicher zu werden. Denn es kamen nun auch Anschuldigungen aus seinen früheren Wirkungskreisen zum Vorschein. Aus Konstanz etwa meldete sich der Kapuzinernovize Christopher Betz, und selbst unter den Jesuitennovizen schien sich das Wissen um den Täter in ihrer Mitte schnell zu verbreiten. P. Michael Trappentrey aus Konstanz war im Gespräch mit dem Novizen Heinrich Wech im bayerischen Landsberg

---

591 BayHStA: Jesuiten 353, fol. 29.
592 BayHStA: Jesuiten 353, Undatiertes Depositum von 17 Jungen, fol. 8–9.
593 BayHStA: Jesuiten 353, Brief von General Nickel an den Provinzial vom 15. Mai 1655, fol. 7.
594 BayHStA: Jesuiten 353, Undatierte Liste, fol. 11.

am Lech auf Herler zu sprechen gekommen.[595] Trappentrey fragte daher, ob er Herler kenne, worauf Wech eine dissimulierende Antwort zu geben schien:

> Oh jener ist ein sonderbarer [*mirabilis*] Mensch! Er hat Konstanz wegen [...] [*unleserlich*] Dingen, die er mit den Jungen hatte, verlassen. Auf die Nachfrage von P. Michael, was das denn für Dinge waren, fügte er nichts hinzu als: Darüber kann ich nicht sprechen.[596]

Wech wurde verständlicherweise zu einer Stellungnahme aufgefordert, stritt aber jegliches Wissen von einem unmoralischen Verhalten Herlers ab. Vielmehr schwärmte er von dessen aufopfernder Hingabe an die studierenden Knaben und dass er in ihnen die Berufung zum Jesuitenorden geweckt habe.[597] In der Tat wurden einige von Herlers Opfern Priester oder sogar Jesuiten, darunter der oben erwähnte Waggin. Da dieser nur in „unerlaubter" Manier berührt worden war, scheint man in ihm in der Gesellschaft Jesu keine „Gefahr" gesehen zu haben. Außerdem war er ja bereits ins Noviziat aufgenommen worden. Auch der 1654 in den Orden eingetretene Franciscus Prasberg[598] war eines der Opfer Herlers. Er identifizierte noch weitere, nämlich Franciscus Gugger von Staudach, Nicolaus Schindele, sowie die ebenfalls im Vorjahr in den Orden eingetretenen Wilhelm Heinzel und Conrad Pfeil.[599] Anders gelagert war aber der Fall des Opfers Johannes Franciscus Dietrich aus Feldkirch. Der wollte nämlich nach dem Bekanntwerden der Taten Herlers Jesuit werden und gestand obendrein, mit dem Pater auch *gegenseitige* Berührungen bis zur Ejakulation vollzogen zu haben. Damit stand die Frage im Raum, ob er vielleicht homosexuell war oder, sollte er in den Orden aufgenommen werden, zumindest auch andere zur Onanie verführen könnte. Da man in einer solchen Gemengelage fast immer von letzterem ausging, verbot Provinzial Veihelin seine Aufnahme.[600]

Die angebliche Unkenntnis Wechs von Herlers Missbrauch scheint den Provinzial auch veranlasst zu haben, die Lehrer in Feldkirch eingehend über ihre Be-

595 Zu Trappentrey siehe APECESJ: Sign. 68-D, Verz. 3769, Geburt 1610, Eintritt 1652, Profess-Gelübde , Tod 1686.
596 BayHStA: Jesuiten 353, Briefteil aus Landsberg, undatiert, fol. 14.
597 BayHStA: Jesuiten 353, Brief von Heinrich Wech, Novize, am 5. Juni 1655 an den Provinzial, fol. 15.
598 Wohl ein Verwandter des Konstanzer Fürstbischofs Franz Johann Vogt von Altensumerau und Prasberg (1611–1689).
599 BayHStA: Jesuiten 353, Befragung der Novizen in Landsberg durch P. Spaiser, fol. 33. Pfeil wurde später Missionar in China, sein Todesjahr ist unbekannt, siehe APECESJ: Sign. 68-D., Verz. 5439, Geburt 1637, Eintritt 1654. Zu Heinzel, siehe ebd., Verz. 7306, Geburt 1638, Eintritt 1654, Profess-Gelübde, Tod 1654. Zu Prasberg, siehe ebd., Verz. 5312, Geburt 1636, Eintritt 1654, Tod 1699. Die Novizen Schindele und Gugger fehlen in der Datenbank des APECESJ.
600 BayHStA: Jesuiten 353, Beschluss von Provinzial Veihelin vom 15. Juli 1655, s. pag.

urteilung der Wahrhaftigkeit der siebzehn (!) Ankläger zu befragen. Kaspar Freitag sagte aus, er sehe keinen Grund, den Jungen nicht zu glauben.[601] Auch Lambert Everhart,[602] machte deutlich, dass man allen Opfern glauben solle. Schließlich hatten diese Schüler P. Herler ursprünglich gemocht und seien in gewisser Weise seine Mittäter gewesen, auch wenn sie „unschuldige und verführte, oder vielmehr angestiftete" Komplizen gewesen seien (*innocentes et seducti, vel sollicitati*). Everhart nahm auch den Superior aus der Schusslinie. Dieser stand nämlich in der Kritik, durch seine Befragung der Schüler am Feldkircher Gymnasium das Gerücht über Pater Herler noch weiter verbreitet zu haben. Doch was hätte er anderes tun können? Er musste sie befragen, argumentierte Everhart.[603] Die für den Provinzial vielleicht wichtigste Frage war, ob die Gefahr bestand, dass das ganze Ausmaß des Skandals an die Öffentlichkeit kommen könnte. Everhart beruhigte den Provinzial, dass die Anzahl der Fälle geheim war, allerdings nicht die Tat selbst. „Diese konnte ich nicht verbergen" (*tegi porro non potuerit*).[604] Das Ausmaß des Skandals konnte demnach erfolgreich vertuscht werden.

Der Provinzial war aber auch daran interessiert, ob P. Luz in Feldkirch verantwortlich für den regelwidrigen Besuch von Schülern auf den Schlafzimmern der Professoren war. Auch in dieser Hinsicht verteidigte ihn Everhart: „Der P. Superior hat alle öffentlich und privat ermahnt, ja keine Jungen auf die Schlafzimmer zu führen. Doch P. Adam hielt sich nicht daran."[605] Nur diejenigen, die von den Taten Herlers wussten, treffe moralische Schuld, aber keinesfalls den Superior des Hauses oder den Orden, argumentierte Everhard.[606]

Kaum verwundern darf es, dass sich Herler am 25. Juni 1655 über seine vierzehnwöchige Einzelhaft in Feldkirch, Konstanz und Ebersberg, den Mangel an Wein und guter Kost, beschwerte. Er war sich schließlich immer noch keiner Schuld bewusst und sprach vom „Feuer der Infamie," das seinen guten Ruf zerstört habe. Man möge ihn doch aus dem Gefängnis entlassen und wenn schon nicht als Professor, so doch als Beichtvater nach Altötting senden, oder ihm endlich den „Blitz der Entlassung" (*fulmen dimissionis*) zukommen lassen, um in von der unerträglichen Situation zu befreien.[607] Ein paar Wochen später verfasste er den näch-

---

601 BayHStA: Jesuiten 353, Brief Kaspar Freitag an den Provinzial vom10. Juni 1655, fol. 16. Zu Freitag siehe APECESJ: Sign. 68-D, Verz. 7964, Geburt 1617, Eintritt 1637, Tod 1682.
602 Zu Everhart siehe APECESJ: Sign. 68-D, Verz. 8357, Geburt 1609, Eintritt 1626, Profess-Gelübde, Tod 1680.
603 BayHStA: Jesuiten 353, Lambert Everhart SJ an den Provinzial vom 11. Juni 1655, fol. 17.
604 BayHStA: Jesuiten 353, Lambert Everhart SJ an den Provinzial vom 11. Juni 1655, fol. 17.
605 BayHStA: Jesuiten 353, fol. 17v.
606 BayHStA: Jesuiten 353, fol. 17v.
607 BayHStA: Jesuiten 353, Brief Adam Herler an den Provinzial vom 25. Juni 1655, ohne Ortsangabe, fol. 21.

sten Aufruf, da ihm der Provinzial nun auch schriftlich „ewigen Kerker" angedroht hatte. Daher bat er, nachdem ihm klar geworden war, dass er in seine alte Wirkstätte nicht zurückkehren könne, nach Antigua entsandt zu werden. Doch auch dieser Bitte gegenüber zeigte man sich ablehnend.[608] Allerdings scheint man ihn wegen seiner beharrlichen Verneinung seiner Delikte bereits 1656 nach Altötting ins Tertiathaus verlegt zu haben. Selbst General Nickel erklärte, dass man ihn ohne einen Beweis, wie ihn das Geständnis darstellte, nicht andauernd im Kerker einsperren könne (*non videtur debere includi*) oder ihn zu einem Wechsel in einen anderen Orden drängen (*urgeri*) könne. Anscheinend hoffte er darauf, dass Herler von sich aus die Dimission wünschte. Sollte er aber im Orden verbleiben wollen, so Nickel, dann müsse er streng für seine Taten bestraft werden und an einem Ort verbleiben, wo die anderen Jesuiten vor ihm sicher wären.[609] 1658 versuchten es General und Provinzial mehr direkt, Herler wiederum zum Austritt zu bewegen. Nickel ermächtigte den Provinzial den Entlassungsbrief auszufertigen. Er solle aber sicher gehen, dass Herler nur in einen Orden mit regulärer Disziplin eintrete und keinen Krankenpflege- oder Militärorden. Vermutlich hatte man Angst, der Dienst in einem Pflegeorden könnte sexuelle Übergriffe erleichtern, und das Leben in einem militärischen Orden könnte zu lax sein.[610] Mit Brille und Schreibmaterial ausgestattet, verfertigte Herler allerdings einen neuen Bittbrief. Er schien an einem Austritt nicht mehr interessiert. Vielmehr wiederholte er unbeeindruckt und mit kalligraphisch exakter Schrift, dass er „durch die Furcht von drei Jungen vor Rutenschlägen und deren Hass" eines Verbrechens angeklagt wurde, das er nicht begangen habe und nun auf eine letzte Chance hoffe, um in Burghausen wirken zu können, das er aus früheren Jahren kannte.[611] Der Provinzial kam seinem Wunsch zwar nicht nach, aber er versetzte ihn wiederum, dieses Mal nach Amberg in der Oberpfalz. Der Grund für den Sinneswandel ist aus den Akten aber nicht ersichtlich. Um 1672 wurde er schließlich nach Luzern versetzt, wo er im selben Jahr verstarb.[612]

---

608 BayHStA: Jesuiten 353, Brief Adam Herler an den Provinzial vom Juli 1655, fol. 23, ohne genaue Datumsangabe, „e loco carceris, quod [...] Brutscherianum appellatur."
609 BayHStA: Jesuiten 353, Brieffragment General Nickel vom 1. Dezember 1657, fol. 24. Zur Stationierung in Altötting siehe APECESJ: Sign. 40–3, 71, fol. 371.
610 BayHStA: Jesuiten 353, Brieffragment General Nickel vom 16. Februar 1658, fol. 25.
611 BayHStA: Jesuiten 353, Undatiertes Libellus" von Herler, fol. 26v–27. Daher muss man auch in Burghausen mit mehreren Opfern Herlers rechnen.
612 APECESJ: 68-D, 7050. Geboren 1601 in Altdorf/Schweiz, Eintritt 1621, Tod 1672. In Amberg stationiert erscheint er ebd., Sign. 40–3, 71, fol. 383; 448. Trevor Johnson, Magistrates, Madonnas and Miracles: The Counter Reformation in the Upper Palatinate. London; New York 2009, S. 140.

Obwohl Herler die Gesellschaft mit unglaublichem Makel beschmutzt hatte (*maculam*),[613] ja ihr eine Wunde (*vulnus*) verursacht hatte, die nicht einmal das Vergießen seines Blutes heilen hätte können,[614] wie Ludovicus Luz schrieb, wurde er nicht ausgeschlossen. Ein Grund mag sein Status als Jesuit mit Profess-Gelübde gewesen zu sein, ein anderer seine beharrliche Verneinung der Tat, die eine Verurteilung und folglich auch einen Ausschluss mangels anderer Beweise nicht zuließ.[615] Sein Nachruf bescheinigte ihm jedenfalls, er sei nach in der Gesellschaft Jesus „seltenen Delikten" gegen die „Reinheit" (d.i. die Keuschheit) zu ebendieser zurückgekehrt und sanft entschlafen.[616]

6.5 Das Wilhelmsgymnasium München und der Fall Franz Schlegl

Am 22. August 1659 war der 1631 geborene und äußerst beliebte Münchener Magister Franz Schlegl von einem Schüler bei Rektor Veihelin angeklagt worden, „unkeusche Berührungen mit mehreren Studenten" (*impudicis tactibus*) begangen zu haben, die sich sowohl in der Schule am Lehrkatheder als auch außerhalb der Schule ereignet hatten. Der Junge zog kurz danach seine Anzeige zurück. Die Schwere der Anschuldigungen brachte allerdings den Rektor dazu, fünf der „sehr ehrbaren Jugendlichen" (*valde honestos*), die der Junge ebenfalls als Opfer bezeichnet hatte, zu befragen. Als sich dann tatsächlich mehrere Vorwürfe bestätigten, hatte Veihelin keinen Zweifel mehr, denn er traute den Jungen keine solch üble Nachrede zu.[617] Obwohl Veihelin anfangs noch von einer kleinen Anzahl an Opfern ausging, musste er sich nur neun Tage später korrigieren. Erschüttert schrieb er dem Provinzial, dass man von sieben Missbrauchsüberlebenden ausgehen müsse – „alles höchst ehrbare und gute Heranwachsende im Alter von vierzehn Jahren."[618] Schlegl verneinte die Taten rundweg.

Da man die Affäre nur geheim halten konnte (*tegi*), wenn man den Kreis der Mitwisser möglichst klein hielt, listete Veihelin penibel alle Opfer, die Namen der

---

613 BayHStA: Jesuiten 353, fol. 17v.
614 BayHStA: Jesuiten 353, Brief von Ludovicus Luz an den Provinzial vom 11. Juni 1655, fol. 19v.
615 Nach APECESJ: Sign. 40–3, 6, fol. 14 hat Herler seine Profess 1638 in Ingolstadt abgelegt.
616 APECESJ: Sign. 40–3, 23 Notitiae breves de defunctis, nu. 166.
617 BayHStA: Jesuiten 317, Schreiben Veihelins an den Provinzial vom 1. September 1659, fol. 1. Zu Schlegl siehe APECESJ: 68-D, Verz 4352, Geburt 1631, Eintritt 1652, Entlassung 1659. Siehe auch BSB: Clm 1551, vol. 2, fol. 69 (Oktober 1658), fol. 75.
618 BayHStA: Jesuiten 317, Schreiben Servilian Veihelins an den Provinzial Georg Muglinus/Mugling vom 9. September 1659, fol. 3.

Eltern und der Jesuiten auf, die Bescheid wussten. Unter letzteren waren Georg Hoeser, Adam Schirmbeck, der künftige Aufseher von Theoderich Beck, Caspar Neuhauser, der ein Opfer von Matthäus Rehlinger geworden war, wie auch das Herler-Opfer Conrad Graf. Vor allem der Hoforganist Wendler war außer sich über die seinem Sohn angetane Entehrung, so dass Neuhauser zu ihm geschickt wurde, „nicht nur zum Trost,“ sondern auch, um dessen Schweigen in der Öffentlichkeit sicherzustellen (*tum solandi* [...] *tum efficiendi*). Dieser versprach denn auch, seine Notizen zum Fall einzig seine Ehefrau lesen zu lassen.[619] Zuallererst müsse aber, so Veihelin, Schlegl zu geistlichen Übungen nach Ebersberg geschickt werden, bis man die Befehle des Provinzials und Generals für das weitere Vorgehen habe.[620]

Den Anstoß zur Aufdeckung des Missbrauchs machten die Opfer Wolfgang Simon Wendler,[621] Johannes Benno Feurer,[622] Johannes Peter Brugglacher,[623] Johannes Jakob Hueber, Matthäus Philart,[624] Johann Maximilian Constante,[625] Christoph Ferdinand Helm[626] und der Hofdienerssohn Philipp Benno Holzhauser.[627] Beim Verhör gab Brugglacher an, er sei einmal nach der Vesper unter dem Vorwand einer Schulaufgabe zum Katheder Schlegls gerufen worden, wo er ihn „unehrenhaft vorne [im Genitalbereich, U.L.] mit dem Zirkel berührte" (*inhoneste attactum fuisse anterius*).

Diese Bemerkung ist von zweifacher Bedeutung: Zum einen inszenierte sich Schlegl durch die Benutzung eines Zirkels (*per quadrantem*) als Lehrer und gab so der sexuellen Handlung einen schulischen Anstrich. Er setzte damit bewusst seine Machtstellung ein, um Studenten zu einer intimen Handlung zu zwingen. Andererseits hat er sich vielleicht durch die Handhabung des Lehrinstruments auch juristisch absichern wollen, weil er sich in einem Verhör so auf die Position

---

619 BayHStA: Jesuiten 317, Schreiben Servilian Veihelins an den Provinzial Georg Muglinus/Mugling 16. September 1659, fol. 4.

620 BayHStA: Jesuiten 317, fol. 4.

621 Wendler absolvierte das Gymnasium 1662, siehe: https://www.peterkefes.de/AbsWe.htm (20. Mai 2023).

622 Feurer absolvierte das Gymnasium 1661, siehe: https://www.peterkefes.de/AbsFe.htm (20. Mai 2023).

623 Der Pflegerssohn Brugglacher absolvierte das Gymnasium 1662, siehe: https://www.peterkefes.de/AbsBo.htm (20. Mai 2023).

624 Philart absolvierte das Gymnasium 1661, siehe: https://www.peterkefes.de/AbsPe.htm (20. Mai 2023).

625 Constante absolvierte das Gymnasium 1661, siehe: https://www.peterkefes.de/AbsC.htm (20. Mai 2023).

626 Der Sohn des Hofmusikers Helm absolvierte das Gymnasium 1661, siehe: https://www.peterkefes.de/AbsHe.htm (20. Mai 2023).

627 Holzhauser war der Einzige der Gruppe, der erst 1664 das Gymnasium abschloss, siehe: https://www.peterkefes.de/AbsHo.htm (20. Mai 2023).

zurückziehen konnte, dass er das Geschlechtsteil der Schüler ja nicht mit seinen Händen berührt hatte.[628] Ein anderes Mal erlitt der Schüler diese Berührungen, als er zu einer Nachhilfestunde zum Lehrer kam. Dieses Mal griff die Hand Schlegls unter das Hemd des Schülers (*intra vestem*). Dies bezeugten auch Hueber und Holzhauser, die ebenso einmal mit dem Zirkel, ein andermal mit den Händen berührt worden waren. Hueber war von Schlegl mit dem Zirkel an Beinen und Gesäß berührt und auch vier- oder fünfmal entkleidet worden.[629] Bei anderer Gelegenheit legte der Jesuit seine Hände auf das Gesäß des Schülers und auf dessen entblößtes Geschlechtsteil. Die anderen Schüler bestätigten ähnliches Verhalten ihnen gegenüber. In keinem Fall aber scheint es zum Verkehr oder zur Selbstbefriedigung gekommen zu sein.

Als der Rektor seine Ermittlungen abgeschlossen hatte, befragte er am 8. September Schlegl selbst. Zunächst schwieg dieser, sichtlich bewegt und in seelischem Schmerz (*dolore*).[630] „Doch als ich ihm die Aussagen des Johann Jakob Hueber vorlas und ihn fragte ob sie zuträfen [...] fiel er auf die Knie und flehte, dass alles Gesprochene wahr sei."[631] Veihelin gab zu, dass er nie jemand verhört habe, der solche seelische Verzweiflung ausstrahlte (*interno animae statu*).[632] Schlegl gab an, keine weiteren Schüler missbraucht zu haben und bat, ihn wegen der enormen Verbrechen schwer zu bestrafen, aber nicht aus der Gesellschaft zu verstoßen.[633] Im Oktober erflehte er nicht nur einen Entlassungsbrief, um in Wien weiterstudieren zu können, die Übersendung seiner Manuskripte aus Ebersberg, sondern auch die Dimission aus der Gesellschaft Jesu. Nach anfänglicher Resistenz, wie es scheint, hat man ihm einen Entlassungsbrief auch ausgestellt, ohne den er sonst nirgends Anstellung gefunden hätte.[634] Er scheint sich als Schlossgeistlicher verdingt zu haben bis er 1675 mit Hannibal von Bottoni zum russischen Großfürsten nach Moskau reiste[635] und sich 1676 aufgrund seiner Beziehungen zum Deutschen Orden auf die Pfarrei Glottertal bei Freiburg im Breisgau zurückzog, wo er 1689 starb.[636]

---

628 Dies war schließlich auch die Verteidigungsposition von Johann Zeltner, siehe BayHStA: Jesuiten 363, fol. 3v.

629 BayHStA: Jesuiten 317, Undatiertes Verhörprotokoll, fol. 5–6v.

630 BayHStA: Jesuiten 317, Undatiertes Verhörprotokoll, fol. 10.

631 BayHStA: Jesuiten 317, Undatiertes Verhörprotokoll, fol. 10.

632 BayHStA: Jesuiten 317, Undatiertes Verhörprotokoll, fol. 10.

633 BayHStA: Jesuiten 317, Brief von Franziskus Schlegl vom 29. September 1659, fol.11.

634 BayHStA: Jesuiten 317, Brief von Franziskus Schlegl vom 7. Oktober 1659, fol. 12 und undatiertes Schreiben Schlegls an den Provinzial, fol. 13.

635 Adolphus Lyseck: Relatio eorum quae circa sac. caesareae maiest. ad magnum Moscorum czarum ab legatos Annibalem Franciscum de Bottoni [...] Salzburg 1676, S. 9.

636 GLAK: Findbuch 229, Nr. 32005, Bild. 21. DOZA: Varia 2656 bzw. 3102.

6.6 Andere Missbrauchsfälle in Jesuitenschulen

Ein weiterer Fall direkten sexuellen Missbrauchs in einer Syntax Minor ereignete sich 1664 in Luzern. Die zwei Schüler Jodokus Piffer und Nicolaus Kloos beschwerten sich bei P. Paul Grandinger, dass Magister Johannes Keer[637] „den einen oder anderen Schüler unkeusch berührt habe, als sie sich für das Schauspiel umzogen."[638] Die Anschuldigung kam aber nicht von irgend jemandem. Bei den Piffers handelte es sich nämlich um alteingesessenen Schweizer Adel.[639] Grandinger befand sich allerdings nun in der unangenehmen Lage, die Schüler, die am Theaterstück teilnahmen so zu befragen, dass sie nicht erahnen konnten, welche Anklage hinter dem Interesse des Superiors stand. Franciscus Mör jedenfalls sagte aus, dass ihm Jodokus Pfiffer und Johann Ludwig Gerat von den Berührungen bei der Anprobe der Kostüme erzählt hatten.[640] Keer habe dabei den Johann Ludwig Pfiffer ganz ausgezogen und seinen Unterleib (*verenda*) entblößt.[641] Bei letzterem scheint es sich um den jüngeren Bruder des Jodokus Pfiffer gehandelt zu haben. Den Tathergang bestätigten auch Caspar Huber und Guattro (?) Schumacher, Renwardus Göldin und Carl Dollicker. Außerhalb der Schule soll er auch einigen Schüler der oberen Syntax die Genitalien entblößt haben (*verendis denudatis*), was Johannes Feer und Franz Ludwig Ruettiman bestätigten.[642]

Keer wurde am 7. Juli die Möglichkeit gegeben, seine Sichtweise abzugeben. Er gab zwar zu, zum Zeitpunkt als Jodokus Pfiffer angeblich entkleidet und berührt wurde, sich in der Schule mit diesem unterhalten zu haben. Allerdings sei er nicht bei den Kostümen gewesen, weil er aus gesundheitlichen Gründen in diesem Jahr gar nicht mit dem Theaterstück befasst war. Sein Gespräch mit Pfiffer hätten auch andere Schüler und Professoren, die in der Nähe waren, „mit moralischer Gewissheit [*moraliter certo*]"[643] mitbekommen. Allerdings war Pfiffer nicht der einzige, der Keer beschuldigte. Auch Nicolaus Kloos bezichtigte ihn unsittlicher Handlungen. Auch auf diese Anklage antwortete er:

---

637 APECESJ: 68-D, Verz. 6812, Geburt 1636, Eintritt 1656, Tod 1705, *coadjutor spiritualis.* 1669 zum Diakon und Priester geweiht, siehe AEM: AA001/1, FS132.
638 BayHStA: Jesuiten 352, nicht unterschriebener Bericht vom 3. Juli 1664, fol. 1.
639 Gabriel Bucelin: Germania Topo-Chrono-Stemmato-Graphica Sacra Et Profana. In qua Brevi Compendio Multa distinctè explicantur. In Qua Brevi admodum, curioso atque utili compendio, quae Tomis prioribus desiderari poterant [...] Bd. 4. Ulm 1678, S. 463.
640 BayHStA: Jesuiten 352, fol. 1.
641 BayHStA: Jesuiten 352, fol. 1v.
642 BayHStA: Jesuiten 352, fol. 1v.
643 BayHStA: Jesuiten 352, fol. 2v vom 7. Juli 1664.

> Ich habe nie die nackten Geschlechtsteile des Nicolaus Kloos, niemals dann und niemals in den vorherigen Jahren berührt und war niemals mit ihm allein an irgendeinem Ort.[644]

Vielmehr ging Keer nun zum Frontalangriff auf die Opfer über. Wenn diese wirklich keusch und wahrheitsliebend wären, dann würden keine Lügen berichten, weil es unmöglich sei, in der Schule derart mit einem Schüler allein zu sein.[645] Die Verteidigung Keers wirkte wohl ein wenig abrupt und direkt, weswegen man ihn am 12. Juli erneut vernahm. Man konfrontierte ihn mit der Tatsache, dass er dem Ruf der Gesellschaft schweren Schaden zugefügt habe (*infamandae Societatis*) und schlimmste Gefahr für seine Seele (*gravissimo animae capius periculo*) nur abzuwenden sei, wenn er die Wahrheit bekenne. Keer aber versicherte, er könne nicht bereuen was er nicht getan habe, und blieb bei seiner Aussage, dass er verleumdet worden sei.[646] Ein beigegebenes Textblatt berichtete auch von der Vernehmung des Schülers Ludwig Cysat aus der Poetikklasse, der nichts Unsittliches zu berichten wusste. Nun schien auch Pfiffer sein Narrativ zu ändern und gab an, dass Keer bei der Anprobe der Gewänder lediglich „seine rechte Hand auf die Geschlechtsteile hinbewegt hatte" (*ad partes occultas admoverit*).[647] Die Betonung scheint auf dem Verb zu liegen, das eine Hinbewegung anzeigt, aber keine direkte Berührung. Allerdings widersprach Piffers Angabe, dass Keer bei der Kleideranprobe anwesend war, immer noch der des Paters. Dessen beständiges Abstreiten der Tat scheint die Oberen aber schlussendlich überzeugt zu haben. Keer jedenfalls wurde lediglich versetzt. 1668 war er am Münchener Wilhelmsgymnasium und 1687 in Augsburg stationiert, 1689 in Konstanz,[648] bevor er 1710 in München starb.[649]

Der 1634 in Trient geborene Johannes Miotti/Miottus hatte das Wiener Jesuitengymnasium besucht und war 1660 in den Orden eingetreten.[650] Er bekam den anzüglichen Beinamen „der Züngler" nicht vom antijesuitischen Ritter von Lang, sondern tatsächlich von seinen Schülern.[651] Der Superior von Bellinzona, Jacob

---

644 BayHStA: Jesuiten 352, fol. 2v vom 7. Juli 1664.
645 BayHStA: Jesuiten 352, fol. 2v vom 7. Juli 1664.
646 BayHStA: Jesuiten 352, fol. 2v vom 7. Juli 1664.
647 BayHStA: Jesuiten 352, fol. 4 vom Juli 1664.
648 APECESJ: Sign. 40–3, 46, fol. 14, dort zeitgleich mit Franz Xaver Wagner.
649 Zur Tätigkeit in Augsburg siehe siehe APECESJ: Sign. 41–10, 4, Diarium Augsburg, Eintrag für den 9. Oktober 1687, Bild 266. Sein Nachruf, ebd., Sign. 41–6, fol. 885. Zur Stationierung in München siehe ebd., Sign. 40–3, 45 Catalogus personarum 1668, fol. 61.
650 Nicolaus von Avancini: Pietas victrix sive Flavius Constantinus Magnus, de Maxentio tyranno victor: acta Viennae ludis Caesareis augustissimo Romanor. imperatori, Hungariae Bohemiaeque regi Leopoldo [...] Vienna 1659.
651 Lang: Amores Marelli, S. 30.

Welti, erinnerte im Februar 1667 den Münchener Rektor Christoph Schorrer an die vielen Briefe, in denen er Miotti nachhaltig empfohlen hatte. Nun sei aber etwas über Miotti bekannt geworden, was seine Einschätzung nachhaltig ändere:

> Es gibt nun unter unseren deutschen Studenten das Gerücht, besonders unter denen aus Landsberg, dass der P. Miotti einem Studenten aus Altdorf, der aus einer hochangesehenen Familie stammt, seine Zunge ein- oder mehrmals in den Mund gesteckt habe [*linguam suam semel aut iterum ori imposuisse*], worauf er von den Studenten nurmehr *der Züngler* genannt wurde, was eben bedeutet: der seine Zunge in den Mund eines anderen einführt [*linguae in os alterius insertor*], wie das Wort schon sagt [...] Der Junge [*puer, cui contigisse*], dem dies widerfahren ist, hat es mir selbst bestätigt, dass P. Miotti dies in den vorigen Ferien beim Tor des Klosters [*Resid.ae*, i.e. *Residentiae*, U.L.] heimlich hinter den Bäumen ein oder zweimal getan hat. Von demselben Pater geht das Gerücht um, obwohl ich nicht weiß, von wem es gestreut wurde, dass er nach Ostern nach Indien gehe.[652]

Mehrere Dinge fallen an diesem Bericht auf. Zum einen, dass der Lehrer Miotti vor diesem Vorfall überaus angesehen und anscheinend für höhere Ämter vorgesehen war. Zum zweiten, scheinen gerade die jüngeren deutschen Jesuiten, die aus dem Noviziat in Landsberg kamen, entweder etwas gegen Miotti gehabt zu haben oder verbreiteten aus einem anderen Grund Gerüchte über ihn. Ein ordensinterner Konflikt zwischen dem italienisch sprechenden Miotti und den Deutschen ist als Hintergrund nicht auszuschließen. Dass die Studenten ihm bereits den Spitznamen „Züngler" gegeben haben, muss dem Rektor übel aufgestoßen sein, da dies die Autorität des Lehrers untergrub, und – wäre diese Bezeichnung nach außen gedrungen – einen Skandal ausgelöst hätte. Anscheinend fiel es dem Superior Welti aber nicht schwer, das Opfer zu identifizieren, einen Jungen ungenannten Alters, der das Gerücht des Zungenkusses vollauf bestätigte. Dass Miotti dies außerhalb des Eingangs der Residenz, hinter einem Baum getan hatte, zeigte in der Handlungslogik der Zeit seine schlechten Absichten an, denn ansonsten hätte er ja nichts zu verbergen. Der Superior war sich nun unsicher, wie er sich zu verhalten habe, bevor er keine genauen Anweisungen zur Ermahnung vom Provinzial erhalten hatte.

Trotzdem Welti mit der Aussage des Jungen eigentlich genügend Handhabe gehabt hätte, gegen Miotti vorzugehen, verhörte er auch andere deutsche Studenten. Sie hassten ihren Lehrer wegen seiner übertriebenen Strenge, waren aber auch eifersüchtig auf zwei ihrer Mitstudenten, mit denen der Magister „zu engen Umgang" (*nimia familiaritate*) pflegte. Wie Welti aber aus dem Noviziat in Landsberg erfuhr, hatte Miotti auch dort bei einigen Studenten (*apud multos traduci*) versucht, Zun-

---

652 BayHStA: Jesuiten 357, Brief von Jakob Welti aus Bellinzona vom 10. Februar 1667 an den Rektor des Kollegs München Christoph Schorrer, fol. 1.

genküsse anzubringen. In den letzten Ferien habe er zudem einen Schüler des P. Bernhard Zacconi, den Sohn einer höchst ehrbaren Familie, der es Welti bestätigte, mit Küssen bedacht (*oscula esse data*), „so dass es am Ende so ist, wie es das Epigramm, das der Bruder des Kommissars schrieb [*ausus est frater D. Commissarii epigramma scribere, quod tradidit P. Carolo hoc districho*], das P. Karl transkribierte: Den Rücken kratzt er sich, die Lippen der Jungen leckt er. Schäme Dich, die reinen Rosen zu küssen. [*Is scabit a tergo, at puerorum labia lambit. Te pudeat, puris oscula ferre rosis.*]"[653] Wenn der Verfasser der Bruder des Landvogts (*commissarius*) von Bellinzona war, dann scheint der Skandal bereits ansatzweise in der Stadt bekannt geworden zu sein. Wo und wie aber brachte er sein Epigramm an? In einem Brief, den man P. Carolo zubrachte, der es wiederum Welti hinterbrachte? Diese Fragen scheinen sich nicht beantworten zu lassen, so dass man sich dem Text des Epigramms selbst zuwenden muss. Dessen erster Teil scheint sich über Miotti lustig zu machen. Das Kratzen deutet möglicherweise einerseits auf ein Hautproblem von Miotti hin, das mit sexueller Unreinheit identifiziert und der Reinheit der Jungen gegenübergestellt wird. Allerdings schwingt im Epigramm auch die deutsche Redewendung „Hüte dich vor bösen Katzen, die vorn lecken und hinten kratzen!" mit. Die Katze kann klug und geschmeidig sein kann, manchmal aber auch die Manifestation böser Mächte. Gleich einer zweigesichtigen Katze, solle sich der Schüler vor Miotti in Acht nehmen. Dieser solle sich aber schämen, mit seinen Küssen die Jungen, die durch Rosen symbolisiert werden, ihrer Reinheit beraubt zu haben.[654] Welti war sich nach Einholung dieser Informationen jedenfalls sicher, dass der Orden sofort eingreifen müsse:

> Ich fürchte, wenn nichts unternommen wird, werden Studenten abgeschreckt, und uns steht großes Unheil [*multum molestiam*] bevor. Denn es geht das Gerücht (ich weiß nicht auf welcher Grundlage es sich verbreitete) bei den Externen um, dass P. Miotti nach Ostern nach Indien geschickt wird. Ich bitte mir zu raten, was mit Klugheit getan werden kann, um Unheil vom guten Namen der Gesellschaft abzuhalten.[655]

Miotti legte ein volles Geständnis ab. „Ich klage mich vor dem Herrn Provinzial an, mich in den Ferien mit Jungen vergangen zu haben: Mein unkluges Trinken

653 BayHStA: Jesuiten 357, Brief von Jakob Welti aus Bellinzona vom 3. März 1667 an den Provinzial Veihelin in Augsburg, fol. 2.
654 Zur Interpretation der Redewendung siehe Harry Walter: Hüte dich vor bösen Katzen, die vorne lecken und hinten kratzen! (Deutsche Redewendungen mit der Komponente „Katze" und ihre Slawischen Äquivalente). In: Anuari de Filologia. Llengües i Literatures ModernesLLM (2011), S. 83–98.
655 BayHStA: Jesuiten 357, Brief von Jakob Welti aus Bellinzona vom 3. März 1667 an den Provinzial Veihelin in Augsburg, fol. 2. 1665 ist Miotti ebenfalls in Bellinzona stationiert, siehe APECESJ: APECESJ: Sign. 40–3, 71, Catalogus Generalis, fol. 443.

ist die Ursache dieser blinden Leidenschaft [...] denn ich bin mir in meinem Gewissen keines Übels [*malitiam*] bewusst."[656] Er hätte vielleicht im Rausch Jungen ein oder ein paarmal geküsst, aber „ [...] ich habe die Zunge nie – *und um das geht es ja* – in den Mund eines Jungen gesteckt, auch weil ich mich nicht daran erinnere, und kann mich dessen daher nicht anklagen."[657] Allerdings schloss er nicht aus, dass er es *vielleicht* doch getan habe und sich einfach nicht erinnern könne. Damit gab Miotti nur das zu, was straffrei war, nämlich ein paar einfache Küsse. Außerdem konnte er aufgrund seiner angeblichen Trunkenheit auf mildernde Umstände hoffen. Daher forderte der Provinzial nun Welti auf, Stellung zu nehmen, ob die Anklage der Schüler vielleicht aus Neid entstanden war. Der Superior aber wies dies entschieden ab und stellte sich hinter das Zeugnis seiner Studenten, die nicht „ex malitiam" gehandelt hätten. Zudem gehe aus dem Geständnis Miottis eindeutig hervor, dass dieser einen Heranwachsenden (*unum adolescentem*) geküsst habe, auch wenn er die Tat des „Züngelns" leugne. Zudem hatte er selbst diese Möglichkeit eingeräumt, und wiederholte diese Aussage gegenüber dem Provinzial: „Es ist möglich, dass ich es getan habe, aber ich kann mich nicht erinnern."[658] Was aus Miotti wurde, ist unklar. Er verschwand jedenfalls aus dem Kolleg, wurde aber nicht entlassen, sondern als Missionar nach Burma geschickt, wo er 1681 starb.[659]

Die Entsendung in die Mission scheint ein oft angewandtes Mittel gewesen zu sein, Jesuiten, die man nicht entlassen konnte oder wollte, auf den Weg der Tugend zu bringen. Die Mission war eine ihnen aufgegebenen Buße.[660] Man glaubte, die entbehrungsreiche Zeit in der Mission könne sie zu besseren Menschen machen. 1699 wollte die Oberrheinische Provinz daher Franz Fichtel, nach Malabrien entsenden, „wo er seine Beständigkeit unter Beweis stellen könne" (*dum probetur eiusdem constantia*), ließ diesen Plan aber dann doch fallen und entließ ihn lieber aus dem Würzburger Kolleg.[661] Auch der Architektensohn Martin Motsch wurde 1722 in die Mission geschickt, da er „molestias in Parochiam Neun-Kirchen" verursacht

656 BayHStA: Jesuiten 357, Brief von Johannes Miotti an Provinzial Veihelin vom 10. März 1667, fol. 3.
657 BayHStA: Jesuiten 357, Brief von Johannes Miotti an Provinzial Veihelin vom 10. März 1667, fol. 3.
658 BayHStA: Jesuiten 357, Brief von Welti an Provinzial Veihelin vom 14. April 1667, fol. 4.
659 APECESJ: Sign. 68-D Verz. 5851; Sign. 40-3, 71, Catalogus Generalis, fol. 503. Josephus Fejér: Defuncti Secundi Saeculi Societatis Jesu, Bd. 3. Rom 1986, S. 305.
660 So etwa auch für den bedeutenden Architekten Johannes Bitterich, siehe APECESJ: 40-2, 7, fol. 146–147. Der Grund scheint allerdings kein Sexualdelikt, sondern ein Konflikt gewesen zu sein.
661 APECESJ: Sign. 40-2, 9, fol. 128–130. *Constantia* kann einen sexuellen Unterton haben und bedeutet dann so viel wie Keuschheit. Es kann aber auch die Beständigkeit in der Berufung selbst gemeint sein. Siehe ebd., Sign. 73 Ae 7 Ei, fol. 38, Geburt 1678, Eintritt 1694, Dimission 1699.

hatte, über die es aber sonst keine Hinweise gibt. Der Begriff *molestias* wurde oft für Sexualdelikte verwendet, was auch die harsche Bestrafung durch Entsendung in die Mission erklären würde. In seinen Briefen vom 25. Juli und 19. Dezember 1722 erwähnte Motsch jedenfalls den Vorfall vom Frühjahr nicht.[662]

Bereits einige Jahre nach Miotti trug sich 1673 im Amberger Kolleg der nächste Fall zu. Man kann ihn nur indirekt aus dem Bericht des ehemaligen Rektors P. Marcus Koch rekonstruieren. Die Natur eines Sexualdelikts lässt sich aus der Redewendung ableiten, dass der Minister des Kollegs die „Jungen über ihn vernommen hat" (*pueros super eo examinaverat*).[663] Der Jesuit, über den sie befragt wurden, war der 1626 in Tirol geborene Georg Brandstetter.[664] Koch zeigte sich „moralisch gewiss" (*moraliter certe*), dass die Jungen die Wahrheit bekannten. Besonders betonte er aber, auf Anweisung höchst diskret (*diligentissime*) vorgegangen zu sein und alles so weit als möglich verschleiert habe. Daher konnte er sich sicher sein, dass selbst im Kolleg außer ihm nur der Pater Minister und der neue Rektor Bescheid wussten. Dies war in der Handlungslogik der Zeit umso erforderlicher, als „die Possen [*scurrilitates*], die er [Brandstetter, U.L.] gestanden hat, eine öffentliche Auspeitschung [*publica flagellatione*] verdienten" und den Ruf der Gesellschaft Jesu schwer beschädigt hätten.[665] Vom Pater Minister derart angegangen, bekam Brandstetter Angst, begann am ganzen Körper zu zittern und flehte auf den Knien (*genibus*) um Barmherzigkeit, da er sich ja in letzter Zeit mit „Mäßigkeit" (*modestia*) benommen habe. Allerdings, so Koch, sollte man dem Mann nicht glauben, denn er sei auch faul und arbeitsscheu, ja unnütz, und verdiene sofort entlassen zu werden.[666] Einige Monate später, im November, wurde Brandstetter dann auch wirklich entlassen. Welche Taten er konkret an den Jungen verbrochen hat, ließ sich aber nicht eruieren.

Besonders interessant ist die Anklage gegen den 1652 in Landsberg am Lech geborenen Ignatius von Mändl-Deutenhofen. Er könnte identisch mit dem Autor einiger Thesen über den Triumph des hl. Ignatius aus dem Jahr 1670 sein.[667] Bereits 1672 findet man ihn als Lehrer am Gymnasium Luzern,[668] wo er auch 1676

---

662 Anton Huonder: Deutsche Jesuitenmissionäre des 17. und 18. Jahrhunderts: ein Beitrag zur Missionsgeschichte und zur deutschen Biographie. Freiburg 1899, S. 210–211. Der Hinweis auf die *molestias* findet sich in APECESJ: 40–2, 9, fol. 241–242.
663 BayHStA: Jesuiten 300, Brief von Rektor Marcus Koch den Provinzial vom 13. September 1673, fol. 1.
664 APECESJ: Sign. 68-D, Verz. 8865, Eintritt 1651, Dimission 11. November 1673.
665 BayHStA: Jesuiten 300, fol. 1.
666 BayHStA: Jesuiten 300, fol. 1v.
667 APECESJ Sign. 68-D, Verz. 6130. Geboren 1652 in Landsberg, Eintritt 1670, Dimission 1676, scholasticus approbatus.
668 APECESJ: Sign. 40–3, 71, fol. 487.

dimittiert wurde, weil er dort einige Schüler auf dem Katheder missbraucht (*stu-pravit*) hatte. Eine Belegstelle gab Heinrich von Lang für die letztere Bemerkung allerdings nicht an. Der einzige Akt, dessen Beschriftung den Namen Mändls er-wähnt, enthält jedenfalls keine Dokumente zu ihm.[669] Lang scheint den Tather-gang aus der Dokumentation zu Pater Victor Wagner (s.u.) erschlossen zu haben. Dort wurde nämlich der Missbrauch Wagners mit dem Mändls verglichen. Aber auch Ignatius Mändl schadete die Dimission nicht. Er wurde Pfarrer im Bistum Freising, ab etwa 1696 Mitglied des einflussreichen geistlichen Rates und sogar Stiftsdekan von Altötting.[670] Als Mitglied des Geistlichen Rates war er sogar vor allem mit der Disziplin und Moral im Klerus betraut. Daher wäre eine weiterge-hende Untersuchung seiner Person und der gegen ihn erhobenen Anschuldigun-gen von besonderer Wichtigkeit, um zu erfahren, wie er die Straftaten anderer Kleriker ahndete. Haben die Jesuiten ihn mit einem Entlassungsbrief dimittiert oder war sich der Fürstbischof von Freising über die Vergangenheit des Mannes vollauf bewusst?

---

669 BayHStA: Jesuiten 360. Es fehlen ebenso die Unterlagen zu Joseph Mair und Franz Xaver Wag-ner. Mändl war 1681 an der Universität Ingolstadt inskribiert, siehe Johann Nepomuk Mederer: An-nales Ingolstadiensis Academiae: ab Anno 1672 ad Annum 1772. Pars III. Ingolstadt 1782, S. 41. 1688 wurde er Kanonikus am Stift U.L. Frau in München, 1696 Mitglied des Geistlichen Rates, dann Stifts-dekan in Altötting. Die Disziplin verfiel in Altötting unter seiner Regierung aber derart, dass man sich staatlicher- wie kirchlicherseits seit 1720 bemühte, ihn zur Resignation zu bewegen. Erst 1724 gab er nach und zog nach München, wo er 1725 starb. Siehe Annelie Hopfenmüller: Der Geistliche Rat unter den Kurfürsten Ferdinand Maria und Max Emanuel von Bayern (1651–1726). München 1985, S. 206–207. Georg Ferchl: Bayerische Behörden und Beamte, 1550–1804, Bd. 1. München 1908, S. 479.
670 Die Identität des aus dem Jesuitenorden ausgetretenen Mändl mit dem späteren Stiftsdekan muss erschlossen werden, 1) aus der Identität der Eltern, 2) dem Ort und Jahr der Geburt, 3) den Recherchen Ferchls (Georg Ferchl: Bayerische Behörden und Beamte, 1550–1804, Bd. 1. München 1908, S. 479). Eine *explizite* Referenz zu seiner Zeit im Orden konnte nirgends verifiziert werden. Nach AEM: CB044, M930, Seelenbuch Bockh, fol. 1, und AA001/1, FS138 fol. 80; fol. 110v war er 1685–1695 Pfarrer in Bockhart, wo er mit seiner Schwester Ottilia, einem Kaplan, zwei Knechten und vier Mägden lebte. Zu seinen Eltern siehe ABA: Taufmatrikeln Landsberg Maria Himmel-fahrt, 1-T, Bild 936 https://data.matricula-online.eu/de/deutschland/augsburg/landsberg-maria-himmelfahrt/1-T/?pg=220 (20. Mai 2023), Taufe am 28. Januar 1652 als Sohn des Christoph Michael Mändl und seiner Frau Katharina. Sterbeeinträge in den Matrikel U.L. Frau in München (M9327, Bild 146) und München-St. Peter (M9045, Bild 86). Akten zu seiner Tätigkeit in Altötting in ABP: Administrationsarchiv Altötting, 755 und 757.

Schockiert über die Anschuldigungen gegen Victor Wagner, wandte sich der Luzerner Rektor Franz Schrevogl am 14. Januar 1678 an den Provinzial: „Oh was für ein Schänder der unschuldigen Jugend, was für ein Schmerz!"[671] Der Magister der Syntax Major hatte in Luzern öfter einige seiner Schüler mitten am Tag zum Katheder gerufen und mit seinen Händen ihre Geschlechtsteile abgegriffen. Um die Enormität des Vergehens und die Unschuld der Jungen zu unterstreichen, bezeichnete Schrevogel die elf Opfer als *parvulos*, als die Kleinen. Besonders dramatisch war, dass der 1655 in Solothurn geborene Victor Wagner[672] bereits der zweite Lehrer am Gymnasium innerhalb weniger Jahre war, der seine Schüler missbrauchte. Einer der Schüler, den Wagner nicht auf den Katheder gerufen hatte, fragte nämlich einen heruntersteigenden Kameraden, ob sie dort auf dem Katheder dasselbe mit dem Präzeptor machten, „was einst der Magister Ignatius Mändl mit einem Schüler getrieben habe?"[673] Dies war an Eindeutigkeit nicht zu überbieten. Nach seinen ersten Gelübden am 15. August 1671 in Landshut, hatten seine Oberen eigentlich große Hoffnungen auf den intelligenten Jesuiten aus der Schweiz gesetzt, die er nun bitter enttäuschte.[674]

Zudem soll Wagner einigen seiner Schüler vorgespielt haben, seine Berührungen seien keine schlimme Sünde, sondern höchstens ein minimales Vergehen. Der Magister gestand, dass er „turpis cum ipsis" gewesen war, also deren Geschlechtsteile berührt hatte, und zögerlich (*haesit*) auch, dass er mit einigen Analverkehr gehabt hatte. Dies wird aus der Stelle des Berichts deutlich, in der beschrieben wird, wie er als Präfekt nach dem Unterricht in seiner Zelle und an der Pforte mit ausgewählten Schülern über seine „großen Schändlichkeiten" sprach, dies aber im Verhör mit eigenen Chiffren verklausulierte. Unter „Wie schön die Luzerner Mädchen seien," verbargen sich seine „Zärtlichkeiten" für besonders gut aussehende Schüler, und unter der Erklärung, „wie Nachkommen gezeugt werden und [...] die weibliche Scham erklärend" der Analverkehr mit ihnen.[675] Um den Ruf von Gesellschaft und

---

671 BayHStA: Jesuiten 338, Brief des Rektors P. Franz Schrevogl an den Provinzial, fol. 1–1v: „Grandis seductor innoentis juventutis, pro dolor!" Der Brief befindet sich im Akt über Jakob Marell.

672 APECESJ: Sign. 43–90, fol. 13; ebd., Sign. 68-D, Verz. 3537, Eintritt 1670. Lang: Amores Marelli, S. 31. BSB: Clm 1551, vol. 2, fol. 167 (Oktober 1676) mit dem Vermerk, dass Wagner zusammen mit Kaspar Mändl für die Rudimentista Klasse am Wilhelmsgymnasium München zuständig war, bevor er 1677 nach Luzern versetzt wurde.

673 BayHStA: Jesuiten 338, fol. 1: „Verbo: unus illorum descendente ex cathedra ausus est interrogare, an non idem quoque cum Praeceptore egerit, quod aliquando discipulo Magister Ignatius Mändl e Societate dimissus."

674 APECESJ: Sign. 40–3, 6, fol. 18 zu den Gelübden.

675 BayHStA: Jesuiten 338, fol. 1–1v: „Interea Praefectus post scholas et ad portam in Collegio turpissima cum ipsis locutus fuit et cum uno quidem, quam pulchrae sint Lucernenses puellae,

Lehrpersonal, aber auch den der Eltern, wie etwa des Schultheis von Luzern, zu schützen, musste in der Angelegenheit äußerst diskret vorgegangen werden. Ein Vater hatte seinen Sohn bereits aus der Schule abgezogen und konnte vom Rektor nur mit größter Mühe zum Schweigen bewegt werden. Zudem wurde klar, dass Wagner in München Schüler ebenso oft (*frequentasse*) missbraucht hatte. Es drohte daher also ein Skandal ungeahnten Ausmaßes. Daher zog der Rektor Wagner keineswegs vom Schuldienst ab, da dies in seinen Augen die Gerüchte bestätigt hätte. Vielmehr wurde er nur angewiesen, niemanden mehr zum Katheder zu rufen und mit keinem Schüler allein zu sprechen. Wagner selbst beschrieb der Rektor als unendlich eitel (*vanus vanissimus*) und in seiner Reue wenig überzeugend. Anstatt Tränen der Reue zu vergießen, verspreche er „mit trockenen Augen" (*siccis [...] oculis*), jede Strafe anzunehmen. Der Rektor wog also wie bei einem Pönitenten im Beichtstuhl ab, ob die gezeigte Reue echt und aufrichtig war, kam aber bei Wagner aufgrund des Fehlens der Tränen zu einem negativen Urteil. Daher bat er den Provinzial, das Kolleg bald von der „der Gefahr," die Wagner darstellte, zu befreien (*periculo ne dimissione liberatus*), da man ansonsten mit weiteren Sexualdelikten rechnen müsse. Zudem, so der Rektor, könnten bei einem Verbleib im Orden die Eltern vielleicht nicht mehr beim Schweigen gehalten werden. Es sei ja bereits „moralisch unwahrscheinlich" (*moraliter enim non possibile*), dass selbst alle missbrauchten Jungen schweigen würden, um ihre Ehre und die der Gesellschaft zu schützen.[676]

Wagner bat dennoch darum, im Orden verbleiben zu dürfen, und beschrieb sich zwar als vom Weg abgekommenes Schaf oder noch „besser noch als reißenden Wolf" (*rapax lupus*), zeigte aber keine Einsicht, dass er auch nach den Maßstäben der Zeit seine Vertrauensstellung als Lehrer missbraucht und sich an den Jungen vergangen hatte. Lediglich die Schande, die er dem Orden bereitet hatte, gestand er.[677] Sein rhetorisch überzogenes Angebot, jede Strafe, auch die Todesstrafe, als Sühne anzunehmen, kombinierte er mit dem Ausruf, außerhalb der Gesellschaft Jesu niemals zur himmlischen Seligkeit zu gelangen, sowie dem Versprechen, zu Ehren des hl. Franz Xaver „einen Bussgürtel [*cicilium*] zu tragen, um mir in der Standhaftigkeit zu helfen."[678] Allerdings waren weder Provinzial noch General von seiner Verteidigung beeindruckt, so dass er nahezu postwendend entlassen werden

---

cum alio vero, quo modo proles generentur, quem en in finem eidem muliebria explicavit." Für die Deutung dieser schwierigen Stelle danke ich herzlich Herrn StD Alfons Huber, Straubing.

676 BayHStA: Jesuiten 338, fol. 1–1v.

677 BayHStA: Jesuiten 360, fol. 1, Brief von Victor Wagner SJ aus Luzern an den Provinzial vom 21. Januar 1678.

678 BayHStA: Jesuiten 360, fol. 1. Dies war mit einem besonderen Versprechen der Keuschheit verbunden.

konnte und nicht im Orden verblieb, wie Karl Heinrich von Lang gemutmaßt hatte.[679]

Doch die Dimission war auch für Wagner kein Karriereende.[680] Vielmehr konnte er, aus einer der vornehmsten Solothurner Familien stammend, den Doktorgrad der Theologie erwerben. Bereits am 19. August 1680, also weniger als zwei Jahre nach seiner Dimission, wurde er vom Solothurner Rat als Nachfolger des Kanonikus Hieronymus Stebler zum Chorherrn der Kathedrale St. Ursen gewählt. Vielleicht hätten die Chorherren Wagner selbst nicht für ihn gestimmt, aber die Rechtslage sah vor, dass für in ungeraden Monaten verstorbene Kanoniker der Rat der Stadt das Besetzungsrecht hatte. In diesem war Viktor Wagners Vater, Hans Georg Wagner, aber der amtierende Schultheiß, d.h. Stadtvorsteher, so dass von dessen Protektionismus auszugehen ist. Der Eintrag im Protokoll des St. Ursener Kollegiatstifts, Victor Wagner sei ein „Mann großen Glaubens und großer Gelehrsamkeit" (*vir magnae spei et doctrinae*), überging so interessanterweise, ob intendiert oder nicht, den moralischen Charakter des künftigen Domherrn.[681] Wagner wurde sogar noch die Würde eines apostolischen Protonotars und eines Ritters vom Goldenen Sporn zuerkannt, bevor er 1706 verstarb.[682]

Nicht exakt zuzuordnen ist hingegen eine anonymisierte „informatio" aus der Zeit um 1685, die unmittelbar nach den Akten zum Fall Michael Schoech eingereiht ist und daher vielleicht auf ihn und seine Zeit in München Bezug nimmt.[683] In diesem Dokument berichtete ein Superior über einen Jesuitenlehrer, der mehrere seiner Studenten „in verwerflicher Weise liebte" [*perdite amavit*],[684] nämlich den Sohn des adligen Ignatius von Seiboldsdorf, Ferdinand Frank, Franz Ferdinand

---

679 Lang: Amores Marelli, S. 31.

680 Die Historia des Kollegs Luzern verzeichnet lediglich die Entlassung eines Magisters, ohne dessen Namen zu nennen. Es handelte sich dabei um Wagner, Siehe STALU: KK 25, fol.457.

681 STASOL: Kollegiatstift St. Ursus in Solothurn, Nr. 146, Protokoll 1673–1683, fol. 177v.

682 Max Banholzer: Notizen zur Geschichte der Dreibeinskreuzkirche in Solothurn. In: Jurablätter: Monatsschrift für Heimat- und Volkskunde 56 (1994), S. 21–24. Aus seiner Chorherrenzeit existieren Tagebuchnotizen zu wirtschaftlichen Fragen, siehe ZB S: Rara ZBS I 105; ebd. auch ein Katalog seiner Privatbibliothek, Rara ZBS S I 320. Unterlagen zum Tagebuch finden sich im auch im dortigen Nachlass von Dr. Leo Altermatt. Er ist nicht zu verwechseln mit seinem Neffen Urs Viktor Wagner, der Zisterzienser in St. Urban war, siehe STALU: KU 1530 Personalunterlagen Wagner.

683 Obwohl sie weder den Täter noch den Tatort nennt, ist es aufgrund Verbundenheit der Familie von Seiboldsdorf möglich, dass es sich um Opfer aus dem Wilhelmsgymnasium in München handelt. Siehe die elektronische Datenbank der Schulmatrikel bei www.peterkefes.de/absse.htm (23. Mai 2023). Keiner der drei Schüler findet sich aber in den Abschlusslisten.

684 BayHStA: Jesuiten 360, fol. 7, Informatio.

Theodor Diettenauer[685] und Johann Joseph Joachim Wager. Die Identitäten der Opfer sind kaum zweifelsfrei festzustellen. Jedenfalls erscheinen ein Maximilian Johannes Franziskus Ignatius von Seyboltstorff und ein Felix Viktor von Seyboltstorff unter den Schauspielern des am Landshuter Gymnasium 1686 aufgeführten Schultheaterstücks. Letzterer scheint identisch zu sein mit dem 1694 in den Orden eingetretenen Viktor Seyboltsdorff.[686] Joachim von Wager findet sich 1686 im Gymnasium Dillingen und im Gymnasium in Burghausen als Schüler, wenn beide wirklich identisch sind, aber nicht in Landshut.[687] Eine eindeutige Zuordnung des Tatorts bleibt daher schwierig, aber die Annahme, dass es sich um Landshut handelte, könnte aus der Schlussbemerkung der Information hervorgehen, was auch Karl Heinrich Ritter von Lang angenommen hat. Der ungenannte Magister berührte den zuerst Genannten oft, den zweiten zwischen den Beinen, alle aber umarmte er und entblößte seinen Oberkörper ihnen gegenüber.[688] Andere fasste er fast täglich an Brust, Haupt oder Rücken an (*tergum*). „Sie gaben sich regelmäßig Küsse und empfingen auch solche vom Magister, so dass die ganze Schule davon sprach."[689] Einer wurde sechsmal auf dem Katheder missbraucht. Frank, so sagte Diettenauer aus, habe der Magister etwa fünfzehnmal mit der Hand zur Ejakulation gebracht.[690] Der Provinzvisitator glaubte den Aussagen der Jungen, da diese aus Scham rot im Gesicht wurden. Außerdem nahm er an, dass sechs weitere Jungen missbraucht worden waren.[691] Doch wer war der Täter? Aloysius Leidl war jedenfalls bereits 1688 in Dillingen, sollte sich der Vorgang dort zugetragen haben,[692] Johannes Zeltner, war zwar 1679/80 in Burghausen, aber eigentlich nur für seine besonders gewalttätigen Ausfälle bekannt.[693]

---

685 Er ist aber aller Wahrscheinlichkeit nach mit Franz Ferdinand Theodor Diettenauer (auch Dietmaurer), Sohn des Adam Diettenauer aus Landshut, identisch. Dies ist ein weiterer Hinweis auf Landshut als Tatort. Zu diesem siehe Stadtarchiv München: Häuserbuch der Stadt München, Bd. 1 1958, S. 284. Siehe auch Theo Herzog: Landshuter Häuserchronik. Neustadt 1957, S. 41.
686 Sagittae Parvulorum, Das ist: Durchtringendes Gebett Der Troianischen Jugend, so Das unüberwindliche Hertz Henrichs deß II. Röm. Kays. Begwältiget [...]. Landshut 1686.
687 Virilis Constantia in Juvene [...]. München 1686; Laurea triumphalis Sancto Fideli Martyri adornata [...]. Dillingen 1686.
688 BayHStA: Jesuiten 360, fol. 7.
689 BayHStA: Jesuiten 360, fol. 7.
690 BayHStA: Jesuiten 360, fol. 7v.
691 BayHStA: Jesuiten 360, fol. 7v.
692 APECESJ: Sign. 40–3, 46, fol. 18.
693 APECESJ: Sign. 40–3, 45, fol. 10, siehe auch Index.

Georg Raub/Rauch/Raw,[694] wurde 1656 vom Orden inkarzeriert, um für die Ruchlosigkeit (*turpitudinis*) seiner schweren Vergehen zu büßen. Der Provinzial machte deutlich, dass er es verdient hätte, entlassen zu werden oder in ewigem Kerker zu schmachten. Aufgrund der Bestimmung des Generals äußerst sorgfältig (*diligentissime caveat*) zuzusehen, dass er „keinen Verkehr [*commercium*] mit Jungen oder Jugendlichen," habe[695] ist auf ein besonders gravierendes Vergehen sexueller Gewalt zu schließen. Allerdings entschloss man sich, ihn nicht zu entlassen, sondern ihn vielmehr dort einzusetzen, wo ihn niemand kannte (*ubi sit futurus ignotus*). Er starb 1659 in München.[696]

Den Schulpräfekten Christoph Greutter[697] hatte sein Mitbruder Caspar Peil 1667 in Neuburg verdächtigt, sich mehrmals heimlich mit dem Schüler Gottfried Wiser außerhalb des Gymnasiums getroffen zu haben, um ihm zu helfen, eine akademische Festrede zu schreiben, die dann auch einen Schulpreis gewann. Bereits dieses Mentorat außerhalb der Schule war im Orden streng verboten, weil es allzu leicht zu Missbrauch führen konnte, oder zur Rufschädigung der Gesellschaft und vor allem, weil es den Magister davon abhielt, seinen eigenen Studien nachzukommen.[698] Hinter der Anklage gegen Greutter verbarg sich aber nicht nur die Sorge um die akademische Integrität des Kollegs. Denn Peil fragte sich, warum Greutter eine so starke Zuneigung (*affectu*) zu einem Schüler haben konnte, die ihm nur Missgunst unter seinen Mitbrüdern einbrachte.[699] Er vermutete außerdem Betrug bei der Schulpreisvergabe und wollte Greutter bestrafen zu lassen: „Diese Sach wirt einem oder dem anderen blaue Hosen khosten."[700] Greutter verteidigte sich gegen den streitsüchtigen Peil vehement, gab aber zu, Wiser bei seinem Aufsatz geholfen zu haben.[701] Als der Orden den Fall herunterspielte, legte Peil nach, dass Greutter auch grenzverletzendes Verhalten gezeigt habe, das skandalös war. Er habe nämlich mit seinen Händen Wisers Wangen ge-

---

694 APECESJ: 68-D, Verz. 5191, Geburt 1584, Eintritt 1610, Tod 1659, *coadjutor spiritualis*.
695 BayHStA: Jesuiten 353, Brief des Generals an den Provinzial vom 26. September 1656, fol. 1. „[...] ne illum imposterum commercium cum pueris aut adolescentibus illi permittatur."
696 BayHStA: Jesuiten 353, fol. 1: „ubi futurus ignotus." Ebenso erwähnt in ebd., Jesuiten 309, Brief von Nicarius Widman vom 11. Mai 1650, unfoliiert. Nachruf in APECESJ: Sign. 41–6, 41, fol. 483.
697 APECESJ: Sign. 68-D, Verz. 7593. Geboren 1622 in Augsburg, Eintritt 1642, gestorben in Altötting 1684. 1656/57 war er in Amberg stationiert, siehe Sign. 40–3, 71, fol. 363.
698 Siehe etwa das Verbot für die Oberrheinische Provinz, APECESJ: Sign. 41–16, 9, Memoriale Bamberg, 7. März 1696, s. pag.: „Non permittantur MM. [Magistro, U.L.] extra scholam ferere tempus cum suis discipulis [...]."
699 BayHStA: Jesuiten 358, fol. 3v.
700 BayHStA: Jesuiten 358, fol. 3v.
701 BayHStA: Jesuiten 358, fol. 5.

streichelt (*manibus per genas Godefridi oberrare*).[702] Allerdings scheinen weder Rektor noch Provinzial diese Nachricht ernst genommen zu haben, da sie von einem Zeitgenossen bereits durchgestrichen wurde. Unbeschadet dessen, muss man aber aufgrund der nicht disputierten Nähe von Greutter zu seinem „geliebten Johannes" (*dilectus Ioannes*) zumindest eine grenzwertige Beziehung annehmen. Mehr als eine Versetzung erfolgte aber nicht, da Greutter 1678 seine Profess-Gelübde im Orden ablegte.[703] Eine ähnliche Anklage brachte Peil übrigens auch gegen Sigismund Lanser vor, der selbst zugab, dass ihm in Hall auch von Eltern nachgesagt wurde, ein „Knabenliebhaber" zu sein (*puerorum amatore*), Peil aber dieses alte und völlig an den Haaren herbeigezogene Gerücht unberechtigter Weise wieder aufflamme.[704]

Der 1661 in Landshut geborene Franz Aloysius Leidl hatte das Münchner Wilhelmsgymnasium absolviert und war direkt ins Noviziat der Jesuiten eingetreten.[705] Er war zunächst in Konstanz, begann zunächst als Lehrer an seiner *alma mater*, bevor er 1690 nach Dillingen bei Augsburg gesandt wurde.[706] Dort soll er aber sieben Jugendliche missbraucht haben, unter denen sich auch Adlige befanden. Er wurde zwar 1691 entlassen, dann aber wie Marell wieder aufgenommen und als Missionar nach Indien gesandt, wo er „sancte" verstorben sein soll.[707] Leidls Fall ist bemerkenswert gut dokumentiert. Ein Professor des Dillinger Kollegs, Leopold Schlechtern,[708] hatte am 27. Juli 1690 den Provinzial informiert:

---

702 BayHStA: Jesuiten 358, fol. 20v. Zur Anklage, die Hälse der Frauen von der Musikempore aus zu begaffen, siehe ebd., fol. 10.

703 APECESJ: Sign. 40–3, 6, fol. 19.

704 BayHStA: Jesuiten 358, P. Sigismund Lanser/Lannser an den Provinzial vom 19. Oktober 1667, fol. 16. Zu diesem siehe APECESJ: Sign. 68-D, 6423, Geburt 1621, Eintritt 1637, Profess-Gelübde, Tod 1689.

705 Er spielte 1673 und 1674 im Theaterstück mit, erscheint aber mitunter als Franz Xaver Leidl, siehe S. Henricus ex duce Bavariae imperator invictissimus. München 1673; Proteus Christianus: d. i. seltzsame Veränderung des h. Alexandri. München 1674.

706 BSB: Clm 1551, vol. 2, fol. 172. Leidl ist im Catalogus von 1690/91 als Theologiestudent in Konstanz verzeichnet, siehe APECESJ: Sign. 40–3, 47, fol. 10, aber 1688/89 in Dillingen, siehe APECESJ: Sign. 40–3, 46, fol. 18. Bei der Taufe am 30. Mai 1661 erhielt er den Namen Franz Xaver Aloysius. Sein Vater Johann B. Leidl war kurf. Regierungsadvokat, siehe das Taufbuch von St. Martin in Landshut in AEM: CB213, M3861, fol. 341.

707 APECESJ: Sign. 68-D, Verz. 6369, Geburt 1661, Eintritt 1677, Dimission 1691, dann aber „heilig-mäßig" in Indien gestorben. Auch unter dem Namen Leiden/Leidel/Leydl. Er beantragte bereits 1680 in die Missionen zu gehen ARSI: Indipeta, vol. 23, 213). Zur Anklage gegen ihn siehe Lang: Amores Marelli, S. 32. Ebd., Sign. 43–90, fol. 14 vermerkt zu Leidl: „vide Cobolt dmi. Stöcklin" Dies könnte Franz X. Kobolt hindeuten, der 1696 entlassen, wurde, sowie auf Michael Stöcklin.

708 APECESJ: Sign. 68-D, Verz. 4356..

> Was ich schreibe, lässt meine Feder erröten. Ja – es grenzt an großen inneren Schmerz, aber Treue sowohl zur Gesellschaft als auch zu Ihnen P. Provinzial, machen es mir zur Pflicht [...][709]

Der Korrespondent deutete bereits mit dem „erröten" an, dass es sich um ein Sexualdelikt handelte, und entschuldigte sich dafür, den Dienstweg nicht einzuhalten. Denn eigentlich hätte der Rektor den Provinzial informieren müssen. Einige Stunden zuvor hatte Schlechtern aber vom Skandal erfahren. Die Tatsache, dass er noch am gleichen Tag nach München schrieb, zeigt nicht nur die Schwere der Tat an, sondern impliziert auch die Glaubhaftigkeit der Ankläger: In aller Frühe war einer von Schlechterns Schülern – von „völlig einwandfreiem Charakter" (*juvene undequaque bono*) – zu ihm gekommen. Durch Erwähnung seiner moralischen Qualitäten versuchte er auch den Provinzial von der Wahrhaftigkeit des folgenden Zeugnisses zu überzeugen. Der Schüler zeigte an, dass der *scholasticus approbatus* und Magister Aloysius Leidl „mit anderen Schülern unseres Gymnasiums durch obszöne Berührungen schwer sündige."[710] Der Rektor wurde hinzugezogen, der Schlechtern nun befahl (*jubeor*) alles mit größter Sorgfalt zu untersuchen (*omni cautela*):

> Ich habe gehorcht [*obedio*]. Ich habe nachgeforscht [*quaero*]. Ich habe die Zuversicht gewonnen, dass der Unglückliche [*infelice*], über seinen Fehler in der Beichte unterrichtet, nicht im Rausch sich der Leichtfertigkeit schuldig gemacht hat. Die Zahl der Verführten [*seductorum*], die man kennt, stieg auf sieben an, unter denen sich hoch- und höchstgestellte Personen befinden [*illustres & perillustres*].[711]

Die kurzen Verbsätze *obedio* und *quaero* führten dem Leser die Zielstrebigkeit des Briefschreibers vor Augen, der sich auch versicherte, dass Leidl nicht aus übermäßigem Alkoholgenuss einen einmaligen Fehler begangen hatte.

> Ich weiß nicht, ob der P. Rektor will, dass ich an den H. Herrn Provinzial schreiben solle [...] aber mein Gewissen erlaubt mir nicht länger zu schweigen.[712]

Letzteres ist ein erstaunlicher Satz für einen Jesuiten, der dem Oberen in allem zu Gehorsam verpflichtet ist, was nicht als Sünde gesehen wurde. Schlechtern un-

---

709 BayHStA: Jesuiten 361, Leopold Schlechtern an den Provinzial in München vom 27. Juli 1690, fol. 2.
710 BayHStA: Jesuiten 361, Brief von Leopold Schlechtern an Provinzial Benedict Painter in München vom 27. Juli 1690, fol. 2: „[...] cum aliquot discipulis Gymnasii nostri obscoenis tactibus foede peccare."
711 BayHStA: Jesuiten 361, fol. 2.
712 BayHStA: Jesuiten 361, Brief von Leopold Schlechter an den Provinzial in München vom 27. Juli 1690, fol. 2: „An R.P. Rector velit me Soc. J. R. Pr. iam perscribere, nescio. Mihi visus est, ea velle longius differe: me vero conscientia mea non permissit diutius tacere."

terrichtete nämlich den Provinzial unter Umgehung des Dienstwegs und insinuierte damit die langsame Handhabung des Falles durch den Rektor des Hauses. Die Berufung auf das Gewissen als Teilhabe an der göttlichen Wahrheit beinhaltete hierbei auch die implizite Drohung, dass Schweigen oder Vertuschung der Taten Leidls ohne Bestrafung eine schwere Verfehlung gegen Gottes Gebote darstellen würde. Schlechtern konnte aber nicht wissen, dass der Rektor Christoph Rottmair[713] bereits einen Tag zuvor dem Provinzial die Untersuchung des Falles Leidl angekündigt hatte. Auslöser dafür war die Furcht, Leidls Ruf könnte die Reputation des Kollegs beschädigen: Er spaziere in der Stadt herum, weil er dort einen Freund habe (*socium retineat*), wegen dem er unter allen möglichen Vorwänden das Kolleg verlasse. Die Bezeichnung als *socius* wurde hier wohl beschönigend als Chiffre für eine enge Freundschaft mit homoerotischem Unterton verstanden. Zudem, so der Rektor, treffe sich Leidl heimlich mit den Heranwachsenden (*adolescentibus*) zu Gesprächen. Wegen der Gefahr, die solche Beziehungen hervorbrächten, wurde Leidl zwar ermahnt und schien sich auch zu bessern, doch nun „wurde ich von seinem heimlichen und perversen Umgang mit einem Mädchen (*puella*) und Heranwachsenden informiert." Stichfeste und authentische Informationen seien aber nur zu erbringen, wenn er die nötige Erlaubnis vom Provinzial erhalte eine eingehende Untersuchung zu unternehmen, die „künftiges Unheil verhindern" solle.[714]

Im August saß Leidl bereits in Klosterhaft. Über ihn berichtete Eustachius Furtenbach in anonymisierter Form an den Provinzial. Er nannte ihn „illius" und „A." Leidl zeige sich, so Furtenbach, als reuiger Sünder, der auf Knien bitte, in der Gesellschaft bleiben zu dürfen und jede Buße auf sich nehmen wolle.[715] Zudem sei er eben erst zum Priester geweiht worden und man frage sich in München, ob er seine Primiz, seine erste hl. Messe, in der St. Michaelskirche feiern dürfe – denn dafür brauche er die Erlaubnis des Fürstbischofs. In der Handlungslogik der Zeit wäre demnach die Verweigerung der Primiz einem Schuldeingeständnis gleichgekommen, das die Gerüchteküche weiter angeheizt hätte. Daher zog man es vor, ihm die Lizenz für die Primiz einzuholen. Schließlich wusste außer dem Rektor und Schlechtern niemand von den Anklagen.[716] Leidl selbst adressierte einen Unterwerfungsbrief an den Provinzial, in dem er um väterliche Gnade bat, denn ein Ausschluss aus der Gesellschaft wäre für seine Eltern ein Todesurteil.[717]

713 APECESJ: Sign. 68-D, Verz. 4892.
714 BayHStA: Jesuiten 361, Brief von Christoph Rottmayr an den Provinzial vom 26. Juli 1690, fol. 1.
715 BayHStA: Jesuiten 361, Brief von Eustachius Furtenbach an den Provinzial vom 10. August 1690, fol. 3,.
716 BayHStA: Jesuiten 361, fol. 5–5v, Eustachius Furtenbach an den Provinzial vom 23. August 1690.
717 BayHStA: Jesuiten 361, fol. 6, Brief von Aloysius Leidl an den Provinzial vom 24. August 1690.

Ein Informationsbericht, exakt betitelt mit „nur für den internen Gebrauch,“ und entsprechend anonymisiert, listete Leidls „Komplizen" auf, ohne sie als Opfer anzuerkennen – ganz im Verständnis der Zeit. Mit enormer Achtsamkeit vertuschte man den Missbrauch, und hielt den wahren Sachverhalt vor den Eltern der Betroffenen verborgen – vielleicht auch mit spirituellem Druck, der ihnen unter Androhung der Todsünde verbot, darüber zu sprechen. Mit Leidls Primiz seien die Gerüchte über seien sexuellen Taten verstummt, meinte der Rektor[718] – und dies war nun für den Orden der ideale Zeitpunkt, ihn zu entlassen.

Auch Georg Bilgram[719] gehörte zu den Jesuiten, die sich als Lehrer an ihren Schülern vergingen. Er selbst hatte vier Schuljahre, von 1670 bis 1674, am Gymnasium in Landsberg verbracht, so dass man sich fragen muss, ob er vielleicht dort auch selbst von einem seiner Lehrer missbraucht worden war.[720] Bereits im nächsten Jahr trat er in den Orden ein. 1678/79 studierte er noch Metaphysik in Ingolstadt und wurde im Anschluss Magister in einem Ordensgymnasium. 1684 wurde er auffällig, wobei die Lokalisierung seiner Wirkungsstätte Schwierigkeiten bereitet. Der anonymisierte Bericht, der auf einer Vernehmung des Hauptopfers Petrus Albert Winger beruht, wie eine mit anderer Handschrift angebrachte Notiz angibt, wurde wohl durch den Rektor des Hauses an den Provinzial gesandt. „Ungefähr nach Weihnachten begannen die unkeuschen Berührungen," gab dieser an. Der „adolescens studiosus" der Poetikklasse Winger war vom Lehrer zu notwendigen Lehrübungen in die Kleiderkammer gerufen worden, die unter dem Dach des Kollegs war. Der Schüler bestätigte, dass kein Teil seines Körpers von seinen unkeuschen Berührungen verschont blieb (*immunem relictam*).[721] Dorthin rief er ihn nun an jedem Tag. An den anderen Tagen, während des Unterrichts, hatte er den Schüler auf dem Katheder neben sich, drängte sich an ihn (*imposuit*) und berührte ihn selbst dort unsittlich. Als einige Schüler Verdacht schöpften und genauer hinzuschauen versuchten, was die Hand des Lehrers anstellte, rief Bilgram zornig: „Raup, schau in Dein Buch!"[722] Indem er sich über den Schüler beugte, presste er sich an ihn auch auf dem Katheder, (*adolescenti incubuerit turpis corporis agitatione, [...] et super inclinatu puero turpi corpore incubuit*) mit sichtlicher körperlicher Erregung, lenkte davon aber ab indem er vorher eine Karte oder sonst etwas auf den Boden warf, was die Schüler dann aufhoben. Andere Male

718 BayHStA: Jesuiten 361, fol. 7–8, undatierte Informatio, wohl 1690.
719 APECESJ: Sign. 68-D Verz. 8974, Geburt 1658, Eintritt 1675, Dimission am 2. Mai 1685.
720 Oberdeutsche Personendatenbank https://oberdeutsche-personendatenbank.digitale-sammlungen.de (20. Mai 2023) siehe den Eintrag Pilgram, Georg.
721 BayHStA: Jesuiten 305, undatiert, fol. 1.
722 BayHStA: Jesuiten 305, fol. 1.

lagen die Schüler in abgelegenen Räumen vor ihm auf dem Boden wo er sie ähnlich anfasste, „wobei er keuchte" (*ut aegre spiritum traxerit*). Die Schüler ermahnte er, zu niemandem etwas zu sagen, weil sie sonst das Klassenziel nicht erreichen würden. Die Opfer standen nicht im Blick des Rektors, sondern allein der gute Ruf des Ordens. Das Zeugnis des Opfers Peter Albert Winger, den der Rektor als Komplizen behandelte, steht auf einem kleinen Zettelchen: „Ego Petrus Albertus Winger me a Magistro Bilgram singulis ferme diebus turpiter tactum fuisse ac etiam illum crebro in me incubuisse dico."[723] Winger fiel es begreiflicherweise schwer, den Missbrauch Bilgrams *expressis verbis* auszusprechen. Anstatt der mehr eindeutigen Redewendungen „sich wie eine Frau gebrauchen lassen" oder „perfekte Sodomie betreibend", wies er auf dessen oft täglich erlittene unsittliche Berührungen hin (*turpiter tactum*), aber auch, dass Bilgram oft „auf ihm gelegen habe," (*illum crebro in me incubuisse*) was den Akt der Penetration beschrieb.

Winger studierte von 1676 bis 1682 am Straubinger Gymnasium[724] wechselte aber wohl dann nach Landshut, denn Bilgram war nie am Straubinger Kolleg tätig. Der Pater gehörte nämlich vom 15. Oktober 1683 bis zum 9. Oktober 1684 zum Lehrpersonal des Gymnasiums Landshut.[725] Dort war er auch Beichtvater der Gymnasiasten, was ihm eine besondere Vertrauensstellung einräumte,[726] und ebenso für das Schuldrama verantwortlich, was sich mit den Aussagen Wingers deckt.[727] Allerdings muss man dann annehmen, dass Winger, der bereits 1682 in der Poetik-Klasse in Straubing eingeschrieben war, diese in Landshut noch zweimal wiederholt hat oder dass die Angabe in dem Bericht des Rektors über den Missbrauchsfall, er sei ein Schüler der Poetikklasse gewesen, falsch war.[728] Zwar führte das Dimissionsbuch Biburg als Austrittsort Bilgrams im Mai 1685 an, da

---

723 BayHStA: Jesuiten 305, fol. 2, undatiert.
724 Dies ergibt sich aus der Auflistung der Schüler, die am jährlichen Theaterstück mitspielten, siehe Misothea Ruentis In Ultimam Perniciem Ac Damnationem Animae: Tragoedia Spectata in ludo theatrali Straubingae. Straubing 1680; Misericordia et Iudicium Domini Peccantibus Parata Et a Studiosa Iuventute Gymnasii Straubingani. Straubing 1681; Martyr-Palmeriche Starkmüthigkeit des unüberwindlichen Jünglings Andreae von Chio. Straubing 1682. Zudem AJTG: Schülerkatalog.
725 BCUF: L 259/2, fol. 235v; 254v. Bilgram erscheint 1678/79 im Personalkatalog der Provinz im Kolleg Ingolstadt, siehe APECESJ: Sign. 40–3, 71, fol. 530; ebd., Sign. 40–3, 45, fol. 37. Im Diarium Collegii Landishutani in BCUF: L 259/2, fol. 259–259v fehlt er in der Auflistung des Lehrpersonals im Jahr 1685, so dass auszuschließen ist, dass er in diesem Jahr dort gelehrt hat. Karl Heinrich von Lang: Reverendi in Christo Patris Jacobi Marelli Soc. Jesus. Amores. E scriniis provinciae Superioris Germaniae Monachi nuper apertis brevi libello expositi. München 1815, S. 31.
726 BCUF: L 259/2, fol. 240; vgl. ebd. 242r.
727 BCUF: L 259/2, fol. 243r. Die Aufführung fand am 11. Februar 1684 statt.
728 APECESJ: Sign. 68-D Verz. 8974.

man aber zumeist einen Jesuiten nicht direkt vom letzten Ort seines Wirkens entließ, ist es wahrscheinlich, dass Biburg nur ein kurzer Zwischenstopp war, bis
man die Erlaubnis des Generals zur Entlassung besaß.[729] Damit scheint sich der
Tatort auf Landshut und der Tatzeitraum auf Dezember 1683 bis Frühjahr 1684 zu
verdichten. Vielleicht reichte Winger seine Anklage auch erst nach der Abreise
Bilgrams zum Theologiestudium nach Ingolstadt im Oktober 1684 ein, denn dies
würde den zeitlichen Abstand zwischen Tat und Entlassung erklären. Denkbar ist
aber auch, dass man Bilgram zunächst nur bestraft und versetzt hat, um weitere
Nachforschungen einzuziehen oder ihm eine zweite Chance zu geben. Winger
wurde streng ermahnt, niemanden etwas über den Fall zu erzählen, sowohl zum
„Wohl" des Magisters Bilgram als auch um seines eigenen Seelenheiles willen.[730]
Über den weiteren Lebensweg der beiden ist nichts bekannt.

Georg Deininger wurde von seinen Oberen als „homo simplex, audax, et
incautus," als einfältiger, aber übermütiger und unvorsichtiger Mensch bezeichnet. Vor allem hinter letzteren Adjektiv scheint sich das Vorurteil zu verbergen,
dass die Anschuldigung sexueller Vergehen auf unvorsichtigen Handlungen be-
ruhte, die einer realen Grundlage entbehrten. Schließlich waren, wie aus dem
Brief des Jahres 1675 hervorgeht, in Ellwangen Gerüchte über ihn in Umlauf, dass
er einen unmoralischen Lebenswandel führe, wohl auch weil der Jesuitenkoch,
der Brot an die Frauen der Stadt ausgab, einmal sagte: „Ihr fragt euch wohl, was
euch der P. Georg [i.e. Deiniger, U.L.] oder P. Lochbrunner gegeben hätte?"[731] Allerdings war dem Hausoberen nichts Derartiges bekannt. Er wurde aber dennoch
angewiesen, Deininger streng zu überwachen (*maiori vigilantia*).[732] Schon sechs
Monate später wurde dieser dann auch schwerer Vergehen angeklagt, die Deininger rundweg abstritt.[733]

Allerdings gibt es hier in Dillingen einen ehrbaren Jungen, der aufgrund seiner Ehrbarkeit
[*sinceritate*] von seinem Magister Adam Ehrentreich wie auch von seinem Beichtvater
P. Franziskus Rhem empfohlen wird, der dem P. Franziskus Rhem außerhalb der Beichte im
Kolleg einmal anvertraut hat, dass der Ellwanger Professor Pater Georg Deininger schlechte
Dinge tue, die er mir beschrieb [...] Diese habe ich auf der folgenden Seite niedergeschrie-

---

729 APECESJ: Sign. 43–90, fol. 13.
730 BayHStA: Jesuiten 305, fol. 1v.
731 BayHStA: Jesuiten 359, Brief von P. Christoph Meindl an den Provinzvisitator vom 9. November 1675, fol. 2v. Ebd. wird auch P. Philipp Jenningen erwähnt.
732 BayHStA: Jesuiten 359, Brief von P. Christoph Meindl an den Provinzvisitator vom 9. November 1675, fol. 2v.
733 BayHStA: Jesuiten 359, Brief von P. Christoph Meindl an den Provinzial vom 6. Mai 1676, fol.
2–2v.

ben. Diese Zeilen hat P. Franziskus dem Jungen vorgelegt, der alle sieben dort aufgelisteten Punkte bestätigte.[734]

Der Briefschreiber, Christoph Meindl, taxierte die Glaubwürdigkeit des Zeugen anhand der Empfehlung durch Klassenlehrer und Beichtvater. Seine moralische Integrität wog schwerer als sein Alter. Zudem legte er Wert darauf, dass durch die Heranziehung des Jungen das Beichtgeheimnis in keiner Weise verletzt worden war. Allerdings wurde Deininger nicht des Missbrauchs bezichtigt, sondern der „allzu nahen Vetrautheit" mit der Frau des Stadt-Schultheiß Rechberg, die „überall in schlechtem Ruf steht."[735] Demnach erhellt aus dem Schriftverkehr, dass Deininger den Jungen benutzte, um seine Stelldicheins zu organisieren, ohne je einen Gedanken daran zu verschwenden in welche Gewissensnöte er ihn damit stürzen würde. Außerdem scheint er es in Kauf genommen zu haben, von ihm und einem anderen Jungen auch bei unsittlichen Berührungen gesehen zu werden. Er missbrauchte damit seine Vertrauensstellung als Lehrer und tat beiden Jungen Gewalt an. Der namentlich genannte Junge war der dreizehnjährige Grammatikstudent Ignatius Hueber, der zwei Jahre zuvor Deininger als Klassenlehrer in Ellwangen hatte. Deininger hatte ihn dafür rekrutiert, fast fünfzig Liebesbriefe zu seiner Geliebten zu schmuggeln. Hueber hatte sich zunächst nichts dabei gedacht, wahrscheinlich weil er meinte, die Frau komme zu Deininger zum Beichten. Doch als er einmal einen der Briefe öffnete und darin eine eindeutige Einladung in das Schlafzimmer des Paters las, wurde ihm klar, dass beide ein Verhältnis hatten. Wenn der Ehemann der Rechbergerin nach Hause kam, musste Deininger stets durch den Keller fliehen, was der Junge selbst gesehen hatte. Auch um sicherzustellen, dass das Hospiz im Kolleg leer war, wurde der Junge geschickt, wo er beide in unsittlichem Verkehr beobachtete.[736] Einmal allein mit ihm soll sie gesagt haben: „Der Diebspfaff begehrt so ungebierhliche Sachen von mir, dass ich es nit mehr leiden khan. Ich will ihn zu Dillingen verklagen, ich will ihm nit mehr beichten."[737] Die Jesuitenoberen waren aber nicht sicher, wie sie diese Offenbarung einordnen sollten. Hatte die Rechbergerin nur dissimuliert oder die Wahrheit gesagt? War die Aussage wahrhaftig, lag eine Sollizitation, also ein Missbrauch des Beichtstuhls vor. Zudem wurde P. Lochbrunner im Anschluss ihr Beichtvater, aber die Briefe und Besuche dauerten noch eine Weile an. Hueber wurde, nachdem er alles seiner Mutter anvertraut hatte, von seinen Eltern aus Ellwangen abgezogen und stattdessen im Gymnasium Dillingen inskribiert. Erst 1681 entließ man Deininger, der im Jahr

---

734 BayHStA: Jesuiten 359, fol. 2–2v.
735 BayHStA: Jesuiten 359, fol. 2–2v.
736 BayHStA: Jesuiten 359, fol. 4.
737 BayHStA: Jesuiten 359, fol. 4.

darauf zum Doktor beider Rechte promoviert wurde,[738] sofort Anstellung im Bistum Augsburg seit 1684 als Pfarrer von Handzell, dann 1685 als Pfarrer von Arnbach im Bistum Freising fand, und seit 1702 in Friedberg wiederum im Bistum Augsburg amtierte.[739] Ein Visitationsbericht von 1708 vermerkte, dass Deininger „30 Jahre in der Gesellschaft Jesu gelebt" hatte. Dort wurde er als „beispielhafter Mann" geschildert (*vir exemplaris*) aber auch als starrköpfig (*capitosus*) und streitliebend (*litium amans*).[740]

Julius Pellanda wurde 1689 in Osogna/Schweiz geboren und besuchte im Anschluss das Jesuitengymnasium Feldkirch, bevor er 1706 der Gesellschaft Jesu beitrat. 1713 versetzte sein Verhalten ganz Landsberg in Aufregung. In der Stadt hatte sich bereits das Gerücht verbreitet, dass er ein Knabenschänder sei, bevor noch der Rektor überhaupt von der Anklage erfuhr.[741] Bis zur Klärung der Angelegenheit schickte man auf Exerzitien.[742] Die „Querelen der Schüler," ihre Verdächtigungen und Anschuldigen, seien „allesamt erfunden" (*tanta in me inventus*)[743], besonders, „dass ich gegen das Gelübde der Keuschheit verstoßend, stehend zwei Schüler an ihrer Scham [i.e. Penis, U.L.] berührt hätte bei einer Theaterprobe" (*inter ludi probatione*), insistierte Pellanda. Er habe nie einen Schüler geheim oder öffentlich an diesen Körperstellen berührt.[744] Superior Kleinbrodt glaubte ihm aber kein Wort. Der junge Magister habe „versucht, die Angelegenheit nicht ganz zu entschuldigen, aber wenigstens zu verkleinern," was völlig zwecklos war. „Nun gilt meine Hauptsorge den Mitwissern und [...] der Rettung unseres Rufes, wenn ich schon den Menschen nicht mehr retten kann,"[745] schrieb Kleinbrodt an den Provinzial.

Ritter von Lang bezeichnete Pellanda in seinem Pamphlet von 1815 als so versessen auf Geschlechtsverkehr mit Männern, „dass er sie aus Geilheit, gleich

---

738 Johann Balthasar Braun: Jurisprudentia in genere ac specie: Nova & scientifica methodo publicata, in gratiam eorum, qui amant solidam doctrinam iuris. Salzburg 1687, S. 279.
739 APECESJ: Sign. 68-D, Verz. 8514, Geburt 1643, Eintritt 1660, Dimission 1681. AEM: AA001/3, PfarrA1701, *professio fidei* vom 7. Februar 1685. Letzte Gewissheit über die Identität des Kanonikus Johann Georg Deininger mit dem Jesuiten Georg Deininger gibt BSB: Clm 27634 im Eigentumsvermerk „D. N. Deininger Fridpergae parochus tamquam in Societate Jesu."
740 ABA: BO 2681, s. pag.
741 BayHStA: Jesuiten 360, Brief von P. Anton Kleinbrodt SJ aus Landsberg an den Provinzial vom 10. Mai 1713, fol. 15–16v. Zur Vita von Pellanda siehe APECESJ: Sign. 68-D, Verz. 5496.
742 BayHStA: Jesuiten 360, Brief von P. Anton Kleinbrodt SJ aus Landsberg an den Provinzial vom 7. Juni 1713, fol. 13v.
743 BayHStA: Jesuiten 360, Brief von P. Julius Pellanda SJ an den Provinzial vom 7. Juni 1713, fol. 12.
744 BayHStA: Jesuiten 360, fol. 12.
745 BayHStA: Jesuiten 360, Brief von P. Anton Kleinbrodt SJ aus Landsberg an den Provinzial vom 10. Mai 1713, fol. 15.

einem Verrückten, in die Wangen" biss, aber davon ist in den Quellen nichts zu finden. Vielmehr scheint er in einem Anfall geistiger Umnachtung einem Schüler in die Wange gebissen zu haben. Befragt warum er es getan habe, gab er an, „Zahnschmerzen zu haben."[746] Im Lauf der Untersuchung stellte sich zudem heraus, dass er nicht nur Schule, Katheder, und Gymnasium für seine unsittlichen Berührungen benutzt hatte, sondern auch die Sternwarte, so dass man ihn zum Ende des Schuljahres in Kaufbeuren entließ.[747]

Zwei Jahre später reiste Pellanda „zu Fuß" nach Wien und bat den Provinzial inständig, dort wieder in die Gesellschaft eintreten zu dürfen. „Er tat mir wirklich leid," schrieb Provinzial Gabriel Hevenesi an den General in Rom, bemerkte aber, „dass die Angelegenheit sehr genau bedacht werden sollte."[748] Das gravierendste Problem scheint für Hevenesi allerdings nicht die Vergangenheit Pellandas gewesen zu sein, die mit keinem Wort erwähnt wird, sondern seine italienische Sprache. Am 16. Juni 1714 stellte er gegenüber dem General fest: „Ich halte Julius Bellanda [sic!] für künftige Arbeit in der Provinz durchaus brauchbar," auch wenn er aufgrund seiner Beherrschung der deutschen Sprache ernsthafte Zweifel hatte.[749] Im Juli wurde er dennoch ins Noviziat der Österreichischen Provinz aufgenommen, wo er 1716 in Gorizia als Grammatikpräfekt am Gymnasium wirkte, und von 1717 bis 1719 in Graz Theologie studierte.[750] Am 14. Oktober 1719 wurde er aber wiederum von der Gesellschaft entlassen.[751] Ist er mit dem 1760 in Wien verstorbenen Wohltäter des Gymnasiums Feldkirch, das er einst selbst besucht hatte, identisch, hätte er seine Verbindung zum Orden trotz Dimission fast fünf Jahrzehnte aufrecht erhalten.[752]

Allerdings wurden bei weitem nicht alle Fälle von Kindesmissbrauch so gut dokumentiert.[753] Die Oberrheinische Provinz erwähnte etwa eher nebenbei in

---

746 BayHStA: Jesuiten 360, Informatio von P. Anton Kleinbrodt vom 21. Juni 1713, fol. 9. Karl Heinrich von Lang: Abenteuer des ehrwürdigen Pater Jacob Marell, Mitgliedes der Gesellschaft Jesu: entlehnt aus Actenstücken, welche in den Archiven des Jesuitenordens in München aufgefunden worden sind. Bautzen 1845, S. 36.

747 BayHStA: Jesuiten 360, Brief von P. Anton Kleinbrodt SJ aus Landsberg an den Provinzial vom 11. Juni 1713, fol. 10. APECESJ: Sign. 40–3, 56, fol. 27 zum Austrittsort Kaufbeuren.

748 ARSI: Austr.11-II, vom 3. März 1714, fol. 562.

749 ARSI: Austr.11-II, vom 16. Juni 1714, fol. 581.

750 Catalogus personarum et officiorum Provinciae Austriae Societatis Jesu: 1715–1734. Wien 1715, S. 44. Catalogus generalis, S. 77.

751 ARSI: Austr.12-I, vom 14. Oktober 1719, fol. 20v.

752 Anton Ludewigg: Die am Feldkircher Lyzeum im 17. und 18. Jahrhundert studierende Jugend. Innsbruck 1932, S. 1054.

753 Auch diejenigen, die nach eigenem Zeugnis einen Ruf zur Gesellschaft Jesu verspürten und sich der Berufung verweigerten, wurden mitunter dokumentiert. APECESJ: Sign. 43–90, fol. 32

ihren Beratungen in den ersten Monaten des Jahres 1697, dass ein nicht namentlich genannter Magister am Bamberger Gymnasium, also wohl ein *scholasticus
approbatus* oder *coadjutor spiritualis*, „sandalosam commercium in re lubrica,"
also skandalösen sexuellen Verkehr mit Schülern gehabt hatte.[754] Aufgrund des
Fehlens einer eindeutigen Beschreibung ist wohl davon auszugehen, dass es sich
um sexuelle Berührungen und gegenseitige Selbstbefriedigung handelte. Darauf
scheint auch die Beratung der Konsultoren ein Jahr später hinzudeuten, in der
man über die „verdorbene Inkontinenz" (*perdita ob inconstantiam*) sprach, die er
den Jugendlichen (*discipuli; iuvenes*) beigebracht hatte.[755] Obwohl der Magister
vergebens darauf insistiert hatte, dass die ihn anzeigenden Schüler in seiner Gegenwart vernommen werden sollten, da er anfangs alles abstritt, zogen alle im
Verlauf der Vernehmung ihre Aussagen zurück. Doch schon am 22. April 1697 wi-
derriefen einige ihren Widerruf und der Jesuit stellte selbst, aufgrund seiner eigenen „Verderbtheit" (*naturam suam depravatam*) den Antrag auf Entlassung, was
einem Geständnis gleichkam.[756] Elf Jahre später entließ man Jacob Morgenstern
wegen Liebesbriefe an eine „infamiam personam," also eine ruchlose Person.[757]

Für die meisten entlassenen Jesuiten gibt es nur kurze Listeneinträge, in
denen nur selten der Grund für die Dimission angegeben wurde.[758] 1595/96 wurde
etwa als Grund für die Entlassung des Münchner Kolleg-Rektors und Konvertiten
Christoph Marianus (lutherischer Geburtssname *Daniel Mätschberger)* vermerkt, dass er sich „schlecht aufgeführt" (*male*) und des Nachts „puellas" auf sein
Zimmer gelassen habe. Die Bezeichnung *puella* für Mädchen ist zwar ein wenig

---

nennt auch den Päderasten Franciscus Andreas Freiherr von Reitenau. Er sei als Hauslehrer bei
einer Grafenfamilie untergekommen, wo er seine „in pueros libidine" an den Tag legte. In Eisen
und Feuer gelegt (*fero et igne erat plectendus*) wurde vor die Erzherzogin Claudia de Medici gebracht, dann in Tirol eingekerkert, wo er 1652 starb.
754 APECESJ: Sign. 40–2,7, 1697, fol. 33. Die Personalaufstellung des Bamberger Kollegs zu diesem
Jahr findet sich in ibib., Sign. 40–2, 24, fol. 205. APECESJ: Sign. 40–2, 9, fol. 131 erwähnt im Jahr
1699 eine Untersuchung gegen P.R. in Bamberg. ebd., Sign. 40–2, 18, fol. 112 nennt den am
31. März 1699 in Bamberg ausgeschlossenen Johannes Resch/Rösch, der 1665 in Pottenstein geboren wurde und 1688 eingetreten war, siehe ebd. Sign. 68-D, Verz. 10400. Joseph Henlein wird 1702
in Bamberg entlassen, weil er eine Frau unsittlich berührt hatte, siehe APECESJ: Sign. 68-D, Verz.
11325, Geburt 1666, Eintritt 1685; ebd., 40–2,7 Konsultation vom 25. Oktober 1701, fol. 55.
755 APECESJ: Sign. 40–2,7, 1697 ohne Monatsangabe, fol. 33.
756 APECESJ: Sign. 40–2,7, April 1697, fol. 33.
757 APECESJ: Sign. 40–2,7, 30. April 1708, fol. 93. Siehe ebd., 73 Ae 7 Ei, fol. 96, Geburt 1672, Eintritt 1699.
758 Ähnliches ist auch für Bemerkungen über Strafen im Orden zu sagen. Es ist daher unklar
für welche Delikte etwa P. Johannes Schetzer 1737 eingekerkert wurde, siehe APECESJ: Sign. 40–2,
8, fol. 10. Gleiches gilt für die Entlassung des 58-jährigen Johannes Dietz und eines ungenannten
Fraters am 17. Mai 1770, siehe APECESJ: Sign. 40–2, 8, fol. 126.

ambig, betont aber deutlich deren Jugend, da man ansonsten auch *foemina* hätte verwenden können. Aufgrund des Machtgefälles ist daher von einer sexuellen Gewalttat ohne physische Gewaltanwendung auszugehen.[759] Außerdem zeigen die Bemerkungen im Entlassungsbuch der Provinz, dass sich über besonders unmoralische Jesuiten ordensintern geheimes Wissen gebildet hat, das mitunter an Novizen weitergegeben wurde: Der unbekannte Chronist identifizierte nämlich Marianus nicht nur als den stolzen und anonymisierten Jesuiten in Dillingen, der in den *Litterae Annuae* der Gesellschaft aufscheint, sondern auch als den libidinösen Namenlosen, den Lancisius verewigt hat.[760] Die in der Literatur anzutreffende Darstellung, Marianus sei mit päpstlicher Dispens aus dem Orden getreten, widerspricht den Quellen und wäre auch unnötig gewesen, da der General die Entlassung hätte aussprechen können. Es liegt demnach vielleicht eine bewusste Täuschung über seine Vergangenheit vor, die es ihm ermöglichte in Würzburg zuerst als Professor der Moraltheologie, dann als Stiftsdekan von Neumünster weiter Karriere zu machen. Es ist daher nur allzu gut zu verstehen, dass er den Orden in einer eigenen Schrift 1598 in Schutz nahm, vielleicht auch, um dessen Schweigen über seine Vergangenheit zu erwirken.

1622 wurde für den in München stationierten *scholasticus* Daniel Ruess erwähnt, er sei „ob magna [...] maleficia, dissolutos mores, & fraudes", also wegen großer Verbrechen, verdorbener Sitten und Betrug dimittiert worden,[761] während 1621 für Anton Desiderius nur „dissolutos mores" aber kein Austrittsort angegeben wurden.[762] 1628 vermerkte man für Sebastian Rieger in Dillingen als Grund „ob flagitiis," was mit Skandal oder Schande übersetzt werden muss und zumeist eine sexuelle Konnotation hatte. Ob es sich aber um sexuelle Gewalt oder nur um

---

759 APECESJ: Sign. 43–90, fol. 4, vgl. ebd., Sign. 68-D, Verz. 6100, Geburt 1561, Eintritt 1578, Priester, Dimission 1597. Auch das Münchener Kolleg war schließlich überrascht über den Abzug von Marianus am 13. November 1596, siehe BSB: Clm 1550, vol. 1, fol. 5. Siehe das ausführliche Biogramm bei Alfred Wendehorst: Das Stift Neumünster in Würzburg. Germania Sacra NF 26. Berlin, New York 1989, S. 601–603. Duhr bespricht die Schrift, scheint aber den Dimissionsgrund nicht zu kennen, siehe Bernhard Duhr: Geschichte der Jesuiten in den Ländern Deutscher Zunge, Bd. 2/2. Freiburg 1913, S. 569–570.

760 Litterae societatis Jesu duorum annorum 1594 et 1595 ad patres et fratres eiusdem societatis. Neapel 1604, S. 437; Mikołaj Łęczycki/Nicolaus Lancisius: Opera Omnia Spiritualia: XXI. Opusculis Comprehensa, In Quibus Virtutes Cuilibet Hominum Statui Convenientes Tum Solida Doctrina Illustrantur, Tum Piis Affectibus Exornantur. De recte traducenda Adolescentia in statu Saeculari, & in quovis alio, Bd. 1. Ingolstadt 1724, S. 20–21.

761 APECESJ: Sign. 43–90, fol. 6., vgl. ebd., Sign. 68-D, Verz. 4867, Geburt 1595, Eintritt 1612, Dimission 1622.

762 APECESJ: Sign. 43–90, fol. 6., vgl. ebd., Sign. 68-D, Verz. 8479, Geburt 1593, Eintritt 1613, Dimission 1621.

Selbstbefriedigung oder eine Liebschaft handelte, ist nicht ersichtlich.[763] Für den 1647 in Ebersberg entlassenen P. Michael Linder überlieferte man als Entlassungsgrund lediglich „wegen einer unsittlichen Konversation mit einem Schüler" (*impudica cum discipulo conversatione*).[764]

1739 wurde in der Oberrheinischen Provinz der Jesuiten in Heidelberg ein *coadjutor temporalis* ohne Priesterweihe, wie die Unterlagen der Provinzkonsultationen hervorheben, beschuldigt, Jungen unsittlich berührt zu haben (*impudicos tactus cum pueris*). Er gestand und wurde entlassen. Da er aber Reue und Besserung versprach, fragte sich der Rektor ob man die Dimission zurücknehmen solle. Die Bemerkung des Provinzkonsults ist beachtenswert: „Er soll nicht gehört werden. Er muss gehen wegen des Skandals, den er verübt hat."[765] Eindeutig sexueller Gewalt zugeordnet war der Missbrauch eines 15- und eines 11-jährigen Mädchens durch Joseph Maier in Biburg im Jahr 1720/23,[766] während für den Fall des 1733 entlassenen P. Anton Sepp (*commercium carnale cum puella*),[767] den 1742 entlassenen Carolus Wiggemann[768] (*cum puella apostata*), und den 1743 ausgeschlossenen Adam Ainkäs[769] aus Altötting (gravissimae *libera[litas] cum puella*) aufgrund der Wortwahl (zumindest) sexuelle Gewalt im weiteren Sinne anzunehmen ist.

1747 musste ein Priester der Oberrheinischen Provinz zum wiederholten Male (*de novo*) wegen Küssen, die er einem Schüler aufgedrängt hatte, und sogar seine Hand gegen seinen Schritt gepresst hatte, ermahnt werden. Die Provinzkonsultoren konnten sich aber nicht zu einer Entlassung durchringen und bestanden stattdessen auf seiner Abschirmung von der Außenwelt und erst bei einem weiteren Delikt, nach seiner Bußzeit, auf Weiterleitung des Falles nach Rom.[770] 1748

---

763 APECESJ: Sign. 43–90, fol. 7, vgl. ebd., Sign. 68-D, Verz. 4996, Geburt 1585, Eintritt 1606, Dimission 1628.
764 APECESJ: Sign. 43–90, fol. 10. Der dort angegebene Hinweis, er sei im Anschluss zum evangelischen Glauben konvertiert und habe Ehebruch begangen, sowie der Hinweis auf ein Manuskript ließ sich nicht eruieren: „MS Landish. T. 2, pag. 235."
765 APECESJ: Sign. 40–2, 8, Consultationes Provinciae Rheni Superioris, 29. Mai 1739 und 12. Juni, fol. 16v: „Non Audiatur. Tollendum est scandalum quod dedit."
766 Der von Lang zitierte Bericht konnte nicht aufgefunden werden. Nach Lang wurde er 1720 ausgeschlossen. Das Jesuitenarchiv dokumentiert aber 1723. Lang: *Amores Marelli*, S. 35. APECESJ: Sign. 72 A 1349, fol. 268, P. Schol., Geburt 1677, Eintritt 1719, Dimission in Biburg 1723.
767 APECESJ: Sign. 43–90, fol. 21, vgl. ebd., Sign. 68-D, Verz. 4572, Geburt 1683, Eintritt 1700, Entlassung 1733.
768 APECESJ: Sign. 43–90, fol. 21.
769 APECESJ: Sign. 43–90, fol. 21, vgl. ebd. Sign. 68-D, Verz. 9378, Geburt 1707, Eintritt 1734, Dimission 1743. Ein anderer Fall aus dem Jahr 1746 in der Oberrheinischen Provinz, siehe APECESJ: Sign. 40–2, 8, Consultationes Provinciae Rheni Superioris, 1745, fol. 42.
770 APECESJ: 40–2, 8, Bericht vom 27. April 1746, fol. 44.

hatte Joseph Joachim einem Mädchen nicht nur einen Kuss aufgedrängt, sondern sie auch mit Briefen erpresst, hatte aber dennoch auf eigenen Wunsch 1750 in „unmenschlichster" Weise seine Entlassung beantragt.[771] Hinter dem 1749 erwähnten „großen Verbrechen" (*magni criminis*) des mit „D.M." anonymisierten Dominicus Meyer verbarg sich auf den ersten Blick kein Sexualdelikt, sondern die Aufführung eines deutschfeindlichen Theaterstücks in Schlettstadt, das den elsässischen Jesuiten fast zum Verhängnis geworden wäre.[772] Dennoch erwähnte ein Bericht der Provinz eine Frau als seine „Komplizin und Denunziatorin," die vor einem weltlichen Richter angezeigt werden sollte, um den guten Ruf der Gesellschaft wiederherzustellen. Aus der Wortwahl „complice et delatrice" ist auf ein Sexualdelikt zu schließen, da diese Begriffe zur Standardbeschreibung sexueller Beziehungen verwandt wurden. Da die Frau zudem als Anklägerin auftrat, ist von sexueller Gewalt im weiteren Sinne auszugehen. Allerdings war sein politisch motiviertes Auftreten und die Einschaltung staatlicher Behörden für seine Entlassung ausschlaggebend.[773]

Weitaus eindeutiger wird in einer Liste der entlassenen Jesuiten der Oberdeutschen Provinz Magister Franz Xaver Pimann, der 1761 in Konstanz am Gymnasium gelehrt hatte, in Landsberg am 2. Juni 1762 „wegen Delikten, die er mit einem bekannten [*illustri*] Schüler begangen" hat, dimittiert.[774] 1754 hatte man bereits An-

---

771 APECESJ: Sign. 40–2, 8, Jg. 1748, fol. 53 vermerkt zudem, dass er „graviter castigandum" sei. ebd. fol. 61v vom März 1750: „Actum de dimittendo Josepho Joachim, qui id importunissime et inhumanissime postulaverat [...]."

772 APECESJ: Sign. 40–2, 8, Bericht vom April 1749, fol. 55v; 57v, 58v., fol. 63. Ebd., fol. 60 vom 2. Dezember 1749 beschreibt Meyer als „Nulli aptus officio, hostis Germanorum, valde periculosus semper, delator effrons et luat ibi, ubi peccavit." Dominikus Meyer wurde am 28. Oktober 1750 aus dem Kolleg Schlettstadt/Sélestat im Elsass entlassen, siehe APECESJ: Sign. 68-D, Verz. 10708, Geburt 1705, Eintritt 1723; vgl. Catalogus personarum et officiorum Provinciae Societatis Jesu ad Rhenum Superiorem Ab Anno 1747 in Annum 1748. Mainz 1748, S. 25; Joseph Geny, Die Jahrbücher der Jesuiten zu Schlettstadt und Rufach, 1615–1765. Strassbourg, 1896, S. 692–93. Zum politischen Hintergrund des Theaterstücks siehe Claude Muller: En Alsace, le Saint-Esprit est aux ordres du roi : Réalité et limites de la politique monarchique française au XVIIIe siècle. In: Revue d'Alsace (2016), H. 142, S. 299–314, hier S. 312–313.

773 APECESJ: Sign. 40–2, 8, Bericht vom August 1750, fol. 63–63v; Bericht vom 19. Oktober 1750, fol. 63v.

774 APECESJ: Sign. 43–90, fol. 24. Ebd., Sign. 68-D, Verz. 5389, Geburt am 7. November 1736 in Cham, Eintritt 1754, Dimission 1762, *scholasticus approbatus*. Pimann stammte aus Cham im Bistum Regensburg, siehe ebd., Sign. 40–3, 6, fol. 123v. Siehe auch Catalogus personarum et officiorum Provinciae Germaniae Superioris Societatis Jesu. München 1761, S. 12. Siehe auch die Entlassung des „incorrigibilis" Joseph Dumberger nach 36 Ordensjahren. Siehe ebd., Sign. 68-D, Verz. 8374, Geburt 1703, Eintritt 1728, Dimission 1764.

dreas Rathgeb in Mindelheim „ob delictu cum puero," also Missbrauch eines Jungen entlassen.[775] Über beide gibt keine anderen archivalischen Hinweise.

6.7 Andere Sexualdelikte

Während die Dokumentierung von Sexualdelikten in der Oberdeutschen Provinz ein Glücksfall für Historiker sind, können auch annalistische Dokumente Hinweise auf sexuelle Gewalt geben. Zwar sind diese äußerst selten und immer geschönt und apologetisch, aber sie erhöhen die Möglichkeit auch Fälle wahrzunehmen, die sich weder in den Provinzkonsultationen noch einem Schriftwechsel mit dem Provinzial niedergeschlagen haben und an deren Ende auch keine Entlassung des Jesuiten stand. Eher beiläufig wurde so für das Jahr 1597 eingestreut, dass einige Sexualdelikte begangen worden waren, wie etwa in München, wo Jungen wie Mädchen missbraucht worden waren (*promiscue pueris puellisque*). So erstaunlich der Eintrag in einem veröffentlichten Werk auch ist, er suggeriert das sofortige Einschreiten der Oberen und die rücksichtslose Aufarbeitung. Man inszenierte sich als transparenter Orden.[776]

Ein anderes Beispiel ist ein Eintrag des Jahres 1598 in den Annalen des Kollegs Bruntrut/Porrentruy in der Schweiz, das zur Oberdeutschen Provinz gehörte. Gott habe es zur Erniedrigung und zur spirituellen Vervollkommnung zugelassen, dass Pater Stephan Bertin, der aus der Provinz Lyon stammte, von seiner Beichttochter Jeannette Geste „mit einem Sittlichkeitsverbrechen verunglimpft wurde" (*turpi crimine infameretur*), dass er sie nämlich zu vergewaltigen (*violare*) versucht hätte.[777] Der Chronist dokumentierte, dass Bertin bereits seit acht Jahren ohne Probleme in der Stadt die Beichte abnehme und ein angesehener Seelenführer sei, aber auch, dass die Frau erbost über die Tatsache war, dass Bertin ihr die Absolution verweigert hatte. Aus Rache habe sie das Gerücht der versuchten Ver-

---

775 APECESJ: Sign. 43–90, fol. 23, zu seiner Vita siehe ebd. Sign. 68-D, Verz. 5204, Geburt 1711, Eintritt 1738, Dimission 1754. Erwähnt in ebd., Sign. 41–6, fol. 583 als „discp. inf." Dieser ist vielleicht identisch mit dem 1761 ordinierten Johann Andreas Rathgeb, siehe Paulus Weissenberger: Michael Dobler Abt von Mönchsdeggingen im Ries (1705–1777). In: Studien und Mitteilungen zur Geschichte des Benediktinerordens und seiner Zweige 75 (1961), S. 361–469, hier S. 409. Der Personalkatalog von 1754 nennt Rathgeb „Empt. Disp. Curat. Braxat. & Vill. Soc. Ex.," siehe Catalogus Personarum et Officiorum Provinciae Germaniae Superioris Societatis Jesu ab Anno 1753 in Annum 1754. München 1754, S. 47.
776 Adam Flotto: Historia Provinciae Societatis Jesu Germaniae Superioris, Bd. 3. Augsburg 1734, num. 898, S. 378.
777 PBJC: A2597, fol. 8.

gewaltigung in die Welt gesetzt.[778] Da Bertin alles abstritt und die Jesuiten ihm glaubten, strebte das Kolleg eine Bestrafung der Frau für Verleumdung an. Beim Verhör verwickelte sie sich zwar in Widersprüche, blieb aber bei ihrer Anschuldigung. Die Richter verurteilten die Frau aber zu einer heftigen Geldstrafe. Die gedruckten *Litterae Annuae* verschwiegen die standhafte Wiederholung der Vorwürfe, betonten dafür aber die Überzeugung des Ortsbischofs von der Unschuld Pater Bertins. Allerdings ereignete sich bereits im nächsten Jahr bereits die nächste Anklage, die vom Kolleg wiederum als Frucht eines „bösen Geistes" verurteilt und ebenso geahndet wurde.[779] Bertin rief man, angeblich um die Versöhnung am Ort voranzutreiben, zurück nach Burgund.[780]

Wie aber ist dieser Fall zu interpretieren? Nimmt man an, dass Bertin tatsächlich die Absolution verweigert hat, könnte man sich durchaus vorstellen, dass die Klägerin aus Rache das Gerücht erfunden hat. Schließlich fühlte sie sich in ihrer Ehre gekränkt und in ihrer Erwartungshaltung dem Priester gegenüber enttäuscht. Solche Racheakte sind Historikern seit langem bekannt.[781] Allerdings gibt es einige Details, welche die Plausibilität dieser Lesart in Frage stellen: Zum einen ist der Wechsel eines Jesuiten in eine andere Provinz wie er bei Bertin vorzuliegen scheint, durchaus ambig. Gerade wenn man einen auffälligen Priester, den man nicht entlassen konnte, möglichst weit weg von seinem ursprünglichen Wirkungsgebiet einsetzen wollte, bot sich der Wechsel in eine andere Provinz an. Er wäre nicht der erste Straftäter gewesen, der so die Provinz gewechselt hat. Dass man ihn 1599 bereits wieder zurückgerufen hat, ist aber noch erstaunlicher. Denn nach durchaus üblicher Handhabung, hätte man ihn eher in ein anderes Schweizer Kolleg versetzt, da die Rücksendung nach Burgund wie ein Geständnis wirken musste. Allerdings erhielt er im Jahr 1600 auch die finanzielle Vergütung für die angeblich erlittene Rufschädigung.[782] Zu guter Letzt ist aber vor allem die Situation der Frau zu bedenken: Erst nachdem sie von den Jesuiten angeklagt wurde, sagte sie aus. Sie

---

778 Ignaz Agricola: Historia provinciæ Societatis Jesu Germaniæ Superioris: Pars secunda: Ab anno 1591 ad 1600. Augsburg 1729, S. 916, 274.

779 Die komplexe Verflechtung der Justizbehörden in diesem Fall analysiert N. Barré: Blarer de Wartensee et ses sujets de Porrentruy. L'idéal de pouvoir d'un prince-évêque de Bâle à la fin du XVIe siècle. In: La Suisse occidentale et l'Empire. Hg. von Jean-Daniel Morerod. Lausanne 2004, hier S. 255–257. Vgl. PBJC: A2597, fol. 9–11.

780 PBJC: A2597, fol. 11.

781 Siehe dazu besonders Christophe Duhamelle: Die Grenze im Dorf. Katholische Identität im Zeitalter der Aufklärung. Baden-Baden 2018.

782 Siehe auch die Prozessunterlagen in CH-AAEB: Chartes, 0878–1803 (Série), Jugement de la justice criminelle de Porrentruy contre Jeannette Geste pour ses paroles injurieuses prononcées conre le R.P. Bertin, 1600. Siehe ebenso Agricola: Historia provinciæ Societatis Jesu Germaniæ Superioris, S. 350.

hat also den Schritt an die Öffentlichkeit nicht gesucht, musste aber wohl damit rechnen, weil sie die Geschichte verbreitete. Sie musste sich ebenso darüber im Klaren sein möglicherweise wegen Verleumdung angeklagt zu werden. Ging sie dieses Risiko bewusst ein oder war sie einfach nur fahrlässig? Oder hat Bertin wirklich versucht, sie zu vergewaltigen? Vor allem die Einbeziehung der weitgehenden Folgen der Infamie macht es m.E. wenig wahrscheinlich, dass die Frau alles nur erfunden hat. Schließlich blieb sie bei ihrer Anklage und widerrief nicht bis zu ihrer Verurteilung. Glaubt man ihr, muss man aber auch historische Parallelzeugnisse ernst nehmen. Dann aber erscheint die Verteidigungsstrategie der Jesuiten, die wohl wirklich von der Unschuld Bertins überzeugt waren, als Inszenierung von Keuschheit, die durch den Urteilsspruch künftige Opfer davon abschrecken musste sich bei den Oberen zu melden oder die Öffentlichkeit um Hilfe zu bitten. Dass man den Jesuiten 1607 auch in München zutraute ein Mädchen zuerst sexuell missbraucht, geschwängert, ermordet und heimlich begraben zu haben, zeigt, dass derartige Vorwürfe nicht auf gemischt-konfessionelle Gebiete beschränkt waren und nicht einfach auf den Einfluss protestantischer Propaganda abgeschoben werden können. Schließlich war München eine konfessionell geschlossen katholische Stadt. Die Anschuldigung forderte sogar den bayerischen Herzog heraus, ein Dekret zu publizieren, in dem er das Gerücht als erfunden bezeichnete und den Urhebern des Gerüchts strengste Bestrafung wegen Rufmordes (Infamie) androhte.[783] Im Grund waren solche an den Haaren herbeigezogenen Anschuldigungen, die von Vorurteil oder Hass herrührten, den Jesuiten zwar sicher lästig, aber sie erlaubten es im Fall einer realistischen Anklage den Fall einfach als antijesuitische „Gerüchteküche" zu desavouieren. Ob sich die Gesellschaft diese Strategie auch intentional zu eigen machte, ist aber aufgrund fehlender Unterlagen nicht zu verifizieren.

Vage blieben die Anschuldigungen gegen den vormaligen Jesuiten Caspar Weishaupt/Capalbus.[784] Allerdings wurden sie, wie um künftige Jesuiten davon zu überzeugen, nicht vorschnell den Orden zu verlassen und so ihr Seelenheil zu riskieren, besonders aber um die eigene Keuschheit besser in Szene zu setzen, sogar in der Provinzgeschichte publiziert. So wurde ordensinternes Wissen in seltenen und ausgewählten Fällen auch an die Öffentlichkeit gegeben, um den Eindruck zu stärken, dass die Gesellschaft jeden Disziplinverstoß streng ahndete. Weishaupt hatte eine „Leichtigkeit des Geistes" (*levitas ingenii*) gezeigt, also seine Berufung nicht allzu ernst genommen, eine „freizügige Moral" (*morum licentia*) an den Tag gelegt, und den Orden 1614 verlassen. Vom Bischof von Konstanz abgewiesen, ver-

---

783 Flotto: Historia Provinciae Societatis Jesu Germaniae Superioris, Bd. 3, S. 295–297.
784 APECESJ: Sign. 43–90, fol. 5; Sign. 68-D, Verz. 3409, Geburt 1585, Eintritt 1602, Dimission 1614, *scholasticus approbatus*.

suchte er nun woanders unterzukommen, wurde aber überall abgelehnt. Man fand ihn schließlich tot als Landstreicher in Ulm. Der Chronist sah darin eine gerechte Strafe Gottes.[785] Ähnliches wurde von Sebastian Zetl berichtet, der 1640 in Kelheim geboren, 1689 entlassen wurde und sich in Neusiedl am See im Burgenland ansiedelte.[786] Fälle, in denen es sich aber um Exjesuiten handelte, die in Welt oder Kirche wichtige Stellen errangen, auch wenn sie angeblich moralisch verkommen waren, tradierte man nur ordensintern.

„Wein und Frauen machen Apostaten," resümierte P. Nikolaus Baier in sarkastischer Weise, als er seinem Provinzial 1681 über Martin Gotthard Bericht erstattete, der aus dem Kolleg geflohen war.[787] Die Verantwortlichkeit wurde so völlig auf die Frau abgewälzt, während das ungleiche Machtverhältnis zwischen einem geweihten Pater und einer jungen Katholikin unreflektiert blieb. Zu allem Überfluss brachte man Gotthard zurück und der General in Rom lehnte eine Entlassung ab. Doch am 5. September 1681 floh „dieser unbeständige Mensch" erneut „[...] um drei Uhr früh, wenn alle Menschen schlafen," und befreite damit den Orden „von vielen Unannehmlichkeiten."[788]

Schwieriger einzuordnen war das Verhalten von Sebastian Zetl aus Kelheim, der 1689 entlassen wurde.[789] Er scheint über Jahre hinweg sexuelle Kontakte mit einer unverheirateten Frau gehabt zu haben, die ihm zuerst in München begegnete, dann aber auch in verschiedenen anderen Kollegien, in denen er eingesetzt war, auftauchte. Es scheint sich ein gegenseitiges Abhängigkeitsverhältnis aufgebaut zu haben, denn die Frau scheint von ihm unterschlagene Geldbeträge empfangen zu haben. Als Zetl Anfang Juli 1689 dem Superior davon Mitteilung machte, schob er nach, dass keine Gefahr einer Kindsgeburt bestehe, da die Frau nun verstorben sei. Nur ihre Mutter und Schwester wüssten von der Beziehung.[790] „In dem ich aber von selber Zeit an, aus heftigen Versuchungen und Schwachheit meiner Natur beförchte, wenn dergleichen Gelegenheit mir künftige Zeiten zustehen sollte," bat er um Entbindung von den Gelübden, um in der Welt sein Brot zu verdienen.[791] Der fast fünfzig-

---

785 Kropf: Historia Provinciae Societatis Jesu Germaniae Superioris, S. 220. Ebd., 221 das ähnliche Narrativ über Wilhelm Storch, der im Personalkatalog fehlt.

786 APECESJ: Sign. 43–90, fol. 32.

787 BAYSHTAM: Jesuiten 304, Brief von Nikolaus Baier an den Provinzial vom 12. Juni 1681, fol. 1. Zu Gotthard siehe APECESJ: Sign. 68-D, Verz. 7662, Geburt 1643, Eintritt 1664, Dimission 1681, *coadjutor spiritualis*.

788 BAYHSTM: Jesuiten 303, Brief Eustachius Furtenbach aus Feldkirch vom 5. September 1681, fol. 20.

789 APECESJ: Sign. 68-D, Verz. 3081, Geburt 1640, Eintritt 1669, Dimission 1689, *coadjutor temporalis*.

790 BayHStA: Jesuiten 335, Brief von Sebastian Zetl an den Provinzial vom 3. Juli 1689, fol. 1.

791 BayHStA: Jesuiten 335, fol. 1.

jährige Laienbruder konnte mit wenig Aufwand entlassen werden. Auf den ersten Blick scheint es sich um eine völlig einvernehmliche Beziehung gehandelt zu haben. Er kannte sie bereits seit 21 Jahren, also noch aus der Zeit vor seinem Eintritt in den Orden, und hatte bereits damals eine sexuelle Beziehung mit ihr. Als er dann im Orden war, habe er nicht mehr an sie gedacht, doch 1683 habe er sie in München an der Pforte wiedergetroffen. Letztere Bemerkung ist wichtig zur Einordnung des Falles. An die Pforte kamen vor allem die Armen, die einen Laib Brot erbettelten oder einen Teller Suppe. Vielleicht nannte er sie auch deshalb „das Mensch," und nicht mehr, wie in seinem ersten Brief eine „Persohn." Man darf also annehmen, dass es sich zumindest um eine sehr arme Person aus der untersten sozialen Schicht handelte. Nutzte er daher seine Stellung aus, um sexuelle Gefälligkeiten gegen Geld und Brot zu erlangen?[792] Zetl jedenfalls, versuchte dies verneinen, indem er darauf hinwies, dass er durch das Treffen seine alten Leidenschaften zu ihr wieder verspürte, oder wie er schrieb, „dass das Alte Feuer wiederum erweckt."[793] Selbst nach Augsburg reiste sie ihm nach, und erhielt von Zetl drei Gulden für jeden Beischlaf, obwohl sie nach seinen Angaben einer „ehrlich" Arbeit nachging und keine Prostituierte war.[794] Sie wurde krank und verstarb 1688. Erst jetzt wurde ihm klar, dass der geistliche Stand nichts für ihn war, weil es „mir nit miglich mein böse verderbte Natur lang im Zaum zuhalten und das Fleisch dem Geist zu gehorsamen."[795] Er habe schließlich 16 Jahre lang keusch gelebt und sein Amt gut ausgefüllt, war dann aber sofort in die fleischliche Sünde gefallen als sich die Gelegenheit bot. Die Introspektion, die Zetl hier bietet, ist bemerkenswert. Er argumentiert demnach, dass die Schnelligkeit mit der er sein Klosterleben über Bord geworfen hatte, ein Hinweis auf eine fehlende Berufung sei, und dass nun nach seiner Affäre die Lust nicht mehr so einfach kontrolliert werden könne wie zuvor. Alle geistlichen Mittel habe er ausgeschöpft, sich oft bis aus Blut gegeißelt, aber nichts habe die Lust in ihm zum Verstummen gebracht. Daher bat er nun um die Entlassung.

Physische Gewalt, die ein Jesuit einer Frau zufügte, hatte sicherlich nicht immer eine sexuelle Konnotation, aber oftmals wurde der Kontext einer solchen Tat nicht beschrieben und kann daher nicht genau analysiert werden. Allerdings scheint man Scholastiker und selbst Koadjutoren, die eine Magd schwer verprügelten, vorzugsweise ausgeschlossen zu haben.[796] Man hatte wohl zu viel

792 BayHStA: Jesuiten 335, Brief von Sebastian Zetl an den Provinzial vom 23. Juli 1689, fol. 3–4.
793 BayHStA: Jesuiten 335, fol. 3.
794 BayHStA: Jesuiten 335, fol. 3: „Sie hat Ihr Aufenthalt und Nahrung sonsten ehrlich gehabt."
795 BayHStA: Jesuiten 335, fol. 3v.
796 APECESJ: Sign. 40–2, 8, Consultationes Provinciae Rheni Superioris, 3. September 1733, fol. 1v.

Angst vor einem öffentlichen Skandal, den solches Verhalten erregen könnte. Einige solcher Entlassungen aus dem Orden haben durchaus einen Zusammenhang mit sexueller Gewalt. Ein solcher scheint im Fall des 1631 in Landshut geborenen P. Carolus Deuring vorzuliegen, der seit 1648 der Gesellschaft angehörte und auch einen Bruder im Orden hatte. Er scheint nach heutiger Beurteilung psychisch labil gewesen zu sein. Schon 1667 gab er an, grundlos entweder in Tränen oder Klagen auszubrechen, und dass er ärztlichen Rat für die Behandlung dieser „Melancholie" (*melancholia*) eingeholt habe. Seine Exerzitien intensivierten diese Anfälle aber nur, anstatt Erleichterung zu bringen.[797] In der genderstereotypen Zuordnung der Zeit weinte er „wie eine Frau" (*muliebriter*).[798] Seine Briefe offenbaren einen zutiefst hoffnungslosen Menschen:

> Ich bin in einem Zustand völliger Hoffnungslosigkeit [*desolatione*] [...] täglich bin ich von Tränen heimgesucht und von Gedanken zur äußersten Hoffnungslosigkeit getrieben. Diese Situation brach mit aller Gewalt in den Exerzitien hervor [...] seit jenem Moment bin ich in vollkommener Traurigkeit [...] und Resignation.[799]

Sein Bemühen um ein Ausscheiden aus dem Orden scheiterte aber, und so versuchte er 1690 zu fliehen. Doch auch diese Unternehmung misslang. Als nun sein Superior Deurings Verhaltensfehler auflistete, um der Provinzleitung ein möglichst umfängliches Bild zur Beratung vorzulegen, stand interessanterweise sein häufiges Briefeschreiben an erster Stelle, gefolgt von seinem ungeordneten Gefühlsleben (*inordinato affecto*). Denn, so der Superior, seine Depression (*melancholia*) bringe ihn dazu, unerlaubt und heimlich Briefe zu senden oder über den Pförtner an die Außenwelt zu schmuggeln. Auch zeigte er sich den Armen gegenüber zu freigebig und reagierte stets dünnhäutig auf Kritik. Am Ende aber bemerkte er, dass Deuring im Verdacht stand unsittliche Beziehungen mit Schülern und Angestellten zu unterhalten:

> Mit den Jungen ist er allzu vertraut. Er ruft sie sogar häufig in sein Schlafzimmer (aber auch Hausangestellte, Diener und Außenstehende), ist ihnen übermäßig zugetan [*affectuose*] und verhält sich wie ein Junge mit ihnen [*puerilitati*]. Außerdem geht er zu freigebig mit Medizin um und gibt sie an Frauen aus [*curandi mulieribus*].[800]

---

797 BayHStA: Jesuiten 297, Brief von Carolus Deuring aus Ebersberg an den Provinzial vom 26. September 1667, fol. 1; Brief von Leonhard Weinhart an den Provinzial vom 23. November 1667, fol.2. APECESJ: 68-D, Verz. 8472. Er starb 1702 in Rottenburg. Sein Bruder war Felician Deuring (1628–1704; ebd., Verz. 8470). Er wird auch erwähnt in BayHStA: Jesuiten 297, fol. 4v.

798 BayHStA: Jesuiten 297, Brief von Carolus Deuring aus Ebersberg an den Provinzial vom 27. Oktober 1667, fol. 3.

799 BayHStA: Jesuiten 297, Brief von Karl Deuring aus Ebersberg an den Provinzial vom 5. Juni 1668, fol. 4.

800 BayHStA: Jesuiten 297, undatierte Liste „Defectus," fol. 7–8.

Das Zeigen von Emotionen gegenüber Schülern eventuell durch Berührungen, Komplimente oder Geschenke war den meisten aufmerksamen Hausoberen ein Anzeichen für ein mögliches Sexualdelikt, ebenso sein unreifes Verhalten. Das Ausgeben der Medizin nährte wohl den Verdacht, er könnte die Frauen durch ein Abhängigkeitsverhältnis auch sexuell an sich binden oder sich nebenbei durch Arzneihandel Geld verdienen oder sogar an Abtreibungen mitwirken.[801] Selbst letztere Befürchtung wäre nicht ganz unbegründet gewesen, wie der Fall eines in Straubing stationierten Laienbruders zeigt, dem man im Jahr 1700 vorwarf, durch eine menstruationsfördernde Medizin (*medicinam procurandi fluxum menstruum*) möglicherweise an einer Abtreibung mitgewirkt zu haben.[802] Adam Castner, der den Bericht verfasste, war entsetzt: „Mir erschien derjenige, den ich in Verdacht habe, immer als religiöser Mensch von integrem Leben der das Gebet liebt."[803] Schlussendlich stellte sich aber im Straubinger Fall heraus, dass es sich um eine falsche Anzeige von Fortunatus Peracher handelte, um von seiner Affäre mit einer Frau abzulenken.

Im Jahr 1641 wurde auch der *coadjutor* Martin Hechinger in Rottenburg am Neckar unsittlicher Annäherungen beschuldigt. Joseph Glück berichtete darüber dem Provinzial Wolfgang Gravenegg:

> Unser armer [*miser*] Speisesaaldiener ist schon wieder in einen Fall jener Fragen verwickelt, die nach seinem Dafürhalten sicherlich die Entlassung zur Folge hätte, und er bittet mich folglich inständig, nichts zu schreiben.[804]

Hechinger hatte in der Stadt eine Frau bedrängt und unsittlich berührt. Schlussendlich konnte sie ihn aber abwehren (*repulsus ab illa*). Am nächsten Tag kehrte er zurück und entschuldigte sich, „er habe sich in einem Rausch etwas bey ihr vergriffen,"[805] und bat um Stillschweigen. Am dritten Tag ging er wieder zu dem Haus und bat nun auch ihren Ehemann um Verzeihung. Die Betroffenen „hatten ihm zwar Stillschweigen versprochen," aber die Sache kam trotzdem heraus, schrieb der Hausobere beschämt.[806] Aus der Affäre wird deutlich, wie man in der ersten Hälfte des siebzehnten Jahrhunderts mit sexuellen Fehltritten in der Ge-

---

801 Duhr: Jesuiten, Bd. 2, S. 639–642; Anita Magowska: Complaints, Charges, and Claims: Apothecaries in Poland in the 16th and 17th Centuries. In: Pharmacy in History 50 (2008), H. 3, S. 97–106.
802 BayHStA: Jesuiten 364, Brief von Albert Castner an den Provinzial vom 19. Juni 1700, fol. 1.
803 BayHStA: Jesuiten 364, Brief fol. 1v.
804 BayHStA: Jesuiten 313, Brief von P. Joseph Glück an den Provinzial aus Ingolstadt vom 15. Oktober 1641, fol. 6.
805 BayHStA: Jesuiten 313, Brief von P. Joseph Glück an den Provinzial aus Ingolstadt vom 15. Oktober 1641, fol. 6.
806 BayHStA: Jesuiten 313, Brief von P. Joseph Glück an den Provinzial aus Ingolstadt vom 15. Oktober 1641, fol. 6v.

sellschaft Jesu umging. Handelte es sich um Berührungen ohne Verkehr, versetzte man selbst einen Wiederholungstäter wie Hechinger, doch erfolgte 1642 endlich seine Entlassung – nach fast zwanzig Jahren im Orden![807]

Der 1617 in Eichstätt geborene *coadjutor spiritualis* Michael Baumgartner war bereits 24 Jahre im Orden, als er 1662 zahlreicher sexueller Vergehen gegen junge Frauen und Mädchen angeklagt wurde. Ein anonym bleibender Priester informierte den Rektor des Landshuter Kollegs am 19. Juni 1662, dass ihm kürzlich eine Bauernfrau gebeichtet habe, was ihr vor zwei Jahren in Mindelheim bei einem Jesuiten in der Beichte widerfahren sei. Sie gab ihm ebenso die Erlaubnis, dies nun zur Anzeige zu bringen. Die Frau konnte den exakten Beichtstuhl benennen und auch, dass der Jesuit damals Minister des Kollegs gewesen war, aber sie kannte seinen Namen nicht. In ihrer Beichte hatte sie ihm von ihren inneren Anfechtungen und wohl von sexuellem Begehren erzählt, worauf er ihr befahl, „die *ubera* [Brust, U.L.] zu entblößen, welches die Einfältige [...] gethan. Aber bei diesem ist es, laid, nit verblieben [...] vor aller schwerer Versuchung erledigt zu werden, hat er ihr zur Buess auffgeben, sich ganz *plan* [nackt, U.L.] gar vor ihm zu entblößen.“[808] Damit kann man Baumgartner unter die anderen Fälle sexueller Gewalt subsumieren, in denen Frauen gezwungen wurden, sich zu entkleiden, und ihnen vorgespielt wurde, dies sei zu ihrem spirituellen Nutzen, nämlich um Demut zu lernen und die eigenen Triebe abzutöten. In diesem Fall ist der Bericht des Opfers, wenn auch aus zweiter Hand, äußerst detailliert. Noch nach zwei Jahren war die Frau fähig, genau zu beschreiben, wie sie der Pater aus dem Beichtstuhl in eine Kammer im Kolleg führte, wo sie ihre „Buße“ zu leisten hatte. Dort vollbrachte er eine „Zeremonie“ mit ihr, die der Denunziant aus Scham nicht zu Papier zu bringen vermochte (*erubesco scribere*).[809]

Wie ging nun der Orden mit diesen Anschuldigungen um? Baumgartner war mittlerweile in Landshut und übte dort das Amt des Regens aus, half also in der Verwaltung des Kollegs. Auch in Landshut kamen nun, wohl durch geschicktes Nachfragen, ähnliche Vorfälle ans Licht. Hier waren es junge Frauen und Mädchen, die wiederum von Entkleidungen sprachen, aber auch von unsittlichen Berührungen.[810] Eine gerade 18-jährige Fischersmagd habe Baumgartner sogar ins Gesicht

807 APECESJ: 68-D, Verz. 7327, Geburt 1600, Eintritt 1623, Dimission am 31. März 1642. BayHStA: Jesuiten 313, Brief von P. Joseph Glück an den Provinzial aus Ingolstadt vom 15. Oktober 1641, fol. 6v.
808 BayHStA: Jesuiten 356, Brief des J.B. an den Provinzial vom 19. Juni 1662, fol. 1–1v. Zu Bamgartner siehe APECESJ: Sign. 68-D, Verz. 9138, Geburt 1617, Eintritt 1638, Dimission 1663, *coadjutor spiritualis*.
809 BayHStA: Jesuiten 356, fol. 1v.
810 BayHStA: Jesuiten 356, Brief von Franciscus Strobl an den Generalvisitator Schorrer vom 19. Dezember 1662, fol. 6–7v.

gesagt: „Pfui Teufl, was seien dies für Pfaffen!"[811] Baumgartner aber verteidigte sich mit dem Hinweis, lediglich aus geistlichem Eifer (*zelus*) gehandelt zu haben, um das Böse aus dem Körper der erkrankten Frauen, die sich für ihn entblößten, zu vertreiben.[812] Der Landshuter Rektor Leonhard Lerchenfeld jedenfalls glaubte Baumgartner und gestand ihm lediglich einen Mangel an praktischer Klugheit zu, der ihn zu derartigen „Indiskretionen" gebracht hatte, bat aber dennoch um Baumgartners Versetzung, die dann auch erfolgte.[813] Allerdings häuften sich nun die Anklagen, Baumgartner habe nackte Körper durch seine Berührungen segnen wollen.[814] Nach Dillingen versetzt, wo man ihn vom Beichtsitzen fernhielt, untersuchte auch der dortige Rektor Strobl die *causa*. Er ging davon aus, dass die Entkleidung und die Berührungen wohl nicht aus Böswilligkeit erfolgt waren, sondern aufgrund geistiger Auffassungsschwierigkeiten (*defectu apprehensionis*).[815] Die letztere Bemerkung ist allerdings erstaunlich. Denn es ist nur schwer vorstellbar, dass der Orden einen einfältigen Menschen mit schwacher Auffassungsgabe, ja jemanden, der überhaupt keine praktische Klugheit besaß, mehrmals mit delikaten Verwaltungsaufgaben bedachte. War Baumgartner also wirklich ein „homo simplex"[816] oder dissimulierte er nur geschickt? Vorgetäuschte Heiligkeit (*hypocrisis*) war schließlich ein weit verbreitetes Phänomen.[817] Die wohl von den Konsultoren der Provinz abgefasste Beurteilung für den Provinzial jedenfalls scheute sich, eine strenge Bestrafung zu fordern oder gar seinen Ausschluss, und hielt fest, dass seine zunehmende Unklugheit (*impingus imprudens*) wohl irgendwann einmal einen größeren Skandal verursachen könnte. Eine Entlassung sei nicht nur wegen seiner Eltern und zweier seiner Brüder, die ebenfalls Mitglieder der Provinz waren, der eine Rektor des Straubinger Kollegs, der andere der Sozius des Provinzprokurators in

---

811 BayHStA: Jesuiten 356, fol. 6v.
812 BayHStA: Jesuiten 356, Brief von Michael Baumgartner an den Generalvisitator aus Landshut vom 30. August 1662, fol. 3–3v.
813 BayHStA: Jesuiten 356, Leonhard Lerchenfeld an den Provinzial aus Landshut vom 26. August 1662.
814 BayHStA: Jesuiten 356, Informatio wohl des Superiors, undatiert, wohl um 1665, fol. 15–16.
815 BayHStA: Jesuiten 356, fol. 6v.
816 BayHStA: Jesuiten 356, Informatio wohl des Superiors, undatiert, wohl um 1665, fol. 15–16.
817 Albrecht Burkardt: Atheismus als Altlast? Der Lebensbericht eines jungen Konvertiten vor der römischen Inquisition im Jahr 1707. In: Verfolgter Unglaube. Atheismus und gesellschaftliche Exklusion in historischer Perspektive. Hg. von Susan Richter: Frankfurt 2018, hier S. 119; Schutte: Aspiring Saints; Xenia von Tippelskirch: „Es ist nichts Eingebildetes in mir:" Zur Inszenierung weltabgewandten Lebens in Frankreich um 1700. In: L'Homme 23 (2012), 11–25; Giovanni Romeo: Esorcisti, confessori e sessualità femminile nell'Italia della Controriforma: a proposito di due casi modenesi del primo Seicento. Firenze 1998; Adriano Prosperi: Tribunali della coscienza: inquisitori, confessori, missionari. Torino 2009, S. 508–542.

München, politisch unklug, sondern wohl auch überzogen.[818] Alle Sympathien des Ordens waren also auf Baumgartners Seite, der sich als „unklug" und fromm inszenierte und betonte, sich nichts dabei gedacht zu haben, in Landshut Mädchen auf sein Zimmer zu holen.[819] Bemerkenswerterweise wurde er trotz dieser internen Widerstände 1663 entlassen. „Mit guten Führungszeugnissen" (*cum bonis testimoniis*) der Gesellschaft Jesu fand er sofort eine Anstellung als Priester in Passau.[820] Doch bereits nach zwei Jahren bat er flehentlich darum, doch in die österreichische Provinz aufgenommen zu werden, wohin er durch die Residenz Traunkirchen beste Kontakte besaß. Auch der Passauer Superior Michael Sauter empfahl ihn nachdrücklich als frommen Kaplan. Der Briefwechsel über einen Eintritt in Österreich flammte 1667 erneut auf, scheint sich aber nie realisiert zu haben.[821] Über seinen weiteren Lebensweg ist nichts bekannt.

Auch Laienbrüder wurden sexueller Delikte angezeigt. Man beschuldigte etwa den Pfortenbruder des Kollegs von Rottenburg, Joseph Brunstain im Dezember 1703, dass er sich nicht nur in Gespräche mit Frauen an der Kollegpforte einlasse, sondern dort auch eine 22 Jahre alte „ehrbare Jungfrau" (*honestam virginem*) trotz Widerstand unsittlich berührt hatte. „Die Jungfrau hat dieses Delikt bestätigt (unter dem Beichtsiegel und in einem Privatgespräch)," und der Beichtvater konnte sie überzeugen, es auch dem Rektor zu melden.[822] Brunstain wurde auf Exerzitien geschickt und nach Luzern versetzt.[823] Er entschuldigte sich zwar beim Provinzial, hoffte aber aufgrund seiner Gebrechlichkeit um eine milde Strafe, bestritt das De-

---

818 BayHStA: Jesuiten 356, Informatio wohl des Superiors, wohl um 1665, fol. 15–16.

819 BayHStA: Jesuiten 356, Brief von Michael Baumgartner an den Generalvisitator Schorrer aus Dillingen vom 24. Januar 1663, fol. 10. Siehe ebd., einen weiteren Verteidigungsbrief vom 27. Dezember 1662, fol. 8–8v.

820 BayHStA: Jesuiten 356, Brief Michael Baumgartner an den Provinzial vom 17. Dezember 1667 aus Passau, fol. 17.

821 BayHStA: Jesuiten 356, Brief Michael Baumgartner an den Provinzial vom 17. Dezember 1667 aus Passau, fol. 17; siehe ebd., Brief von Michael Sauter an den Provinzial vom 15. Dezember 1667, fol. 14. Zur Person Baumgartners siehe APECESJ: Sign. 68-D, Verz. 9138, Eintritt 1638, Dimission 7. April 1663. Auch einer der Brüder Baumgartners intervenierte für ihn, siehe ebd., Brief Ernestus Baumgartner an den Provinzial vom 14. November 1667, fol. 13. Zu diesem siehe APECESJ: Sign. 68-D, Verz. 5524, Geburt 1626, Eintritt 1644, Tod 1690. Der dritte Bruder, der Jesuit war, ist wohl Paulus Baumgartner, APECESJ: Sign.68-D, Verz. 9137, Geburt 1618, Eintritt 1637, Profess-Gelübde , Tod 1679.

822 BayHStA: Jesuiten 343, Brief von P. Franziskus Hofer an den Provinzial aus Rottenburg vom 2. März 1704, fol. 1.

823 BayHStA: Jesuiten 343, Brief von P. Franziskus Hofer an den Provinzial aus Rottenburg vom 16. März 1704, fol. 2.

likt aber vehement, obwohl ihm keiner in der Kommunität Glauben schenkte.[824] Schließlich war Brunstain schon seit sechs oder sieben Jahren ständig durch seine Nähe zu Frauen aufgefallen und auch schon mehrmals bestraft worden. Briefe und Zeichnungen, die man in seiner Zelle fand, besiegelten den Entschluss des Provinzials, ihn zu entlassen.[825]

1712 kritisierte man in Rottenburg schon wieder das sexuelle Verhalten einiger Kollegsmitglieder. Der Prior Valentin Scherlin falle durch häufige Gespräche mit Weltleuten auf, sowie durch die Vertrautheit mit einem Mädchen schlechten Rufes, dem auch eine enge Beziehung zu Heinrich Rüll und Menrad Vorwaltner nachgesagt werde, berichtete P. Anton Beurle.[826] Beurle sah sich auch in seinem Gewissen gedrängt, dem Provinzial vom Verhalten Menrad Vorwaltners Mitteilung zu machen, obwohl dies eigentlich Sache des Rektors gewesen wäre. Längeres Schweigen würde aber, so Beurle, eine größere Gefahr für den Orden heraufbeschwüren.[827] Es gehe bereits unter den Schülern das Gerücht um, man könne ungestraft ein Mädchen nachts besuchen,[828] weil das Pater Vorwaltner, der seit 1697 dem Orden als *scholasticus approbatus* angehörte, ja auch tue. Als Beweis legte er einen Liebesbrief desselben bei, den der von ihm für Kurierdienste benutzte Laienbruder aus schlechtem Gewissen geöffnet und dann Beurle gegeben hatte. In ihm sprach Vorwaltner wirklich von seiner „Allerliebsten" und wie sie sich am besten treffen sollten, von ihrem kleinen Bild, das er an ein „warmes Herz" lege, und andere direkte Hinweise auf eine romantische Beziehung.[829] Nach einer Versetzung wurde Vorwaltner aber schlussendlich 1715 entlassen. Er scheint sich nicht gebessert zu haben.[830] Allerdings war aber auch Rüll in der Kritik gestanden. Über diesen hatte Scherlin einen Bericht an den Provinzial gesandt und ihm seine Entlassung empfohlen. Er stehe in so enger Beziehung zu einem Mädchen, dass die Gefahr eines Skandals absehbar sei.[831] Allerdings scheint sich dieser die Ermahnungen seiner Oberen zu Herzen genommen zu haben, da er als Laienbruder 1729 in Landshut

---

824 BayHStA: Jesuiten 343, Brief von P. Franziskus Hofer an den Provinzial aus Rottenburg vom 30. März 1704, fol.4.

825 BayHStA: Jesuiten 343, „Processus," fol. 7 vom 2. April 1704. APECESJ: Sign. 68-D, Verz. 8807, Geburt 1671, Eintritt 1694, Dimission 1704.

826 BayHStA: Jesuiten 332, Brief von Anton Beurle vom 11. April 1712, fol. 16.

827 BayHStA: Jesuiten 332, Brief von Anton Beurle vom 11. April 1712, fol. 16v.

828 BayHStA: Jesuiten 332, fol. 16v.

829 Dieser kleine Liebesbrief ist erhalten in BayHStA: Jesuiten 332, fol. 15.

830 APECESJ: Sign. 68-D, Verz. 3576, Geburt 1679, Eintritt 1697, Priesterweihe, Dimission 1715.

831 BayHStA: Jesuiten 347, Brief von P. Valentin Scherlin an den Provinzial vom 9. Mai 1712, fol. 1–2.

starb, ohne je dimittiert worden zu sein.[832] Rektor Scherlin[833] war wahrscheinlich der am schwersten Beschuldigte. Eine Frau klagte den Rektor unsittlicher Berührungen an:

> Dieser Pater Rektor hat mich öfter unter einem Vorwand zum Eingang des Kollegs rufen lassen, wo er mich mit seinen Händen berührt hat, meine Wange gestreichelt hat [*pulsando mihi genam*], und seine Hand auf meinen Busen gelegt hat.[834]

Schon im November 1712 wurde daher ein neuer Rektor ernannt sowie Vorwaltner, Rüll und Scherlin versetzt.[835] Da Scherlin aber die Profess-Gelübde abgelegt hatte und sich vielleicht auch bessern wollte, scheint man in seinem Fall von einer Entlassung abgesehen zu haben.

1723 ermittelte der Orden auch gegen P. Franciscus Mahon, der den Beichtstuhl für Geschlechtsverkehr missbraucht und so das Verbrehen der Sollizitation begangen hatte. Solange ein Mensch solch unkontrollierbarer Affekte in der Gesellschaft sei, so der Provinzial, bestehe große Gefahr für ihren Ruf. Daher wurde er auch in Rottenburg entlassen.[836] 1739 versuchte in der Oberrheinischen Provinz ein „Priester" (*pater*) eine Jungfrau zu vergewaltigen. Der Jesuit stritt allerdings alles ab. Da er aber bereits in schlechtem Ruf stand, setzte man ihn von seinen Ämtern ab und sandte den Fallbericht nach Rom.[837] 1762 hatte man dort mit „P.A.F." einen weiteren Sollizitationsfall, der aber nicht mit Ausschluss, sondern lediglich mit interner Strafe geahndet wurde.[838] Dass es sich dabei um den

---

832 APECESJ: Sign. 68-D, Verz. 4855, Geburt 1663, Eintritt 1691, Tod 1729, *coadjutor temporalis*. Im Dimissionsakt BayHStA: Jesuiten 347, findet sich ein seltsamer, anonymer, dreiseitiger, in lateinischer Sprache abgefasster Liebesbrief. Die Schrift scheint nicht die Vorwaltners zu sein, aber ein derart präziser lateinischer Stil wäre für einen Laienbruder wie Rüll ungewöhnlich. Die Geliebte („pulchra mea") scheint eine „Soror Sidonia" zu sein. Der Name und die Tatsache, dass „Soror" als großgeschriebener Namenszusatz verwandt wird („S. Wockiam," „Soror Wock") macht es wahrscheinlich, dass die Angebetete eine Nonne oder Ordensschwester war, zu der der Briefschreiber ein intimes Verhältnis hatte: „Ich hab eine geistliche Person tangeriert undt mich von derselben anrieren lassen [...]", siehe ebd., fol. 3–4v. Eine Beziehung zu Rottenburg lässt sich aus dem Brief selbst nicht ablesen.
833 APECESJ: Sign. 68-D, Verz. 4411, Geburt 1663, Eintritt 1682, Profess-Gelübde, Tod 1724.
834 BayHStA: Jesuiten 332, fol. 10–11, Brief von P. Anton Beurle vom 25. Juli 1712 an den Provinzial. Zu ihm siehe auch Jesuiten 312.
835 APECESJ: Sign. 40–3, 56, Catalogus 1712, fol. 25.
836 BayHStA: Jesuiten 360, fol.17, Informatio aus Augsburg vom 19. August 1723. APECESJ: Sign. 68-D, 6178, Geburt 1682, Eintritt 1706, Dimission 1723, *scholasticus approbatus*.
837 APECESJ: Sign. 40–2, 8, 24. März 1739, fol. 16; ebd., Sign. Sign. 40–2, 9, fol. 18.
838 APECESJ: Sign. 40–2, 8, Januar 1762, fol. 94.

Missbrauch eines Sakraments handelte, der in anderen Jahrhunderten mit Häresie gleichgesetzt war, lässt sich aus den Bemerkungen des Oberen allerdings nicht entnehmen.

6.8 Sexuelle Gewalt unter Jesuiten

Das Machtgefälle zwischen älteren und jüngeren Jesuiten, vor allem bereits ordinierten Priestern und noch nicht geweihten Scholastikern, war ebenso anfällig für sexuelle Gewalt und Ausbeutung. So fühlte sich der Freiburger Theobald Biler[839] im Oktober 1658 aus „Amt und Gewissen verpflichtet," einen Missbrauchsfall anzuzeigen. Das Opfer war allerdings kein Schüler, sondern ein durchreisender Jesuit, nämlich der bereits erwähnte 29-jährige Caspar Neuhauser. Als dieser im Freiburger Kolleg übernachtete, schlich sich der 55-jährige P. Matthäus Rehlinger herein, entledigte sich seiner Kleider und legte sich neben ihn von der zwölften bis zur vierten Nachtstunde ins Bett. Neuhauser traute sich nicht zu schreien (*clamare*), weil ein Augustiner gerade seine Exerzitien machte und auch, weil er „nicht stark genug war, jenen zurückzustoßen" (*neque satis robustus ad repellendam vim*).[840] Erst am nächsten Morgen kam Neuhauser zu Biler, um ihm die ganze Geschichte zu erzählen, aber mit dem Versprechen, nicht den Hausoberen einzuschalten, sondern den Provinzial.

Erst zwei Wochen später griff auch Neuhauser zur Feder. Er hatte nichts Böses erwartet, als er mitten in der Nacht von Matthäus Rehlinger/Rechlinger/Rhelinger[841] aus dem Schlaf gerüttelt worden war und er sich ohne Worte in sein Bett gelegt hatte, wo er „mich freundschaftlich (*amice*) umarmte und mit ein paar schmeichelhaften Worten mein Wohlwollen erlangen wollte." Seine Hände berührten ihn, er küsste ihn, umschloss seine Beine und zog sie mit seinen Händen näher an sich. Allerdings war Rehlinger frustriert über die Versuche Neuhausers, sich gegen weitere Intimitäten zu wehren. Erst als dieser eingeschlafen war, versuchte es der Täter erneut, immer und immer wieder, bis er am Morgen ohne vorherige Beichte zum Messelesen in die Kirche ging. Am nächsten Tag hatte Neuhauser die Tür verschlossen, aber der findige Rehlinger versuchte es mit einem Schlüssel, allerdings vergeb-

---

839 APECESJ: 68-D, Verz. 8976, Geburt 1611, Eintritt 1636, Profess-Gelübde, Tod 1669. BayHStA: Jesuiten 354, Brief von Theobald Biler an den Provinzial vom 15. Oktober 1656, fol.1. Zu Rehlinger/Rhelinger siehe APECESJ: Sign. 68-D, Verz. 5052, Geburt 1603, Eintritt 1627, Tod 1669, *coadjutor spiritualis*.
840 BayHStA: Jesuiten 354, fol. 1.
841 APECESJ: 68-D, Verz. 5056, Geburt 1621, Eintritt 1642, Tod 1673.

lich.[842] Dieser verteidigte sich in einem Verhör mit dem Hinweis, Neuhauser habe ihn in sein Zimmer eingeladen.[843] Der Rektor versuchte in Freiburg den Skandal „in summo silentio" handzuhaben, und empfahl anscheinend dem Provinzial die Versetzung Rehlingers.[844] 1668 war er dann auch kurz in Neuburg an der Donau stationiert, bevor er 1673 in Hall in Tirol starb.[845]

Ein ähnlicher Fall war der des Menrad Kugler, der 1651 mit sechzehn Jahren in die Gesellschaft Jesu eingetreten und 1664 zum Priester geweiht worden war. Ermahnungen über seine „Gefräßigkeit" (*inglunie*), Mangel an Selbstabtötung und spirituellem Eifer widerstand er mit Indignation und Zornesausbrüchen.[846] Wäre dieses Verhalten allein schon ausreichend gewesen, ihn als Störenfried aus der Kommunität auszusondern, lieferte sein sexuelles Verhalten noch viel triftigere Gründe. Detailliert berichtete der 21-jährige Christoph Kolb, der sich im Theologiestudium auf die Priesterweihe vorbereitete, dass der 31-jährige Kugler am 11. November 1666 nachts gegen zehn Uhr ohne Kerze in sein Schlafzimmer gekommen sei. Dort habe er sich „cum levitate," also mit Anzüglichkeit, in sein Bett gelegt und sich eng an ihn angeschmiegt. Als der junge Jesuit realisierte, was vorging und Kuglers Hände fühlte, versuchte er sich zu wehren. Doch je heftiger er sich wehrte, umso gewalttätiger wurde dieser (*violentius*). Er legte seine Hände auf Kolbs nackte Oberschenkel und begann sie zu streicheln. Kugler entschuldigte sich zwar tags darauf, wies aber jede Verantwortung weit von sich. Vielmehr sei sein Verhalten auf übermäßigen Weinkonsum zurückzuführen, weswegen seine Anzüglichkeiten wohl auch nicht als „schwere Sünde anzusehen seien."[847]

Rektor Melchior Balthasar listete im Briefverkehr mit dem Provinzial acht Punkte auf, die an Kuglers Verhalten zu beanstanden waren. Er erwähnte Lügen und Betrügereien, mangelnde Nächstenliebe, Hochmut, skandalöses Trinken, und Zornesausbrüche. Zudem zeige Kugler immer wieder seine Verachtung für die (eigene) Oberdeutsche Provinz, da er die italienischen Jesuiten bevorzuge. Diese Klagen waren aber fast marginal, wenn man sich vergegenwärtigte, dass Kugler mehr als vierzehnmal (!) in die Zellen anderer Jesuiten eingedrungen war und

---

842 BayHStA: Jesuiten 354, Brief von Caspar Neuhauser vom 29. Oktober 1656, fol, 2–2v.
843 BayHStA: Jesuiten 354, Verhör vom 2. November 1656, fol. 3.
844 BayHStA: Jesuiten 354, Brief von Theobald Biler an den Provinzial vom 3. November 1656, fol. 4.
845 Sign. 40–3, 45 Catalogus personarum 1668, fol. 65. Dort ist sein Name durchgestrichen.
846 BayHStA: Jesuiten 296, Brief aus Luzern vom 28. September 1666, fol. 1: „[...] in ira itaque indignatio vehementer effuse [...]."
847 BayHStA: Jesuiten 296, undatiertes, unsigniertes Dokument, fol. 2v. Die Identität Kolbs geht hervor aus fol. 13v.

diese sexuell belästigt oder sogar zum Beischlaf gezwungen hatte.[848] Magister Nikolaus Cleli bezeugte letzteres explizit mit den Worten „ad turpiam coacturus", also zum Sex, gezwungen.[849] Ob es dabei zur Penetration gekommen ist, kann aus den Dokumenten nicht ersehen werden.

Aufgrund seiner Liebe für Italien bat Kugler im Dezember 1666 um eine Versetzung dorthin, nahm aber immer noch keine Schuld auf sich. Er sah sich vielmehr als Opfer einer Intrige.[850] Stattdessen versetzte man ihn nur nach Hall in Tirol, von wo er wiederum einen Brief an den Provinzial aufsetzte. Dieses Mal zeigte er ein wenig Einsicht und gab im Mai 1667 wenigstens zu, dass sein unmäßiges Trinken für sein Benehmen verantwortlich sei, versprach aber auch grundlegende Besserung. Auf „Knien flehend" bat er, im Seminar der Jesuiten in Dillingen ein ruhigeres Amt (*munere quietori*) zu erhalten, in dem er sich nicht in den Alkohol flüchten müsse und dadurch ein besserer Mensch werden könne.[851] Nur eine weniger anspruchsvolles Arbeit erlaube es ihm, sein spirituelles Leben wieder ins Gleichgewicht zu bringen und das Trinken aufzugeben.[852] Doch der Provinzial sah ihn als gemeingefährlich an. Offiziell wurde seine Dimission am 26. August 1667 in Hall verkündet,[853] indem man ihm die Erlaubnis gab, bei den Augustinern nach Landau einzutreten, obwohl sein früherer Prior schwere Bedenken hatte, ob sich Kugler als Augustiner-Chorherr eigne. Ist Kugler aber je dort eingetreten? Die Jesuiten dachten vielleicht nicht mehr darüber nach, da sie ja endlich den Mann losgeworden waren, der eine „nicht tragbare Last" (*importabile oneri*) und „ein menschlicher Schandfleck" (*humana et dedecori*) gewesen war.[854] Die Augustiner scheinen ihn, falls Kugler tatsächlich dort das Noviziat beginnen wollte, nicht behalten und oder erst gar nicht angenommen zu haben. Trifft letzteres zu, hat der Orden Kugler in den Weltpriesterstand entlassen und ihm wohl einen Entlassungsbrief ausgestellt, der es ihm ermöglichte in einem Bistum Anstellung zu finden. Für Kugler, der aus einer reichen Freisinger Familie stammte, war der Rauswurf jedenfalls kein Karriereknick. Noch im Jahr seiner Ent-

---

848 BayHStA: Jesuiten 296, „Relatio" von Melchior Balthasar aus Hall in Tirol vom 31. Mai 1667, fol. 3; ebd., fol. 13–14v.
849 BayHStA: Jesuiten 296, undatierte, unsignierte Liste, fol. 14v. Zu Cleli siehe AAPECESJ: Sign. 68-D Verz. 8639. Mit *turpia* bleibt Cleli vage – es könnte sich „nur" um unsittliche Berührungen gehandelt haben.
850 BayHStA: Jesuiten 296, Brief Menrad Kugler SJ aus Hall an den Provinzial vom 14. Dezember 1666, fol. 6.
851 BayHStA: Jesuiten 296, Brief Menrad Kugler SJ aus Hall an den Provinzial vom 3. November 1666, fol. 4v.
852 BayHStA: Jesuiten 296, Brief Menrad Kugler SJ an den Provinzial vom 3. November 1666, fol. 4v: „[...] imbecillitas ut cogar moraliter plus ferme corpori quam animo indulgere [...]."
853 APECESJ: Sign. 43–90, fol. 12.
854 BayHStA: Jesuiten 296, undatierte, unsignierte Liste, fol. 14v.

lassung wurde er Frühmesser in seiner Heimatstadt Freising, dann 1668 Pfarrvikar von St. Georg und Kanonikus an der Andreaskirche, und nach einem Weiterstudium in Ingolstadt sogar Dekan, später Katzmaierscher Benefiziat an der Frauenkirche in München. Bis heute ist sein Wirken in Freising präsent, da unter seiner Ägide St. Georg barockisiert wurde.[855] Allerdings scheint er das bei seiner Bewerbung um die Freisinger Pfarrei versprochene „exemplarische Leben" nicht lange geführt zu haben, wie zahlreiche Auseinandersetzungen um seine Amtspflichten zeigen.[856] Das Domkapitel Freising musste ihn daher um 1680 mit den Beschwerden konfrontieren, sein „sonderbahrer Fleiß" in der Seelsorge habe merklich abgenommen: „Erstlich hat er schon zwei Jahr nacheinand in der heyligen Weynacht khein Mötten gehalten,"[857] sei sich am Sonntag zu bequem zum Beichtsitzen, überlasse alle Krankenbesuche und Begräbnisse den Kaplänen, samme aber fleißig das Geld in der Pfarrei ein, ohne darüber Buch zu führen, lese an Festtagen kein Evangelium und auch keine Predigt, „zehntens würdt er an den Werktagen nachmittag wohl niemahls in der Khürchen [...] anzutreffen sein."[858]

Eine derartige Amtsführung in Freising erlaubt es auch, seine am 4. Januar 1696 auf dem Totenbett verfasste „Lebensbeichte" zu kontextualisieren. Eine Änderung seines Lebenswandels, wie er ihn für sich reklamierte, kann aus den Dokumenten jedenfalls nicht ersehen werden. Er scheint derselbe jähzornige, trunksüchtige und arbeitsscheue Kleriker geblieben zu sein, der er schon in der Gesellschaft Jesu war. In seiner „Lebensbeichte" inszenierte er sich aber dennoch als reuiger Sünder. Es existiert sowohl eine deutsche wie auch eine lateinische Fassung dieses an den Provinzial gerichteten Briefes, wobei unklar bleibt, welche die originale ist. Die lateinische Version ist einem Band mit Vorträgen für Jesuitennovizen eingefügt, so dass möglicherweise der Brief den jungen Ordensanwärtern als warnende Lektüre vorgelesen wurde.[859]

Schon bei der Dimission aus dem Jesuitenkolleg Hall in Tirol habe er sich geschworen, so schrieb Kugler, alles zu tun, um eines Tages wieder aufgenommen zu werden.[860] Daher habe er im Jubiläumsjahr 1675 zweimal in Rom um den besonderen Gnadenerweis nachgesucht, wieder in den Orden eintreten zu dürfen, was ihm

855 Allerdings ist die Aussage Prechtls, Kugler sei erst 1667 zum Priester geweiht worden, inkorrekt. Anton Mayer, Statistische Beschreibung des Erzbisthums München-Freising, Bd. 1. München 1874, S. 417; Johann B. Prechtl, Beiträge zur Geschichte der Stadt Freising: Pfarrkirche u. Pfarrei St. Georg, Bd. 4. Freising 1878, S. 55–60.
856 AEM: AA001/3, PfarrA5604, Brief Kuglers an das Domkapitel Freising vom 6. Juni 1668; vgl. ebd. etwa AA001/3, PfarrA5598 über die Mängel seiner Buchführung, ca. 1685.
857 Er habe also keine Christmette gehalten.
858 AA001/3, PfarrA5600, undatierte Liste.
859 BSB: Clm 930, Brief Menrad Kuglers vom 4. Januar 1696, fol. 285ff.
860 APECESJ: Sign. 251, Verz. 2323, Brief von Meinrad Kugler, undatiert, fol. 56–57.

aber verweigert wurde.[861] Er setzte immer noch seine Hoffnung auf „meine aller-liebste Mutter, die Societet," gerade jetzt, wo ihn eine tödliche Krankheit aufzehre. Mit der Identifizierung des Jesuitenordens als seiner Mutter hoffte er vielleicht auf Milde und Vergebung. Von Verantwortlichkeit war aber keine Spur zu finden. Viel-mehr habe er „aus kheiner Bosheit eines verbrecherischen Gemiethes, weder aus Begierdt und Wollust" gehandelt, sondern sei durch „überflissiges Trinckhen" auf unmoralische Pfade geführt worden. Der Alkohol habe ihn gegen andere aufge-bracht, und seine inneren Abwehrkräfte dezimiert („der Geist nam ab").[862] Nun ge-reichte ihm alles Geistliche zur Abscheu: „Und was zuvor fier eine Zuversicht war das Gebett, [...] das war meiner Seel ein Grausen." Sein Leben nach der Entlassung aus der Gesellschaft beschrieb er zwar als einen Weg der „Freiheit," allerdings einer zerstörerischen Freiheit. Denn diese führte ihn zu immer größerem Konsum von Alkohol und weiterer Unkeuschheit, und zerrte ihn schließlich in den Abgrund des moralischen Ruins. Auf dem Totenbett bat er nun, dass die Väter der Gesellschaft seines „allgemach an den Lefzen hangenden Geists" in der hl. Messe gedenken. Er unterzeichnete den Brief bemerkenswerterweise mit „Menrad Kugler, der Societet Missgeburth," um seine Reue auszudrücken und starb 1697.[863] An diesem Schreiben ist weniger bemerkenswert, dass es insinuiert, Kugler habe nach dem moralischen Zusammenbruch sein Leben gebessert, sondern vielmehr das direkte Eingestehen sexueller Fehltritte, auch wenn er diese durch den Hinweis auf unmäßigen Alkohol-genuss relativierte. Schließlich war der Sterbende ja Kanonikus an einem ehrbaren Stift in Freising.

Der aus Landshut stammende P. Bartholomäus Schrecksnadl, ein *scholasticus approbatus*,[864] wurde 1663 vom jungen Magister Bernhard Zurmatten, damals ebenfalls Scholastiker,[865] bezichtigt, ihn öfter zu unsittlichen Taten (*ad turpes*) ge-bracht zu haben, bei denen es zum Samenerguss kam. Es scheint sich um gegen-seitige Selbstbefriedigung gehandelt zu haben. Allerdings wird Schrecksnadl als der alleinige Delinquent dargestellt. Die Denunzierung erfolgte im Geheimen (*se-creta*), da Zurmatten fürchtete (*horrore*), der Missbrauch an ihm könnte sich wie-derholen, da Schrecksnadl angeblich in sein jetziges Kolleg versetzt worden war.[866] Doch auch in anderen Kollegen hatte sich Schrecksnadl nur Feinde ge-macht. Selbst seine Professoren stieß er vor den Kopf, verursachte ständig Quere-len in der Gemeinschaft oder in der Schule, so dass man 1666 zu dem Schluss

861 APECESJ: Sign. 251, Verz. 2323, fol. 56.
862 APECESJ: Sign. 251, Verz. 2323, fol. 56v–57.
863 APECESJ: Sign. 251, Verz. 2323, fol. 57.
864 APECESJ: Sign. 68-D, Verz. 4159, Geburt 1634, Eintritt 1654, Dimission 1669.
865 APECESJ: Sign. 68-D, Verz. 3019, Geburt 1638, Eintritt 1654, Tod 1695.
866 BayHStA: Jesuiten 320, Notiz von 1663, fol. 2.

kam, er müsse geistig verwirrt (*perturbatus animae*) sein. Daher befürchtete die Ordensleitung auch, er könne im Gymnasium Konstanz einen Skandal auslösen.[867] Schrecksnadel selbst hatte sich am Tag zuvor beim Provinzial beklagt, dass er überall verfolgt werde und daher erwarte, dass Schüler alle möglichen Gerüchte über ihn verbreiteten. Um diesen Schrecken zu entgehen, bat er um die Versetzung nach Mindelheim.[868] Die Antwort des Provinzials an den Rektor sprach Bände. Schrecknadls Argumente bewegten ihn schon deshalb nicht, weil der Mann in der ganzen Provinz keinen guten Ruf besitze, aber auch weil in diesem Jahr bereits zwei Priester, die am selben Ort wie Schrecksnadel unterrichtet hatten, der Infamie verdächtig geworden waren, so dass ein Zusammenhang mit diesem nicht unwahrscheinlich sei.[869] Nach anfänglicher Besserung des Täters wurde aber schon 1668 klar, dass Schrecksnadl immer schwieriger wurde. Seine Eitelkeit (*vanus sui aestimator*) mache ihn süchtig nach Komplimenten (*humanae laudis impiger sectator*) und verleite ihn zu allerhand Bequemlichkeiten für seinen Körper (*commoditatibus exquisitus*). Zudem sei er unmäßig im Alkoholkonsum und Essen, ungeduldig und jähzornig (*a natura cholericus*). Für den Rektor war daher klar, dass Schrecksnadl unkorrigierbar (*incorrigibilis*) sei.[870] In der Umgebung verbreitete er sogar Gerüchte, dass der Rektor des Kollegs die Patres Hunger leiden lasse und stachelte die Gläubigen auf, dem Provinzial zu schreiben.[871] Verständlicherweise wurde er schon im nächsten Jahr entlassen.[872] Über seinen weiteren Lebensweg ist nichts bekannt.

6.9 Fälle von Gewalt im Klassenzimmer

Obwohl General wie auch Provinzkapitel es ihren Mitgliedern ständig einschärften, dass es keinem Gymnasialprofessor zustand, einen Schüler zu schlagen, außer mit ausdrücklicher Erlaubnis des Oberen, wurde dieses Verbot oft ignori-

---

867 BayHStA: Jesuiten 320, Brief des Rektors von Konstanz (unleserlich) an den Provinzial vom 14. Oktober 1666, fol. 11.
868 BayHStA: Jesuiten 320, Brief von Bartholomäus Schrecksnadl an den Provinzial vom 13. Oktober 1666, fol. 9v–10v.
869 BayHStA: Jesuiten 320, Brief von Provinzial Veihelin an den Rektor von Konstanz vom 16. Oktober 1666, fol. 12.
870 BayHStA: Jesuiten 320, Brief von Max Lerchenfeld aus Feldkirch vom 20. Januar 1668, fol. 20–21v.
871 BayHStA: Jesuiten 320, Brief von Matthäus Hess an den Provinzial vom 13. März 1668, fol. 22.
872 APECESJ: Sign. 72 A 1349, fol. 412.

ert.[873] Dies war umso erstaunlicher, da es streng geahndet wurde. Denn eine nicht lizenzierte Züchtigung konnte Gerüchte über die „Gewalttätigkeit" der Lehrer schüren oder eine sadistische Komponente besitzen. Die böhmische Provinz drohte 1677 daher jedem Täter die Strafe an, sich selbst vor den Mitbrüdern im Kolleg auspeitschen zu müssen. Dem Jesuiten, der die Schüler an Geschlechtsteilen (*verenda*), Gesicht oder Hand berührte (*attingere*) wurde gar eine Auspeitschung (*virgis, non baculis*) durch den Oberen angedroht.[874]

Wo Auspeitschung und sexuelle Lust zusammenfielen, ist die Rede vom Sadismus angebracht. Solchen kann man bei Philipp Has/Haas, vermuten, der am Freiburger Gymnasium im Breisgau dozierte.[875] Er scheint in der Oberdeutschen Provinz bereits einen schlechten Ruf als Lehrer besessen zu haben, als 1652 der Freiburger Rektor Gebhard Deininger einen Bericht über ihn an den Provinzial sandte.[876] „Ich schweige darüber, dass er seinen künftigen Schülern der verhassteste Lehrer [*exosissimus*] sein wird, und dass wegen ihm ein großer Teil die Schule verlassen wird," denn es gebe eine weitaus schwerwiegendere Anschuldigung, schrieb Deininger.[877] Die Denunziation stammte vom Jesuiten Beatus Schlininger.[878] Dieser fand es auffällig, dass ein Schüler sich in der Schule so verhielt, als ob er einen schlechten Umgang habe [*mali commercii*]. Er stellte ihn daher zur Rede. Zunächst ausweichend, gestand er „völlig errötend [*rubore suffusus*], dass P. Has, ihn mit Ruten auspeitschen haben wollen [*virgis [...] caedere eum*] und dies dann auch getan habe." Dieser „gute [*bonum*] Jüngling [*juvenis*]" stammte aus einer örtlichen Adelsfamilie. Ein anderer Schüler bestätigte das „laszive Verhalten" von Has, und fügte hinzu, dass dieser ihn auch geküsst [*oscula figendo*] habe. Der zuletzt genannte Schüler spielte mit dem Gedanken, Jesuit zu werden, weswegen ihn der

---

873 BSB: Clm 1553, vol. 3. Allein für das Jahr 1768 sind zahlreiche Einträge von Entlassungen und harschen Bestrafungen mit der Rute und Inkarzerierung verzeichnet, etwa unter „virgis castigatus," und „mane virgis exceptus." Siehe fol. 535, 536, 537, 540, 541, 542, 546, 552, 557, 562, 575.

874 APECESJ: Abt. 40–2, 1, Archivi Provinciae Rhenanae superioris, fol. 616, vom 10. Oktober 1660. APO: 45/141/0/-/16, Matthias Tanner aus Brünn am 27. August 1677, fol. 267. Vgl. ebd., „Memoriale pro communitate post Congregationem Provincialem Superioribus Oblatum," unterschrieben vom bayerischen Provinzial P. Jacobus Willi (Provinzial, 1686–1689), fol. 319: „Prohibendum [...] voluit P. Noster sub gravi poena ad arbitrium superiorum ne Praefecti aut professores nos discipulos ipsimet flagellis caedant, sed si quos tali poena plectendi, ipsi se flagellent."

875 APECESJ: Sign. 68 D, Verz. 7488. Geburt 1608, Eintritt 1626, Tod 1675, *coadjutor spiritualis*. 1649 lehrte er Rhetorik an der Universität Freiburg, siehe Meyer (Hg.): Die Matrikel der Universität Freiburg, S. 911.

876 BayHStA: Jesuiten 352, Brief von Gebhard Deininger aus Freiburg vom 14. Oktober 1652 an den Provinzial, fol. 7. Deininger, zu diesem siehe APECESJ: Sign. 68-D, Verz. 8515.

877 BayHStA: Jesuiten 352, fol. 7.

878 APECESJ: Sign. 68-D, Verz. 4343, Geburt 1607, Eintritt 1627, Tod 1677, Profess-Gelübde.

Rektor des Kollegs ebenso wie den Adligen als besonders vertrauenswürdig ein-
schätzte. Die Konsequenz war aber keineswegs die Eröffnung eines Ausschlussver-
fahrens gegen Has, sondern lediglich seine Versetzung, obwohl der Rektor vor
einer weiteren Verwendung als Lehrer gewarnt hatte: „Daher meine ich, dass Pater
Has, nicht nur von hier abgezogen, sondern auch nicht mehr als Lehrer eingesetzt
werden soll."[879] Allerdings verwandte man ihn trotz dieser Warnung auch weiterhin als Gymnasialprofessor für Rhetorik und die Humaniora. 1656 findet man ihn
im Kolleg Ensisheim, 1661 in Biburg, und von 1672 bis zu seinem Tod 1675 anscheinend ohne Aufgabe in Mindelheim.[880]

Auch im schweizerischen Solothurn gab es einen ähnlich gelagerten Fall im
Jahr 1667. Einige Wochen vor Weihnachten beklagte der Solothurner Rektor, dass
P. Johannes B. Steidlin „nicht gut mit den Schülern zusammenpasse" (*non bene
convenire*).[881] Die Humanisten, die man auch als Poetikklasse bezeichnete, waren
im Schnitt zwischen sechzehn und siebzehn Jahre alt und versammelten sich
heimlich, um über ihren strengen Professor zu klagen. Diese Konventikel entluden
sich dann aber geradezu tumultartig Weise über die „compellationes et saevitias
atque ferocia," also das verachtende, schroffe, ja gewalttätige Verhalten des Lehrers. Die Jugendlichen, die sich herabgesetzt fühlten, opponierten lautstark nachdem Steidlin einen aufsässigen Schüler einen „Hungerleider und Bettelbruder,"
andere als „grobe Gesellen" und „grobs Holz" bezeichnet hatte. Allerdings blieb es
nicht bei Worten. Er schlug sie ins Gesicht und bestrafte zwei mit der Rute. Er
selbst zeigte sich aber nicht einsichtig, sondern führte den Hass der Studenten nur
auf ihre Ignoranz und Lernunwilligkeit zurück.[882] In der Chronik des Gymnasiums
wurde der Tumult als „Seditio" und „Bauernaufstand" (*rebellio rustica*) bezeichnet,
bei dem einige Humanisten-Schüler unerlaubt das Gymnasium verließen (*prori-
puere*), dann aber reumütig zurückkehrten.[883] 1669 entließ man Steidlin, der dann
Pfarrer im Bistum Freiburg im Breisgau wurde.[884]

Ähnlich war die Anklage gegen einen Professor der Rhetorikklasse in Mindelheim im Mai 1696. Die eigentliche Tat erwähnte Johannes Mourat, der Hausobere,
aber nicht am Anfang des Briefes, sondern erst in der Zusammenfassung der Ankla-

---

879 BayHStA: Jesuiten 352, fol. 7: „sed non facile ad docendum applicandus [...]."
880 APECESJ: Sign. 40–3, 71, Catalogus Generalis, fol. 365; 420; 487. Der Verbleib von 1662 bis 1672
konnte nicht verifiziert werden.
881 APECESJ: 68-D, Verz. 3973, Geburt 1639, Eintritt 1657, Entlassung 1669, *scholasticus approbatus*. BayHStA: Jesuiten 297, fol. 1.
882 BayHStA: Jesuiten 297, Brief von Johannes B. Steidlin vom 21. Januar 1668, fol. 4–4v.
883 ZBS: S 111/1 Historia Collegii Solothurn, fol. 65.
884 Steffen Schmemann: Die Pfarrer inkorporierter Pfarreien und ihr Verhältnis zur Universität
Freiburg (1456–1806). In: Freiburger Diözesan-Archiv 92 (1972), S. 5–160, hier S. 97.

gen nach einer ganzen Briefseite lateinischen Textes.[885] Außerdem vermied er die Nennung des Namens des angeklagten Lehrers und setzte dem Bericht eine eigene Evaluierung voraus. Er sei von „kleinen lügnerischen Jungen" (*mendaculis pueris*) getäuscht (*deceptus*) worden, die Anschuldigung anfangs zu glauben, habe aber nun deren Lüge erkannt.[886] Die Schüler bezeichnete er durchwegs als Jungen oder „pueres", obwohl es sich um Schüler der Abschlussklasse handelte. Dies veranschaulicht, dass man die Achtzehnjährigen noch als Heranwachsende ansah. Die doppelte Verkleinerung (*mendaculis pueris*) stuft diese aber noch weiter zu unglaubwürdigen Kleinkindern herab. Durch diese rhetorische Verunglimpfung wurde der Visitator der Provinz, an den der Brief adressiert war, gegen die Aussagen der Opfer beeinflusst. Er nahm ihrer Beschreibung sexueller Gewalt so jede Überzeugungskraft. Wie ernst es Mourat war, zeigt sich daran, dass er diese Taktik im zweiten Briefabsatz wiederholte, sie diesmal aber dem Beschuldigten selbst in den Mund legte. Dieser verlange von den „verleumderischen, lügnerischen Jungen" (*injuria a falsis delatoribus & mendacibus pueris*) einen Widerruf.[887]

Dem Präfekten der Schule, der von der Schwere der Anklage sehr betroffen war (*permotus*), hatten die Schüler bereits detaillierte Angaben gemacht. Mourat befragte sie erneut und anfangs schienen sie die Vorwürfe zu bestätigen. Allerdings bemerkte er Widersprüche in den beschriebenen Einzelheiten der sexuellen Berührungen. Erst auf der zweiten Briefseite erwähnte Mourat die eigentliche Anklage, nämlich „unehrenhafte Berührungen" (*tactibus*), die während der Prügelstrafen stattfanden. Die Beschuldigung der Schüler brachte demnach die Grenzverletzung physischer Gewalt mit einer moralischen, den sexuellen Berührungen, in Verbindung. Auf die Nachfrage, warum die Jungen zuerst bestimmte Dinge bejahten und dann verneinten, gaben sie an, von der Wortwahl und dem Latein des Präfekten verwirrt worden zu sein. Da sich der beschuldige Professor völlig unwissend über die Anklage der Berührungen zeigte, schenkte ihm Mourat Glauben und schloss, dass die Jugendlichen die Züchtigung zu einem Akt sexueller Gewalt aufgebauscht hatten: „Wenn also der Professor irgendeinen Fehler begangen hat, dann scheint mir dieser im Bereich der Züchtigung zu liegen und nicht im Bereich schwerer Unkeuschheit [...]"[888] Daher schlug er auch vor, den Lehrer in seinem Amt belassen. Einer seiner Kollegen,

---

885 Zu Mourat siehe APECESJ: Sign 68-D, Verz. 5764, Geburt 1632, Eintritt 1648, Profess-Gelübde, Tod 1703.

886 BayHStA: Jesuiten 363, Brief von Johannes Mourat an den Visitator der Provinz vom 31. Mai 1696, fol. 1v: „[...] in modo castigandi [...] inhonestati."

887 BayHStA: Jesuiten 363, fol. 1v.

888 BayHStA: Jesuiten 363, fol. 2v.

Jakob Leutter, forderte sogar die öffentliche Bestrafung der Studenten, was man aber vermied, um die Gemüter nicht weiter zu erhitzen.[889]

Während der offizielle Bericht vollständig anonymisiert war, erfuhr man aus den eigenmächtig abgesandten Briefen des Logikprofessors und Studienpräfekten in Mindelheim, Emmanuel Dietmann, der weniger Vorsicht walten ließ, die Identität des schlagenden Lehrers. Es handelte sich um Johann B. Zeltner.[890] Der Jesuit bestätigte die gewalttätige Bestrafung der Schüler durch Ruten (*virgis*) wegen deren nächtlicher Herumtreiberei in der Stadt sowie des schlechten Zustands ihrer Unterkunft. Diejenigen, welche die Strafe als zu hart empfanden (*acerbius sensuerunt*), hätten sich zu einer Verschwörung zusammengefunden: Joseph Biber, Franz Froschmayr, Johann David Feierabend und Franz Anton Waigl. Auch der Vater des letzteren habe sich ihnen angeschlossen. Dieser sei früher Kandidat der Gesellschaft gewesen, habe dann aber ein „Weiblein" geheiratet (*muliercula*).

> Sie kommen an verschiedenen Orten zusammen, um Rachepläne gegen den Professor zu ersinnen, Vergehen zu erfinden [*vindictam meditari, varia flagitia et dicteria fingere*], als ob sie vom Pater begangen worden wären, so zum Beispiel, dass er durch die Rutenstreiche nichts anderes erreichen wollte, als ihre Geschlechtsteile zu sehen und zu berühren [*aspectus venereos; tactus impudicos*], dass er einem Mädchen einen Ring als Zeichen seiner Geilheit geschenkt hatte [*signum lascivi amoris annulum alicui puella submisserit*], dass er öffentlich in der Schule geprahlt habe, er brauche eine Frau, die groß wie eine Säule sei [...] und dass der König und die Königin von Frankreich am Morgen lange nackt auf einem Stuhl sitzen und von neugierigen Blicken beäugt werden [*nudos manere in sella curiosis aliorum oculis expositis*]. Er soll auch noch die Frau des Scharfrichters für ihre Brüste, Körper und Proportionen [*laudaverit hujatis carnificis uxorem de colli uberum, corporis proportione ac forma*] gepriesen haben [...][891]

Um die Vorwürfe noch weiter zu schwächen, breitete Dietmann Informationen über die Ankläger aus, die ihre Unverlässlichkeit beweisen sollten. Schließlich sei Martin Demelmayer unter ihnen, der einmal das Gerücht verbreitet hatte, Jesuiten hätten einen schriftlichen Pakt mit dem Teufel unterschrieben. Severin Hunold gab schließlich zu, dass die Anklage sexueller Berührungen und die schlüpfrigen Details die Idee von Waigls Vater gewesen seien.[892] Bei der Bestrafung und der sexuellen Berührung aber begnügte sich Dietmann, die Widersprüche der Aussagen

889 Interessanterweise wurde P. Jakob Leutter selbst im Jahr 1711, nach 36 Ordensjahren, entlassen (APECESJ: 68-D, Verz. 6320, Geburt 1658, Eintritt 1676).

890 APECESJ: 68-D, Verz. 3093. Geburt 1643, Eintritt 1663, Tod 1705 in Biburg, *coadjutor spiritualis*. 1673 wurde Zeltner in Freising zum Priester geweiht (AEM: AA001/1, FS132).

891 BayHStA: Jesuiten 363, Emmanuel Dietmann an Vizeprovinzial und Visitator Albert Mechtl vom 31. Mai 1696, fol. 3. APECESJ: 68-D, Verz. 8442.

892 BayHStA: Jesuiten 363, fol. 3.

auszuweisen, um zu etablieren, dass es wahrscheinlich die Rute war, mit der Zeltner das Geschlechtsorgan betastete und nicht mit seinen Fingern.[893] Bemerkenswert offen gab Dietmann auch zu, gegen den Dienstweg verstoßen und dadurch die Autorität des Rektors untergraben zu haben, indem er sich direkt an den Visitator gewandt hatte. Aber er habe sich gezwungen gesehen (*compellar*) die „Fabeln" der Jungen, die den Ruf eines unbescholtenen Paters zu zerstören suchten, nicht einfach stehen zu lassen. Ein Abzug Zeltners würde ihn in den Augen der Bevölkerung schuldig erscheinen lassen. Stattdessen müssten die Schüler bestraft werden und sichergestellt werden, dass keine Gerüchte mehr in die Stadt dringen. Das Geständnis der Schüler und des Vaters, der lediglich über die strenge Bestrafung des Lehrers aufgebracht war, sollte den Konflikt beilegen.[894] Doch schon ein paar Tage später griff Dietmann in Mindelheim erneut zur Feder, um sich beim Visitator zu beschweren, dass die Schüler vom Rektor nicht bestraft würden und auch Zeltner gegenüber keine Genugtuung leisteten.

> Daher scheint es mir in diesen und ähnlichen Fällen kein Heilmittel zu sein, dass ich […] schweige, ja in diesem konkreten Fall bin ich sogar in einzigartiger Weise getröstet, dass ich zumindest versucht habe, jener Verpflichtung Genüge zu tun, die mir vor allem meine Treue [*fidelitatem*] auferlegt und mir mein Gewissen durch das Gesetz der Liebe und Gerechtigkeit vor Gott diktiert [*impositam mea coram Deo conscientia dictabat*].[895]

Erst ein Jahr später, am 1. Juli 1697, brachten Weigl, Biber, Froschmayr und Feierabend den Mut auf, dem Visitator erneut zu schreiben. Dietmann hätte ihnen solche Furcht eingejagt (*enormibus nos induxit*), dass sie alles widerrufen hätten. Dies sei aber nur aus Angst geschehen, nicht aus Wahrheitsliebe (*autem ex sole metu*).

> Nun aber sind wir bereit dieses […] zu bezeugen, auch vor einem Richter, der für uns ernannt wird. Wenn wir Euch überzeugt haben, dass wir ungerechterweise zur Unterschrift gezwungen wurden, dann bitten […] wir Euer Hochwürden […] uns diese [die Unterschrift, U.L.] zurückzugeben.[896]

Doch der Provinzial scheint den Jungen weiter keinen Glauben geschenkt zu haben. Daher konnte Zeltner weiter sein Unwesen treiben. So überrascht es auch nicht, dass der Rektor des Kollegs in Burghausen schon ein Jahr später ein weite-

---

893 BayHStA: Jesuiten 363, fol. 3 Vgl. den Fall von Franziskus Schlegl.
894 BayHStA: Jesuiten 363, fol. 3v.
895 BayHStA: Jesuiten 363, Emmanuel Dietmann an den Visitator vom 7. Juni 1696, fol. 5v.
896 BayHStA: Jesuiten 363, gemeinschaftlich unterzeichneter Brief der Opfer an den Visitator vom 1. Juni 1697, fol. 6: „Si vero convincamus, ad dandas nostras syngraphas inuste coactos nos fuisse, supplices rogamus atque contestamus Reverendissimam Paternitatem, ut iste nobis reddantur."

res Opfer zu beklagen hatte. Er berichtete Provinzial Martin Müller am 15. Januar 1698, Zeltner sei nach Straubing versetzt worden mit der Ermahnung dort nicht auch seinen Ruf zu ruinieren (*ne et ibi se infamet*). Ein Schülervater hatte sich nämlich beschwert, dass Zeltner seinen Sohn nicht nur auf jede nur mögliche Weise dazu locke der Gesellschaft Jesu beizutreten, sondern ihn sogar dazu „zwingen" wolle (*compellere voluisse*). Zudem habe er versucht, ihn zu kitzeln (*titillationibus tentaverit*). Diese *titillationes* hatten durch den Kontext der Fälle in Mindelheim eine eindeutig sexuelle Assoziation.[897] Dennoch blieb er im Orden und starb erst 1705 in Biburg.

Noch 1713 ermahnte der Provinzial den Rektor des Kollegs Dillingen, dem dortigen Studienpräfekten einzuschärfen, seine Schüler auf keinen Fall mit der Rute zu strafen (*virgarum poena*) bevor der Rektor den Grund anerkannt und seine ausdrückliche Erlaubnis dazu gegeben hat. Der Hinweis, den Grund der Strafe einzusehen, zeigt an, dass der Lehrer bisher seine Schüler eigenmächtig und irrational bestraft hat.[898] Zahlreiche ähnliche Fälle gab es aber auch in anderen Provinzen, wie etwa der Oberrheinischen Provinz, in der man 1723 Magister Franciscus Kiefer wegen der nächtlichen Auspeitschung seines Schülers dimittiert zu haben scheint.[899]

6.10 Gewalt in der Jesuitenschule

Eine bisher in der Forschung allerdings nicht gestellte Frage ist, warum Jesuiten relativ einfach ihre Schüler zu sadistischen Praktiken überreden konnten. Sicherlich waren die Schüler zu Gehorsam sozialisiert, vor allem dem Beichtvater gegenüber, und kannten auch die Geißelung als anerkanntes Instrument des geistlichen Fortschritts, der sogenannten Selbstabtötung, sowie auch die Prügelstrafe im Unterricht. Nur selten eskalierte aber eine Bestrafung. So hatte das Jesuitenkolleg Posen am 6. April 1693 zu beraten, was man mit dem geistlichen Koadjutor Sobolweski anfangen solle. Dieser hatte aus „gerechtem Grund" mit einem Stock (*baculo*) den Sohn eines Bürgers geschlagen, der allerdings zurückgeschlagen (*repercussit percussorem*) und sich bewaffnete Hilfe verschafft hatte.[900] 1689 wurden eine Reihe

897 BayHStA: Jesuiten 363, Brief von Rektor Franz Schmalholz an den Provinzial Martin Müller am 15. Januar 1698 fol. 7.
898 APECESJ: Sign. 41–14, 2, s. pag. vom 30. August 1713.
899 APECESJ: Sign. 40–2, 7, fol. 199 vom 28. Juli 1723. Die Identität Kiefers ergibt sich durch STAM: 15/453, fol. 236v.
900 BJ K: BJ Rkp. 5197, Acta consulationum, habitarum in Collegio Posnaniensi Societatis Jesu [...] ab anno 1684–1773, fol. 17–17v.

von Studenten tagelang im unterirdischen Karzer des Kollegs von Gorizia einge-
sperrt, weil sie ihren Lehrern Gewalt angetan hatten.[901]

Aber auch *unter* Studenten war gegenseitig verübte physische Gewalt durchaus
üblich.[902] Fanden die Jesuitenlehrer etwas über solche Schlägereien heraus, griffen
sie sofort ein, vor allem, um den Ruf des Kollegs zu schützen. Ein bemerkenswertes
Beispiel dafür ist aus Posen überliefert, wo am 22. Januar 1687 in der Nacht zwei
Studenten der Rhetorikklasse einen Mitschüler und Adlatus schwer verprügelten,
da er ausfallend gegen sie geworden war. Die Schläger wurden, nachdem sie der
Präfekt eingefangen hatte, den Behörden der Stadt für den Karzer übergeben.[903]
Ein halbes Jahr später aber, angeblich am 17. Juni 1687, verprügelten die Studenten
der Domschule einen Rhetoriker der Jesuiten, die nun ihrerseits Satisfaktion for-
derten. Eine zeitgenössische Zeitung berichtete:

> Als diese den Jesuiten versagt, sind sie mit etlichen hundert Studenten herausgezogen und
> die Canonicos neben der gantzen Academie heraus fordern lassen. Die Academici [...] ließen
> umb zwei Uhr Nachmittag die Sturm-Glocke ziehen und giengen mit aller Macht anfänglich
> 150 Personen zu Ross und Fuß auf die Jesuiten los, trieben sie aus dem Felde bis unter die
> Brücke, beschädigten ihrer viel und wurffen einen sehr Verwundeten von der Brücke ins
> Wasser [...] In Summa es war so anzusehen, als wenn zwei kleine Armeen wider einander
> stritten. [...] Den 18. dito wollten die Domherren den Jesuiten die Kirche zu schließen, weil
> sie ihre Studenten zu diesem Exzess angefrischet; die Jesuiten aber droheten denen all die
> Hälse zu brechen, so solches tentiren würden.[904]

Die fantastisch anmutende Quelle verliert aber an Glaubhaftigkeit, wenn man
etwas tiefer bohrt. Denn zum einen erscheinen die Jesuiten hier als die unver-
söhnlichen Kriegstreiber, als die sie die Polemik der Zeit gerne hinstellte, zum an-

---

901 Claudio Ferlan, Mario Plesnicar (Hg.): Historia Collegii Goritiensis Gli Annali del collegio dei
gesuiti di Gorizia (1615–1772). Trento 2020, S. 375.
902 Siehe etwa die interessanten Funde von Fidel Rädle: Pietas et mores–Rebellion und Gewalt.
Studentenleben in der Frühen Neuzeit. In: Syntagmatia. Essays on Neo-Latin Literature in Honour of Monique Mund-Dopchie and Gilbert Turnoy. Hg. von Dirk Sacré, Jan Papy. Leuven 2009.
903 BJ K: BJ Rkp. 5197: fol. 6. Ein Ähnlicher Fall ereignete sich im Jahr 1717 als drei Studenten
den Famulus des Schneiders „grausamst" (*crudelius*) mit Ruten verprügelten und von der Stadt-
verwaltung in Haft genommen worden waren, ebd. fol. 59v–61.
904 Rechter, Warhaffiger und ausführlicher Bericht, Alles Was bißhero in diesem 1687sten
Jahre die Christlichen Waffen für herrliche Siege hin und wieder gegen den Erb-Feind, Türcken
und Tartarn erhalten. Leipzig 1687, S. 6. Kanonikus Pilkowski wurde in dem Kampf schwer ver-
wundet. 1764 entfloh der Küster der Jesuiten, aber nicht ohne vorher die 12.000 Gulden, die er an
Zinsen von den Juden Posens eingenommen hatte, mitzunehmen. Die Juden wurden beschuldigt,
ihn getötet zu haben, bis er in Gnesen aufgegriffen wurde, siehe Joseph Perles: Geschichte der
Juden in Posen. Breslau 1865, S. 106. Es war mir leider nicht möglich die Akten über den Tumult
von 1687 selbst einzusehen. Es scheint sich um diesen Faszikel zu handeln APP: 53/474/0/2.7.10/
I.2251 Materiały dot. tumultu antyżydowskiego w Poznaniu.

deren widersprechen jesuitische und jüdische Quellen. Nach diesen ereignete sich der Vorfall im November und nicht im Juni. Der Anlass war auch keine Schlägerei zwischen Schulstudenten, sondern vielmehr eine Attacke von Jesuitenschülern auf jüdische Häuser. Nach einem Eintrag in den *Consultationes* des Ordens hatten die Jesuiten bereits am 8. November 1687 mehrere Studenten, selbst Adlige, wie der Text vermerkt, wegen dieser nächtlichen und gewalttätigen Tumulte von der Schule geworfen.[905] Die jüdischen Quellen verfeinern die Sichtweise: Der Magistrat der Stadt habe auf der Inkarzerierung und dem Schulverweis bestanden, was die Jesuiten aber als Entehrung empfanden und so am 18. November einen Mob gegen das Judenviertel anführten. Drei Tage und drei Nächte lang wurde gekämpft, vermerkt das Gemeindebuch der Juden von Posen.[906]

Auch für das achtzehnte Jahrhundert lassen sich zahlreiche Quellen für Gewalt in den Kollegien finden, so etwa für das Jahr 1767, als im Bamberger Kolleg ein Student einen Laienbruder, der die Sakristei der Kirche übersah, „in bösartiger Weise" schlug (*malitiose*). Man entschied, den Fall dem Weihbischof zu melden, denn der Student hatte sich damit die Exkommunikation zugezogen. Bis dahin sperrte man ihn fünf Tage bei den Franziskanern ein. Der Generalvikar absolvierte ihn im Anschluss von der Kirchenstrafe.[907]

Die Quellen bezeugen, wie leicht die Jesuiten ihre eigenen Schüler zu Gewalt anstacheln konnten, wenn sie diese approbierten und sie auch in Kauf nahmen. In einer solchen Atmosphäre ist es nicht verwunderlich, dass es zu Exzessen kam, die Schülern auch zumutete, die sexuellen Gewaltfantasien ihrer Lehrer zu ertragen.

6.11 Heterosexueller und spiritueller Missbrauch

Obwohl sexuelle Beziehungen gleichaltriger Partner freiwillig erfolgen konnten, muss beachtet werden, dass zwischen einem Beichtvater und einer Klosterfrau oder einer Frau aus der Stadt oder gar einem Mädchen ein enormes Machtgefälle bestand. Schließlich hatte die Pönitentin ihre geheimsten Sünden dem Priester anvertraut, der dadurch eine besondere spirituelle Machtstellung erhielt. Er war

905 BJ K: BJ Rkp. 5197, fol. 7. Siehe auch Perles: Geschichte der Juden in Posen, S. 62.
906 Ebd., S. 62–63. Ähnliche Fälle dokumentiert Jacek Wijaczka: Państwo polsko-litewskie w XVI–XVII w. jako „raj dla Żydów". Mit czy rzeczywistość? In: Piotr Robak: Verba volant, scripta manent. Księga jubileuszowa dedykowana Profesorowi Zbigniewowi Anusikowi w sześćdziesiątą piątą rocznicę urodzin, hg. von. Małgorzata Karkocha, Łódź 2022, hier S. 592–593. Eine dritte, wiederum weiter differenzierende Quelle bei Józef Łukaszewicz: Obraz historyczno-statystyczny miasta Poznania w dawniejszych czasach, Bd. 2. Poznaniu 1838, S. 349.
907 APECESJ: Sign. 41–16, 8, Consultationes Bamberg, Eintrag für den 4. März 1767, s.pag.

es, der ihr riet, welche ihrer Entscheidungen gut und welche falsch waren, was moralisch verkommen und erlaubt war, worin sie dem Willen Gottes folgen könnte und welche Gedanken vom Teufel herrührten. Missbrauchte ein Beichtvater eine solche Vertrauensstellung für seinen eigenen finanziellen oder sexuellen Vorteil, so lag spiritueller oder sexueller Missbrauch oder beides vor, und damit eine kirchliche Straftat. Konnte man etwa nachweisen, dass ein Sexualvergehen im Beichtstuhl oder aufgrund der Beichte erfolgt war, konnte ein Richter dies als Sollizitation werten, die mit der Exkommunikation bestraft wurde.[908] 1748 riss den Konsultoren der Oberrheinischen Provinz daher der Geduldsfaden, als ein Superior anfragte, ob ein Priester „P.J.B." (Pater Jacob Baegert) nur vom Beichtsitzen bei den Nonnen suspendiert sei und ob man dieses Verbot vielleicht lockern dürfte? Allein die Frage zeigte bereits, dass „P.J.B." Delikte begangen haben musste, die zu seiner Suspendierung geführt hatten, oder zu der Frage, ob er überhaupt je wieder im Kloster die Beichte hören dürfte. Außerdem scheint hinter der Anfrage der Wunsch Baegerts gestanden zu haben, wiederum dieses Sakrament zu spenden. Die Konsultoren antworteten: „Man darf ihm keineswegs nachgeben wegen der unglaublichen und unbelehrbaren Leichtigkeit dieses Menschen und seiner Unklugheit, die er schon oft in unseren Häusern an den Tag gelegt hat und bei den Weltlichen damit einen Skandal erregt hat."[909]

Da sexuelle Fehltritte allzu oft mit dem Beichtstuhl in Verbindung standen, konnte der Provinzial der Oberdeutschen Provinz es auch nicht auf die leichte Schulter nehmen, als 1694 der Trienter Jesuit Felix Poli[910] aufgeregt aus Regensburg berichtete, dass die ganze Stadt und besonders der Reichstag (*tota aula*)

---

908 Juan de Azevedo: Tribunal Theologicum & Juridicum, contra subdolos confessarios in Sacramento Poenitentiae ad venerem solicitantes, securioribus [...] Ulyssipone Occidentali 1726.
909 APECESJ: Sign. 40–2, 8, Consultationes Provinciae Rheni Superioris, 1748, fol. 52v. Allerdings erlaubte man seine Versetzung, sofern diese „still" geschehe. Aus ebd. vom 19. Oktober 1750, fol. 63v wird klar, dass es sich um P. Jacob Baegert (1717–1772) handelte. Sein Superior fragte, ob man ihm vielleicht die Beichterlaubnis für Männer geben sollte, was das Konsultorium ablehnte: „Valde periculosum si tamen solummodo ad audiendas confessions virorum, minime autem mulierum," – es wäre also ein öffentliches Schuldeingeständnis, wenn man ihn nur bei Männern Beichte sitzen ließe. Vielleicht hat man ihn aus diesem Grunde 1751 nach Kalifornien gesandt (APECESJ: Sign. 68-D, Verz. 12186, 12188). Baegert ist bekannt für sein Werk Jakob Baegert: Nachrichten von der Amerikanischen Halbinsel Californien mit einem zweyfachen Anhang falscher Nachrichten. Mannheim 1773. Der Nachruf auf Baegert befindet sich in UB W, HS: M.ch.f.346, fol. 212r–214.
910 APECESJ: 68-D, Verz. 5334. Geburt 1649 in Trient, Eintritt 1668, angeblicher Austritt 1677 und Eintritt bei den Somaskern. Seltsamerweise wurde Poli im Katalog der Gesellschaft Jesu als 1677 entlassen angeführt, obwohl er noch in den 1690ern ganz offiziell an der Universität Ingolstadt als Jesuit lehrte. Er legte auch 1686 in Amberg die Profess-Gelübde ab, siehe APECESJ: Sign. 40–3, 6, fol. 20v.

über die „skandalöse Freundschaft und Vertrautheit, ja Liebschaft" des Rektors, Johann Federer,[911] mit der „schönen Anna Müllerin"[912] tuschle. Der Bericht war umso delikater, als Poli selbst kein unbeschriebenes Blatt war, und angab, dass er der Sollizitation mit der Äbtissin von Obermünster verdächtigt werde.[913]

Um seinen Gerüchten mehr Substanz zu verleihen, legte er Briefe des kaiserlichen Legaten Franz Rudolph von der Halden und Johann Huebers bei, die seine Aussagen bestätigten. Er beschrieb eingehend, wie sich der Rektor fast jeden Tag mit der Frau treffe, und ihr wöchentlich eine Geldsumme aus der Jesuitenkasse zukommen lasse. Durch das offene Fenster winkten sie sich verliebte Zeichen zu,[914] weswegen die Studenten sie bereits als „Frau Rektorin" (*Signora Rettrice*) bezeichneten. Allein die schnelle Versetzung Federers könne der Lage Abhilfe schaffen.[915]

Ende Juni 1694 hatte Halden Federer auch persönlich gesprochen. Dieser stritt aber aber alles ab[916] und bezichtigte stattdessen Poli zahlreicher Sexualdelikte. Daher habe sich der Graf entschlossen, dieses dem Provinzial *nicht* zu berichten, weil er den Anschuldigungen nicht glaube und das Ansehen der Gesellschaft nicht weiter beschmutzen (*hoc collegio defecere*) wolle. Halden informierte lieber einen Freund Polis, P. Migazzi.[917] Federer wurde in der Tat noch im selben Monat abberufen. Am Tag seiner Abreise kam „Donna Olimpia", wie man seine „Konkubine" nannte, zum Kolleg, wo sie den ganzen Tag weinend vor der Türe saß.[918]

Der Provinzial sandte Federer nun nach Burghausen. Dort benahm er sich als Beichtvater der Englischen Fräulein oder Mary Ward Schwestern seltsam. Er schien peinlich genau darauf zu achten, dass niemand außer ihm den Schwestern das Beichtsakrament spendete. Bald war klar, warum. Er befürchtete, die Schwester, die mit ihm eine sexuelle Beziehung unterhielt, könnte einem anderen Priester ihren Geschlechtsverkehr beichten.[919] Allerdings ließ sich diese Beziehung

---

911 APECESJ: Sign. 68-D, Verz. 8126. Geburt 1645, Eintritt 1666, Profess-Gelübde , Tod 1706.

912 BayHStA: Jesuiten 337, Brief von Felix Poli SJ vom 25. Mai 1694 an den Provinzial.

913 APECESJ: 68-D, 5334. 1673 war er Professor am Münchner Wilhelmsgymnasium (BSB: Clm 1551, fol. 151v). 1687 und dann wieder 1692 Professor an der Universität Ingolstadt, siehe Mederer: Annales Ingolstadiensis Academiae, S. 59; 74. Franz Sales Romstöck: Die Jesuitennullen Prantl's an der Universität Ingolstadt und ihre Leidensgenossen: eine biobibliographische Studie. Eichstätt 1898, S. 272.

914 BayHStA: Jesuiten 337, Brief Graf von Halden vom 25. Mai 1694, fol. 6.

915 BayHStA: Jesuiten 337, Brief Graf von Halden vom 8. Juni 1694, fol. 2v.

916 BayHStA: Jesuiten 337, Brief Graf von Halden vom 22. Juni 1694, fol. 8.

917 BayHStA: Jesuiten 337, Brief Graf von Holden vom 22. Juni 1694, fol. 8.

918 BayHStA: Jesuiten 337, Brief Graf von Holden vom 22. Juni 1694, fol. 11.

919 BayHStA: Jesuiten 363, Brief von Rektor Franz Schmalholz an den Provinzial Martin Müller am 15. Januar 1698, fol. 7.

nicht mehr lang verbergen, da die junge Klosterfrau Anna Ludovika von Donnersberg schwanger war. Sie schrieb an ihren Stiefvater Franz Albrecht von Wager auf Hohenkirchen Ende 1697, dass sie nicht mehr im Klosterstande verbleiben könne:[920]

> Seitemahlen ich mich mit Herrn P. Rector als meinem Beichtvatter in Burghausen dem Laster der Unzucht sogar in dem Werck selbsten wuerklich vergriffen, daher ich Euer Gnaden [...] vertrauensvoll offenbahren wolle, damit mir Elenden und betrübten durch dero Macht undt Beistand zu meinem Seelenheyl möge geholffen werden.[921]

Die ehemalige Schwester verließ den Konvent und zog zu ihrer Familie nach Nymphenburg. Doch zuvor gab sie einem protestantischen Reiter (*eques*) Briefe mit, der sie nach Nürnberg bringen sollte. Diese beinhalteten nicht nur schärfste Angriffe auf das klösterliche Leben, sondern vor allem auf die Gesellschaft Jesu. Außerdem erhellten sie, dass Federer und Ludovika zusammen fliehen und zum lutherischen Bekenntnis übertreten wollten. Der Bote las die Briefe und gab sie seinem Leutnant, der die Jesuiten „liebte" (*amans*), und sie an die Gesellschaft weiterleitete. Dadurch verhinderte der Regensburger Rektor Ferdinand Rassler nicht nur einen weiteren Skandal, sondern wohl auch die Flucht Federers. Ludovika heiratete schon am 28. März 1699 Johann Christoph von Schwaben auf Altenstatt, verstarb aber im Kindbett bereits am 27. März 1700.[922]

Berücksichtigt man das Machtgefälle zwischen Beichtvater und Klosterfrau, muss man annehmen, dass Federer nicht nur das Beichtsakrament, sondern auch die geistliche Begleitung, die ihm anvertraut war, benutzt hat, um seinen sexuellen Bedürfnissen nachzukommen. Er hat seine spirituellen Vollmachten missbraucht und Donnersberg dadurch sexuelle Gewalt angetan. Da man ihm eine direkte Sollizitation, also den Missbrauch des Beichtstuhls für den Geschlechtsverkehr, nicht nachweisen konnte, verblieb er im Orden, in dem er auch die Profess-Gelübde abgelegt hatte, und starb 1706 in Innsbruck.[923]

---

920 Dieser war ein Sohn von Johann von Wager und Maria Caritas von Leonrod, deren Schwester einen Freiherr Donnersberg geehelicht hatte. Anna scheint mehrere Geschwister gehabt zu haben, u.a. Joseph Ignaz (gest. 1701), Albrecht Siegmund, Eusebius und Maria Sophia und Maria Sidonia.
921 BayHStA: Jesuiten 337, fol. 19.
922 Johann Seifert: Genealogische und historische Beschreibung der uhralten Hoch-Adelichen Familie derer Herren v. Schwaben auf Altenstatt [...]. Regensburg 1726, S. 9.
923 APECESJ: Sign. 68-D, Verz. 8126.

Dass Federer versucht haben soll, Poli, der ihn an den Provinzial verraten hatte, anzuschwärzen, war verständlich. Allerdings war der Ruf des letzteren wohl bereits vorher ruiniert. Selbst Fortunatus Peracher, der in Zürich zum reformierten Bekenntnis übergetreten war, spielte auf Polis Reputation als lüsterner Verführer an. Er sagte ihm nach, in Holland Vater eines Kindes geworden zu sein:

> Bisweillen lassen sie auch junge Jesuiterle und holdselige *fructus ventris* von ihnen an das Tageslicht kommen, wie P. Felix Poli in Holland, der etliche Jahr hernach, fast gleicher Ursach halben, auss ihrem Orden dimittiret worden, und wie jene zwei Missionari in Pohlen [...] welche eine Hur in Jesuitischer Mannskleidung als einen Leyen-Bruder mit sich geführt.[924]

Wahrscheinlich hat Heinrich Ritter von Lang diese Bemerkung nicht gekannt, denn ansonsten hätte ihn ein an Poli adressierter Brief des römischen Jesuiten Eusebius von Truchsess, der zum Zeitpunkt des Briefes als Assistent für Deutschland in Rom fungierte, aufhorchen lassen. Ohne Perachers Kontext war dieser Brief nämlich nur schwer verständlich. Poli hatte den kaiserlichen Botschafter in Holland, Franz Anton Graf von Berka begleitet, und residierte 1692 in Den Haag.[925] Truchsess berichtete von Gerüchten, denen Poli ausgesetzt war, trotzdem ein Däne[926] seine Unschuld beteuere.[927] Wiederum scheint es, dass Peracher eine ernst zu nehmende Quelle darstellt, die darauf hinweist, dass Poli in Holland in der Tat zumindest einem rufschädigenden Gerücht ausgesetzt war und man ordensintern wusste, dass es sich um den Vorwurf einer sexuellen Beziehung handelte.

Polis Ruf hatte auch in Regensburg 1694/95 gelitten. Es scheint sogar, dass es die „Spatzen von den Dächern pfiffen," er habe ein Verhältnis mit der Äbtissin von Obermünster. Poli hielt den ehemaligen Generalvikar und Kanonikus Johann Götzfried[928] für den Urheber einiger anonymer Briefe mit intimen Details über das Gerücht, suchte ihn eines Tages in seinem Haus auf und versuchte, ihn mit Gewalt zu einem Widerruf zu bringen. Der Kanoniker habe ihn in seiner adligen Ehre gekränkt.[929] Allerdings bestand der tätlich angegriffene Domherr seinerseits auf Satisfaktion und Entschuldigung, die Poli aber partout nicht leis-

---

924 Peracher: Miles Gloriosus, S. 348. Die Episode aus Polen ließ sich nicht identifizieren.
925 PIBA 3: 82. 1685 scheint Poli auch die bayerischen Truppen nach Ungarn begleitet zu haben, siehe Carlos Sommervogel: Bibliothèque de la Compagnie de Jésus, Bd. 9. Brüssel 1900, S. 777.
926 Es ist unklar, ob er einen dänischen Arzt mit der Abkürzung „med." meint.
927 BayHStA: Jesuiten 362, Brief von Eusebius Truchsess an Felix Poli in Den Haag vom 12. April 1692, fol. 1.
928 Stephan Kremer: Herkunft und Werdegang geistlicher Führungsschichten in den Reichsbistümern zwischen Westfälischem Frieden und Säkularisation: Fürstbischöfe, Weihbischöfe, Generalvikare. Freiburg 1992, S. 242.
929 BayHStA: Jesuiten 362, Johann Götzfried an den Provinzial vom 23. August 1695, fol. 2–9.

ten wollte, weil er nach seinem Verständnis einen weitaus größeren Ehrverlust erlitten hatte.

Selbst die in den Gerüchten als Liebhaberin Polis bezeichnete Äbtissin Maria Theresia von Sandizell in Obermünster, als solche eine Reichsfürstin, schrieb zu Polis Unterstützung. Sie habe Poli „beyzuspringen," da sie ihm „wegen theuer geleisteten vilfeltigen Rat und Dienst (was die Seel und anderer hochwichtigste Gescheffte betreffend) verbunden" sei, und da „unser beyder Ehr mit höchst iniuri verleumbterischer Weis angegriffen" worden war.[930] Die Tragödie entfaltete sich weiter, als Poli eine zwanzig Seiten umfassende Verteidigungsschrift verfasste und seine Angriffe auf den Kanonikus weiter untermauerte.[931] Die Äbtissin, die ebenfalls von Götzfrieds Schuld überzeugt war, rief ihrerseits den Provinzial an, eher ihr als „Reichsstandt" als einem „Doctor canonico" (dem Kanonikus) nachzugeben und Poli in Regensburg zu belassen. Dies sei das beste Mittel gegen die Verleumdung anzugehen.[932] Der Orden aber fürchtete, der mächtige Kanoniker könnte den Jesuiten im ganzen Bistum schaden und zog es vor, Poli zu einer Entschuldigung zu bewegen. Rektor Jakob Prugger musste aber dem Provinzial mitteilen, dass Poli „durch nichts bewegt werde: Er verharrt in seiner Halsstarrigkeit, aus Regensburg nicht wegzugehen."[933] Erst Ende 1695, als ihm der General in Rom höchstpersönlich befahl, endlich nachzugeben und ihn für seinen Ungehorsam im Refektorium auspeitschen ließ, gab er nach.[934] Von Innsbruck aus schrieb er einen kodierten Brief wohl an Maria Theresia von Sandizell, der auf eine zumindest innige Freundschaft, wenn nicht gar romantische Beziehung schließen lässt,[935] bevor er im Trienter Jesuitenkolleg Quartier bezog. Dort realisierte er nicht nur, dass eine Rückkehr nach Regensburg nunmehr ausgeschlossen, sondern auch, dass ein Verbleib in der Gesellschaft Jesu für ihn zu traumatisch war. Daher schickte er sich an, in den Somaskerorden einzutreten. Dieser Wunsch ermöglichte den Jesuiten, einen unliebsamen

930 BayHStA: Jesuiten 362, Maria Theresia von Sandizell an den Provinzial vom 22. September 1695, fol. 16–16v.
931 BayHStA: Jesuiten 362, fol. 20–29v.
932 BayHStA: Jesuiten 362, Maria Theresia von Sandizell an den Provinzial vom 11. Oktober 1695, fol. 30–30v.
933 BayHStA: Jesuiten 362, Brief Jakob Prugger an den Provinzial vom 11. Oktober 1695, fol. 32–32v.
934 BayHStA: Jesuiten 362, undatiert, rekonstruiert aus den vorigen Seiten, fol. 42.
935 BayHStA: Jesuiten 362, fol. 58–58v.

Priester elegant loszuwerden. Außerdem sei er in diesem Orden, wie Eustachius Furtenbach schrieb, auch vor aller Öffentlichkeit geschützt, würde in „Vergessenheit" geraten und endlich Ruhe finden.[936] Nach mehreren Absagen erlaubte man ihm schließlich den Übertritt am 27. Mai 1696.[937] Wohl aufgrund seiner Abkunft aus einer adligen Familie machte ihn der Bischof von Trient bereits 1698 zum bischöflichen Visitator und sein Orden 1709 sogar zum Oberen der Kongregation.[938]

936 BayHStA: Jesuiten 362, Brief von Eustachius Furtenbach aus Trient vom 5. Februar 1696, fol.50–51.

937 BayHStA: Jesuiten 362, Brief von Felix Poli vom 27. Mai 1696, fol. 54.

938 Giangrisostomo Tovazzi: Biblioteca tirolese, o sia Memorie istoriche degli scrittori della contea del Tirolo. Trento 2006, S. 495; Maria A. Federico: I visitatori vescovili nella diocesi di Trento dalla fine del Cinquecento alla seconda metà del Settecento. In: Fonti ecclesiastiche per la storia sociale e religiosa d'Europa. Hg. von Cecilia Nubola/Angelo Turchini. Bologna 1999, S. 231–266, hier S. 260.

7 Missbrauch in Mexiko und Mainz: Der Fall Maximilian Gill

Der am besten dokumentierte Fall von sexuellem Missbrauch ist wohl der des Ex-jesuiten Maximilian Gill. In ihm kommen sexuelle Gewalt an Minderjährigen, der sexuelle Missbrauch der Lehrer-Studenten Beziehung wie auch einvernehmliche homosexuelle Beziehungen unter Volljährigen, die im achtzehnten Jahrhundert ja auch unter Strafe standen, zusammen. Der Forschung war bisher nur bekannt, dass Gill 1778 in Mainz auf Anzeige des Geistlichen Rats Hirn hin verhaftet und bis 1786 auf der Veste Königstein inkarzeriert war.[939] Historiker rätselten, was der vormalige Jesuit wohl verbrochen haben könnte, um so grausam bestraft zu werden, da der Mainzer Erzbischof nur selten so energisch durchgegriffen hatte. Schließlich waren auch die Haftbedingungen extrem: Gill hatte drei Tage in der Woche bei Wasser und Brot zu fasten und durfte bis März 1779 nicht einmal die Kommunion empfangen. Außerdem bemerkte man, dass jede Anspielung auf Gills Verbrechen in den Akten peinlich vermieden wurde.[940] Auch andere Rätsel gibt sein Fall auf. Die in seinem Haushalt sichergestellten Unterlagen umfassen nämlich auch fast zweihundert handschriftliche Seiten über Gewinnnummern von Lotterien in Mitteldeutschland. Neben seiner unersättlichen Libido scheint Gill auch ein passionierter Lottospieler, wenn nicht sogar spielsüchtig gewesen zu sein.[941]

7.1 Der Augenzeugenbericht des Joseph Albert von Ittner

Die Antwort auf das Rätsel um Gills Bestrafung hätte man allerdings relativ einfach in einem Zeitschriftenartikel aus dem ersten Drittel des neunzehnten Jahrhunderts finden können, auf den auch die polemische Geschichte der Jesuiten

---

939 Uwe Glüsenkamp: Das Schicksal der Jesuiten aus der oberdeutschen und den beiden rheinischen Ordensprovinzen nach ihrer Vertreibung aus den Missionsgebieten des portugiesischen und spanischen Patronats (1755–1809). Münster 2008 (Spanische Forschungen der Görresgesellschaft, Band 40), S. 140–150; Bernd Hausberger: Jesuiten aus Mitteleuropa im kolonialen Mexiko – Eine Bio-Bibliographie. Wien 1995, S. 150–151.
940 Georg May: Das Priesterhaus in Marienborn. Mainz 2005, S. 187–190.
941 STAW: AA 212/XLIII Nr. 3, „Gillingsche Schriften die Lotterie betreffend." Die Gewinne aus der Lotterie hätte er nicht nur zur Bestreitung seines Lebensunterhalts, sondern auch für Geschenke an seine Liebhaber verwenden können.

von Sugenheim hingewiesen hatte.[942] Es handelte sich um die Reflexion aus dem heute verschollenen Nachlass des Staatsrats Joseph Albrecht/Albert von Ittner[943] mit dem Titel „R.p. Maxim. Gillii S.J.L. Californiae apostolo vita, captivitas et pia mors, post actam in arce Königstein, poenitentiam de errore contra *Legem Scantiniam* commisso."[944]

Ittner wurde 1754 bei Bingen geboren, besuchte zunächst das Jesuitengymnasium in Mainz, studierte dann Jura in Mainz und Göttingen, um zunächst als Hofrat bei Prinz Hohenzollern-Hechingen, dann den Malteserrittern in Heitersheim zu wirken. Im Anschluss wirkte er als Staatsrat des Großherzogtums Baden, als Kurator der Universität Freiburg im Breisgau und schließlich elf Jahre als Botschafter Badens in der Schweiz, bevor er 1825 starb.[945] Sicherlich hätte der Beitrag eine zeitgenössische Fälschung sein können, zudem er am Ende den Enthüllungen Karl Heinrich Ritter von Langs Anerkennung zollt, aber wie bei anderen jesuitenkritischen Abhandlungen unterblieb auch hier eine quellenkritische Überprüfung. Man ignorierte Ittner einfach. Allerdings hätte schon Ittners Beschreibung seiner Studien im Mainzer Haus seines Onkels, des Anatomen Franz Georg Ittner, zeigen können, dass der Autor historische Details vorlegte. Zudem wäre es äußerst unwahrscheinlich gewesen, dass drei Jahre nach dem Tod des badischen Diplomaten Ittner eine Zeitschrift ohne rechtliche Konsequenzen eine erfundene Skandalgeschichte publiziert hätte.[946] Über ein literarisches Echo dieser Publikation ist allerdings erstaunlicherweise nichts bekannt. Bis auf Sugenheim, den man ebenfalls ignorierte, scheinen Historiker einen weiten Bogen um den Erfahrungsbericht gemacht zu haben.

---

942 Samuel Sugenheim: Geschichte der Jesuiten in Deutschland, Bd. 2. Frankfurt am Main 1847. Sugenheims Werk ist sicherlich tendenziös und polemisch, aber es enthält auch eine Reihe von bemerkenswerten Detailbeobachtungen, die kritische Historiker der Gegenwart übersahen, wohl aus dem Vorurteil heraus, einem anti-jesuitischen Schriftsteller sei keine Quellenkenntnis zuzutrauen.
943 Zu seinem Onkel siehe Helmut Mathy: Neue Quellen zur Biographie des Mainzer Anatomen Franz Georg Ittner und seiner Familie sowie zum Maler seines Porträts. In: Medizinhistorisches Journal (1978), S. 93–111.
944 Joseph Albrecht von Ittner: Maximilianus Gill, Soc. Jesuitarum. In: Sophrozinon 10 (1828), S. 104–118.
945 Helmut Bender: Joseph Albrecht von Ittner. In: Badische Heimat 2 (1980), S. 285–294. Die Briefe Ittners an Ludwig Häuser in der Universitätsbibliothek Heidelberg: Heid. Hs. 3784 sowie an Ignaz von Wessenberg, ebd., Heid. Hs. 678, 679 sowie im Stadtarchiv Konstanz, I:1123–1 ff wurden nicht konsultiert.
946 Helmut Mathy: Neue Quellen zur Biographie des Mainzer Anatomen Franz Georg Ittner und seiner Familie sowie zum Maler seines Porträts, S. 99–100.

Der lateinische Text präsentiert sich zunächst als der Bericht eines unbeteiligten Akteurs. Dadurch baute Ittner eine innerliche Distanz zum ehemals geliebten Lehrer auf, die es ihm erlaubte, seine traumatische Erfahrung überhaupt erst zu Papier zu bringen. Erst nach einer längeren Einführung schwenkt der Text in das Genre autobiographischer Reflexion, um dem Leser immer mehr persönliche Details zu präsentieren. Der Schock über das Verhalten des Magisters saß umso tiefer als Ittner selbst Zeuge sexuellen Missbrauchs war. Damit wurde aber auch er zum traumatisierten Opfer, das erst jetzt, nach seinem Tod, an die Öffentlichkeit tritt.

Die anfängliche Zurückhaltung, die Ittner erst im Verlauf des Textes überwandte, zeigt sich etwa in der gekonnt ambigen Darstellung des eigentlichen Verbrechens. Direkte Nomina wie *pederastia* oder *sodomia* hätten den Leser wohl in Abscheu oder Unglauben von seinem Bericht abgewandt, weshalb sie Ittner vermied. Vielmehr bezeichnete er Gills Vergehen als einen Bruch der *Lex Scantinia*. Dieses altrömische Gesetz stellte vor allem seit der Einführung des Christentums als Staatsreligion die Päderastie unter strenge Strafe.[947] Damit hätte nur der Kenner römischer Geschichte oder der Jurisprudenz den Bericht, vom Beginn des Textes ausgehend, korrekt einordnen können. Zudem präsentiert der Autor Gill dadurch nicht nur als Delinquent einer althergebrachten staatlichen Norm, sondern zeigt seinen Verrat an den von ihm als passionierten Lehrer gepriesenen Idealen der römischen Antike. Daher vermied er auch jede theologische oder biblische Taxierung von Gills Taten.

Das lange Vorwort verankert das Geschehen und den Grund für die Niederschrift in der seit 1814 wiederbeginnenden Jesuiteneuphorie. Der Orden hatte in diesem Jahr seine weltweite päpstliche Wiederzulassung nach der schmachvollen Unterdrückung von 1773 erreicht und konnte nun umso mehr die jesuitenfeindliche Politik des achtzehnten Jahrhunderts, wie etwa die Ausweisung der Jesuiten aus Südamerika, als Martyrium feiern. Heinrich Ritter von Langs Publikation der Missbrauchstaten von Jakob Marell im Jahr 1815, die sich dieser Euphorie entgegenstellte, wurde daher, so Ittner, von vielen als erfundene Schmierkampagne bezeichnet.[948] Als Opfer und Augenzeuge wusste er aber, dass die Taten Marells in Gill ihre Fortsetzung gefunden hatten. Der Leser spürt wie leidenschaftlich, ja aufgebracht, Ittner Langs Wahrhaftigkeit in Schutz nimmt und zugleich die Heuchelei jesuitischer Agitation verabscheut. Selbst diejenigen Kritiker Langs, die nicht an der Authentizität des Falls Marell zweifelten, benutzten ihn, um die Gesellschaft

---

947 Juan Pérez Carrandi: En torno a la lex scantinia. In: Revista Chilena de Historia del Derecho (2022), S. 813–834.

948 Aus dieser Bemerkung ergibt sich, dass der Text nach 1815 entstanden sein muss, vielleicht sogar noch im selben Jahr.

Jesu im achtzehnten Jahrhundert als Ort keuscher Wissenschaft vom siebzehnten Jahrhundert abzusetzen. Dadurch wurde aber der unmittelbaren Vergangenheit ein Blankoscheck sittlicher Reinheit ausgestellt, die sie als Opfer einer internationalen Kampagne bzw. einer Verschwörung inszenierte. Gerade dies konnte Ittner so nicht stehen lassen: „Dass dies der dokumentierten Wahrheit widerspricht, werde ich auf den folgenden Seiten deutlich demonstrieren."[949] Verärgert war er vor allem darüber, dass der Orden trotz besseren Wissens die Vorwürfe der Päderastie im achtzehnten Jahrhundert abstritt und die Ankläger des Missbrauchs selbst mit Anfeindungen überschüttete. Nicht viel besser seien diejenigen Jesuitenunterstützer, die es als „Pflicht der Menschlichkeit" ansahen, über diese Verbrechen das „Mäntelchen der christlichen Nächstenliebe" zu breiten, so als ob sie nie stattgefunden hätten. Je mehr der Orden und seine Beschützer aber vertuschten, desto sichtbarer würden die Löcher im Mantel der Nächstenliebe: die verborgenen Verbrechen.[950]

Erst jetzt nimmt Ittner den Namen des nur eingangs genannten Maximilian Gill wieder auf und offeriert dem Leser einen groben Lebensüberblick. Demnach wurde Gill 1715 in Kassel geboren, und zeigte bereits in seiner Gymnasialzeit großes Talent für Fremdsprachen. Bereits vor dem Ordenseintritt 1741 im Alter von 26 Jahren hatte er den Magistergrad in Philosophie erhalten. Er durchlief das Noviziat und machte seine Gelübde, ohne negativ aufzufallen.[951] Allerdings scheint es Gill schon früh in die Ferne gezogen zu haben. Bereits 1747 bat er den Ordensgeneral Franciscus Retz, nach Indien gehen zu dürfen.[952] Da er fließend Latein, Spanisch, Italienisch und Französisch beherrschte, stand der Orden seinem Wunsch, in die Mission gesandt zu werden, prinzipiell aufgeschlossen gegenüber. Allerdings musste man zunächst den

---

949 „Id quod contra manifestam veritatem eos asserere aperte hisce pagellis demonstrabo," siehe Ittner: Maximilianus Gill, Soc. Jesuitarum, S. 107.

950 „Verumtamen negant Jesuitae eorumque patroni hoc sceleris genus inter ipsos unquam viguisse, vocantque, pro more convitia accusatoribus objicientes, famae latrones quoscunque, qui hanc labem ipsis, exprobrarint. Alii officia humanitatis implorant, postulantque, ut caritatis christianae palliolo haec flagitia obtegantur, si unquam exstitisse constaret, ob tritum illud evangelii axioma, ‚non nominetur in vobis' quibus ego non repugnarem, si hoc palliolum frequentissimo tegendi usu attritum non tot foraminibus pertusum hiaret, ut quo magis cooperire commissa flagitia adlabores, eo turpius illa prominere videas," siehe ebd., S. 109–110.

951 Medard Barth: Die Seelsorgetätigkeit der Molsheimer Jesuiten von 1584 bis 1764. In: Archiv für elsässische Kirchengeschichte 6 (1931), S. 325–400, hier S. 360; Michael Müller: Mainzer Jesuitenmissionare in Übersee im 18. Jahrhundert. In: Mainzer Zeitschrift 99 (2004), S. 105–120, hier S. 108. Anton Huonder: Deutsche Jesuitenmissionäre des 17. und 18. Jahrhunderts: ein Beitrag zur Missionsgeschichte und zur deutschen Biographie. Freiburg 1899, S. 108.

952 STAW: Aschaffenburger Archivreste [=AA] 212/XLIII Nr. 3, Acta et Protocolla, Brief von Franciscus Retz aus Rom vom 4. März 1747 an Gill in Molsheim/Elsass.

bestmöglichen Einsatzort finden und mit logistischen Schwierigkeiten kämpfen. 1747 jedenfalls schien eine Seereise wegen anhaltender Kriege kaum möglich.[953] Auch im nächsten Jahr war es nicht besser, so dass ihm der General riet, in der Zwischenzeit mehr Theologie zu studieren.[954] Erst am 3. Januar 1749 empfing er aus Heidelberg durch Caspar Hoch die freudige Nachricht *(Annuntio [...] gaudium magnum)*, nach Genua abfahren zu dürfen, um Mitte März nach Spanien weiter zu reisen und dann nach Indien zu gehen.[955] In Genua legte er 1749 denn auch seine Theologieprüfung ab.[956] Mittlerweile hatte sich aber die Möglichkeit, nach Indien zu gehen, zerschlagen, so dass Gill bat, anstatt dessen nach Mexiko gesandt zu werden.[957] Erst im Februar 1750, als sich Gill bereits im Hafen S. Maria aufhielt, erhielt er die Erlaubnis und den Befehl des Generals, sich nach Mexiko einzuschiffen.[958] Über seine Zeit dort ist nicht allzu viel bekannt, nur dass er die Lizenzen der örtlichen Bischöfe zum Beichthören besaß und im Jahr 1755 seine letzten Gelübde als geistlicher Koadjutor ablegte.[959] Er war Ortspriester von Batacosa, zeitweise Gymnasialprofessor in Mexiko-Stadt, dann schließlich am Collegio del Espiritu Santo de Pueblo tätig, bis der Orden 1768 aus dem ganzen Land ausgewiesen wurde.[960] Auf Umwegen muss Gill zunächst in die oberdeutsche Provinz gelangt sein, denn dort bestätigte der Landsberger Superior seine Ankunft am 31. August 1768 und die Weiterreise Gills nach Mainz. Ebenso hielt er fest, dass der Neuankömmling seines Wissens mit keiner Kirchenstrafe belegt sei.[961] 1769 war Gill im Kolleg zu Neustadt und ab 1770 im Noviziatshaus in Mainz.[962] Obwohl Gill aktenkundig in Mexiko nicht aufgefallen ist, heißt

---

953 STAW: AA 212/XLIII Nr. 3, GS, Brief von Adam Huth an Gill vom 19. April 1747.

954 STAW: AA 212/XLIII Nr. 3, Acta et Protocolla, Brief von Franciscus Retz aus Rom vom 27. Januar 1748 an Gill in Molsheim/Elsass; Idem vom 12. April 1749; Idem vom 10. Dezember 1749.

955 STAW: AA 212/XLIII Nr. 3, Acta et Protocolla, Brief von Caspar Hoch aus Heidelberg vom 3. Januar 1749.

956 STAW: AA 212/XLIII Nr. 3, Acta et Protocolla, Zertifikat von Lodovico Marchetti vom 1. Mai 1749.

957 APECESJ: Sign. 40–2, 8, Consultationes Provinciae Rheni Superioris 2. Dezember 1749, fol. 60v.

958 STAW: AA 212/XLIII Nr. 3, Acta et Protocolla, Brief von Franciscus Retz vom 21. Februar 1750.

959 Rafael de Zelis: Catálogo de los sugetos de la Compañía de Jesús, que formaban la provincia de Mexico. Mexico 1874, S. 75.

960 Ebd., S. 113; José Mariano Dávila y Arrillaga: Continuación de la Historia de la Compañía de Jesus en Nueva España del P. Francisco Javier Alegre, Bd. 2. Puebla 1889, S. 236; Ernest Burrus: Misiones norteñas mexicanas de la Compañia de Jesús 1751–1757. México 1963, S. 97; Paul M. Roca: Paths of the Padres Through Sonora – An Illustrated History & Guide to Its Spanish Churches. Tucson, AZ 1967, S. 328.

961 STAW: AA 212/XLIII Nr. 3, GS, Zertifikat vom 31. August 1768.

962 Catalogus Personarum et Officiorum Provinciae Societatis Jesu ad Rhenum Superiorem. Mainz 1770, S. 25.

dies nicht unbedingt, dass er dort keine ähnlichen Verbrechen wie später in Mainz begangen hat. Vielleicht war es ihm in der streng hierarchisch strukturierten kolonialen Gesellschaft nur eher möglich, seine Opfer zu kontrollieren und zum Schweigen zu bringen als später am Rhein.

Nach seiner Ankunft in Deutschland vertraute man Gill ähnliche Stellen an wie vorher in Mexiko. Als „Flüchtling" erfreute er sich, wie Ittner festhielt, fast eines Märtyerstatus, den er nutzen konnte, um sich an junge männliche Opfer heranzumachen.[963] Im Noviziatshaus der Jesuiten in Mainz war er sogar Minister und zeitweise auch Pfarrer in Drain.[964] Nach der Auflösung der Gesellschaft Jesu 1773 machten ihn seine gepflegten Umgangsformen und Intelligenz zu einem gern gesehenen Gast, der mittags entweder beim alten Hofrat Ittner, Herrn von Hagen oder Herrn von Schencken speiste, freitags in der Abtei Altmünster und samstags beim Kanonikus Unkraut.[965]

Als Hauslehrer lernte er Ittner 1773/74 kennen. Nach dem Tod seiner Eltern hatte Ittners Onkel die Vormundschaft für den Neffen übernommen und seinen Jungendfreund Gill als Spanisch-Lehrer empfohlen.[966] Während seiner intensiven Studien scheint aber kein sexueller Übergriff auf Ittner vorgefallen zu sein, oder er fühlte sich zu verletzt, um ihn in seiner Reflexion zu gestehen. 1774 ging Ittner für zweieinhalb Jahre an eine Akademie im Norden, um seine Sprachen zu verbessern und kehrte erst wieder 1776 nach Mainz zurück, „wo ich nichts Wichtigeres zu tun hatte, als sofort unseren Gill aufzusuchen, mit dem ich weiterhin studierte und vor allem Cervantes las."[967] Die Vertrautheit, die er mit Gill aufgebaut hatte, wird durch das Possessivpronomen „nostrum" (*unser*) ausgedrückt, aber auch durch die unmittelbare Wiederaufnahme der Studien bei ihm nach seiner Rückkehr. Bemerkenswert ist die Schilderung des Jesuiten:

---

963 „Igitur ad nunc portum adpulsus secure degebat Maximilianus Gillius, a sodalibus ut vir sanctissimus praedicatus, religionis Christianae Martyr [...] innocens victima," siehe Ittner: Maximilianus Gill, Soc. Jesuitarum, S. 112.

964 STAW: AA 212/XLIII Nr. 3, A, „Gill," Juristisches Gutachten „D. ob diese Delicta als *occulta*anzusehen," s.pag.

965 STAW: AA 212/XLIII Nr. 3, A, fol. 75–76. Peter Nikolaus Unkraut war Kapitular am Stift St. Johannis und Professor der Rechte an der Universität Mainz. Sein Name fehlt in der Klerusdatenbank des Bistums Mainz, siehe aber Petrus Unkraut, in: Verzeichnis der Professorinnen und Professoren der Universität Mainz, http://gutenberg-biographics.ub.uni-mainz.de/id/ed57ee54-b194-47ac-aa6a-f47415842c19 (21. Mai 2023).

966 Ittner: Maximilianus Gill, Soc. Jesuitarum, S. 113.

967 „Igitur post reditum Anno 1776 in aedes patrui nihil impensius habui, quam ut salutatum irem Gillium nostrum, quocum summo studio et profectu Cervantis lectionem continuabam," siehe Ebd.

> Ich fand ihn in guter Gesundheit. Er hatte immer noch einen äußerst regen Geist, auch wenn die unangenehmen Seiten des Alterns an ihm bemerkbar wurden. Befragt über seine Gesundheit und seinen Lebensunterhalt, gab er an, er habe sein Alter ganz angenehm zugebracht, da er außer der Rente des Fürstbischofs auch die Gunst meines Onkels und anderer Freunde habe, durch die er Messtipendien erhalte [...] und daher glücklich und sorglos leben könne. Als ich ihm dazu gratulierte, [...] bemerkte ich einen Jungen von etwa zwölf Jahren, gutaussehend [*satis bellum*], mit funkelnden Augen [*oculis scintillantibus*] [...] und lockigem Haar [*capillis crispis*], der sich anschickte den Tisch zu decken.[968]

Gill nannte den Jungen im Scherz seinen Ganymed, der wie der mythische Mundschenk Zeus Ambrosia und Nektar zubrachte. Der Ganymed-Mythos wurde allerdings auch als Ausdruck der Homosexualität bzw. der Liebe des Zeus zu dem jungen Knaben verstanden, was einem in der klassischen Literatur bewanderten Mann wie Gill sicher bekannt war.[969] Ittner selbst sei dies damals nicht bewusst gewesen – er sei zu „unschuldig" gewesen, eine sexuelle Beziehung anzunehmen. Daher dachte er sich nichts dabei, an vereinbarten Tagen, stets zur gleichen Zeit, zu Gill zur Spanisch-Lektüre zu kommen. An einem Tag außerhalb des üblichen Stundenplans kam er zur gleichen Stunde zur Wohnung des Lehrers. Die Türe war nicht verschlossen und so trat er ein, traf aber niemand an. Da Gill manchmal seinen Mittagschlaf in einer als Schlafzimmer genutzten Kammer am Ende der Wohnung hielt, ging Ittner darauf zu, sah aber durch das Fenster der Türe, was drinnen vor sich ging:

> Als ich hindurchblickte, sah ich einen Menschen, der sich mit aufgeschnürten Stiefeln [*laxatis caligis*] über das Bett beugte und sich energisch an dem vor ihm liegenden Ganymed zu schaffen machte [*permoleret*], und, wie der lüsterne Juvenal sagte, bereit war, das gestrige Abendessen zu treffen.[970] Als der Junge das Geräusch meiner Schritte hörte, rutschte er plötzlich vom Bett auf den Boden, zog schnell die Unterhose über seine Oberschenkel und zog sich an.[971]

---

968 Ebd., S. 114.

969 James S. Saslow: Ganymede in the Renaissance. Homosexuality in Art and Society. New Haven 1986.

970 Dies ist eine Umschreibung des Analverkehrs bei Juvenal, siehe etwa Michael Broder: The Most Obscene Satires. A Queer/Camp Approach to Juvenal 2, 6 and 9. In: Ancient Obscenities: Their Nature and Use in the Ancient Greek and Roman Worlds. Hg. von Dorota Dutsch, Ann Suter. Ann Arbor 2015, S. 283–310.

971 „Per quod cum spectarem, video hominem in lectulo decumbentem laxatis eligis, qui Ganymedem suum ante se cubantem strenue permoleret, atque uti salacissimus Juvenalis ait, hesternae occurrere coenae, in procinctu paratum. Puer ad strepidum pedum meorum repente desliens lectulo in pavimentum, subligacula circa foemora celerrime colligit attrahitque," siehe Ittner: Maximilianus Gill, Soc. Jesuitarum, S. 115.

Die sprachliche Beschreibung dessen, was Ittner sah, offenbart sein Erschrecken. Anstatt den Mann, der den Jungen penetrierte, beim Namen zu nennen, zog er es vor, ihn zunächst nur als Mensch (*hominem*) zu bezeichnen. Im Schock des Augenblicks, wagte er nicht, den Täter mit dem Lehrer gleichzusetzen. Allerdings identifizierte er ihn durch die eindeutige Zuordnung des Partners, des bereits erwähnten „Ganymed." Seine viszerale Abneigung gegen den Analverkehr, den er gesehen haben will, zeigte er durch die Anbringung des markanten Juvenal-Zitats.[972] Er drückte seinen Schock über das Erlebte durch „cohorresco" in der ersten Person Singular aus. Anstatt aber vom Ort des Geschehens zu fliehen, blieb Ittner, beruhigte sich ein wenig (*animum colligo*), setzte sich an den Tisch im Lehrzimmer und begann laut in einem Buch zu lesen. Er verstellte sich so gut er konnte (*dissimulandum mente*). Gill erschien mit trauriger Miene, entschuldigte sich, dass er sich nur etwas ausgeruht habe, weil es ihm nicht gut gehe. Nach der Lektüre gingen beide wie gewohnt zum Mittagessen in das Haus des Onkels.[973]

Ittner offenbarte die gewaltige Last auf seinem Gewissen durch sein Eingeständnis, dass er bis zur Niederschrift seiner Erinnerung mit Ausnahme seines Onkels keinem Sterblichen von dem Fall erzählt hat. Anstatt in Scham den Lehrer anzuklagen, hoffte er, dass die göttliche Gerechtigkeit früher oder später eingreifen werde. Doch „der Schrecken über das Ausmaß des Verbrechens" (*horrore sceleris ut graviter correptus*) erschütterte ihn zunehmend, so dass er Gill nur mehr sporadisch aufsuchte. Dadurch wurde der Exjesuit misstrauisch und beschwerte sich bei seinem Onkel. Dieser meinte, der Neffe zeige dem alten Mann gegenüber zu wenig Menschlichkeit, da er das Geld aus den Privatstunden ja zum Leben brauche. Gefragt, ob er etwas gegen ihn habe, sagte der junge Ittner zunächst nichts, doch als der Onkel nicht aufgab nachzubohren, „sagte ich mit größtmöglicher Moderatheit: Der Grund meines Schweigens wird eines Tages gehört werden,

972 Vgl. John Boswell: Christianity, Social Tolerance, and Homosexuality – Gay People in Western Europe from the Beginning of the Christian Era to the Fourteenth Century. Chicago 1980; Lev Mordechai Thoma, Sven Limbeck (Hg.): „Die sünde, der sich der tiuvel schamet in der helle" – Homosexualität in der Kultur des Mittelalters und der frühen Neuzeit. Ostfildern 2009; H. G. Cocks: Visions of Sodom – Religion, Homoerotic Desire, and the End of the World in England, c. 1550–1850. Chicago 2017.
973 „Cohorresco ad spectaculum, deambulo, colligo animum, refugio ad mensam, librum prehendo, nihil me vidisse simulandum mente propono. Interim tussio, altaque voce legere incipio. Advenit tandem Gillius subtristi vultu, haud bene se valere causatus, ideoque in lectulo quieti se paululum indulisse dicens. Interim ad repentendas lectiones me invitat, quibus per dimidium horae fere continuatis surgimus abimusque pransuri ad domum patrui," siehe Ittner: Maximilianus Gill, Soc. Jesuitarum, S. 115. Das sonntägliche Mittagessen im Hause Ittner ist auch belegt in STAW: AA 212/XLIII Nr. 3, A, fol. 75.

aber nicht heute."[974] Die Antwort verweigerte dem Onkel bewusst die gewünschte Information und wurde von ihm für seinen Ungehorsam schwer bestraft (*severe reprehensus*). Allerdings dachte er, der Grund für die zerbrochene Zuneigung zu Gill liege im Jesuitenhass des jungen Ittner, der für den Geschmack des Onkels etwas zu „zeitgeistig" (*ex genui saeculi*) war. Anstatt zu Gill zurückzukehren, unternahm der junge Student nun eine literarische Reise durch Bayern, Österreich und Ungarn, und erhielt vom Onkel nach etwa sechs Monaten die Nachricht, dass der alte Pater eines schrecklichen Verbrechens angeklagt und sogar verhaftet worden sei.[975]

Einige Jungen hatten, wie Ittner berichtete, die Wahrheit ihren Eltern anvertraut, die den Priester bei den kurfürstlichen Behörden anzeigten, ihre Söhne „verdorben" zu haben (*corrumpebat*). Gill wurde als Knabenschänder und Sodomit (*correptamque cinaedum*) angeklagt, doch aufgrund seiner priesterlichen Würde nicht zum Tode verurteilt, wie es das Strafrecht vorgesehen hätte, sondern nur zu Zuchthaus.[976] Bemerkenswert ist an diesen Sätzen nicht nur die Verwendung von *cinaedum*, mit dem die Bedeutung des verweiblichten Mannes einhergeht und wodurch Ittner den Exjesuiten außerhalb der Heteronormativität verankert, sondern auch das Unrechtsbewusstsein, dass ein Kleriker vor dem Strafgesetzbuch keine privilegierte Stellung einnehmen sollte.[977] Erst jetzt wagte Ittner es, seinem Onkel auch sein eigenes Erlebnis mitzuteilen.

Doch Ittner beendete seinen Bericht nicht mit der Verurteilung des Täters. Wie, um mit einem Geist der Vergangenheit abzurechnen, beschrieb er in den letzten Zeilen seinen Besuch auf der Veste Königstein viele Jahre später. Damals ließ er sich auch die Zelle und das angebliche Grab Gills zeigen. Das Schicksal des einstigen Lehrers hatte ihn anscheinend immer noch im Griff. Er grübelte, welche Grabinschrift für den Exjesuiten wohl passend gewesen wäre, und bemerkte nebenbei, dass die „heiligeren [*sanctiores*] viel leichter die Taten eines Knabenschänders) ver-

974 Ebd.
975 Ebd.
976 Ebd.
977 Zur Wort- und Bedeutungsgeschichte von *cinaedum* siehe Amy Richlin: Not Before Homosexuality – The Materiality of the cinaedus and the Roman Law against Love between Men. In: Journal of the History of Sexuality 3 (1993), S. 523–573; Winfried Schleiner: ‚That Matter Which Ought Not To Be Heard Of' – Homophobic Slurs in Renaissance Cultural Politics. In: Journal of Homosexuality 26 (1994), S. 41–75; Alexandra Eppinger: Hercules cinaedus? The Effeminate Hero in Christian Polemic. In: TransAntiquity. Cross-Dressing and Transgender Dynamics in the Ancient World. Hg. von Domitilla Campanile, Filippo Carla-Uhink, Margherita Facella. London, New York 2017; Tony McEnery, Helen Baker: The Public Representation of Homosexual Men in seventeenth-century England – A corpus-based view. In: Journal of Historical Sociolinguistics 3 (2017), S. 197–217; Tom Sapsford: Performing the Kinaidos – Unmanly Men in Ancient Mediterranean Cultures. New York 2022.

geben, als einem, der im Gefühl natürlicher Liebe, das er zu einem Mädchen hat, [...] verendet."[978] Diese Notiz ist als deutliche Kritik an den Jesuiten und ihren Verteidigern, die er sarkastisch als „heiliger" bezeichnet (*sanctiores*), zu verstehen. Er schreibt ihnen mehr Empathie für einen Päderasten zu als für einen Kleriker, der heterosexuellen Impulsen folgend, eine Ehe eingehen will. Während ein Päderast in die Kolonien geschickt wurde – und dies ist als Hinweis auf Gills Zeit in Mexiko zu verstehen – sei ein Priester, der nach einer Frau verlangt habe, erbarmungslos aus der Gesellschaft Jesu „ausgeschlossen" worden. Der Orden fürchte sich pathologisch vor Frauen,[979] schob Ittner nach. Mit dieser Einschätzung kennzeichnete der ehemalige Diplomat die wiederhergestellte Gesellschaft Jesu, nicht nur als frauenfeindlich, sondern als Gemeinschaft, deren Mitglieder eine unnatürliche Einstellung zum weiblichen Geschlecht aufwiesen. Es ist eine subtile Wiederaufnahme des Motivs des verweiblichten bzw. sodomitischen Jesuiten, der den Idealen der Heteronormativität zuwiderläuft (siehe Kap. 4).

7.2 Die Sexualpartner und Opfer Maximilian Gills

Neben dem Bericht Ittners gibt es eine umfangreiche Dokumentation. Aus ihr wird ersichtlich, dass Gill am 14. April 1778 vom Bäckermeister Nikolaus Jung beim Geistlichen Rat wegen Knabenschändung) angezeigt worden war. Fast alle seiner Opfer waren ihm durch geschäftliche oder soziale Beziehungen mit deren Eltern bekannt. Man darf daher annehmen, dass sie dem Priester den gesellschaftlich üblichen Respekt entgegenbrachten. Ältere Opfer und Geschlechtspartner waren wohl alle der bei ihm wohnenden Studenten, deren Abhängigkeit Gill geschickt auszunutzen wusste. Auffällig ist zudem die hohe Zahl der aus Fritzlar stammenden Opfer. Gill scheint ein Beziehungsnetz zu Verwandten und Bekannten in der Region besessen zu haben, das ihm einen steten Zufluss neuer Studenten garantierte.

Anfangs hatte der Bäckermeister Jung über Gills Verhalten als Mieter keinen Verdacht geschöpft. Auch nicht, als sein Bruder, ein Kapuziner, „mehrmal der Aufführung dieses Mannes wegen mit einer gewissen Bedenklichkeit befraget und dadurch einigen Zweifel erwecket, den er aber bey sich nicht habe aufkommen lassen, weil ihm unerlaubt geschienen habe, von einem Priester etwas Schändliches

---

978 „Caeterum Sanctiores condonant facilius noxam puerorum corruptori, quam naturalis amoris affectu ei, qui forte puellam misere deperiret," siehe Ittner: Maximilianus Gill, Soc. Jesuitarum, S. 117.
979 Ebd.

zu dencken."[980] Erst als ihn drei Wochen zuvor ein durchreisender Musikant namens Schmitt über Gills Charakter befragte, sei er nachdenklich geworden. Schmitt berichtete ihm nämlich, „dass eben dieser Mann vor ungefähr drei Jahren zwei Studenten nahmens Streck und Blaise [?][981] [...] in den Grund verdorben habe, in dem er dieselben zu sich gelocket, ihnen Geld gegeben, das Laster der Unkeuschheit als etwas erlaubtes und den Menschen angeborenes vorgestellet, hiernächst berühret, den Blaise *polluiret*, bey den Pollutionen abscheuliche Reden geführt, und sogar den Samen einmal in seinen eignen Mund habe fließen lassen."[982] Die Anklage kam also ziemlich direkt auf die Verführung zu Selbstbefriedigung und oralem Geschlechtsverkehr zu sprechen.

Um vor dem Geistlichen Rat nicht der Rufschädigung bezichtigt oder abgewiesen zu werden, war Jung der Aussage Schmitts sogar selbst nachgegangen. Er suchte die beiden ehemaligen Studenten beim Schuhmacher Weinheimer auf, die alle Angaben bestätigten. Außerdem identifizierten sie ein weiteres Opfer, den Studenten Kaltwasser. Die von Jung referierten Aussagen decken sich bis auf ein Detail, dass nämlich Gill den Samen einmal auch in einem Glas aufgefangen habe, mit den Aussagen Gills. Vor allem Jungs Frau war schockiert, denn sie hatte mehrmals gesehen, wie Gill arme Kinder von der Straße holte, von denen sie später einige „auf dem Bett liegend" angetroffen habe.[983] Die Vermieter Jung fürchteten demnach, Gill könnte weitere Kinder missbrauchen, und hofften auf ein rasches Eingreifen der Autoritäten. Dass der Exjesuit auch eine sexuelle Beziehung mit ihrem Sohn unterhalten hatte, verschwiegen sie aber oder wussten es gar nicht.

Der kurfürstlichen geistlichen Regierung in Mainz war die Sache äußerst unangenehm. Denn sie musste nun, durch Laien veranlasst, handeln. Sie hätte „gewünscht [...], dieses ärgerliche Factum mit dem Mantel der christlichen Liebe zu bedecken und diesen Pater mittels geheimer" Bestrafungen „auf bessere Gedancken zu bringen," musste aber nun notwendigerweise „zu ganz andern Mitteln schreiten."[984] Schließlich war an eine nichtöffentliche geheime Bestrafung nicht mehr zu denken, da ein kleiner Kreis bereits von dem Vergehen wusste. Außerdem musste man annehmen, dass es aufgrund des Gewohnheitstäters (*consuetudinarius*) Gill eine Reihe von Mitwissern gab, die es unmöglich machen würde,

---

980 STAW: AA 212/XLIII Nr. 3, „Gill," Bericht Geistlicher Rat Hirn vom 15. April 1778.
981 Vielleicht handelt es sich um Wendelin Blees, der sich 1778 an der Universität Mainz immatrikulierte. In diesem Fall müssten beide aber Gymnasiasten gewesen sein, siehe Josef Benzing, Alois Gerlich: Verzeichnis der Studierenden der alten Universität Mainz. Wiesbaden 1982, S. 81.
982 STAW: AA 212/XLIII Nr. 3, „Gill," Bericht Geistlicher Rat Hirn vom 15. April 1778.
983 STAW: AA 212/XLIII Nr. 3, „Gill," Bericht Geistlicher Rat Hirn vom 15. April 1778.
984 STAW: AA 212/XLIII Nr. 3, „Gill," Votum Geistlicher Rat, undatiert.

die Affäre unter der Decke zu halten. Schnelles Handeln war aber auch angebracht, um weitere Opfer zu verhindern.[985] Diese vermutete man nicht nur unter Kindern und Jugendlichen, sondern womöglich auch in den Frauenklöstern von Mainz, in denen Gill die Messe feierte und den Mittagstisch einnahm. Die Geistlichen Räte waren zudem schockiert, dass Gill täglich zelebrierte, obwohl er eindeutig unwürdig oder irregulär war, zum Altar zu schreiten. Daher ordnete der Rat an, ihn am nächsten Tag beim Mittagstisch im Kloster – vor den Augen der Öffentlichkeit geschützt – gefangen zu nehmen. Nur so könne man sichergehen, dass die Studenten, die bei ihm wohnten, nicht gewarnt würden und nach ihrer Verhaftung wahrheitsgemäß aussagten.[986] Als die Beamten der Polizei Gill dort am 15. April in der Tat überraschten, soll er geseufzt haben: „Mein Gott ist es heraus!"[987] In einem kurz darauf abgefassten Brief an den Erzbischof inszenierte er sich sogar als Büßer und reuiger „David."[988] Doch das Geständnis, seit vier Jahren nicht mehr gebeichtet zu haben, konnte Gill in den Augen des Erzbischofs nur noch als sakrilegischen Priester erscheinen lassen, der nicht nur die Jugend, sondern auch die Sakramente missbraucht hatte.[989]

Am 18. April 1778 fand Gills erstes Verhör durch die Beamten des Kurfürsten und Erzbischofs von Mainz statt. Es wurde exakt protokolliert.[990] Man wollte detailliert festhalten, was der 63-jährige Priester seit der Aufhebung des Ordens fünf Jahre zuvor gemacht hatte, um möglichst exakt die Anzahl seiner Opfer zu bestimmen. Nach der Ausquartierung aus dem Jesuitenkolleg war Gill zunächst vier Wochen lang im Zisterzienserkloster Eberbach untergebracht worden, bis man ihm wie auch anderen Jesuiten eine Rückkehr nach Mainz erlaubte. Von einer kleinen Rente des Erzbistums Mainz mietete er sich in einem Haus ein, in dem auch zwei Kinder im Alter von etwa sieben Jahren wohnten. Diese Angabe erforderte die Nachfrage, ob jemand je in seiner Wohnung oder in seinem Bett geschlafen habe. Gill gab nun zu, dass bereits 1773 der gerade einmal 18-jährige Schulabsolvent Karl Kaltwasser, dem er einst etwas Geld gegeben hatte, vor seiner Wohnung erschien und um ein Obdach bat, um seine Studien in Mainz fortsetzen zu können. Er entließ ihn erst, als dessen ausschweifendes Leben ihm zu

---

985 STAW: AA 212/XLIII Nr. 3, „Gill," Bericht Geistlicher Rat Hirn vom 15. April 1778.
986 STAW: AA 212/XLIII Nr. 3, „Gill," Bericht Geistlicher Rat Hirn vom 15. April 1778.
987 STAW: AA 212/XLIII Nr. 3, „Gill," Brief Geistlicher Rat Hirn an den Kurfürsten vom 16. April 1778.
988 Der alttestamentliche König David bereute seinen Ehebruch und den Mord an Uriah, siehe 2 Samuel 12: 13.
989 STAW: AA 212/XLIII Nr. 3, „Gill," Gutachten Hirn und Hettersdorff; Brief Gill an den Kurfürsten vom 23. April 1778.
990 STAW: AA 212/XLIII Nr. 3, A, Protocollum.

gefährlich für einen Hausgenossen erschien.[991] Erst auf Nachfrage gab Gill zu, dass Kaltwasser in seinem Bett geschlafen habe und dass er „ihn einmal so berührte, dass die *pollution praeter eius intentionem* gefolget sey, zwey andermahl habe er ihn deswegen am entblößten Leib berührt, weil er ihn liegend angetroffen."[992] Gill versuchte so klarzumachen, dass er Kaltwassers Ejakulation unwillentlich (*praeter eius intentionem*) herbeigeführt habe, denn er glaubte, man könnte ihm dies als mildernden Umstand nachsehen. Allerdings war die Nachfrage des erzbischöflichen Kommissars aggressiv. Ob er sich denn nichts dabei gedacht habe, einen „jungen Menschen" zur „Selbstbefleckung angereizet" zu haben? Denn die Schuld traf in den Augen der Vernehmenden vor allem den Älteren, Gill, während man Kaltwasser noch eine gewisse jugendliche Unschuld attestierte. Die Antwort des Exjesuiten versuchte eine Erklärung zu offerieren:

> Nachdem derselbe aus der Societet getretten, sich selbst überlassen und ohne einige *occupation*, hat er in den geistlichen Übungen nach und nach abgebrochen und dieselben eingeschränckt, dass er seine täglichen Betrachtungen, die Erforschung seines Gewissens und die Lesung geistlicher Bücher ausgesetzt habe, daher es geschehen sey, dass er von Tag zu Tag schwächer geworden und demnächst seiner heiligsten Pflichten vergessen hatte. Was die obbenannte *pollution* belangte, habe er mehr aus Betruncken- als aus Bosheit procuriret.[993]

Gills Verteidigung lief also auf eine Statuierung geistlicher Not hinaus. Nach dem Ausscheiden aus dem Orden habe er sein spirituelles Leben immer mehr vernachlässigt und im alkoholisierten Zustand Kaltwasser befriedigt. Vielleicht hoffte er durch diese Darstellung auf Mitleid, wie er es als Flüchtling aus Mexiko erfahren hatte. Allerdings stellte sich schnell heraus, dass Kaltwasser nicht der einzige Mann war, mit dem Gill sexuellen Umgang hatte. Vielmehr offenbarte sich in den kommenden Tagen eine fast endlose Liste von kindlichen und erwachsenen Sexualpartnern. Der zweite Junge, den Gill missbrauchte, war der um 1774/75 allem Anschein nach etwa elfjährige Metzenroth, Sohn eines Mainzer Schulmeisters, gewesen. Dieser hatte ihn während einer Krankheit als Hausdiener versorgt. Als sich Gill aber erholt hatte, fing er an, „ihn zu berühren," aber ohne ihn jemals zur Ejakulation zu bringen, „weil er noch zu jung und dazu noch nicht fähig war."[994] Als er dann in das Haus der Metzenroths[995] zog, setzten sich die Berührungen

---

991 STAW: AA 212/XLIII Nr. 3, A, fol. 5–6. Siehe Kaltwassers Abschlusszeugnis des Jesuitengymnasiums Eger vom September 1773, in ebd., Acta et Protocolla.
992 STAW: AA 212/XLIII Nr. 3, A, fol. 7v.
993 STAW: AA 212/XLIII Nr. 3, A, fol. 8; vgl. ebd., fol. 43.
994 STAW: AA 212/XLIII Nr. 3, A, fol. 9.
995 HSTAD: C 1 D Nr. 40, fol. 224, ein Johannes Metzeroth schreibt sich an der Universität Mainz 1776 ein.

fort, „und rieb sogar den Samen von ihm.“[996] Analverkehr mit ihm stritt er ab, gab aber den gegenseitigen Oralverkehr zu, der über einen längeren Zeitraum erfolgte.[997] Der Kommission wollte er ferner glauben machen, dass er sich mehrmals weigerte, den Jungen weiterhin zu befriedigen, und dass er es nur tat, weil der Junge damit drohte, alles seinem Vater zu erzählen. „So ließ der Jüngling doch nicht nach, bis er ihn entweder berührte oder berührt wurde.“[998]

Trotz ähnlich lautenden Namens ist Christian Enzeroth sicherlich eine andere Person, da er zum fraglichen Zeitpunkt bereits ein junger Mann von 17 Jahren war. Er traf Gill wahrscheinlich, als sich der Fritzlarer Bürgersohn am 5. Juli 1774 an der Universität Mainz in Rhetorik und Poetik immatrikulierte.[999] Da Gills Verwandtschaft ebenso in Fritzlar ansässig war, ist es möglich, dass sich beide von dort her kannten oder dass zumindest Enzeroths Eltern dem Exjesuiten nicht unbekannt waren. Ob zwischen beiden eine sexuelle Beziehung bestand, ist in den Akten nicht vermerkt, aber sie scheinen sich nahe gestanden zu haben. Im November 1777 schrieb Enzeroth an Gill über seine neue Anstellung als Sekretär beim Reichshofrat in Wien und richtete Grüße an die anderen aus Fritzlar stammenden Studenten im Hause Gill, Jakob Ferrare[1000] und Heinrich Lambert, aus: „Ich thue meine Dienste, wie rechtschaffen, und führe mich so auf, ohne dass ich mich loben wollte, dass mein Herr an mir keine Ausstellung findet […] Der *Ferrare* und *Lambert* werden ja nun wohl wieder aus der Vacanz[1001] kommen seyn, so bitte mein Compliment, ich hoffe Ew. Hochw. werden mir die Liebe anthun, und mich einmahl mit ihrem Schreiben beehren.“[1002] In den Jahren zuvor scheint er mit diesen zusammen bei Gill gewohnt zu haben. Dass er von deren sexuellen Beziehungen mit Gill nichts mitbekommen hat, ist daher höchst unwahrscheinlich. Da Gill außerdem mit

---

996 STAW: AA 212/XLIII Nr. 3, A, fol. 10.

997 STAW: AA 212/XLIII Nr. 3, A, fol. 11–12: „Er habe desselben Scham *majoris delectationis causa* in seinen Mund genommen und dieselbe darin behalten bis der Samen allbereit sich ergießen wollte […]“ Es scheint, dass Gill Metzeroth weitaus häufiger befriedigt hat als umgekehrt, siehe fol. 96. Ebd., AA 212/XLIII Nr. 3, „Gill,“ ein Brief von Georg Metzeroth, Schullehrer, an den Geistlichen Rat vom 28. Dezember 1778, die an Gill geliehenen Handschriften zurückzuerhalten.

998 STAW: AA 212/XLIII Nr. 3, A, „Gill,“ Juristisches Gutachten, Factum Secundum, s. pag.

999 HSTAD: C 1 D Nr. 40, fol. 183, „Ensenroth“ geschrieben. Benzing, Gerlich: Verzeichnis der Studierenden der alten Universität Mainz, S. 293. ABF: Register Taufen, Trauungen und Beerdigungen der Pfarrei Fritzlar 1678–1785, fol. 141v gibt als Taufdatum den 26. Dezember 1756 an. Seine Eltern waren Christian Enzeroth und Anna Maria, geb. Meyer. Freundliche Mitteilung des Archivs des Bistums Fulda vom 3. Juni 2023.

1000 Ferrare schloss 1778 mit dem Bacc. phil. ab und wurde Sekretär des erzbischöflichen Kommissariats in Fritzlar. Ebd., S. 318.

1001 Die Semester- oder Schulferien.

1002 STAW: AA 212/XLIII Nr. 3, Acta et Protocolla, Brief Enzeroths vom 5. November 1777.

jedem der bei ihm lebenden Studenten sexuelle Kontakte hatte, ist dies auch von Enzeroth anzunehmen. Dieser war ab etwa 1778 am Reichshofrat in Wien beschäftigt[1003] und ab ca. 1780 als Skribent am Kasseler Museum.[1004] In dieser Eigenschaft hatte er oft archivalische Abschriften notariell zu beglaubigen, und stand daher auch in Korrespondenz mit dem homosexuellen Historiker Johannes von Müller. Enzeroth bat ihn sogar einmal um Rat wegen Problemen mit seinem Bruder und mehrmals auch um finanzielle Hilfe.[1005] Müller gewährte ihm diese und empfahl ihn auch nachhaltig für eine besser bezahlte Stelle. Der verheiratete Enzeroth, der 1807 auch vier Kinder zu versorgen hatte, blieb allerdings auf der unterbezahlten Position in Kassel, wo er 1814 starb.[1006]

Weitere Sexualpartner Gills waren der Logikstudent Johann Jakob Weigler, der Jurist Goy, und der Tünchersohn Becker. Weigler hat Gill wohl durch den Exjesuiten, kurfürstlichen Assessor und Pfarrer zu Faulbach Adam Gambert[1007] zugewiesen bekommen, um mit ihm Logik zu repetieren. Gill beschrieb, wie er sich ihm angenähert hatte: „Weil er ihn freundlich anschaute, griff er ihm scherzweise vorn über die Kleider, und sagte ihm, dass er ihn gern hätte.“[1008] Weigler ließ sich durch das Versprechen einer Uhr und durch reichlich Alkohol dazu anregen mit ihm fünf- bis sieben Mal zu onanieren und Oralverkehr zu haben. Da Weigler aber vor dem Studenten Wolfgang Keck wiederholte, dass Gill ihn „lieb habe,“ bekam es Gill mit der Angst zu tun. Ein unachtsames Wort in der falschen Gegenwart ausgesprochen, könnte ihn ja ins Gefängnis bringen. Daher drängte er Weigler zur schriftlichen Bestätigung,[1009] dass „mir von dem Geistlichen Herrn Gill nichts Übels bewusst sey, und folglich dasjenige, so ich geredet in Trunk und Rausch geredet hab.“[1010] Weigler schien aber seit seinen sexuellen Erlebnissen abzustürzen und sich immer mehr in den Alkohol geflüchtet zu haben. Als er sich endlich die versprochene Uhr abholte, unterschrieb er

---

1003 Europäisches genealogisches Handbuch [...]. Leipzig 1800, S. 13.

1004 Hochfürstl.-Hessen-Casselischer Staats- und Adreß-Calender: 1780. Kassel 1780, S. 10.

1005 STBSCH: Nachlass Müller 104/7, Brief vom 2. März 1782; ebd. 104/5, Brief vom 25. März 1782.

1006 STBSCH: Nachlass Müller 242/93. HSTAM: Fonds 77 b No. 585, Brief Enzeroths vom 10. Juni 1811, in dem er sich als 48 Jahre alt bezeichnet. Dies ist allerdings unmöglich, da er sonst die Universität Mainz als Elfjähriger besucht hätte. Die Festschrift zum 400. Jubiläum der Bibliothek Kassel nimmt daher 1751 als Geburtsjahr an. Zum Todesjahr siehe Gesamthochschul-Bibliothek Kassel: Ex Bibliotheca Cassellana: 400 Jahre Landesbibliothek. Kassel 1980, S. 79.

1007 Heinrich Joachim Jaeck: Pantheon der Litteraten und Künstler Bambergs: Heft 1–7. Bamberg 1812, S. 2110. Kurmainzischer Hof- und Staats-Kalender: auf d. Jahr [...] 1784. Mainz 1784, S. 159.

1008 STAW: AA 212/XLIII Nr. 3, A, fol. 16.

1009 STAW: AA 212/XLIII Nr. 3, A, fol. 18–19.

1010 STAW: AA 212/XLIII Nr. 3, „Gillische Schriften,“ Zeugnis von Johannes Jacobus Weigler vom 10. März 1778.

zwar das von Gill vorbereitete Schriftstück, beschuldigte ihn aber, ihn ins Verderben gestürzt zu haben. Seit er das „Laster", es geht demnach entweder um Onanie oder homosexuellen Verkehr, vom Exjesuiten gelernt habe, sei er „von seinem Präfekt wegen Frequentierung böser Gesellschaften und Wirtshäuser scharf ermahnet und hergenommen worden, und zwei seiner Kameraden seyen auch deswegen excludiert worden."[1011] Bei den beiden anderen Studenten mag es sich sogar um Blaise und Streck gehandelt haben, so dass sich eine Gruppe von drei Studenten rekonstruieren lässt, die zur selben Zeit Geschlechtsverkehr mit Gill hatten und alle drei wegen Exzessen bestraft wurden. Ob Weigler mit „dem Laster" die Onanie meinte oder Homosexualität, ist nicht genau bestimmbar. In den eingesehenen Unterlagen der Universität Mainz findet sich jedenfalls kein Hinweis auf diese Studenten oder deren Ausschluss.[1012] Sicher erscheint nur, dass diese Partner Gills ihre Verführung als *traumatische Erfahrung* beschrieben, die sie in den Alkoholismus trieb.[1013] Aufgrund des Machtgefälles von Lehrer und Student, noch dazu von katholischem Studenten und priesterlichen Lehrer, sind auch Gills Beziehungen zu erwachsenen Studenten als Akte sexueller Gewalt zu taxieren.

Weigler selbst schilderte den Ablauf ganz anders. Ein von ihm verfasstes Schreiben, das er an den Mainzer Generalvikar richtete, findet sich unter den in Gills Wohnung sichergestellten Schriftstücken.[1014] Er berichtete, wie er sich aus der klevischen Stadt Emmerich nach Mainz begeben hatte, um dort Philosophie und Musik zu studieren. „Meine Eltern schickten mich hierher wohl gekleidet und gaben mir zu gleich eine silberne Sackuhr mit. Ich wurde sodann von meinem H. Professor Gambert zu dem bekannten Exjesuiten Gill in das Correptorium geschickt, und P. Gill suchte mich so zu berauschen, dass ich [...] von Sinnen [...] und [...] völlig in seiner Gewalt" war.[1015] Die eigentliche Tat selbst sparte er aus, wusste er doch, dass die Kommissare bereits Bescheid wussten. Allerdings insistierte er, dass Gill ihm eine silberne Uhr geschenkt hatte, die ihm beim Verhör der Geistliche Rat Hirn „mit Gewalt" abgenommen hatte. Da er vollauf kooperiert habe, bat er nun deren Rückgabe, damit er bei seinen Eltern den „Mundth schlossen halten" könne.[1016] Es ist nicht ganz klar, ob die Eltern von Weiglers Beziehung wussten und zum Schweigen gebracht werden sollten oder ob der junge Mann hoffte, seine sexuellen Erlebnisse den Eltern nicht erzählen zu müssen.

1011 STAW: AA 212/XLIII Nr. 3, A, fol. 22–23. Einer der Kameraden hieß Streck.
1012 HSTAD: E 6 A Nr. 12/9; C 1 B Nr. 108; C 1 B Nr. 224.
1013 STAW: AA 212/XLIII Nr. 3, A, fol. 24.
1014 STAW: AA 212/XLIII Nr. 3, Acta et Protocolla, undatiertes Schreiben von Weigler.
1015 STAW: AA 212/XLIII Nr. 3, Acta et Protocolla, undatiertes Schreiben von Weigler.
1016 STAW: AA 212/XLIII Nr. 3, Acta et Protocolla, Brief von Johannes Jacobus Weigler an den Generalvikar von Mainz wohl vom März 1778.

Johann Jakob Goy[1017] lernte Gill als Nachbar der Metzenroths kennen. Als dieser einmal bei Gill zu Gast war, „tütschelte" der Priester „sein Gesicht und sagte ihm, dass er ihn lieb habe." Als er ihn daraufhin berührte und versuchte, ihn „anzureizen," war Goy zunächst verwirrt und fragte, „ob er glaube, dass er ein Weibsbild sey?" Wiederum erwiderte Gill nur, dass er ihn liebte, „weil er sauber ist."[1018] „Sauber" scheint in diesem Zusammenhang Reinheit und Schönheit zugleich anzuzeigen. Gill küsste ihn nur einige Male, sah ihn dann aber erst wieder einige Monate später, etwa neun Monate vor seiner Verhaftung, im Juli 1777:

> Nach einigen Unterredungen legten sie sich zusammen an das Fenster, und da der Jurist beim Hinausschauen eine schöne junge Frau, die gegen [...] hinüber wohnte, welche gleichfalls zu ihrem Fenster hinausschaute, erblicket hatte, sagte er ihm, wenn ich diese zum Beischlaf hätte, so wollte ich mich mit ihr ergötzen, und fragte ihn alsdann, ob er sie nicht auch gernhaben wollte? Worauf [Gill, U.L.] [...] geantwortet: ich mach mir aus den Weibsleuten nichts.[1019]

Gills geradeheraus gegebenes Geständnis seiner Homosexualität hatte Goy überrascht, aber anscheinend auch irgendwie angezogen, da beide im Anschluss oralen Geschlechtsverkehr hatten. Als Jurist oder zumindest Jurastudent war sich Goy über die Konsequenzen seiner Tat bewusst, und Gill konnte von ihm erwarten, dass er um seiner Karriere und seines Lebens willen schweigen werde.[1020] Als Goy nach längerer Zeit im August 1777 wieder zu Gill kam, war er in so großer Not, dass er begann, Gill zu erpressen. Beide versöhnten sich aber und setzten ihre Beziehung fort.[1021] Auf die Frage, ob er nicht Goy zur Sodomie überredet habe, gab Gill eine erstaunliche Verteidigung. Er habe den etwa 20-jährigen keineswegs zur *formalen* Sodomie, „wohl aber zur *Sodomiam late dictam* angereizet," d. h. zum Oralverkehr.[1022]

1017 Es handelt sich nicht um Johannes Gabriel Goy/Goe, der sich bereits 1771 in Mainz immatrikuliert hatte, und schon 1773 abschloss, siehe HSTAD: C 1 D Nr. 40, fol. 148. Er stammte, wie die Matrikel aussagen, aus Mannheim und war Kanonikus im Stift St. Viktor in Xanten, siehe auch Benzing, Gerlich: Verzeichnis der Studierenden der alten Universität Mainz, S. 370. Vielmehr handelte es sich um Johannes Jakobus Goje/Goy aus Seligenstadt, der sich am 12. Januar 1773 einschrieb, allerdings in der Rhetorik und nicht in der Jurisprudenz, siehe HSTAD: C 1 D Nr. 40, fol. 162; Ebd., S. 379. Letzterer wurde 1754 in Seligenstadt als Sohn des Ambrosius Goy geboren, siehe Datenbank FamilySearch, https://www.familysearch.org/ark:/61903/1:1:DTTW-S52M (14. Mai 2023).
1018 STAW: AA 212/XLIII Nr. 3, A, fol. 24.
1019 STAW: AA 212/XLIII Nr. 3, A, fol. 26.
1020 STAW: AA 212/XLIII Nr. 3, A, fol. 27.
1021 STAW: AA 212/XLIII Nr. 3, A, fol. 28–33.
1022 STAW: AA 212/XLIII Nr. 3, A, fol. 35.

Den Musikersohn Johann Conrad Jacobi lernte Gill nach eigenen Angaben im Frühjahr 1775 kennen,[1023] als er auf dem Rhein bis Eberbach gefahren sei und sich „von dort mit diesem damals zehn oder elfjährigen Kind zu Fuß in die Abtei Eberbach begeben, allwo dieser seinen Oheim besuchte."[1024] Damals war Conradi allerdings bereits 13 Jahre alt, so dass sich das Treffen, wenn Gills Beschreibung zutrifft, wohl eher 1774 oder sogar 1773 ereignet hat. Da Gill die Abtei aufgrund seines Aufenthalts im Jahr 1773 kannte, ist es ist nicht auszuschließen, dass er dort Freunde oder Bekannte hatte. Der Exjesuit nutzte es sofort aus, als der Junge zu ihm als Priester Vertrauen schöpfte:

> Da ihm dieser Kleine eröffnet hatte, dass er sich allein zu schlafen fürchte, habe er dem Abteyknecht gesagt, dass er ihn zu sich nehmen und in seinem Bett wolle schlafen lassen, welches auch geschehen ist. Da [...] [Gill, U.L.] mehr als gewöhnlich getruncken hatte und des Nachts schlafen kann, berührte er diesen Kleinen, konnte ihm aber wegen Unvermögenheit und zu großer Jugent keine *pollution* procuriren.[1025]

Die Kaltschnäuzigkeit Gills ist kaum zu überbieten. Selbst einen zufällig und noch dazu in einer Abtei angetroffenen Jungen, missbrauchte er schamlos. Er versuchte ihn zur Ejakulation zu bringen. Einige Zeit später besuchte ihn Conradi in Mainz, und da er von Mädchen erzählte, schloss Gill sofort, dass er in die Pubertät eingetreten war und nun „in dieser Materie schon bewandert seyn könnte," konnte aber wiederum keine Ejakulation an ihm hervorbringen.[1026] Erst im Frühjahr 1778, „vor acht Wochen," hatte sich Jacobi vor ihm nackt ausgezogen und mit sichtlichem Stolz gestanden: „Nun bin ich endlich mannbar!"[1027] Daraufhin hatte Gill ihn oral befriedigt und seither auch öfter mit ihm Oralverkehr gehabt. Als Geschenk gab er ihm jedes Mal ein paar Kreuzer.[1028] Allerdings verneinte es Gill, dass er Jacobi oder eines seiner anderen Opfer anderen Männern zugeführt habe.

1023 Es handelt sich wohl um den am 5. Juli 1762 geborenen Sohn des Hofmusikmeisters Gottfried Dominik Jacobi, Johann Conrad Jacobi, der später Direktor der Hofmusik in Dessau wurde und dort 1811 starb. Taufpate war Kurfürst Emmerich Josef vertreten durch einen Kammerdiener, siehe Datenbank FamilySearch https://www.familysearch.org: Stadtarchiv Mainz, Namenskartei aus Kirchenbüchern, 17. und 18. Jahrhundert, Mikrofilm 934700, Bild 5255; Taufmatrikel St. Quintin 1762 (14. Mai 2023). Das bei Weber angegebene Geburtsjahr 1756, das sich durchweg findet, ist falsch, siehe Karlheinz Weber: Vom Spielmann zum städtischen Kammermusiker – Zur Geschichte des Gürzenich-Orchesters. Köln 2009, S. 20. Siehe auch Kurmainzischer Hof- und Staats-Kalender auf das Jahr 1792. Mainz 1792, S. 124.
1024 STAW: AA 212/XLIII Nr. 3, A, fol. 37.
1025 STAW: AA 212/XLIII Nr. 3, A, fol. 37.
1026 STAW: AA 212/XLIII Nr. 3, A, fol. 38.
1027 STAW: AA 212/XLIII Nr. 3, A, „Gill," Juristisches Gutachten, Ob die delicta *occulte*, s.pag.
1028 STAW: AA 212/XLIII Nr. 3, A, fol. 39.

Den jungen Erwachsenen Becker kannte Gill noch aus der Zeit als er im Noviziatshaus der Jesuiten in Mainz lebte, also vor 1773. Dieser war sein Beichtkind
gewesen und da er ihn immer noch besuchte, wenn auch nicht mehr zur Beichte,
verwickelten sich beide in eine sexuelle Beziehung, die wiederum bis zum Oralverkehr ging.[1029] Manchmal trafen sie sich mehrmals in der Woche, dann wieder
ganze Monate nicht. Das letzte Mal sei es im Sommer 1777 zum Geschlechtsverkehr mit dem jetzt etwa 24-jährigen gekommen.

Eine längere Beziehung unterhielt Gill auch mit dem „Juristen" Zang,[1030] der
zum Zeitpunkt der Befragung etwa einundzwanzig Jahre alt war. Gill lernte ihn
in Eberbach kennen, als er dort nach der Aufhebung des Ordens einquartiert und
krank geworden war. Man teilte ihm den Studenten Zang als Hausdiener während einer Krankheit zu. Wie schon beim jungen Metzenroth, machte sich Gill
auch dieses Mal nach seiner Genesung an den etwa 16-jährigen Zang heran. Er
berührte ihn und „rieb von ihm den Samen ab," wie er dessen Masturbation beschrieb.[1031] Der Junge ließ es mit sich geschehen, vielleicht auch weil er dafür
Geld erhielt, und kam immer wieder zu Gill, zuletzt etwa sechs Wochen vor seiner Verhaftung im März 1778. Die beiden hatten oft Oralverkehr oder onanierten
zusammen.[1032]

Im Grund ließ Gill keine Gelegenheit aus, einen Jugendlichen oder jungen
Mann zum Sex einzuladen oder zu überreden. Sogar den Perückenmacherssohn,
der ihn aufsuchte, um seine Perücke auszubessern, sollizitierte er.[1033] Jedes Mal,
wenn die Kommissare den Exjesuiten fragten, ob es nicht noch einen weiteren
Sexualpartner gäbe, gab Gill willig weitere Details preis. So erwähnte er auch den
Jurastudenten Söll. Ernst Streck[1034] lernte er kennen, als er 1777 am Fisch-Tor in
Mainz vorüberging und ihn ein Schwindelanfall übermannte.

> Da […] erblickte er diesen Studenten auf einem Stein sitzen, und es scheine ihm, als wenn
> sich dieser Student unter dem Mantel, den er um sich herumgeschlagen hatte, selbst be-
> fleckte; daher rief er ihn zu sich und bath ihn, dass er ihn nach Haus begleitete, weil er
> nicht sicher war, ob sein Schwindel nicht zunehme und er darnieder fallen werde. Nach-

---

1029 STAW: AA 212/XLIII Nr. 3, A, fol. 42: „Sie haben sich einer dem andern den Samen abgetrieben."
1030 Der 1752 geborene Johannes Michael Zang scheint aufgrund seines Alters als Opfer auszu-
scheiden, siehe HSTAD: C 1 D Nr. 40, fol. 182; Benzing, Gerlich: Verzeichnis der Studierenden der
alten Universität Mainz, S. 851. Ein weiterer Partner Gills war der 'Jurist Söll," siehe STAW: AA
212/XLIII Nr. 3, A, „Gill," Juristisches Gutachten, Factum Nonum, s.pag.
1031 STAW: AA 212/XLIII Nr. 3, A, fol. 46.
1032 STAW: AA 212/XLIII Nr. 3, A, fol. 46–47.
1033 STAW: AA 212/XLIII Nr. 3, A, fol. 49.
1034 Ernst Streck stammte aus Eberbach, siehe HSTAD: C 1 D Nr. 40, fol. 203, und immatrikulierte sich 1775 an der Universität Mainz, siehe auch Benzing, Gerlich: Verzeichnis der Studierenden der alten Universität Mainz, S. 788.

dem sie ein Stück Weges zusammen gegangen, fragte er ihn, was er unter dem Mantel mit sich gemacht habe? Worauf er geantwortet: Er müsste solches thun, damit er nicht krank werde.[1035]

Als Streck am nächsten Tag zurückkam, schritt Gill zur Tat und näherte sich ihm durch eindeutige Berührungen. Streck wies ihn aber anfangs ab. Zudem erbrachte eine eingehendere Befragung, dass Gill den Jungen ebenfalls aus dem Noviziatshaus der Jesuiten kannte, wo er ihm und einem Jungen namens Blaise Brot gegeben hatte.[1036] Damit erhöht sich die Zahl derjenigen Sexualpartner, die Gill aus seiner Zeit im Novizitatshaus kannte auf mindestens drei (Becker, Söll, Streck). Konsequenterweise muss man sich fragen, ob er diese Jungen bereits damals missbraucht hat. Seine Verteidigungsstrategie ließ ein solches Eingeständnis natürlich nicht zu. In ihr hatte er ja behauptet das „Opfer" der Jesuitenaufhebung geworden zu sein und erst nach 1773 seinen moralischen Halt verloren zu haben.

Den „Jurastudenten" Franz Bieding kannte Gill seit etwa 1774 zu und unterhielt zu ihm für die Dauer eines Jahres sexuelle Handlungen, „weil er so sauber und schön war."[1037] Gills unkontrollierbare, ja manische Lust wurde durch die anfängliche Zurückweisung Biedings, dem er stets 6 Kreuzer für seine Dienste gab, noch erhöht, „dass er umso stärcker Anfechtung bekommen und sich um so weniger enthalten konnte."[1038] Manchmal hätten sie zweimal in der Woche sexuell interagiert, dann wieder ganze Monate nicht. In der Regel aber scheint Gill vor allem Ferrare und Streck fast täglich (!) masturbiert zu haben.[1039] Von den Exjesuiten verkehrte Gill freundschaftlich nur mit P. Christoph Dichtel/Düchtel,[1040] dem Präzeptor der Kinder des Kammerdirektors Nikolaus Heusser,[1041] und P. Wendelin Roth,[1042] hatte

---

1035 STAW: AA 212/XLIII Nr. 3, A, fol. 50–51.
1036 STAW: AA 212/XLIII Nr. 3, A, fol. 53.
1037 STAW: AA 212/XLIII Nr. 3, A, fol. 54. Der aus Naumburg stammende Bieding hatte sich 1774 eingeschrieben und erhielt 1776 den Bacc.phil, war aber kein Jurastudent, siehe Benzing, Gerlich: Verzeichnis der Studierenden der alten Universität Mainz, S. 71.
1038 STAW: AA 212/XLIII Nr. 3, A, fol. 54.
1039 STAW: AA 212/XLIII Nr. 3, A, „Gill," ad Septimum, s.pag.
1040 APECESJ: Sign. 68-D, Verz. 11825, Geburt 1749, Eintritt 1768. HSTAD: C 1 D Nr. 40, fol. 189 vermerkt Dichtels Immatrikulation an der Universität Mainz mit Gill (Kiehl geschrieben) und Kanonikus Franziskus Linden.
1041 Vollständiges Diarium von denen Merckwürdigsten Vorfällen die sich bey dem letzt gehaltenen hohen ChurfürstenTag Und darauf Höchst-beglückt erfolgten Wahl- und Crönung des […] Herrn Josephi des Andern, Erwehlten Römischen Königs […] In der Freyen Reichs- und WahlStadt Franckfurt am Mayn Ergeben. Theil 2. Mainz 1770, S. 128. Sein Sohn Nikolaus Anton Heusser (1767–1831) war Professor der Rechte an der Universität Mainz, .
1042 APECESJ: Sign. 68-D, Verz. 10210, Geburt 1743, Eintritt 1761, Tod 1816.

aber kein sexuelles Verhältnis mit ihnen. Dichtel könnte ihm aber den Kontakt zu hochstehenden Familien hergestellt haben, die ihn als Hauslehrer einstellen konnten.

Jung hat Gill als Sohn seines Vermieters, des Bäckermeisters Jung, kennengelernt. Als er ihn einmal mit nichts als einem Bäckerschurz gekleidet in der Backstube sah, klapste er ihm auf den nackten Hintern, „und da er sah, dass er Freud daran hatte und sich nicht geweigert, hob er ihm andermal, da wieder zu ihm kam, den Schurz von vorn auf und berührte und befleckte ihn,"[1043] während er andere Male Oralverkehr mit ihm hatte. Vor Gericht konnte sein Vater Nikolaus Jung eine ganze Reihe von Jungen, die bei Gill studiert hatten als Opfer benennen, wie etwa die Söhne des Anselm Schmidt, des Leinenwebers Baader, des Guertemayer, und die zwei Söhne des Schneidermeisters Schäfflein. Diese Buben hatten er und seine Frau „bei ihm selbst auf dem Bette angetroffen," und sie fanden heraus, „dass der Herr Gill mit dem Studenten Metzenroth desgleichen Schlechtigkeiten getrieben habe [...]" und dass „diese der Student Lambert [...] selbst gesehen hätte."[1044]

Ein weiterer Logikstudent, den Gill einige Male „polluiert" hatte, war der spätere Mainzer Geistliche Wilhelm Anton Grosch.[1045] Gegenseitigen Oralverkehr hatte er auch seit 1776 mit dem 16-jährigen Ingrossisten-Sohn Nikolaus Linden,[1046] der täglich in das Haus kam, um Lebensmittel zu liefern,[1047] aber auch mit dem Barbiergesellen Nauheimer, seinem Neffen Heinrich Lambert aus Fritzlar sowie den Logikstudenten Wolfgang Keck aus Lorsch und Jakob Ferrare.[1048] Mit Linden

---

1043 STAW: AA 212/XLIII Nr. 3, A, fol. 57.

1044 STAW: AA 212/XLIII Nr. 3, „Gill," Liste von Nikolaus Jung, undatiert, wohl 1778.

1045 STAW: AA 212/XLIII Nr. 3, A, fol. 59; siehe ebd., „Gill," Juristisches Gutachten, ad Quintum, s. pag. Möglicherweise Wilhelm Anton Grosch, Geburt 1759, siehe Klerusdatenbank des Bistums Mainz: https://reiresearch.eu, Eintrag "Grosch, Wilhelm, Anton" (14. Mai 2023). Er immatrikulierte sich an der Universität Mainz am 5. Juli 1774, siehe HSTAD: C 1 D Nr. 40, fol. 180, wurde aber 1778 entlassen, siehe Benzing, Gerlich: Verzeichnis der Studierenden der alten Universität Mainz, S. 387.

1046 Der Ingrossist Michael Linden war der Vater mehrerer Kinder und mit Maria Margarethe Jäger in zweiter Ehe verheiratet. Ein Sohn Friedrich wurde 1758 geboren (Bild 4686), Nikolaus Linden 1760, siehe Datenbank FamilySearch https://www.familysearch.org: Stadtarchiv Mainz, Namenskartei, Mikrofilm 934701, Bild 4688 (14. Mai 2023).

1047 STAW: AA 212/XLIII Nr. 3, A, fol. 60.

1048 STAW: AA 212/XLIII Nr. 3, A, fol. 64. Keck weigerte sich zunächst und zog seinen Leib zurück, siehe ebd., fol. 74. Ein lateinischer Brief von Keck an Gill vom 20. März 1778 und ein Brief von seinem Vater Franz Keck an Gill vom 9. November 1777 in ebd., Acta et Protocolla. 1779 schloss Keck mit dem Magister in Philosophie ab und wurde im Anschluss Forstmeister im Spessart, siehe Benzing, Gerlich: Verzeichnis der Studierenden der alten Universität Mainz, S. 147. Ferrare schrieb sich 1777 an der Universität Mainz ein, siehe HSTAD: C 1 D Nr. 40, fol. 242.

konnte er gut Kontakt aufbauen, da er mit seinem Vater zur Schule gegangen war und daher ein Vertrauensverhältnis bestand.[1049] Gill und der 23-jährige Nauhaimer trafen sich im Sommer 1777 bei einem Spaziergang außerhalb des Salons und hatten im Weissenauer Kloster einen Schoppen Wein in einem separaten Zimmer, bis Gill der Drang überkam, Nauhaimers Geschlechtsteil herauszuholen und ihn befriedigte.[1050] Nun kam dieser wöchentlich ein- bis zweimal zum Oralverkehr in Gills Haus.[1051] Nur einmal habe er, so Gill, auch den Körper einer Magd, die ihn während einer Krankheit pflegte, unsittlich berührt.[1052] Selbst den jungen Mainzer Kanonikus Samuel Georg Herdt, der 1781 sein Amt aufgab um Schauspieler zu werden, hatte er masturbiert, allerdings ohne Ejakulation.[1053]

Heinrich Lambert, den Gill als sein „Vetterchen" bezeichnete, war der Sohn seines Cousins Andreas Lambert.[1054] Dieser hatte ihm seinen Sohn um 1773/75 als Hausdiener zugeführt.[1055] Die Lamberts bedankten sich überschwänglich bei Gill

---

1049 STAW: AA 212/XLIII Nr. 3, A, fol. 77.
1050 STAW: AA 212/XLIII Nr. 3, A, fol. 66.
1051 STAW: AA 212/XLIII Nr. 3, A, fol. 67.
1052 STAW: AA 212/XLIII Nr. 3, A, fol. 78.
1053 STAW: AA 212/XLIII Nr. 3, A, fol. 72–73; 79. Der Vorname des Kanonikus ist im Protokoll nicht genannt, dafür wurde dessen Jugend betont. Erstaunlicherweise variieren die Vornamen drastisch zwischen Sebastian, Johann und Samuel. Die Klerusdatenbank des Bistums Mainz https://reiresearch.eu (14. Mai 2023) verzeichnet 1774 einen jungen Sebastian Herdt als Kanonikus, die Matrikel der Universität Mainz aber einen Johann Baptist Herdt/Haerdt. Ob beide identisch sind, ist unklar. Brandes jedenfalls berichtet vom Kanoniker Herdt, der Schauspieler wurde, nennt aber Samuel als Vornamen, siehe Johann Christian Brandes: Meine Lebensgeschichte, Bd. 2. Berlin 1800, S. 289–290; Friedrich Johann von Reden-Esbeck: Deutsches Bühnen-Lexikon – Das Leben und Wirken aller hervorragenden deutschen Bühnen-Leiter und Künstler vom Beginn der Schauspielkunst bis zur Gegenwart., Bd. 1. Eichstätt; Stuttgart 1879, S. 275. Faber ermittelte, dass 1779 Sebastian Herdt zugunsten seines Neffen Peter Joseph van Recum auf sein Kanonikat verzichtete, siehe Karl-Georg Faber: Andreas van Recum, 1765–1828: Ein rheinischer Kosmopolit. Bonn 1969, S. 16–18.
1054 STAW: AA 212/XLIII Nr. 3, Acta et Protocolla, Des Priesters Maximilian Gill Debita Passiva, lit. A; ebd., Acta et Protocolla, Brief von Franziskus Lambert an Gill vom 16. Februar 1777.
1055 STAW: AA 212/XLIII Nr. 3, Acta et Protocolla, Brief Andreas Lambert an Gill vom 9. April 1775. Gill gibt Lamberts Alter mit 13 Jahren an. Das Taufbuch von Fritzlar aber weist ihn aber eindeutig als 1760 geborenen aus. Entweder wurde er also 1773 Gill im Alter von 13 Jahren anvertraut, oder 1775, wie Gill mit seiner Angabe „vor etwa fünf Jahren" attestiert, und damit mit 15 Jahren. Da Gill aber gerade die Jugend Lamberts hervorhebt und seine Unfähigkeit, einen Orgasmus zu spüren, ist wohl von ersterem auszugehen. Dies würde auch in die Verteidigungsstrategie Gills bzw. seine Lebensinterpretation passen, nach der er erst nach der Auflösung der Gesellschaft Jesu sein religiöses Leben vernachlässigt und schrittweise auf die „schiefe Bahn" geraten sei. Um diese Fiktion aufrecht zu erhalten, musste er den Missbrauch an seinem Neffen später datieren – ließ aber dessen Alter unverändert. ABF: Taufbuch Fritzlar, 1630–1814, fol. 324. Als Todesdatum wird am Rand

für die „großen Gutthaten, die … Heinrich empfangen."[1056] Heinrich Lambert, für den Gill aufgrund der finanziellen Sorgen seiner Eltern sorgte und die Stelle eines Pflegevaters einnahm, schlief in seinem Bett. Schon bald nach seiner Ankunft in seinem Haushalt, begann er ihn fast täglich zu missbrauchen, entweder zur Onanie oder zum Oralverkehr, konnte ihn aber aufgrund seines Alters erst wenige Wochen vor seiner Verhaftung zu einer Ejakulation bringen.[1057]

7.3 Die Taxierung und Verurteilung Gills

Gill hatte zwar im Lauf seiner Befragung immer mehr Partner identifiziert, mit denen er Geschlechtsverkehr hatte, aber stets darauf bestanden, niemals Analverkehr gehabt zu haben. Diese Aussage stand im Widerspruch zu Ittners Angaben, der gerade diesen beobachtet haben will. Ob dies nun wirklich zutraf, ist nicht mehr zu klären. Die wenigen Opfer, die man im Prozess befragte, verneinten jedenfalls „sodomisiert" worden zu sein, ebenso wie die älteren Sexualpartner. Allerdings hätte ein Eingeständnis nicht nur einen enormen Ehrverlust bedeutet, sondern sie auch unter künftigen Verdacht gesetzt, homosexuellem Verkehr nachzugehen. Sollte daher Analverkehr mit Gill stattgefunden haben, wäre dessen Abstreitung eine zu erwartende Verteidigungsstrategie.

Damit hatte Gill seiner Logik nach eigentlich „nur" Oralverkehr und Onanie gestanden. Daher verneinte er auch, dass sexuelle Berührungen außerhalb der Ehe *per se* bereits eine große Sünde seien, es sei denn, es komme zur Selbstbefriedigung. Allerdings hatte sich Gill auch hier eine moralische Brücke gebaut, indem er zu behaupten schien, dass nur die an sich selbst vorgenommene Masturbation eine Todsünde sei. Mit dieser Differenzierung hätte er das Gewissen der Jungen, überzeugen können, die seinen Annäherungen ursprünglich ablehnend gegenüberstanden. Denn sie implizierte, dass die masturbierende Handlung, die Gill an ihnen vollzog, moralisch indifferent war. Erst auf Nachfrage gab Gill schließlich zu, dass *jegliche* Selbstbefriedigung schwere Sünde war, aber es scheint, dass die erste Antwort auf die Frage der Untersuchungskommission wohl die authentischere war. „Leichtgläubige" Menschen, die dem Priesterstand Vertrauen entgegenbrachten, hat Gill so ins Verderben gezogen und dadurch „der Religion die größte Schande gemacht, der Heiligkeit des Priesterthums, […]

---

der 24. September 1840 festgehalten. Freundliche Mitteilung des Bistumsarchiv Fulda vom 3. Juni 2023.
1056 STAW: AA 212/XLIII Nr. 3, Acta et Protocolla, Brief Franziskus Lambert – wohl der Onkel oder Großvater – an Gill vom 28. Oktober 1777.
1057 STAW: AA 212/XLIII Nr. 3, A, fol. 69–70.

der Heiligkeit unserer Religion eine sehr tiefe Wunde geschlagen,"[1058] wie der Geistliche Rat resümierte.

Der Exjesuit inszenierte sich vor den kirchlichen Autoritäten zwar als Büßer, bat aber dennoch, *nicht* nach den Maßstäben der Gerechtigkeit, sondern in Anbetracht seiner Reue zu einer „geheimen Strafe" verurteilt zu werden. Er war entsetzt über die Möglichkeit, öffentlich degradiert und dem staatlichen Richter vorgeführt zu werden, der vielleicht die Todesstrafe über ihn verhängt hätte.[1059] Dennoch war sich der Geistliche Rat nicht sicher, wie die Taten Gills kirchenrechtlich zu taxieren waren. Daher setzte man am 21. Mai die Befragung fort, um der Motivation für seine Taten nachzugehen. Den Entschuldigungsgrund übermäßigen Alkoholkonsums ließ man jedenfalls nicht gelten. Doch als er befragt wurde, ob er nicht im eigentlichen Sinne ein Sodomist sei und *sodomia perfecta* begangen habe, antwortete er mit einer Differenzierung, die er sich über Jahre hinweg zurechtgelegt haben musste. Er lehnte die Taxierung seiner Taten als Sodomie ab, weil er in keinem einzigen Fall Analverkehr begangen habe. Daher könne man ihn höchstens der *imperfekten* Sodomie (*sodomia imperfecta*), also der Sodomie im weiteren Sinne, aufgrund des Oralverkehrs und der gegenseitigen Onanie, verurteilen. Die Kommission war sichtlich überrascht, denn die überwältigende Mehrheit der Moraltheologen und Kanonisten definierten *sodomia perfecta* als den sexuellen Akt eines Mannes mit einem anderen Mann, bei dem der Samen an einem Ort vergossen (*effusio*) wird, der dafür nicht vorgesehen ist. Gill hingegen stand auf dem Standpunkt, dass die *effusio in aliam corporis partem* mit Ausnahme des Anus nur den Tatbestand der *sodomia imperfecta* konstituiere.[1060] Ebenso stellte er in Abrede, dass er den staatlichen Behörden übergeben werden sollte, da dies das Gesetz nur dann erfordere, wenn die Sodomie *öffentlich* bekannt sei und es sich um einen notorischen (*exercentes*) Sodomisten handle, was aber auf ihn nicht zutreffe.[1061] Seine Verteidigungsstrategie, gerade die Notorietät seiner Taten abzuleugnen, wirkt bei einem Serientäter wie Gill grotesk. Zudem waren seine Taten durch die Anzeige zweier Laien öffentlich geworden und mussten daher auch öffentlich geahndet werden. Vielleicht war die moraltheologische Belehrung Gills über den Mund als eines unnatürlichen Ortes des Samenergusses aber auch eine indirekte Unterminierung der Anklage. Denn sie ermöglichte es Gill, über seine falsche

---

1058 STAW: AA 212/XLIII Nr. 3, A, „Gill," Juristisches Gutachten, s. pag.
1059 STAW: AA 212/XLIII Nr. 3, A, fol. 81.
1060 STAW: AA 212/XLIII Nr. 3, A, fol. 84–86. ebd., fol. 85 zitierten die Kommissare: „Sodomia perfecta est conjunctio maris cum mare in vas indebitum, idque cum effusione seminis […] und dass per vas indebitum in genere corpus maris in specie tam posteriori corporis quod horribilis est" auch der Mund verstanden werde.
1061 STAW: AA 212/XLIII Nr. 3, A, fol. 92.

Rechtsauffassung belehrt, im Nachhinein fast alle Fällen der Ejakulation in den Mund abzuleugnen, womit er nicht nur die Taxierung als notorisch zu untergraben versuchte, sondern auch die als Sodomist schlechthin.[1062]

Allerdings waren die Mitglieder der Kommission vor allem über Gills moralischer Gleichsetzung von Oralverkehr und Selbstbefriedigung entsetzt. Der Exjesuit hatte aufgrund seiner unersättlichen sexuellen Begierde die Maßstäbe der Vernunft weit hinter sich gelassen. Anstatt den Mund als Werkzeug des Sexualaktes zu gebrauchen, war er für sie als Ort der Sprache das Symbol der gottgegebenen Vernunft:

> [W]as könnte auch in der That der angebohrenen Würde des Menschen mehr zu wider seyn, als eine dergleichen über allen Begriff viehische und schändliche Handlung, denn der Mund und die in denselben gelegte Sprache ist der Ausdruck jener vernünftigen Seele, die in dem Menschen wohnt und das Ebenbild Gottes ist; durch den Mund begehen und bestätigen die Menschen untereinander ihre feierlichsten und verbindlichsten Handlungen, durch den Mund verlobt man sich Gott öffentlich.[1063]

Der Geistliche Rat sprach sich aber gegen eine öffentliche und formale Degradierung aus, da die verbale Degradierung mit Verhängung der Exkommunikation, die Suspendierung von jeglichem priesterlichen Dienst, sowie die lebenslange Haft im Kerker völlig ausreichend sei. Zudem schütze man durch solche „Milde" auch den Ruf des Klerus.[1064] Auf der Veste Königstein sollte Gill unter strengem Fastenreglement ein Leben der Buße fuhren, während man seine „mitschuldigen Studenten … der Vorsicht und erbarmenden Gnade Gottes" anvertraut und somit nicht strafrechtlich verhörte oder gar belangte.[1065] Erst im März 1779 wurde Gill wieder zu Beichte und Kommunion zugelassen sowie die Exkommunikation aufgehoben. Im Sommer appellierte Gill auch schon an Fürstbischof Friedrich Karl Joseph um Erleichterung seiner Haftbedingungen. Aufgrund eines im Herbst 1778 erlittenen Schlaganfalles könne er sich alleine weder an- noch ausziehen und sei aufgrund seines schweren Schwindels und des Mangels an Medikamenten völlig entkräftet. Außerdem sei seine Zelle nicht heizbar, so dass „mich der kalte Nordwind auf dem Bette anweht."[1066] Zudem befürchtete er, dass der ihn versorgende Priester im Winter den Berg nicht heraufkommen könnte und er damit vielleicht ohne jegliche Sakramente bleibe:

1062 STAW: AA 212/XLIII Nr. 3, A, fol. 98–101.
1063 STAW: AA 212/XLIII Nr. 3, „Gill," Gutachten Hirn und Hettersdorff, s.pag.
1064 STAW: AA 212/XLIII Nr. 3, „Gill", Lectum in Pleno am 4. Juni 1778, s.pag.
1065 STAW: AA 212/XLIII Nr. 3, „Gill", Protocollum speciale vom 10. Juni 1778, s.pag.
1066 STAW: AA 212/XLIII Nr. 3, „Gill", Brief von Maximilian Gill an den Fürstbischof vom 12. Januar 1779.

Höchstdieselbe haben mich gestraft als ein gerechter Richter; Sie werden mich auch trösten als ein liebreicher Vater. Dieses zu verlangen, wird die bloße Vorstellung meines Elendes hinlänglich seyen und der alleinige Anblick desselben wird machen, dass die Euer Kurfürst-liche Gnaden eigenthümliche Milde bey Höchst dero mitleydigem Hertzen das beste Wort für mich sprechen.[1067]

Es ging Gill nicht nur um Aufhebung der Suspension vom priesterlichen Dienst, son-dern auch um die Übersiedlung in ein milderes Klima und an einen Ort, an dem Arzneien verfügbar waren, um ein wenig Tee oder Kaffee zum Frühstück, einen täg-lichen Schoppen Wein, etwas neue Kleidung um sich Vorhänge gegen die Zugluft zu machen, und die Aushändigung seiner spanischen und italienischen Bücher. Von wirklicher Einsicht konnte aber nicht die Rede sein, da Gill fortfuhr, er wolle dem Kurfürsten eine kurze Verteidigung seines Falles im Stil eines „Casus Theologico-Juridicus" zukommen lassen. Diese schob wiederum „Unwissenheit" als Entschuldi-gungsgrund vor, immer noch aus Furcht degradiert und dem staatlichen Richter zur Exekution übergeben zu werden.[1068]

Die Aufhebung der Suspension erhielt Gill trotz allen Flehens nicht.[1069] Zwar entband man ihn aufgrund körperlicher Gebrechen von der strengen Essensratio-nierung, beließ ihn aber in Haft und verlegte ihn aufgrund der hohen Verpflegungs-kosten 1786 nach Marienborn, einem Priesterkorrektionshaus. Allerdings verzögerte sich dieser Umzug, da man sicherstellen wollte, dass er in völliger Einzelhaft und ohne Umgang mit den anderen Demeritenpriestern (Häftlingen) war. Im April traf er schließlich dort ein und bat wiederum um die Erlaubnis, die Messe feiern zu dür-fen, was ihm das Mainzer Vikariat postwendend verweigerte. Am 18. November 1786 verstarb er.[1070]

1067 STAW: AA 212/XLIII Nr. 3, „Gill", Brief von Maximilian Gill an den Fürstbischof vom 12. Januar 1779.
1068 STAW: AA 212/XLIII Nr. 3, „Gill," „Si ater est lacrimarum [...]", s.pag.
1069 STAW: AA 212/XLIII Nr. 3, „Gill," Vorlage von Hirn, Lectum in Pleno 4. Juni 1778.
1070 May: Das Priesterhaus in Marienborn, S. 187–190. Umfangreiche zusätzliche Archivalien zu den Haftbedingungen und Krankheiten, die Gill in seiner Haft durchlitt, in STAW: AA 212/XLIII Nr. 3, „Gill."

8 Die endgültige Entlassung aus dem Klerikerstand aufgrund eines Vergehens (*ex delicto*)

Als am 2. Januar 1736 ein Laienbruder im Kloster Elsegem in den Österreichischen Niederlanden den Salat für seine Mitbrüder auftrug, ahnte er sicher nicht, dass er damit auch das Todesurteil über Prior Filip de Vos „unterschrieb." Aus Unachtsamkeit verschüttete er nämlich den Inhalt der Schüssel auf dem Tisch Pater Weybraeckes. Dieser bekam einen Tobsuchtsanfall und wurde von de Vos auf seine Zelle geschickt. Dies war in seinen Augen ein Ehrverlust innerhalb der Kommunität, da er wegen eines untergeordneten Laienbruders diszipliniert worden war. Nach einer Viertelstunde kehrte er zurück, setzte sich demonstrativ neben den Prior und trank auf seine Gesundheit, aber in einer derart aufdringlichen Art, dass es sofort zu einem Handgemenge kam, in dem Weybraecke de Vos mit einem Jagdmesser erstach. Die staatlichen Stellen wollten den Totschläger dem Richter übergeben, während der Orden auf die kirchliche Immunität pochte und auf die Zuständigkeit des kanonischen Rechts insistierte. Erst nach langem Hin- und Her konnten die Windesheimer Augustiner-Chorherren den Prozess gegen den geständigen Kanoniker im März 1736 beginnen. Man entschied, ihn weder zu degradieren noch der Staatsgewalt zu übergeben, sondern zu lebenslanger Kerkerhaft im Kloster Groendendaal zu verurteilen. Allerdings verweigerte Gouverneurin Maria Elisabeth von Österreich die Bestätigung des Urteils und rief stattdessen den Großen Rat von Mechelen an. Dieser sah den Totschlag eines Priors gleichbedeutend mit Majestätsbeleidigung (*crimen laese majestatis*) und damit in der Zuständigkeit der weltlichen Rechtsordnung, was die Augustiner verneinten. Als Kompromiss wurde der Fall an einen vom Papst eingesetzten und vom Kaiser approbierten Richter, den Bischof von Ypern, übergeben. Dieser entschied am 17. Juni 1738, dass Weybraecke vorsätzlich gehandelt hatte und daher mit dem Tod zu bestrafen sei. Allerdings verbot das *privilegium fori* einem weltlichen Richter, einen Kleriker zu verurteilen. Dafür musste er erst unwiderruflich aus dem Klerikerstand entlassen werden (*degradatio actualis*) – eine Zeremonie, die der Bischof von Gent am 26. Juni dann auch tatsächlich vollzog. Aus Rücksicht auf seine priesterliche Würde, wurde die Strafe aber in lebenslangen Arrest umgewandelt, in dem er 1760 starb.[1071]

1071 Die Darstellung des Falles erfolgt nach Erik Van Mingroot: Een beruchte XVIIIde-eeuwse rechtszaak: de moord op prior Filip De Vos van Ten Walle te Elsegem (2 januari 1736). In: Handelingen van de Koninklijke Commissie voor de uitgave der oude wetten een verordeningen van België 29 (1981), S. 143–193, hier S. 148–149; Geert Van Reyn/Ernest Persoons: De kloostergevangenis van

Worin bestand aber die Zeremonie, durch die ein Kleriker degradiert wurde? Wie wurde sie vollzogen? Und vor allem, wie wurde sie theologisch verstanden, da der Priester ja bei seiner Weihe ein unauslöschliches sakramentales Siegel auf seiner Seele (*character indelibilis*) erhalten hatte? Während der mittelalterliche Umgang mit der Degradierung gut erforscht ist, kann die Frühneuzeitforschung bisher nichts dergleichen vorweisen.[1072] Auch wurde in der Forschung oft nicht exakt zwischen den beiden Formen der Degradierung unterschieden, was die rechtlichen Beziehungsgeflechte deutlich verschleiert hat: Die *aktuale* Degradierung, die zeremoniell und zumeist öffentlich erfolgte, wurde nur in Fällen vollzogen, in denen der Kleriker nach weltlichem Recht die Todesstrafe erwarten konnte. Andere Verbrechen wurden mit einer *verbalen* Degradierung, die der Absetzung gleichkam, geahndet. Für leichtere Vergehen hatte sich aber auch in zahlreichen katholischen Staaten im 18. Jahrhun-

Groenendaal. In: Zoniën. Geschiedkundig tijdschrift voor IJse-en Laneland 38 (2014), S. 151–200. RL: Kerkelijk Archief van Brabant, Priorij van Groenendaal te Hoeilaart, BE-A0518.1818 Cartulaire van Groenendaal, 14589, fol. 55r°–v°, 112v°. Vgl. Ebd., S. 192. AAtM: Acta Episcopalia Cameracensia, Leodiensia, Mechliniensia et Provincialia , C. reg. 44, Akten van de degradatie van Andreas Weybracke.

Diese Kapitel erschien zuerst unter dem Titel „Die Entlassung aus dem Klerikerstand in der Frühen Neuzeit" in Historisches Jahrbuch 143 (2023). Ich danke den Herausgebern des Historischen Jahrbuchs und dem Verlag Herder (Freiburg) für die Möglichkeit des leicht veränderten Wiederabdrucks.

1072 Franz Kober: Die Deposition und Degradation nach den Grundsätzen des kirchlichen Rechts. Tübingen 1867; Rudolf Meißner: Zur Geschichte der Degradation. In: Zeitschrift der Savigny-Stiftung für Rechtsgeschichte. Kanonistische Abteilung 13 (1924), S. 488–512; Bernhard Schimmelpfennig: Die Degradation von Klerikern im späten Mittelalter. In: Zeitschrift für Religions- und Geistesgeschichte 34 (1982), S. 305–323; Marc Dykmans: Le Rite de la dégradation des clercs: d'après quelques anciens manuscrits. In: Gregorianum 63 (1982), S. 301–331; Dyan Elliott: Dressing and Undressing the Clergy: Rites of Ordination and Degradation. In: Medieval Fabrications. Hg. von E. Jane Burns. New York 2004. Eine Analyse des Textes des *Pontificale* von 1595 bietet Waldemar Pałęcki: Celebracja nałożenia kar osobom duchownym i ich zniesienia według potrydenckiego Pontificale Romanum. In: Roczniki Teologiczne 64 (2017), S. 111–128. Wichtige Bemerkungen zur Handhabung der Degradierung durch die Richter der römischen Inquisition bei Albrecht Burkardt: Dégradations, destitutions, abdications, retraites-Fins de carrière au sein de l'Inquisition romaine (fin XVIe-début XVIIIe siècle). In: Crépuscules du pouvoir Destitutions et abdications de l'Antiquité au xxe siècle. Hg. von Albrecht Burkardt. Paris 2022. Einen Überblick zur Handhabung des Strafrechts für Kleriker im Heiligen Römischen Reich bietet Isabelle Deflers: Le droit pénal des ecclésiastiques du 16e au 18e siècle dans le Saint Empire Romain Germanique. In: Justice pénale et procès des ecclésiastiques en Europe, XVIe–XVIIIe siècles. Hg. von Bernard Durand. Lille 2005.

dert bereits eine pragmatische Aushöhlung des *privilegium fori*[1073] durch die weltlichen Gerichte durchgesetzt.[1074]

8.1 Degradatio verbalis und Degradatio actualis

Das Kirchenrecht kannte zwei Formen der Degradierung, die verbale und die aktuale. In der *degradatio verbalis* sprach der Bischof oder ein anderer von ihm ernannter geistlicher Richter den angeklagten Kleriker eines Verbrechens schuldig und enthob ihn bestimmter oder sogar aller Ämter, entfernte ihn aber nicht aus dem Klerikerstand. Sie war daher meist eine zeitlich begrenzte Strafe ähnlich der Suspendierung, die ohne größeren Aufwand durch einen einfachen Verwaltungsakt vom Bischof rückgängig gemacht werden konnte. Ein aus dem Mund des Richters gesprochenes und schriftlich fixiertes Urteil veranlasste daher keine weitere Zeremonie. Eine solche Kirchenstrafe zog sich ein Kleriker wegen Simonie, Meineid, Konkubinat, Ehebruch oder Vergewaltigung zu.[1075]

1073 Zum spätmittelalterlichen Kontext des *privilegium fori* in den Niederlanden siehe Hendrik Callewier: De papen van Brugge: De seculiere clerus in een middeleeuwse wereldstad 2014, S. 267–284; Van Melkebeek, Monique: Le procès du clerc Hannekin MeesterJans: la justice pénale ecclésiastique sur les clercs criminels dans les Pays-Bas méridionaux à la fin du Moyen Age. In: Justice pénale et droit des clercs en Europe, XVIe–XVIIIe siècles. Hg. von Bernard Durand. Lille 2005. Als generelle Einführung empfiehlt sich Christopher Robert Cheney: The punishment of felonous clerks. In: The English Historical Review 51 (1936), S. 215–236. Zur Praxis der kirchlichen Gerichte in den südlichen Niederlanden siehe die ausgezeichnete quantitative Analyse von Sukehiro Tanaka: The Ecclesiastical Courts in The Early Modern Southern Netherlands: A Quantitative Analysis. In: Pro Memorie 21 (2019), S. 54–71. Den berühmten Fall des Jesuiten Jean-Baptiste Girard von 1730/31, dessen Überstellung an ein staatliches Gericht abgelehnt wurde, analysierten Mita Choudhury: The Wanton Jesuit and the Wayward Saint: A Tale of Sex, Religion, and Politics in Eighteenth-Century France. University Park 2015; Stéphane Lamotte: L'Affaire Girard-Cadière: Justice, satire et religion au XVIIIe siècle. Aix-en-Provence 2016. Ausnahmen, in denen der weltliche Richter einen Kleriker auch ohne vorige Degradierung verurteilen konnte, diskutiert etwa Prospero Farinacci: Opera Criminalia: De Inquisitione, 4. Aufl. Nürnberg 1613, lib. 1, tit. 1, q. 8, num. 57, S. 95.
1074 Zu diesem Befund in Frankreich siehe den exzellenten Beitrag von Nicolas Lyon-Caen: La justice ecclésiastique en France à l'époque moderne. In: Religion ou confession. Hg. von Philippe Büttgen, Christophe Duhamelle. Paris 2010. In Paris wurden etwa Kleriker wegen Bordellbesuchs im 18. Jahrhundert stets durch ein weltliches Gericht verurteilt, siehe Erica-Marie Benabou: La prostitution et la police des mœurs au XVIIIe siecle. Paris 1987.
1075 Martino Bonacina: Tractatus de Censuris, et Poenis Ecclesiasticis, Bd. 3. Venedig 1629, disp. 4, S. 257–259; Jacobus Menochius: De arbitrariis judicum quaestionibus et causis. Köln 1607, casus 415, S. 562. Barbosa erwähnt zusätzlich Inzest, siehe Agostinho Barbosa: Pastoralis solicitudinis, sive de officio et potestate episcopi, Bd. 3. Lyon 1649, 3, alleg. CX, num. 10, 517. Ein Beispiel dafür

Von ihr zu unterscheiden ist die *degradatio actualis*, die hier behandelt werden soll. Anders als die verbale Degradierung war sie kein Akt der Jurisdiktion, sondern, wie es der Kanonist Franz Kober ausdrückte, die „Kehrseite" der Priesterweihe und als solche Ausdruck der bischöflichen Weihegewalt. Nur ein (Weih) Bischof konnte sie vollziehen und durch sie die Wirkungen der Ordination „soweit dies möglich ist, hinwegnehmen oder zerstören."[1076] Sie konnte für die Vergehen der Häresie, für Mord,[1077] Mordauftrag,[1078] Sodomie, schweren Diebstahl[1079] oder für die Fälschung von Dokumenten bzw. Geld (*crimen falsi*)[1080] ausgesprochen werden. Die letzten beiden Straftatbestände sowie zahlreiche Sakrilegien warf man 1625 in den Spanischen Niederlanden dem Subdiakon und Frater der Wilhelmiten Livinius Hanssen und dem Genter Priester Gulielmus Vlieghe vor. Auf einem eigens errichteten Podium vor dem Haupteingang von Sintt-Goedele in Brüssel wurden sie am 9. Oktober desselben Jahres von Erzbischof J. Boonen feierlich degradiert und im Anschluss dem weltlichen Gericht von Brabant übergeben, durch das sie am selben Tag durch Erwürgen getötet und anschließend verbrannt wurden.[1081]

---

ist die Verurteilung des Pfarrers von Weigelsdorf im Bistum Passau namens Matthias Kockelin wegen Konkubinats mit mehreren Frauen, siehe DAW: PP 85, Dekret vom 17. November 1670, fol. 60–60v. Dieser wurde seiner Pfarrei entsetzt und in Greiffenstein eingekerkert.

1076 Kober: Die Deposition, S. 334–335.

1077 Zu Mordtaten im spanischen Klerus siehe Salvador Daza Palacios/María Regla Prieto Corbalán: Proceso criminal contra Fray Pablo de San Benito en Sanlúcar de Barrameda (1774). Sevilla 1998; Salvador Daza Palacios/María Regla Prieto Corbalán: De la santidad al crimen: clérigos homicidas en España (1535–1821). Sevilla 2004; Salvador Daza Palacios/María Regla Prieto Corbalán: El juicio contra Fray Pablo de San Benito en Sanlucar de Barrameda (1774), primer proceso de la Justicia Civil española contra un eclesiástico homicida. La administración de justicia en la historia de España: actas de las III Jornadas de Castilla-La Mancha sobre investigación en archivos. 11–14 noviembre 1997, Guadalajara 1999. Siehe als Beispiel etwa STAF: HA Nr. 69 (1595), Prozess gegen Nicodemus Güfel, degradierter Geistlicher, wegen Mordes.

1078 Franz Kober: Die Deposition und Degradation nach den Grundsätzen des kirchlichen Rechts. Tübingen 1867, S. 755–757; Agostinho Barbosa: Pastoralis solicitudinis, sive de officio et potestate episcopi, Bd. 3. Lyon 1649, pt. 3, alleg. CX, num. 11, S. 517.

1079 Ein weiteres Beispiel für die Degradierung eines Fälschers und Diebes ist Petrus Tyrant, seit 1648 Priester der Diözese Saint-Omer. Tyrant wurde am 1. Februar 1652 in der erzbischöflichen Hauskapelle in Mechelen degradiert und anschließend dem Rat von Brabant übergeben, der ihn zum Abhacken der rechten Hand, gefolgt von Strangulation und Verbrennung verurteilte. Jozef De Brouwer: De kerkelijke rechtspraak en haar evolutie in de bisdommen Antwerpen, Gent en Mechelen tussen 1570 en 1795. Tielt 1971; Jean Pierre Dumoulin/Véronique Lambert: De passie van de kapelaan: het losbandige leven van een priester-dief. Leuven 2003. AAtM: Aartsbisshoppen, Nr. 25/9 Degradatie en bestraffing van Petrus Tarant (sic!).

1080 Kober: Die Deposition, S. 750.

1081 De Brouwer: De kerkelijke rechtspraak, S. XXVII.

Einige Kanonisten traten dafür ein, die Degradierung in jedem Fall für Häresie, Fälschung und Verschwörung gegen den Bischof (*coniuratione*) auszusprechen, aber auch in Fällen verbrecherischer Unbelehrbarkeit (*incorrigibilitas*).[1082] Denn fruchteten Ermahnung und Bestrafung nicht mehr, konnte man juristisch zu ultimativen Mitteln wie der Degradierung im Verbund mit lebenslanger Haft oder Übergabe an den weltlichen Richter schreiten.[1083] Obwohl für diese Majestätsbeleidigung schwerer wog als ein Mordversuch, war es umstritten, ob man für ein Verbrechen *laesae majestatis* überhaupt degradiert werden durfte, da es sich ja um einen Ausfall ins weltliche Recht handelte.[1084] Papst Sixtus V. hatte in seiner Konstitution *Effraenatum* von 1588 auch jeden Kleriker, der an der Abtreibung eines beseelten *oder* unbeseelten Fötus beteiligt war, als des Mordes, schuldig eingestuft.[1085] Er wurde mit der Ausführung der Tat irregulär (*irregularitas ex delictu*), durfte daher keine kirchlichen Weihen mehr empfangen und die bereits empfangenen nicht mehr ausüben. Die Irregularität trat als *Hindernis (impedimentum)* für die legitime Ausübung (*ineptus*, nicht *inhabilis*) des priesterlichen Amtes mit der Begehung bestimmter Vergehen ein, wurde aber von der Exkommunikation unterschieden, die man als Tatstrafe (*poena*) verstand. Als *impedimentum* diente sie nicht der Besserung des Delinquenten, sondern dem Schutz des Sakralen und schloss unwürdige Priester von der Spendung der Sakramente aus.[1086] Als *casus reservatus* war die Lösung von der Irregula-

---

1082 Pietro Follerio: Canonica Criminalis Praxis. Venedig 1570, S. 272.

1083 Zur Einordnung der incorrigibilitas in kirchlichen Kriminalprozessen siehe Ulrich L. Lehner: Mönche und Nonnen im Klosterkerker. Ein verdrängtes Kapitel Kirchengeschichte. Kevalaer 2015, S. 25; 58; 91; 95; 100.

1084 Barbosa: Pastoralis solicitudinis, pt. 3, alleg. CX, num. 13, S. 517.

1085 Zeger Bernard van Espen: Ius Ecclesiasticum Universum: Antiquae Et Recentiori Disciplinae Praesertim Belgii, Galliae, Germaniae, Et Vicinarum Provinciarum Accomodatum, E sacris Scripturis ... , Bd. 2. Mainz 1791, tit. 10, S. 498–570. Allerdings beschränkte bereits Gregor XIV. einige Jahre später diese Strafe auf die Abtreibung des beseelten Fötus, siehe Kober: Die Deposition, S. 763–768. Zur Frage der Beseelung in der frühneuzeitlichen katholischen Theologie siehe etwa Ulrich L. Lehner: The Catholic Enlightenment. The Forgotten History of a Global Movement. New York, NY 2016, S. 83–86; Wolfgang P. Müller: Die Abtreibung: Anfänge der Kriminalisierung 1140–1650. Köln; Weimar 2000.

1086 Zeger Bernard van Espen: Ius Ecclesiasticum universum: hodiernae disciplinae, praesertim Belgii, Galliae, Germaniae, et vicinarum provinciarum accomodatum: cum supplemento, Bd. 1. Köln 1729, tit. 10, c. 7, S. 371–374. Zum Verständnis der Irregularität *ex delicto*, siehe Eduard Seitz: Darstellung der katholischen Kirchendisciplin in Ansehung der Verwaltung der Sacramente: eine Anleitung zur geistlichen Amtsverwaltung in Beziehung auf die Taufe, die Firmung, die Buße, den Ablaß, das Abendmahl, das Meßopfer, die letzte Ölung, die erste Tonsur, die Weihe, das Verlöbniß und die Ehe. Regensburg 1850, S. 200–217. Auch ein Laie konnte daher irregulär werden und sich damit ein Weihehindernis zuziehen, oder die Irregularität haftete ihm seit Geburt (etwa aufgrund seiner illegitimen Abstammung) an (*irregularitas ex defectu*).

rität Bischof oder Papst vorbehalten und konnte nicht einfach durch die Beichte geschehen.[1087]

War eine Tat aber im Geheimen begangen worden (*crimen occultum*), sahen die kirchlichen Obrigkeiten gemäß geltendem Recht nicht die Notwendigkeit, sie öffentlich zu ahnden, es sei denn, dies war der einzige Weg, einen größeren Skandal zu verhindern.[1088] Daher konnte ein Priester, der aufgrund mehrerer Mordversuche meinte irregulär zu sein,[1089] im Schutz des Beichtgeheimnisses um Dispens ansuchen und so die Lossprechung dieses dem Bischof vorbehaltenen *casus reservatus* erhalten.[1090] Im Fall eines öffentlichen Mordversuchs (*attentati homicidii*) überstellte man aber noch 1769 einen Augsburger Priester nach erfolgter Degradierungs-Zeremonie der kurbayerischen Strafverfolgung.[1091] Da bereits jeder Katholik, der an der Tötung eines Menschen im Gerichtswesen oder dem Militär beteiligt war, nur durch Dispens in den Klerikerstand eintreten konnte, war es nur konsequent, dass sowohl Mord als auch öffentlicher Mordversuch durch einen Priester mit der Strafe der Irregularität geahndet wurden.[1092]

War das Verbrechen eines Klerikers im Geheimen geschehen, entschieden sich die meisten Bischöfe für eine ebenso nicht öffentlich bekannt gemachte Bestrafung wie etwa die Einkerkerung des Delinquenten. Wenn das Vergehen aber öffentlich bekannt war, fühlte sich ein Bischof im siebzehnten Jahrhundert geradezu gezwungen, zur öffentlichen Degradierung zu schreiten, wie man etwa an den Beispielen aus den Spanischen bzw. Österreichischen Niederlanden sieht. Schließlich musste man den Gläubigen verdeutlichen, dass sich die Kirche von dem Delinquenten lossagte, um die Würde des Priesterstandes wiederherzustellen und der Forderung nach Gerechtigkeit nachzukommen. Durch die verbale De-

---

1087 Seitz: Darstellung der katholischen Kirchendisciplin, S. 54–55.

1088 Das Gegenteil dazu war das öffentlich begangene *crimen publicum*.

1089 Antonio Diana bestritt diese Ansicht, siehe Antoninus Diana: Summa Diana, in qua opera omnia auctoris undecim partibus comprehensa. Köln 1656, S. 537 n. 43.

1090 AEM: AA001/1, R3745 Brief von Ignatius Steur aus Landshut an den Bischof in Freising vom 17. Dezember 1787. Der zustimmende Beschluss des Geistlichen Rates ebd., AA001/1, GR.PR 323, Protokoll vom 19. Dezember 1787, Bild 246.

1091 Georg Karl Meyer (Hg.): Sammlung der Kurpfalz-Baierischen allgemeinen und besonderen Landes-Verordnungen: Von Polizey- und Landesverbesserungs-, Religions-, Kirchen- und Geistlichkeits-, Kriegs- und vermischten Sachen. München 1784, S. 1097. Es handelte sich dabei um den Schongauer Benefiziaten Michael Höß, der den Benefiziaten Peter Paul Widmann schwer verwundete. Zu seinem Fall siehe BayHStA: Kurbayern Äußeres Archiv 529.

1092 Ein gutes Beispiel für die Dispens von der Irregularität eines vormaligen Offiziers findet sich in AEM: GA001, U1425. Papst Benedikt XIV. dispensierte den Priester Karl Raymond, der sich als Offizier durch Tötung und Teilnahme an Todesurteilen die Irregularität zugezogen hatte. Zum rechtsgeschichtlichen Hintergrund siehe Rudolf von Scherer: Die Irregularitas ex delicto homicidii. In: Archiv für katholisches Kirchenrecht 49 (1883), S. 37–63.

gradierung verlor der Geistliche nur seine Ämter, verblieb aber im Stand des Klerus, während er durch die formelle Degradierung seine Standesehre verlor. Eine solche wurde etwa am dreifachen Mörders Jacques Pierlot, Priester des Bistums Lüttich, im Jahr 1786 vollzogen. Nicht nur wegen der selten praktizierten Zeremonie, sondern vor allem wegen seiner kaltblütigen Verbrechen, berichteten Zeitschriften in ganz Europa über den Fall. Im selben Jahr wurde sogar eine Monographie publiziert, die Illustrationen von Prozess, Degradierung und Hinrichtung enthielt.[1093]

Vor allem Häresie und Zauberei scheinen mit der formellen Degradierung geahndet worden zu sein. Die zwei- bis dreistündige Zeremonie wurde auch im Jahr 1600 an Giordano Bruno vor seinem Tod auf dem Scheiterhaufen vollzogen.[1094] 1603 traf es den portugiesischen Franziskanerpater Diogo da Assunção wegen praktizierten Judentums",[1095] was als Apostasie bzw. Häresie angesehen wurde, und 1631 in Prag den der Ketzerei überführten Priester Hanžburský, der allerdings enthauptet und nicht verbrannt wurde.[1096] Zu den prominentesten Fällen gehört wohl der des Jesuiten Gabriel Malagrida. Dieser letzte durch die Inquisition in Portugal durchgeführte Häresieprozess führte aufgrund zweier in seinem Besitz befindlicher Manuskripte 1761 zur Verurteilung. Er wurde formell degradiert, dem weltlichen Richter übergeben, erwürgt, sein Leichnam verbrannt und die Asche im Fluss verstreut.[1097]

1093 Anonymus: La vie de Jacques Pierlot, prêtre & marguillier de la paroisse de Vervier [...]: avec tous les détails de son crime, de sa dégradation, & de son supplice. Liege 1786. Die archivalischen Unterlagen sind in AdEL: Archives de l'Officialité de Liège, Procès, Nr. 927, BE-A0523_702499_710584_FRE; Conseil privé de la principauté de Liège Nr. 93 BE-A0523_701217_700064_FRE.

1094 Ingrid D. Rowland: What Giordano Bruno Left Behind: Rome, 1600. In: Common Knowledge 14 (2008), S. 424–433.

1095 ANdTT: Inquisição de Lisboa, proc. 104. Saraiva bezeichnet ihn fälschlicherweise zweimal als Kapuziner, einmal als Franziskaner, siehe C. António José Saraiva: The Marrano Factory: The Portuguese Inquisition and its New Christians 1536–1765. Leiden; Boston 2001, S. 136; 170; 260.

1096 Die Urteilsvollstreckung durch Enthauptung anstatt Feuertod ist bemerkenswert, siehe Nicolas Richard: La dégradation d'un prêtre à Prague le 7 avril 1631: justice ecclésiastique et réforme catholique au début de la guerre de Trente ans. In: Histoire, économie & société 35 (2016), S. 75–87.

1097 ANdTT: Inquisição de Lisboa, proc. 8064. Zur Benutzung des fast 1000 Seiten umfassenden Prozesses empfiehlt es sich, die genaue Inhaltsbeschreibung zu konsultieren: https://digitarq.ar quivos.pt/details?id=2308165 (20. Mai 2023). Zur Einordnung des Prozesses als Vorspiel zur Unterdrückung der Gesellschaft Jesu in Portugal und Spanien siehe Janusz Królikowski: Proces Gabriela Malagridy SJ – propagandowe preludium do kasaty jezuitów. In: Janusz Królikowski: Kasata Towarzystwa Jezusowego – 1773 rok: zagadnienia wybrane, hg. von. Jolanta Kunowska 2020. Zur Vita siehe Matias Rodrigues: Vida do padre Gabriel Malagrida. Bélem do Pará, Brazil 2010; Guilerme Marchiori de Assis: O Processo Inquisitorial do Jesuíta Gabriel Malagrida: aspectos históricos e jurídicos. In: Diálogos sobre a Modernidade (2018), S. 26–31.

Aus dem deutschen Sprachraum sind derartige Fälle vor allem aus der Hexen-verfolgung des frühen siebzehnten Jahrhunderts bekannt.[1098] Allein der Würzbur-ger Diözesanbischof hat 1628/29 dreiundvierzig Kleriker formell degradiert, die im Anschluss durch den weltlichen Arm hingerichtet wurden.[1099] Für jede einzelne ver-bale Degradation wurde eine Urkunde ausgestellt, welche die Mitglieder des kirchli-chen Gerichts aufzählte. Beim verbalen Akt in der dortigen geistlichen Kanzlei erinnerte der kirchliche Prokurator im Namen des Bischofs an das Recht der Kirche einen Kleriker dem weltlichen Arm auszuliefern. Im Anschluss trug er die Verbre-chen und Beweisführung (mit *oder* ohne Folter) vor und erinnerte daran, dass dem geständigen Priester das Recht der Verteidigung eingeräumt worden war.[1100] Erst dann sprach der Generalvikar das vorbereitete Urteil aus und erklärte den Delin-quenten aller kirchlichen Ehren und Privilegien für verlustig. Diese Formel lehnte sich zwar an das *Pontificale Romanum* an, wies aber kleine Variationen auf.[1101] Erst jetzt wurde der Gefangene in die St. Briccius-Kapelle der Kanzlei gebracht, wo der Weihbischof die *degradatio actualis* gemäß den liturgischen Vorschriften vor-nahm.[1102] Daraus wird ersichtlich, dass alle Würzburger Degradierungen im nichtöf-fentlichen Bereich durchgeführt wurden, obwohl die Hinrichtungen selbst den damals üblichen Spektakelcharakter besaßen. Die Verurteilung und Durchführung der Todesstrafe selbst oblag dem weltlichen Richter, da die kirchlichen Autoritäten sich buchstäblich an das Gebot „ecclesia abhorret a sanguine" hielten.[1103]

1098 Siehe ebenso den Fall des 1626 in Brixen auf einer Bühne im Innenhof der Hofburg öffent-lich degradierten und später hingerichteten Priesters Hieronymus Puecher, siehe Manfred Tschaikner: Hieronymus Puecher (1595–1626), ein Opfer der Hexenprozesse aus Hall. In: Tiroler Heimatblätter 4 (1987), S. 113–116. Der in Hall stationierte Jesuit Maximilian Eisenreich erinnerte sich noch 1666 an diesen Fall (BayHStA: Jesuiten 324, fol. 2, Brief an den Jesuitenprovinzial in München vom Juni 1666).
1099 Harald Schwillus: Die Hexenprozesse gegen Würzburger Geistliche unter Fürstbischof Phil-ipp Adolf von Ehrenberg (1623–1631). Würzburg 1989 (Forschungen zur fränkischen Kirchen- und Theologiegeschichte, Bd. 14).
1100 Ebd., S. 84–86; Pontificale Romanum Clementis VIII. Antwerpen 1627, S. 456–457.
1101 Schwillus: Die Hexenprozesse gegen Würzburger Geistliche, S. 86; Pontificale Romanum, S. 456–457.
1102 Schwillus: Die Hexenprozesse gegen Würzburger Geistliche, S. 88.
1103 James Q. Whitman: The Origins of Reasonable Doubt: Theological Roots of the Criminal Trial. New Haven 2008 (Yale Law Library Series in Legal History and Reference), S. 37–50; Lotte Kéry: Criminal Law. In: The Cambridge History of Medieval Canon Law. Hg. von Anders Winroth, John C. Wie. Cambridge 2022. Die verschiedenen Bedeutungsebenen dieses Grundsatzes, von denen nur eine die Todesstrafe berührt, untersucht Michèle Bordeaux: Le sang du corps du droit canon ou des acceptions de l'adage ‚Ecclesia abhorret a sanguine.' In: Droit et société 28 (1994), S. 543–563.

Doch bei weitem nicht jeder Fall eines der Hexerei angeklagten Priesters endete so. Alles am Fall des Benefiziaten Michael Mattersperger von Frixing im Erzbistum Salzburg schien zunächst eindeutig. Er war nicht nur seit Jahren wegen seltsamer Verhaltensweisen bekannt und sogar schon einmal des Giftmords verdächtigt worden,[1104] sondern hatte auch kleine Holzhütten im Wald gebaut, in denen sich Eimer mit Leim, Wasser und Kot sowie auch Kräuter fanden.[1105] In den Verhören des Jahres 1682 entfaltete der 66jährige Priester aber eine solche Fülle schrecklicher Details, dass es für die Untersuchungsrichter immer schwieriger wurde, Wahrheit von Fiktion zu trennen.[1106] Mattersperger beschrieb, wie er dem Teufel seine Seele verschrieben, mit ihm in Gestalt einer Frau Unzucht getrieben, seit Jahrzehnten im Namen Satans getauft,[1107] durch Dämonen Schatzgräberei[1108] betrieben[1109] und sogar Hostienfrevel begangen hatte.[1110] Einmal gab er zu, mit zweien seiner Ministranten Analverkehr gehabt zu haben,[1111] dann mit dem Teufel selbst, usw. Der Erzbischof ließ ein Rechtsgutachten einholen, das aufgrund der zahlreichen Widersprüche in seinen Aussagen unschlüssig blieb. Sollte man den Priester vielleicht doch der Folter übergeben, um ein eindeutigeres Bekenntnis zu erhalten, ihn degradieren und ausliefern oder doch lieber in einem kirchlichen Gefängnis einkerkern?[1112] Eine aus Rom eingeholte Expertise, die auch eine solche des Hl. Offiziums einschloss, tendierte wegen des großen Skandals, den der Priester verursacht hatte, dazu, ihn zu degradieren und dem Feuertod zu übergeben.[1113]

1104 AEM: AB004/3, PfarrA4951, Kloster Gars an das Konsistorium Salzburg vom 2. Januar 1676.

1105 AEM: AB004/3, PfarrA4951, Examen vom 5. Februar 1676.

1106 Vgl. dazu die Geständnisse der Würzburger Priester, die der Hexerei angeklagt waren bei Schwillus: Die Hexenprozesse gegen Würzburger Geistliche.

1107 AEM: AB004/3, PfarrA4951, Freiwillige Aussag am 14. März 1682, Bilder 96–98.

1108 Zu diesem Phänomen siehe Thomas Adam: „Viel tausend gulden lägeten am selbigen orth." Schatzgräberei und Geisterbeschwörung in Südwestdeutschland vom 16. bis 19. Jahrhundert. In: Historische Anthropologie 9 (2001), S. 358–383; Johannes Dillinger: Magical treasure hunting in Europe and North America: a history. Cham 2011. Zum rechtlichen Hintergrund siehe Verena J. Dorn-Haag: Hexerei und Magie im Strafrecht: historische und dogmatische Aspekte, Tübingen 2016.

1109 AEM: AB004/3, PfarrA4951, Freiwillige Aussag am 20. März 1682, Bild 100.

1110 AEM: AB004/3, PfarrA4951, Freiwillige Aussag am 20. Maerz 1682, Bild 104. Gütliches Examen am 2. und 3. April 1682, Bild 115.

1111 AEM: AB004/3, PfarrA4951, Freiwillige Aussag am 20. März 1682, Bilder 105–106, cf. Bild 138. Gütliches Examen am 14. April 1682, Bild 156.

1112 AEM: AB004/3, PfarrA4951 Casus Magicus, Bild 375: „[...] Daemonem ... quoties voluit in forma mulieris habuisse, [...] Sodomiam exercuisse cum aliquo puero bis active et passive." Zur Übersicht der Versionen seiner Verhöre siehe etwa Bild 430.

1113 AEM: AB004/3, PfarrA4951, Brief aus Rom „ad S. Augustinum," vom 15. August 1682, Bilder 493–494, unleserliche Unterschrift.

Dennoch überwogen in Salzburg die Bedenken über die rechtliche Eindeutigkeit des Falles sowie Zweifel über den Wahrheitswert seines Geständnisses. Vielleicht kannten straffällig gewordene Kleriker wie Mattersperger die Formalien des Kirchenrechts so gut, dass sie ihre Aussagen bewusst widersprüchlich gestalteten, um so ein Urteil zu ihren Gunsten manipulieren zu können. Denn nicht nur Mattersperger, sondern auch sein Nachfolger Johann Philipp Stainberger,[1114] dem man Inzest mit seiner Schwester vorwarf, demonstrierten in ihren Verteidigungen eine derart gute Kenntnis des kirchlichen Strafrechts, dass man annehmen kann, dass sich diese über Jahre hinweg eine Legitimation ihres Verhaltens angelesen haben, um sie im Fall einer Anzeige, bei den Behörden anwenden zu können. Diese Überlebensstrategie brachte Mattersperger daher nur lebenslangen Kerker anstatt den Scheiterhaufen ein und Stainberger lediglich den Verweis aus dem Erzbistum.[1115]

Selbst wenn man die Anklage wegen Zauberei und Sakrileg außer Acht ließe, hätte die der Sodomie im Prinzip ausgereicht, den Benefiziaten auf das Schafott zu bringen. Sodomie, verstanden zumeist als Analverkehr (meistens unter Männern), wurde seit dem späten sechzehnten Jahrhundert verstärkt geahndet, weil die protestantischen Kirchenkritiker homosexuellen Verkehr als klerikales Laster (portug.: „vício clerical")[1116] propagandistisch hervorkehrten. Die katholischen Reformer mussten daher diesem Vorwurf entgegentreten. Es kam zu einer immer rigideren Verfolgung homosexueller Verhaltensweisen, zumindest auf dem Papier. Besonders die spanischen Theologen Juan Bernardo Diaz und Ignacio Lopez traten für die Todesstrafe überführter Geistlicher ein.[1117] Ihre Forderungen wurden von Pius V. in *Horrendum illud scelus* (1568) aufgegriffen. Von nun an sollte jeder Kleriker, der des Vergehens (*sodomia*) schuldig war, degradiert und den weltlichen Behörden zur Bestrafung ausgeliefert werden. Aber weil der Papst in seiner Bulle die Partizipform „exercentes" gewählt hatte, argumentierte eine Reihe von Kanonisten, dass nur ein „exercitium", d. h. mehrmals ausgeübte „Sodomie," geahndet werden sollte. Diese Meinung setzte sich als „recepta opinio" durch,[1118] vor allem aufgrund der

---

1114 AEM: AB004/3, PfarrA4842, Lateinische Verteidigung Stainbergers, undatiert, Bilder 866 ff.

1115 AEM: AB004/3, PfarrA4951, Sententia vom 23. Dezember 1682, Bild 535.

1116 Veronica De Jesus Gomes: Vício dos clérigos: a sodomia nas malhas do Tribunal do Santo Ofício de Lisboa, Niterói 2010.

1117 Franz Kober: Die Deposition und Degradation nach den Grundsätzen des kirchlichen Rechts. Tübingen 1867, S. 772; Ignacio Lopez de Salcedo: Practica criminalis canonica. Mainz 1610, c. 90, S. 300; Juan Bernard de Díaz: Practica criminalis canonica. Lyon 1554, c. 80, S. 177. Kobers Zitation ist inkorrekt.

1118 Kober: Die Deposition, S. 774. „Campanil. ... refert se vidisse quondam apostillam scriptam manu Cardin. Lutii Saxi cum regens summi Praetorii poenitentiariae erat, qui in manuali Navarri loco proximo citato, post illa verba, sed solum exercentem, quibus ait non omnem clericum sodomitam fieri irregularem vigore constituit," siehe Agostino Barbosa: Collectanea doctorum tam ve-

differenzierenden Überlegungen des Hieronymiten Giovanni Campanile.[1119] Allerdings war auch die Bedeutung von „mehrfach" umstritten. Diözesane Richter in Portugal und Brasilien interpretierten das Adjektiv als eine mehr als zweimal mit demselben Individuum ausgeübte Tat des penetrierenden Partners, während für die Inquisition lediglich die Anzahl der Taten *insgesamt* von Bedeutung war. Aufgrund dieser Diskrepanz war es möglich, dass sich im portugiesischen Machtbereich die Möglichkeit für homosexuelle Kleriker ergab, ihren Begierden nachzukommen, ohne je die volle Strenge des Gesetzes zu spüren zu bekommen.[1120] Nur besonders skandalträchtige Fälle scheinen von der Inquisition in Lissabon auch wirklich mit formeller Degradierung bis zur anschließenden Hinrichtung verfolgt worden zu sein. Sexuelle Kontakte zwischen Priestern und Jugendlichen scheinen sich vor allem im Lehrer-Schüler Kontext realisiert zu haben und konnten in den streng hierarchisierten Gesellschaften der Kolonien leichter geheim gehalten werden.[1121]

War ein Jugendlicher noch nicht vierzehn Jahre alt, so wurde er als Opfer anerkannt, sofern er im Geschlechtsakt passiv, d. h. nicht penetrierend, gewesen war. Wehrte man sich als Jugendlicher nicht heftig genug gegen einen priesterlichen Vergewaltiger, wurde man aber als Komplize angesehen und mitunter ebenso bestraft. Die der Degradierung würdige Tat war aber nicht der Kindesmissbrauch, sondern der Analverkehr (*sodomia perfecta*) mit einem männlichen Geschlechtspartner.[1122] Die Inquisition von Lissabon verbrannte den Priester Santos de Almeida 1645 als notorischen Sodomiten, weil er zusammen mit anderen Klerikern einen homosexuellen Prostitutionsring unterhielt.[1123] João Botelho, der bereits

---

terum quam recentiorum, in ius pontificium universum, Bd. 3. Lyon 1647, de excessibus praelatorum, tit. XXXI, c. 4, S. 187 ff. Barbosa zitierte Giovanni Campanile, gab aber die falsche „num." an, siehe stattdessen Giovanni Girolamo Campanile: Diversorium iuris canonici universum clericorum ac regularium statum. Neapel 1620, S. c. XXII, num. 10, S. 536.

1119 Campanile, Diversorium, c. XXII, num. 11, 536. Zur „Sodomia saepius exercita," siehe auch Bonacina: Tractatus de Censuris, S. disp. 4, S. 257–259.

1120 Jaime Ricardo Gouveia: Vigilância e disciplinamento da luxúria clerical no espaço luso-americano, 1640–1750. In: Análise Social (2014), S. 820–860, hier S. 853.

1121 Zur Einführung siehe etwa Ronaldo Vainfas: Trópico dos pecados. Rio de Janeiro 2011.

1122 Es war aber theologisch umstritten, ob der Oralverkehr zwischen Männern ebenso als *sodomia perfecta* anzusehen war, oder nur als *sodomia imperfecta*. Francesco Bordoni jedenfalls definierte jeglichen Samenerguss eines Mannes mit einem Mann in einem „vas innaturale" als perfekte Sodomie, siehe Francesco Bordoni: Variae resolutiones seu Consilia regularia, nedum regularibus personis, verum etiam praelatis ecclesiasticis [...]. Venedig 1641, S. 544.

1123 Veronica De Jesus Gomes: Prazeres ilícitos: a prostituição homossexual protagonizada por padres na Lisboa Seiscentista. In: Anais da Jornada de Estudos Historicos Professor Manoel Salgado 5 (2019), S. 981–996. ANdTT: Inquisição de Lisboa, Processo 6587. Ein anderes Todesurteil wurde über die Weltpriester António Álvares Palhano (1645), ANdTT Inquisição de Lisboa, proc. 8226, sowie Diogo Monteiro, ebd. proc. 2127 (1645), wegen Sodomie gefällt. Bereits 1621 waren drei

Jahre zuvor aus dem Orden der Hieronymiten entlassen worden war und skrupellos in Portugal mehr als ein Dutzend Jungen vergewaltigt hatte, wurde 1638 degradiert und im Anschluss verbrannt.[1124] Selbst in Fällen, in denen ein Geistlicher den Beichtstuhl für den Geschlechtsakt mit Männern oder Frauen missbrauchte (*sollicitatio*), einem der schwersten kirchlichen Verbrechen, schwankte die portugiesische Inquisition zwischen „dem Bedürfnis zu bestrafen und dem Wunsch, die Institution zu schützen, die sie repräsentierte und verteidigte," und sprach die *degradatio verbalis* oder *actualis* nur selten aus.[1125] Prospero Farinacci gab im siebzehnten Jahrhundert sogar an, die Römische Inquisition wie der Rest der „Christenheit" (*totius Christianae Republicae*) würden bei der Verurteilung zu zeitlichem oder lebenslangem Galeerendienst zumeist aus „Milde" (*benignitate*) lediglich die verbale Degradierung verwenden.[1126] Auch in Sevilla scheint man zwischen 1620 und 1720 nur eine *degradatio actualis* durchgeführt zu haben.[1127]

Zahlreiche Kanonisten hatten sich selbst in eindeutigen Fällen von Sodomie für eine mildere Bestrafung ausgesprochen. Sie argumentierten, dass man nicht unbedingt Degradierung und Wegsperrung verhängen müsse, es sei denn, es handle sich

Priester wegen desselben Vergehens verbrannt worden (Domingos Roiz, Luís Álvares, Bartolomeu de Gouvêa), siehe Ronaldo Manoel Silva: ‚Seja declarado por convicto e confesso no crime de sodomia' – uma microanálise do processo inquisitorial do artesão Manoel Fernandes Dos Santos (1740–1753), Recife/Brazil 2018, S. 38. Noch 1747 wurde der brasilianische Priester José Ribeiro Dias deswegen zu Degradierung und lebenslanger Galeerenstrafe verurteilt, siehe ANdTT: Inquisição de Lisboa, proc. 10426, https://digitarq.arquivos.pt/details?id=2310588 (2. Mai 2023). Vgl. Ebd., S. 129. Zum Fall des pädophilen João da Costa, der aus der portugiesischen Kapuzinerprovinz ausgestoßen in Goa/Indien weitere Verbrechen verübte, bis er 1671 von der Inquisition in Lissabon feierlich degradiert wurde, siehe Lana Lage da Gama Lima: Sodomia e pedofilia em Coa: o caso do padre João da Costa. In: A Inquisição em xeque: temas, controvérsias. Hg. von Ronaldo Vainfas, Bruno Feitler, Lana Lage da Gama Lima. Rio de Janeiro 2006, hier S. 245.
1124 Veronica De Jesus Gomes: As distintas faces da menoridade na Mesa Inquisitorial: uma análise dos testemunhos de meninos sodomizados por padres (Lisboa, 1638). In: Revista de História da UEG 11 (2022), S. 1–25. ANdTT Inquisição de Lisboa, proc. 7118. Freundliche Mitteilung von Prof. Dr. Veronica Gomes vom 3. Januar 2023.
1125 Lana Lage da Gama Lima: Confissão pelo avesso: o crime de solicitação no Brasil Colonial, São Paulo/Brazil 1991, S. 72. Vgl. auch die neuere Studie von Sabrina Alves da Silva: Execrados ministros do demônio – O delito de solicitação em Minas Gerais (1700–1821), São João/Brasilien 2016. Zur Einordnung der Sollizitation siehe Ulrich L. Lehner: The Inner Life of Catholic Reform. From the Council of Trent to the Enlightenment. New York; Oxford 2022, S. 107–108.
1126 Prospero Farinacci: Tractatus de haeresi. Rom 1616, q. 189, n. 16, S. 439.
1127 In 1720 traf es den Mercedarier-Priester Joseph Díaz Pimienta wegen Apostasie zum Judentum, siehe Richard James Horatio Gottheil: Fray Joseph Diaz Pimienta, Alias Abraham Diaz Pimienta, and the Auto-De-Fe Held at Seville, July 25, 1720, New York 1901.

um einen „notorischen und öffentlichen" (*non item occultum*) Täter.[1128] Maßgeblich von Campanile beeinflusst war auch die Ansicht, Sodomie nicht nur schlechthin als Analverkehr zu betrachten, sondern mit der Qualifizierung, ob ein Samenerguss erfolgt war (*sodomia perfecta*) oder nicht (*sodomia imperfecta*). Angeklagte wussten um diese Interpretation der Rechtsprechung und gaben in ihren Geständnissen daher zumeist nur so viel zu, dass eine Verurteilung wegen *sodomia perfecta* unmöglich oder zumindest unsicher war. Man spezifizierte etwa exakt, zu welchem Zeitpunkt und wie der Samenerguss erfolgte, die Anzahl der Kopulationen oder redete sich auf gegenseitige Masturbation (*tactiones turpes, pollutio, mollities*) hinaus, die weitgehend straffrei blieb.[1129] Entsprechend der theologisch-juristischen Logik war auch der Kleriker, der mit einer Frau Analverkehr begangen hatte, als Sodomit im weiteren Sinne anzusehen. Der spätmittelalterliche Jurist Martin LeMaistre, den Campanile zitierte, sah aber den homosexuellen Analverkehr als schwerwiegender an als den heterosexuellen, weil es sich um einen *abusus* von Person *und* menschlichem Körper handle.[1130] Allerdings kannte selbst Campanile den Fall der missverstandenen Sodomie: Schlief etwa ein Mann oder Junge im Bett eines Klerikers, der ihn des nachts sexuell berührte (*subagitare*), weil er träumte, der Bettnachbar sei eine Frau, dann solle man ihn nicht als Sodomiten behandeln.[1131] Zu den anderen Sünden wider die Natur, also jegliche sexuelle Aktivität außer dem vaginalen Geschlechtsverkehr, zählte man zwar auch die Selbstbefriedigung (*pollutio*), die rechtlich aber nur dann belangt wurde, wenn sie einen Skandal verursacht hatte. Die Meinung von LeMaistre, dass die *pollutio* schlimmer als der Koitus zweier Männer

---

1128 Giovanni Girolamo Campanile: Diversorium iuris canonici universum clericorum ac regularium statum. Neapel 1620, c. XXII, num. 12, 536. Vgl. Seitz: Darstellung der katholischen Kirchendisciplin, S. 211–217.

1129 Siehe etwa den Fall des Generalvisitators der Hieronymiten, P. Mathias de Mattos, dargelegt in Luiz Mott: Meu menino lindo: cartas de amor de um frade sodomita, Lisboa (1690). In: Luso-Brazilian Review (2001), S. 97–115. Vgl. auch den Fall des Padre João de Mendonça de Maia sowie des Minoristen Franisco Correa Nutto, siehe Luiz Mott: Cinco cartas de amor de um sodomita português do século XVII. In: Resgate: Revista Interdisciplinar de Cultura 1 (1990), S. 91–99, hier S. 94. Zum Prozess gegen Mendonça de Maia siehe ANdTT: Inquisição de Lisboa, n. 5007, https://digitarq.arquivos.pt/details?id=2305013 (20. Mai 2023).

1130 „Item memoro Martinum Magistri Theologum Parisiensem, qui videtur fateri gravius esse, coire contra naturam, cum masculo, quam cum foemina, ex eo quod, ibi est abusus personae & vasis, hic autem vasis tantum [...]," siehe Giovanni Girolamo Campanile: Diversorium iuris canonici universum clericorum ac regularium statum. Neapel 1620, c. XXII, nu. 17, S. 537. Zu dieser Meinung Martins siehe Pierre Rebuffi: Praxis beneficiorum [...]. Lyon 1620, S. 399. Vgl. Michael Feeney Valente: The Sexual Ethics of Martin Le Maistre, New York 1968, S. 271.

1131 Giovanni Girolamo Campanile: Diversorium iuris canonici universum clericorum ac regularium statum. Neapel 1620, c. XXII, num. 22, S. 538.

sei, scheint entweder singulär gewesen zu sein[1132] oder wurde ihm nur unrichtiger Weise zugeschrieben.[1133] Aber selbst der Kanonist Giovanni Corradi[1134] taxierte Onanie schwerwiegender als Unzucht mit Schwester, Mutter oder einer Nonne zu treiben, „eben, weil es wider die Natur ist."[1135]

Allerdings gab es auch Fälle, in denen ein Bistum durch Verhängung einer Haftstrafe „ad triremes," also zum Galeerendienst, eine Auslieferung an den weltlichen Arm umgehen konnte. In diesem Fall brauchte die Degradierung nicht formal abzulaufen, sondern es genügte die verbale Form, die es auch erlaubte, den Kleriker nach verbüßter Strafe wieder aufzunehmen. Aus der Oberdeutschen Provinz wurden bis 1675 acht entlassene Jesuiten wegen schwerer Vergehen zum Galeerendienst verurteilt, zwei zum Flammentod, zwölf zu Kerkerstrafen.[1136] Aus dem Erzbistum Freising ist der Fall eines solchen Priesters überliefert: „Mathias Seitz welcher in *materia lubrica* [...] zu Landshut mit kleinen Kindern sowohl als auch erwachsenen Mädeln große Exzesse verübt, und nunmehro ein halbes Jahr alhier incarceriert gewesen, ist anheuth d. Sentenz publiziert worden [...] dass er auf ein ganzes Jahr auf die Galeere condemnirt sein solle, worauf sodan zu dessen Überbringung nach Venedig die Anstalt verfiegt, und ist den 26. Juli alldahin abgeführt worden."[1137] Seitz war durch seine Verbrechen irregulär geworden[1138] und hatte sich die Exkommunikation zugezogen, weshalb man ihn auf einer venezianischen Galeere als Sträfling auch peitschen und schlagen konnte ohne sich die Tatstrafe der Exkommunikation zuzuziehen. Nach Verbüßung seiner Haft wurde der ehemalige Schlosskaplan von Haarbach 1712 im Auftrag von Kardinal Piazza absolviert, d. h. seine Exkommunikation aufgehoben, und er kehrte nach Bayern zurück. Da er im Bistum Freising selbst nicht mehr wirken durfte, erhielt er seine *litterae dimissoriae* und wurde aufgrund des damals herrschenden Pries-

---

1132 „Tametsi quidam Theologus Parisiensis Martinus nempe Magistri crediderit maius peccatum se ipsum polluere, quam cum masculo coire [...]" Campanile, c. XXII, num. 23, S. 539. Zur Häufigkeit der Masturbation siehe ebenso Giovanni B. Corradi: Responsa ad cujuscunque pene generis casuum conscientiae quaesita quadringenta, Bd. 1. Venice 1598, S. q. 29, S. 54.

1133 Valente: The Sexual Ethics of Martin Le Maistre, S. 270–273.

1134 Giovanni B. Corradi: Responsa ad cujuscunque pene generis casuum conscientiae quaesita quadringenta, Bd. 1. Venice 1598, q. 29, S. 54.

1135 „Tertio contra naturam est simplex pollutio, quae etiam sit infima contra naturam, tamen gravius peccatum est, de genere suam quam rem habere cum sorore, & matre, immo cum moniali, quia est contra naturam. Quod quidem peccatum, licet tantae sit gravitatis, tamen a plerisque flocci penditur, ex fidelium caecitate." Ebd.

1136 APECESJ: Sign. 43–90, fol. 32.

1137 AEM: AA001/1, GR.PR.128, Jg. 1711, Bild 179, 20. Juli 1711; Bild 187, 27. Juli 1711. Die Taten wurden in Haarbach, Biburg und Geisenhausen verübt, siehe ebd., Bild 40, 5. Februar 1711.

1138 AEM: AA001/1, GR.PR.128, Jg. 1711, Bild 179, 20. Juli 1711; 27. Juli 1711, Bild 187.

termangels im Bistum Passau tätig.[1139] Dort hatte er 1713/14 in Oberhollabrunn in Niederösterreich mehr als 300 mit der Pest „inficierte Persohnen mit größter Lebensgefahr versehn," so dass man ihm einen Tischtitel zuerkannte und ihn nach Zwettl berief.[1140] Der Fall Seitz zeigt, dass bischöfliche Behörden Geistliche bei schweren Verbrechen zwar durchaus bestraften, aber meist durch Verweis aus dem Bistum und der Ausstellung von *litterae dimissoriae* zumindest den Aufenthalt, wenn nicht gar die Anstellung in einem anderen Bistum ermöglichten. Da diese Priester nicht degradiert waren, konnten sie weiter die hl. Messe lesen und so eine Vertrauensstellung einnehmen, die sie als Hauslehrer bei reichen Familien oder im Umgang mit anderen Jugendlichen zu weiteren Missbrauchstaten benutzen konnten.

8.2 Der Ritus der formellen Degradierung

In ihrer inneren Struktur war die formelle Degradierung der Profanierung eines Gotteshauses (*exsecratio*) ähnlich, aus dem nicht nur die heiligen Gegenstände entfernt, sondern auch Altar und Wände gewaschen wurden, um symbolisch ihre einst empfangene Weihe zu widderrufen.[1141] Anders als bei dieser, war die formelle Degradierung aber ein liturgisch exakt geregelter Ritus. Er wurde entweder öffentlich oder im kleinen Kreis gestaltet und verdeutlichte die völlige und prinzipiell unwiderrufliche Ausstoßung eines Klerikers, in dessen Folge er dem weltlichen Gericht übergeben wurde.[1142] Als man etwa 1575 in Mittersil den Priester Ruprecht

---

1139 Zur Absolvierung siehe AEM: AA001/1, GR.PR.139, 26. September 1712, Bild 263. Die *litterae* wurden 1713 erteilt, siehe ebd., AA001/1, GR.PR.130, 11. Mai 1713, Bild 139. Ein ähnlicher Fall eines Galeerensträflings, der nach seiner Strafe die Erlaubnis zur Zelebration der hl. Messe erhielt in Wolfgang Mühlbauer (Hg.): Decreta Authentica Congregationis Sacrorum Rituum Et Instructio Clementina, Bd. 3.1. München, Paris 1865, S. 486. Eine zeitgenössische Quelle behauptet, dass zahlreiche Ordensmänner, die „temporär zur Abschreckung ihrer Mitbrüder *actualiter* degradiert" und auf die Galeeren geschickt wurden, später wieder in den Orden als Priester aufgenommen wurden, siehe Francesco Albizzi: De inconstantia in jure admittenda vel non. Amsterdam 1683, c. 21, num. 29, 121. Es scheint aber eher wahrscheinlich, dass diese lediglich verbal degradiert waren.
1140 Diözesanarchiv Wien: PP 121, Passauer Protokoll vom 3. Mai 1713, fol. 396, Anstellungsgesuch. Ebd., PP 122, Passauer Protokoll vom 16. März 1714, fol. 194 zu Oberhollabrunn. Ebd., PP122, 21. März 1714, fol. 211 zum Tischtitel in Zwettl.
1141 Alex Stock: Poetische Dogmatik. Ekklesiologie, Bd. 1. Paderborn 2014, S. 52–54.
1142 Martino Bonacina: Tractatus de Censuris, et Poenis Ecclesiasticis, Bd. 3. Venedig 1629, disp. 4, S. 257–259; Prosper Farinacci: Praxis et theoricae criminalis. Partis Primae Tomus Primus, Bd. 1/1. Lyon 1606, q. 19, num. 49, S. 250. Nur der Papst konnte von der Degradation dispensieren, s. Pontificale Romanum, S. 455.

Rambsauer der Hexerei für schuldig befand, beauftragte der Salzburger Erzbischof den Bischof von Chiemsee, die *degradatio actualis* vor Ort vorzunehmen.[1143] Die Handlungslogik scheint nun darin bestanden zu haben, dass der Delinquent nicht nur vor Ort hinzurichten, sondern dort auch öffentlich zu entsakralisieren war. Nach dem Inkrafttreten des *Pontificale Romanum* 1595 scheint der Ritus zunächst häufiger zur Anwendung gekommen zu sein, bevor er bereits im zweiten Drittel des siebzehnten Jahrhunderts in weiten Teilen der katholischen Christenheit zu einer seltenen Erscheinung wurde. Hatte sich die Handlungslogik verändert? Hinrichtungen fanden auch weiterhin vor Ort statt, aber die religiöse Körpersymbolik scheint sich gewandelt zu haben. Der Körper des Klerikers wurde zunehmend zu dem eines Bürgers, den staatliches Recht immer mehr umspannte. Weltliche Richter konnten zunehmend auch ohne vorige kirchliche Erlaubnis einen Kleriker belangen. Außerdem scheinen kirchliche Richter in größerem Maße davon überzeugt gewesen zu sein, dass die verbale Degradierung die angemessenere Strafe darstellte, da sie einerseits dem Kleriker die Möglichkeit offenhielt, wenigstens durch Messstipendien seinen Unterhalt zu sichern, und der Kirche die öffentliche Schande ersparte. Wann im deutschen Sprachraum die letzte Degradierung vorgenommen wurde, ist nicht bekannt, es scheint aber noch Fälle im neunzehnten Jahrhundert gegeben zu haben. Der Ritus blieb bis zum Eintreten des CIC 1917 in Kraft. Allerdings scheint er bereits im achtzehnten Jahrhundert so selten vollzogen worden zu sein, dass der Aufklärungsschriftsteller Johann Pezzl es 1784 für notwendig erachtete, Regensburg als Schauplatz der „letzten" öffentlichen Degradierung in den Jahren um 1780 herauszustellen.[1144]

In größter Feierlichkeit (*maiori solemnitate*) wurde der in liturgischem Gewand gekleidete Priester „devestiert," also seiner offiziellen Amtskleider und Amtszeichen beraubt, um seinen Ausschluss aus dem Klerikerstand symbolisch zu präsentieren. So wie der Empfang von Gewandstücken und Gegenständen die Anerkennung der Zugehörigkeit zu einer sozialen Gruppe darstellte, war ihr Entzug Zeichen der unwiederbringlichen Aussonderung aufgrund der moralischen Beschmutzung von Gewand und Gruppe, die er verursacht hatte. Die Devestitur war damit die Inversion der Investitur und versinnbildlichte den Ehrverlust des Delinquenten.[1145]

1143 Harald Schwillus: Kleriker im Hexenprozeß: Geistliche als Opfer der Hexenprozesse des 16. und 17. Jahrhunderts in Deutschland. Würzburg 1992, S. 326–328.
1144 Johann Pezzl: Reise durch den Baierschen Kreis: Mit vielen Zusätzen und Berichtigungen. Salzburg und Leipzig 1784, S. 35. Leider konnte der Fall nicht identifiziert werden.
1145 Die kirchliche und höfische Devestitur ist zwar für das Mittelalter gut erforscht, in der Erforschung der Frühen Neuzeit aber relativ unbeachtet geblieben. Elliott: Dressing and Undressing the Clergy; Andreas Krass: Geschriebene Kleider: Höfische Identität als literarisches Spiel. Tübingen 2006 (Bibliotheca Germanica 50).

Erst nach der Aussprache des Degradierungsurteils vollzog man die schrittweise Aberkennung der klerikalen Gewänder und Amtszeichen, beginnend mit dem bei der Weihe zuletzt überreichten. Neben den Roben waren dies die Kännchen mit Wein und Wasser, Kelch mit Patene und Hostie, ein Evangeliar, ein Buch mit den Briefen des Neuen Testaments (*Liber Epistularum*), Lavabo mit Handtuch (*bacile cum buccali & mantili*), das Exorzistenbuch, ein Lektionar (*Liber Lectionum*), Schlüssel (*claves*), ein Antiphonarium, ein Kerzenständer mit gelöschter Kerze. Es ereignete sich also vor dem beiwohnenden Klerus und Kirchenvolk eine Art symbolische Zeitreise zu dem Moment, an dem der Verurteilte in den geistlichen Stand aufgenommen worden war. Durch die Degradierung verlor der Delinquent auch das *privilegium fori* und konnte als Laie den weltlichen Behörden ausgeliefert, gefoltert und hingerichtet werden.[1146]

Das *Pontificale* von 1595, das bis 1958 in Geltung war, übernahm zahlreiche mittelalterliche Vorgängertraditionen.[1147] Es beließ dem Bischof große Freiheit in der Gestaltung der Zeremonie: Er konnte sie sowohl in einer Kirche als auch auf einer Bühne (*platea*) ausführen, mit Pontifikalien (Stab, Mitra etc.) oder ohne, in der Öffentlichkeit oder nicht, war aber zur expliziten Abnahme der liturgischen Gewänder und Amtszeichen verpflichtet.[1148] Dieser Gestaltungsspielraum zeigt an, dass man an der römischen Kurie gewillt war, dem klugen Abwägen des Ortsbischofs hinsichtlich der delikaten Zeremonie zu vertrauen. Noch 1720 bezeugt die Degradierung eines „judaisierenden" und damit als häretisch eingestuften Priesters durch die spanische Inquisition leichte Variationen. Im Unterschied zum *Pontificale* kannte man dort das Abreiben von Zunge und Händen mit Werg anstatt eines Messers, um symbolisch das Mal der heiligen Weihe auszulöschen.[1149]

Um 1500 beschrieb ein Isländer den Ritus, hielt aber seltsame Abweichungen von allen anderen mittelalterlichen Formen der Degradierung fest. Der Bischof

---

1146 Kober: Die Deposition, S. 745. Zur Aufteilung der Gewalten siehe Ulrike Seif: Recht und Gerechtigkeit: Die Garantie des Gesetzlichen Richters und die Gewaltenteilungskonzeptionen des 17.–19. Jahrhunderts Berichte und Kritik. In: Der Staat 42 (2003), S. 110–140. Zum *privilegium fori* im späten Mittelalter ist immer noch wichtig Robert Génestal: Le privilegium fori en France du décret de Gratien à la fin du XIVe diècle, par R. Génestal, Bd. 35. Paris 1921. Kürzlich dazu Viliam Štefan Dóci: Wer darf einen kriminellen Dominikaner richten? Eine Studie zur Kontroverse um das privilegium fori in Bezug auf das crimen laesae majestatis. In: Mitteilungen des Instituts für Österreichische Geschichtsforschung 129 (2021), S. 308–329. Besonders hilfreich ist der transkribierte Regestenband der portugiesischen Inquisition zu allen verhandelten Kriminalfällen, siehe Giovanna Nardini: O privilégio de foro no Santo Ofício português: ‚Índice dos processos cíveis e crime' julgados pela Inquisição (1583–1703). In: Revista de fontes 9 (2022), S. 1–80.
1147 Dykmans: Le Rite de la dégradation. Siehe auch Pałęcki: Celebracja.
1148 Pontificale Romanum, S. 454.
1149 Lea, Geschichte der spanischen Inquisition. Bd. 2, 263.

hatte angeordnet, dass der schuldige Priester „zuerst in seinen vollen Ornat gekleidet und so in die Kirche vor den Altar geführt werde; dort stand der Bischof,
und es wurde das ganze Formular der Weihe rückwärts gelesen ... und dabei ihm
jedes Stück der Messkleidung abgenommen, so wie es ihm früher angelegt war;
dann wurde er entkleidet, dass er bis zum Gürtel nackt war; der Bischof und zwei
Priester hatten jeder eine Rute, vier aber fassten ihn an den Händen, zogen ihn so
zwischen sich auseinander und führten ihn rücklings ... . Aus der Kirche, der Bischof aber und die zwei Priester prügelten ihn bis zur Tür hinaus, und damit war
es zu Ende."[1150] Das Rückwärtslesen der liturgischen Formulare scheint zunächst
anzudeuten, diese Handlung als magische Rückgängigmachung zu verstehen, ähnlich einem Gegenzauber. Diese Ansicht vertrat etwa Rudolf Meissner, wohl aber
aufgrund eines antikatholischen Vorurteils.[1151] Ein Rückwärtslesen der liturgischen
Texte wäre ein derart sakrilegischer Akt gewesen, dass es nur schwer vorstellbar
ist, der Bischof habe ihn zusammen mit seinem Klerus durchgeführt. Vielmehr ist
davon auszugehen, dass sich der Chronist unglücklich in der Wortwahl ausdrückte
und die allgemein übliche Zeremonie beschrieb. Variationen waren sicherlich um
1500 möglich, aber nicht in einer derart eklatanten Art und Weise.

Eine Bestimmung des Kirchenrechts aber erschwerte die Bestrafung von Kleri-
kern. Die verbale Degradierung, die der aktualen vorangehen musste, erforderte im
Falle eines Diakons das Urteil von drei, im Falle eines Priesters von sechs Bischöfen.
Eine Jury von zwölf Bischöfen mit dem zuständigen Metropoliten konnte auch den
Prozess für die Absetzung eines Bischofs einleiten und zu einer Schlussfolgerung
kommen. Das Urteil selbst war aber dem Papst vorbehalten.[1152] Der Gesetzgeber
hatte diese Hürden offensichtlich errichtet, um einerseits die besondere Würde des
Klerikerstandes zu betonen, andererseits aber auch die Möglichkeit kirchlichen
Amtsmissbrauchs durch einen einzelnen Bischof einzuschränken. Um die Bestra-
fung kirchlicher Verbrechen aber nicht völlig lahmzulegen, setzte sich im späten
Mittelalter die Ansicht durch, dass auch infulierte Äbte und erfahrene Geistliche die
Rolle der übrigen Bischöfe einnehmen könnten. 1509 erhielt etwa der Erzbischof
von Köln ein gleichlautendes Privileg durch Papst Julius II.[1153] Man verstand zuneh-

---

1150 Meißner: Zur Geschichte der Degradation, S. 495.
1151 Ebd.
1152 Schimmelpfennig: Die Degradation von Klerikern im späten Mittelalter; Johannes Baptist
Sägmüller: Lehrbuch des katholischen Kirchenrechts, 2. Aufl. Freiburg 1909, S. 800–801. Zur Absetzung eines Bischofs: „In depositione vero Episcopi ab ordinatione exigitur numerus duodecim
Episcoporum, praeter Metropolitanum, qui debet esse teritus decimus, qui omnes possint procedere contra Episcopum usque ad conclusionem tantum: & definitio tam circa condemnationem,
quam absolutionem, reservatur Papae." Pontificale Romanum, S. 450.
1153 LA NW/R: AA 0001, 3825, Urkunde vom 16. Februar 1509.

mend auch die verbale Degradierung lediglich als Absetzung (*depositio*). Dennoch wurde diese wegen ihres immer noch hohen Aufwands viel zu selten durchgeführt, was die deutschen Fürsten in ihren *Zehn Gravamina* von 1522/23 explizit bemängelten.[1154] Erst ein Reformdekret des Konzils von Trient erlaubte es jedem Ortsbischof, zusammen mit seinem Domkapitel, gegen einen Delinquenten vorzugehen und auf infulierte Äbte[1155] oder andere erfahrenen Priester zur Assistenz zurückzugreifen.[1156] Durch diese Erleichterung häuften sich nach dem Konzil die Fälle der Absetzungen.[1157] Außerdem verminderte eine bessere Qualitätskontrolle in den Orden und Priesterseminaren die Zahl derjenigen, die nur wegen Privilegien und Rechtsschutz in den Klerikerstand eingetreten waren.[1158]

In zahlreichen katholischen Territorien, wie etwa in Spanien, hielt sich die Staatsmacht in der Bestrafung selbst schwerster Klerusverbrechen zurück und überließ diese, soweit sie nicht öffentlich waren, der Kirche und den Orden. Innerhalb dieser scheinen aber selbst Mordfälle nicht oder nur extrem verzögert zur Degradierung und Überstellung an die weltlichen Autoritäten geführt zu haben.[1159] Dies scheint bei der Ermordung eines Dominikanerpriors durch seine eigenen Mitbrüder 1768 in Llerena (Badajoz) ebenso der Fall gewesen zu sein wie

---

1154 Paolo Sarpi: Geschichte des Konziliums von Trident, Bd. 1. Mergentheim 1839, S. 136; Beresford James Kidd: Documents illustrative of the Continental Reformation [orig. 1911]. Eugene, OR 2004, S. 118; Kober: Die Deposition, S. 168.

1155 Äbte hatten die Vollmacht der Degradierung nicht, außer sie wurde ihnen durch Privileg zugestanden. Agostinho Barbosa: Pastoralis solicitudinis, sive de officio et potestate episcopi, Bd. 3. Lyon 1649, pt. 3, alleg. CX, num. 25, S. 519.

1156 Konzil von Trient, 13. Sitzung (1551), de reform., Kap. 4 „Qua ratione clerici ob gravia crimina sacris exauctorandi: Cum vero tam gravia nonnunquam sint delicta ab ecclesiasticis commissa personis, ut ob eorum atrocitatem a sacris ordinibus deponendae, et curiae sint tradendae saeculari, in quo secundum sacros canones certus episcoporum numerus requiritur, quos si omnes adhibere difficile esset, debita juris executio differretur, si quando autem intervenire possent, eorum residentia intermitteretur, propterea statuit et decrevit: episcopo per se seu illius vicario in spiritualibus generali contra clericum in sacris etiam presbyteratus ordinibus constitutum, etiam ad illius condemnationem necnon verbalem depositionem, et per se ipsum etiam ad actualem atque solemnem degradationem ab ipsis ordinibus et gradibus ecclesiasticis, in casibus, in quibus aliorum episcoporum praesentia in numero a canonibus definito requiritur, etiam absque illis procedere liceat, adhibitis tamen et in hoc sibi assistentibus totidem abbatibus usum mitrae et baculi ex privilegio apostolico habentibus, et in civitate aut dioecesi reperiri et commode interesse possint; alioquin aliis personis in ecclesiastica dignitate constitutis, quae aetate graves ac juris scientia commendabiles exsistant." Canons and Decrees of the Council of Trent 1941, S. 359. Vgl. Barbosa: Pastoralis solicitudinis, pt. 3, alleg. CX, num. 23, S. 519.

1157 Schwillus: Die Hexenprozesse gegen Würzburger Geistliche.

1158 Barbosa: Pastoralis solicitudinis, pt. 3, alleg. CX, num. 8, S. 517.

1159 Eine umfangreiche Untersuchung klerikaler Mordfälle in Spanien bietet Palacios, Corbalán: De la santidad al crimen: clérigos homicidas en España (1535–1821).

bei der Ermordung des Gouverneurs Jacinto Alonso Belarde von Sanlúcar de Barrameda im Jahr 1714 durch den Augustiner Alonso Díaz, oder bei den Morden des Trinitariers Diego Martel in Jerez de la Frontera (Cádiz).[1160] Die Tötung der jungen María Luisa Tasara durch den Karmeliten Pablo de San Benito im Jahr 1774, der fünfmal auf die 19-jährige einstach, als sie die Kirche der Karmeliten betrat, war allerdings von besonderer Schwere. Nach der Flucht gestellt, „legitimierte" Pablo seine Tat durch den Hinweis, dass er von dem Mädchen beleidigt worden war, da sie ihm verwehrt hatte, sie zuhause zu besuchen. Die spanische Regierung setzte die staatliche Anklage und Verurteilung des Karmeliten durch – ein Sieg des aufgeklärten Staates gegen die Immunitätsansprüche der Kirche.[1161]

8.3 Die Devestitur in der formellen Degradierung

Fand die *degradatio actualis* öffentlich statt, adressierte der Bischof die anwesende Gemeinde in der Landessprache und wies sie auf die Strafe des vormaligen Klerikers hin. Auf Lateinisch eröffnete er, sich auf seine Autorität berufend, den Ritus im Namen des dreifaltigen Gottes und erklärte, dass der benannte Kleriker eines Verbrechens überführt und verurteilt worden war. Hier zeigte sich, wie komplex das „Modesystem" (Roland Barthes)[1162] der kirchlichen Devestitur war: Sie verband zwei Sprachen *und* ein komplexes Ritual, das die einzelnen mit dem Klerikerstand gekoppelten symbolischen Rollen erklärte und diese dann dem Delinquenten entzog.[1163] Damit wurden die zuschauenden Personen an die Bedeu-

---

1160 Brian Connaughton: Reforma judicial en España y Nueva España entre los siglos xviii y xix: bitácora de agravios, arbitrios procesales y réplica eclesiástica. In: Estudios de Historia Novohispana 53 (2015), S. 30–51.

1161 Ebd. Detailliert zum Prozess von Fray Pablo, siehe Daza Palacios, Prieto Corbalán: De la santidad al crimen: clérigos homicidas en España (1535–1821). Sevilla, 2004; Daza Palacios, Prieto Corbalán: Proceso criminal contra Fray Pablo de San Benito en Sanlúcar de Barrameda (1774). Sevilla 1998. Zu einem ähnlichen Fall am Ende des Jahrhunderts siehe Francisco Iván Escamilla González: Inmunidad eclesiástica y regalismo en Nueva España a finales del siglo XVIII: el proceso de fray Jacinto Miranda. In: Estudios de Historia Novohispana (1999), S. 47–68. Zur katholischen Aufklärung in Spanien, siehe Lehner: The Catholic Enlightenment, S. 17–46; Andrea J. Smidt: Luces por la fe: The Cause of Catholic Enlightenment in 18th-Century Spain. In: A Companion to the Catholic Enlightenment in Europe. Hg. von Ulrich L. Lehner, Michael O'Neill Printy. Leiden, Boston 2010.

1162 Roland Barthes: Die Sprache der Mode. Frankfurt am Main 1985.

1163 Elliott: Dressing and Undressing the Clergy. Zur Devestitur bei Hofe siehe Krass: Geschriebene Kleider, S. 193–232. Zur Semiotik der Kleidung siehe etwa Ebd., S. 1–37. Für die liturgische Forschung siehe etwa Gerard Lukken: Die Bedeutung der Semiotik Greimas' und der Pariser Schule für die Liturgiewissenschaft. In: Gib mir ein Zeichen. Hg. von Wilfried Engemann, Rainer

tung dieser Rollen und ihre Erfüllung erinnert sowie von ihrer Übertretung abgeschreckt.[1164]

Nur in seltenen Fällen wurde die Reaktion der Umstehenden aber dokumentiert, wie etwa im Jahr 1559, als der vormals königliche Hofprediger Augustin de Cazalla wegen Häresie verurteilt wurde. Pater Pedro de Mendoza berichtete: „Am nächsten Tag erschien dieser auf der Bühne mit einem Strick um den Hals und einer Mütze auf dem Kopf, ein schrecklicher Anblick, der einem die Haare zu Berge stehen ließ und das Gemüt erschütterte: Dieser Mann, der sich so viele Verdienste beim König erworben hatte, in einer so schändlichen Lage, dem schändlichsten und erniedrigendsten Tod ausgeliefert, den es auf der Welt gibt."[1165] Nach ein paar Tränen soll sich Cazalla entschlossen dem Urteil unterworfen haben, sprach aber dem Priester, der ihm auf dem Weg zum Scheiterhaufen eine Predigt halten wollte, zu: „Bedenke, mein Bruder, dass du auf dem Weg zur Hölle bist; glaube mir, ich weiß mehr als du, denn ich habe mehr studiert [*plus d'études*] als du [...]"[1166] Mendoza verwebt in seiner Darstellung das Narrativ eines reuigen Priesters mit dem des widerspenstigen Ketzers. Allerdings entschärft er das Ketzer-Narrativ, so dass am Ende der Häretiker Cazalla als möglicher Bußprediger erscheint, der mehr über die Hölle weiß als der ihm zugeteilte Priester. Hier scheint sich die persönliche Erschütterung Mendozas, sein Hin-und Hergerissensein zwischen Bewunderung und Abscheu besonders deutlich abzuzeichnen.

Das Formular des *Pontificale* erforderte, die Art des Verbrechens zu nennen. Diese Tat, so der liturgische Text, habe nicht nur die göttliche Majestät beleidigt, sondern auch die gesamte Stadt (*universa civitas*) in Unruhe versetzt (*commota*). Daher sei der Kleriker nun unwürdig, ein Amt in der Kirche zu bekleiden.[1167] „Durch die Autorität Gottes des Allmächtigen, des Vaters, des Sohnes und des Heiligen Geistes, und unserer eigenen berauben wir diesen N. N. durch schriftliche Strafanordnung hiermit jeden Amtes und kirchlicher Präbende, entsetzen ihn durch das Wort von diesen und verkünden wahrhaft und wirklich [realiter et ac-

Volp. Berlin, Boston 1992. Zur Bedeutung der priesterlichen Gewänder in der hebräischen Bibel siehe das aufschlussreiche Kapitel in Michael D. Swartz: The Signifying Creator: Nontextual Sources of Meaning in Ancient Judaism. New York 2012, S. 33–54. Zur Rechtssemiotik einführend, Thomas-M. Seibert: Semiotische Aspekte der Rechtswissenschaft: Rechtssemiotik. In: Semiotik – Semiotics Part 3. Hg. von Roland Posner, Klaus Robering, Thomas A. Sebeok. Berlin, Boston 2003.

1164 Diese Abschreckung betonen Pontificale Romanum, 455; Andreas Piscara Castaldo, Praxis Cæremoniarum [...] Editio prima in Germania. Sulzbach 1715, lib. 2, sect. 15, S. 352.

1165 Burkardt: Dégradations, destitutions, abdications, retraites-Fins de carrière au sein de l'Inquisition romaine (fin xvie–début xviiie siècle), S. 417.

1166 Ebd.

1167 Eine kritische Edition der mittelalterlichen Degradationstexte bei Dykmans: Le Rite de la dégradation, S. 320–329.

tualiter], dass er nach kanonischer Tradition abgesetzt und degradiert ist."[1168] Anders als bei den unteren Weihestufen wurde jedoch bei jeder der vier ausdeutenden Handlungen der Aberkennung der Priesterweihe die direkte Wir-Form in der Deprivation verwandt (*amovemus, tollimus, exspoliamus, amovemus*) und durch die Wiederholung des *amovemus* eingerahmt.[1169] Die Ministranten übergaben dem Priester zunächst Kelch mit Wein und Wasser, dann die Patene mit ungeweihter Hostie, die der Bischof dann aus den Händen des Verurteilten zurücknahm [*aufert*]: „Wir nehmen von Dir die Zelebration der Messe für die Lebenden und Toten, oder vielmehr zeigen wir [ostendamus], dass Dir die Vollmacht [potestatem] genommen ist, Gott das Opfer darzubringen."[1170]

Wenn etwas den Priester auszeichnete, dann seine Vollmacht, die heilige Messe zu zelebrieren. Seine Degradierung entzog ihm die Möglichkeit, sein Amt je wieder legitim auszuüben. Allerdings vertrat die katholische Lehre, dass bei der Priesterweihe ein unauslöschlicher *character indelibilis* eingeprägt wurde.[1171] Der Degradierte blieb daher ontologisch gesehen weiterhin Priester, auch wenn ihm wie in der Suspension die Ausübung seines Amtes streng untersagt war. Daher gingen die meisten Theologen der Zeit auch davon aus, dass selbst ein formell degradierter Priester die Messe gültig, aber unerlaubt, feiern könne, stimmten aber überein, dass er nicht mehr in der Lage war, die Absolution im Beichtsakrament

---

1168 „Idcirco nos auctoritate Dei omnipotentis, Patris, & Filii, & Spiritus sancti, & nostra, ipsum omni huiusmodi officio & beenficio Ecclesiastico sententialiter perpetuo privamus in his scriptus, ipsumque ab illis verbo deponimus, & pronunciamus realiter & actualiter secundum traditionem Canonum deponendum, & degradandum," siehe Pontificale Romanum, S. 457.
1169 Ebd., S. 458.
1170 Ebd., S. 457.
1171 Konzil von Florenz, Bulle *Exsultate Deo* (Dekret f.d. Armenier), DH 1313: „Inter haec sacramenta tria sunt: baptismus, confirmatio et ordo, quae characterem, id est, spirituale quoddam signum a ceteris distinctivum, imprimunt in anima indelebile. Unde in eadem persona non reiterantur. Reliqua vero quattuor characterem non imprimunt, et reiterationem admittunt." Vgl. Konzil von Trient, 7. Sitzung (1547), Dekret über die Sakramente, DH 1609 can. 9. Konzil von Trient, 23. Sitzung (1563) über das Sakrament der Priesterweihe, cap. 4, DH 1767: „Quoniam vero in sacramento ordinis, sicut et in baptismo et confirmatione, character imprimatur [can. 4], qui nec deleri nec auferri potest: merito sancta Synodus damnat eorum sententiam, qui asserunt, Novi Testamenti sacerdotes temporariam tantummodo potestatem habere, et semel rite ordinatos iterum laicos effici posse, si verbi Dei ministerium non exerceant [can. 1]." Ebd: „Da aber im Sakrament der Weihe, wie auch in der Taufe und Firmung, eine Prägung eingeprägt wird [Kan. 4], die weder zerstört noch entfernt werden kann, verurteilt das heilige Konzil zurecht die Auffassung derer, die behaupten, die Priester des Neuen Testamentes besäßen lediglich eine zeitlich beschränkte Vollmacht und könnten, einmal rechtmäßig geweiht, wiederum zu Laien werden, wenn sie den Dienst am Wort Gottes nicht versehen [Kan. 1]." Vgl. Louis Habert: Theologia Dogmatica et Moralis, Bd. 5. Augsburg 1771, S. 108.

zu spenden – außer in Todesgefahr – weil zu dieser notwendig die Jurisdiktion gehörte, derer er ja verlustig gegangen war.[1172]

Der Aufklärungstheologe Benedikt Werkmeister nahm diesen Argumentationsstrang zum Bußsakrament, der vor allem bei Suarez entwickelt worden war,[1173] auf und dehnte ihn auf die Eucharistie aus. Da die Ausübung der Löse- und Bindegewalt in der Beichte ebenso wie die der Eucharistie an die *Sendung* geknüpft war, müsse, so Werkmeister, der Delinquent durch die Degradierung auch die *Sendung* als sakramentale Befähigung verlieren.[1174] Daher sollte man das Formular aus dem *Pontificale Romanum* nicht als Verlust der Erlaubnis der Zelebration deuten, sondern als reale Aberkennung der *Fähigkeit*, die der Priester in der Weihe erhalten hatte.[1175] Da sich aber weithin die gegenteilige theologische Ansicht durchgesetzt habe, hätte, so Werkmeister, die katholische Kirche auch Angst, Priester freiwillig in den Laienstand zurückkehren zu lassen.[1176] Sie fürchte, diese seien immer noch fähig zu zelebrieren. Zudem habe diese Sichtweise es möglich gemacht, dass „sogar Verbrecher […] nach der Zeit wieder der Seelsorge, diesem so heiligen Berufe, zurückgegeben"

1172 Enrique López-Dóriga: Die Natur der Jurisdiktion im Bußsakrament. In: Zeitschrift für katholische Theologie 82 (1960), S. 385–427; Benedikt Werkmeister: Ein Beitrag zur Beantwortung der Frage: Ob und wie man unsittliche oder unzufriedene Geistliche wieder in den Laienstand versetzen könne? In: Archiv f. das katholische Kirchen- und Schulwesen vorz. in den rheinischen Bundesstaaten 1 (1810), S. 439–458, hier S. 449.
1173 López-Dóriga: Die Natur der Jurisdiktion im Bußsakrament.
1174 Benedikt Werkmeister: Theologisches Gutachten über die Frage: Kann ein in den höhern Weihungen stehender Geistlicher, z. B. ein Priester, seines geistlichen Standes entlassen, und wieder unter die Laien werden? Frankfurt am Main 1800, S. 38–45.
1175 „[…] *potestas* […] bedeutet hier das nämliche wie bei der Weihe, da der Bischof dem Priester sagte: *Accipe potestatem offere sacrificum Deo, missaque celebrare tam pro vivis quam pro defunctis,"* siehe Werkmeister: Ein Beitrag zur Beantwortung der Frage, S. 450. „[W]er nicht von denjenigen geschickt ist, die Christus geschickt hat (Mt 28: 18–20), der kann seine Priestergewalt nicht giltig ausüben; den er würde sie, gegen ihren Zweck, nur zur Zerstörung, nicht zur Auferbauung gebrauchen," siehe Werkmeister: Theologisches Gutachten, S. 46.
1176 Diese Dispenspraxis hat sich erst in der zweiten Hälfte des 20. Jahrhunderts geändert. Zur Situation vor dem II. Vatikanum siehe etwa Vinzenz Fuchs: Erpresster Zutritt zu den höheren Weihen und Zölibatspflicht des Klerikers. In: Archiv für katholisches Kirchenrecht 119 (1939), S. 3–30; Paul Picard: Zölibatsdiskussion im katholischen Deutschland der Aufklärungszeit. Düsseldorf 1975. Zur heutigen Rechtslage siehe Rafael Rieger: Das Ausscheiden aus dem klerikalen Stand. In: Handbuch des katholischen Kirchenrechts. Hg. von Stephan Haering, Wilhelm Rees, Heribert Schmitz. 3. Aufl. Regensburg 2015; Rafael Rieger: De gravioribus delictis Congregationi pro Doctrina Fidei reservatis – Anmerkungen aus der Praxis zu den schwerwiegenderen Straftaten bei der Feier der Sakramente und gegen die Sitten, deren Behandlung der Glaubenskongregation vorbehalten ist. In: Österreichisches Archiv für Recht & Religion 59 (2012), S. 327–345; Michael O'Reilly: Recent Developments in the Laicization of Priests. In: Jurist 52 (1992), S. 684–696.

wurden, weil sie ja unauslöschlich dazu befähigt waren, die Sakramente zu spenden.[1177] Bemerkenswert ist, dass Werkmeister seine Ansicht durch eine Neuinterpretation des *character indelibilis* untermauert. Aufgrund dieses Prägemals konnten die Sakramente von Taufe, Firmung und Priesterweihe nicht wiederholt werden, wie die Konzilien von Florenz und Trient definierten. Allerdings hätten es beide Kirchenversammlungen vernachlässigt, die Natur dieses Mals *genauer* zu bestimmen. Daher könne keine der existierenden Schulmeinungen über den *character indelibilis* Glaubensgehorsam fordern.[1178] In der Patristik sei dieser sicher in Bezug auf die religiösen Amtshandlungen verstanden worden, was eine Verbindung von *character* und Sendung nahelege.[1179] Ein Katholik müsse daher lediglich glauben, wie es im achtzehnten Jahrhundert der französische Theologe Louis Habert ausgedrückt hatte, dass es diesen Charakter gebe, dass er unauslöschlich und unwiederholbar sei.[1180] Doch diese Minimaldefinition erlaubte es Werkmeister, die Degradierung zwar nicht als Auslöschung des *character indelibilis,* aber als endgültigen Verlust der priesterlichen Sendung zu verstehen, durch die der Verurteilte *realiter* unfähig wurde, die dem Priester vorbehaltenen Sakramente zu spenden. Konsequenterweise sah der Aufklärer in der *degradatio* einen theologischen Präzedenzfall auch für die freiwillige Laisierung von Klerikern, die eine Ehe eingehen wollten.

Als nächstes wurden dem Kleriker mit einem Messer leicht (*leviter*)[1181] Daumen und Zeigefinger beider Hände geschabt: „Wir nehmen Dir [*tollimus*] mit dieser

---

1177 Werkmeister: Ein Beitrag zur Beantwortung der Frage, S. 452. Der Aufsatz bezieht sich zustimmend auf Matthias Rumpler: Über die Laien-Communion in der ältern Kirche [...]. Salzburg 1807. Siehe ebenso Werkmeister: Theologisches Gutachten, S. 38.
1178 Zu Schulmeinungen im frühneuzeitlichen Katholizismus siehe Lehner: The Inner Life, S. 23; Ulrich L. Lehner: On the Road to Vatican II: German Catholic Enlightenment and Reform of the Church. Minneapolis 2016, S. 79; 97–101; Ulrich L. Lehner: De Moderatione in Sacra Theologia. Über die Grenzen theologischer Rede bei Ludovico Muratori (1672–1750). In: Der dreifaltige Gott. Christlicher Glaube im säkularen Zeitalter. Hg. von George Augustin, Christian Schaller, Sławomir Śledziewski. Freiburg 2017.
1179 Werkmeister: Theologisches Gutachten, S. 14, 27, 30.
1180 „Credendum est solum caracterem existere & imprimi per tria Sacramenta," siehe Habert: Theologia Dogmatica et Moralis, S. 109. Dass Habert dem Jansenismus nahestand, verschweigt Werkmeister allerdings. Seine *Theologia Dogmatica,* die erstmals 1709 erschien (nicht wie bei Lennon angegeben 1708) und zahlreiche Neuauflagen erlebte, wurde zwar heftig von Fénelon kritisiert, aber nie auf den päpstlichen *Index der verbotenen Bücher* gesetzt. Allerdings wurden sie in einigen französischen Diözesen verboten, siehe Thomas M. Lennon: Sacrifice and Self-Interest in seventeenth-century France: Quietism, Jansenism, and Cartesianism. Leiden, Boston 2019, S. 251–256; John McManners: Church and Society in Eighteenth-Century France, Bd. 1. Oxford 1999, S. 205.
1181 Da der Delinquent zu diesem Zeitpunkt noch Kleriker war, musste es der Bischof unbedingt vermeiden, zufällig eine blutende Wunde zu verursachen. Außerdem hätte eine solche Verlet-

Rasur [*rasura*] die Macht zu opfern, zu konsekrieren und zu benedizieren, die du in der Salbung der Hände und des Daumens erhalten hast."[1182] In der Priesterweihe waren dem Weihekandidaten zunächst die gefalteten Hände mit Katechumenenöl gesalbt worden, beginnend vom rechten Daumen bis zum Zeigefinger der linken Hand und vom Daumen der linken zum Zeigefinger der rechten, erst dann die Handinnenflächen.[1183] Daumen und Zeigefinger wurden herausgehoben, weil sie mit der konsekrierten Hostie als Leib Christi in direkte Berührung kamen, während die Handinnenflächen lediglich mit den guten Werken, die der Priester zu vollziehen hatte, identifiziert wurden. Der Ritus der Degradierung war daher maßgeblich auf die Rücknahme der eucharistischen Vollmacht zugespitzt. Erst im Anschluss wurde dem Priester die Kasel abgenommen, indem der Bischof sie vom oberen Ende des hinteren Teils her aufnahm (*per posteriorem partem caputii*): „Wir nehmen Dir verdientermaßen das priesterliche Gewand, das die Liebe anzeigt, weil Du ihrer und jeder Unschuld verlustig gegangen bist." Bei der Weihe hingegen, war ihm die Kasel von vorne aufgelegt worden, so dass hier eine besonders augenmerkliche Umkehrung zum Vorschein kommt.[1184] Bei der Abnahme der Stola sprach der Bischof: „Du hast das Zeichen des Herrn durch diese Stola schrecklich missbraucht, daher nehmen wir sie dir und erklären Dich unfähig, je zum priesterlichen Amt zurückzukehren." Mit dieser Handlung war die Degradierung des Priesters abgeschlossen, setzte sich aber in derjenigen der niederen Weihestufen fort.

Es folgte daher die *privatio* des Diakonats mit der Abnahme des Evangeliars, des Auszihens der Dalmatik und der Abnahme der Diakon-Stola in drei ausdeutenden Handlungen. Erstere begann der Bischof durch Widerrufung (*amovemus*) der Vollmacht (*potestas*), das Evangelium vorzulesen, durch die Abnahme des Evangeliars. „Aus dem Stand Levi" wurde der Delinquent durch Abnahme der Dalmatik ausgeschlossen.[1185] Die Stola verlor er, weil er sie nicht „rein" (*candida, immaculata*) vor Gottes Angesicht erhalten und so die Gläubigen von der Nachahmung Christi abgehalten hatte.[1186]

---

zung innerhalb der Kirche unter Umständen eine Verunehrung (*pollutio*) des heiligen Ortes verursacht, die nur durch eine eigene liturgische Handlung wiederhergestellt werden konnte. Vgl. Bordeaux, „Le sang du corps."
1182 Pontificale Romanum, S. 458.
1183 Ebd., S. 49–50. Bei der Weihe des Bischofs wurde Chrisam verwendet.
1184 Ebd., S. 48; 458.
1185 Ebd., S. 459.
1186 „Stolam candidam, quam acceperas, immaculatam in conspectu Domini perferendam, quia non sic cognito mysterio exemplum conversationus tuae fidelibus praebuisti, ut plebs dicata Christi nomine posset exinde imitationem acquirere, iuste a te amovemus, omne Diaconatus officium tibi prohibentes," siehe ebd.

Im Anschluss folgte die Aberkennung der Subdiakonswürde durch die Rückgabe der Apostelbriefe, der Tunicella, des Manipels, des Schultertuchs (*amictum*) und der Kännchen mit Wasser und Wein sowie der Lavabo-Garnitur in fünf ausgedeuteten Handlungen. Zunächst nahm dem Verurteilten der Bischof durch Abnahme der Apostelbriefe die Vollmacht, die Epistel vorzulesen. Es folgte die Entkleidung von der Tunika, die Abgabe des Manipels, dann erst des Schultertuchs. Letzteres berührte der Bischof aber nur und sprach: „Weil Du Deine Stimme nicht gezügelt hast [castigasti], nehmen wir das amictum von Dir."[1187] Im Anschluss wurden dem Verurteilten die Gefäße für Wein und Wasser sowie die Lavabo-Garniturgenommen, womit dem Kleriker symbolisch die Gewalt genommen wurde, in das Heiligtum einzutreten und die heiligen Gewänder zu berühren (*tangendi*).[1188] Erst jetzt nahmen die Ministranten dem Degradierten Zingulum, Albe und Schultertuch ab.

Die nächsten Privationen umfassten die Niederen Weihen. Der zu degradierende Akolyth hielt in der Hand ein leeres Weinkännchen (*urceolum vacuum*), das ihm der Bischof abnahm: „Unreiner, Wein und Wasser zur heiligen Eucharistie darfst du nicht zutragen [ministres]." In einem zweiten Akt wurde die Kerze, die bisher ein Ministrant hielt, gelöscht und dem Delinquenten in die Hand gegeben, von dem sie der Bischof wieder entgegen nahm mit den Worten: „Lass ab vom Tragen des sichtbare Lichts des Amtes, weil du es vernachlässigt hast, den Sitten spirituell zu folgen [prebere] und gib daher auf das Amt des Akolythen."[1189] Dem Exorzisten wurde nun das Exorzismus-Buch abgenommen, wodurch ihm der Bischof die Vollmacht (*potestas*) entzog, den noch nicht Getauften die Hand aufzulegen (*manum super energumenos*) und ihnen Dämonen auszutreiben, und verbannte (*interdicto*) ihn vom Amt des Exorzisten.[1190] Dem Lektor wurde nun ein Lektionar gegeben, das ihm der Bischof abnahm, indem er ihm untersagte in der Kirche Gottes zu lesen, zu singen, oder die neuen Feldfrüchte zu segnen, „weil Du Dein Amt nicht treu und devot ausgefüllt hast [quia tuum officium non implevisti fideliter & devote]."[1191] Dies spiegelte exakt die kurze Ermahnung bei der Weihe wider, in der ein Lektor angewiesen wurde, „treu und nützlich das Amt auszufüllen [*fideliter & utiliter impleveritis officium vestrum*]."[1192] Bei der De-

---

1187 Ebd.
1188 Ebd., S. 460.
1189 „Dimitte perferendi visibile lumen officium, quia prebere spirituale moribus neglexisti, atque universum Acolythatus officium hic depone," siehe Ebd.
1190 Ebd. das Ordinationsformular hingegen nennt die Handauflegung „super energumenos, sive baptizatos sive catechumenos," (ebd., 18).
1191 Ebd.
1192 Ebd., S. 16.

gradierung vom Amt des Ostiariers, dem die Schlüssel der Kirche anvertraut waren, erwähnte das *Pontificale*: „Weil du in den Schlüsseln gefehlt hast, lass sie zurück! Und weil du die Tore Deines Herzens schlecht vor Dämonen versperrt hast, entfernen wir Dich vom Amt des Ostiariers." Bei der entsprechenden Weihe war ihm hingegen aufgetragen worden, „die Herzen der Gläubigen, durch Wort und Vorbild dem Teufel zu versperren und Gott aufzuschließen."[1193] Formeln der Entfernung aus einem Amt („amovemus" beim Ostiarier, *privamus* beim Exorzisten, *auferimus* und *exuimus* beim Subdiakon, *amovemus potestantem* wieder beim Diakon, *amovemus/tolimus/exspoliamus/amovemus* beim Priester) wechselten sich mit direkten Verboten (*non legas* beim Lektor, *depone non ministres* beim Akolythen, *depone manipulum* beim Subdiakon, *prohibentes* beim Diakon) ab.

Am Ende des Ritus stand die *degradatio* der Tonsur, bei der der Bischof wie zu Beginn die Autorität Gottes anrief, den Bestraften auch der letzten geistlichen Kleidung, der Soutane, zu berauben (*habitus clericalis*) und ihn so allen religiösen Ornates zu „ent-nacken" (*nudamus*).[1194] Mit der Tonsurschere wurden die Haare herausgerissen oder mit einem Messer die Tonsur unkenntlich gemacht: „Wir wollen Dich undankbaren Sohn aus dem Stand des Herrn, zu dem Du gerufen warst, ausschließen und von der Krone deines Hauptes das Zeichen des königlichen Priestertums nehmen, wegen Deiner Schlechtigkeit."[1195] Dem Ordinarius gestattete das *Pontificale* allerdings, diesen Schritt auszulassen, vielleicht wegen der schlichten Tatsache, dass ein zuvor wochen- oder monatelang im Kerker sitzender Kleriker wegen seines Haarwuchses keine erkennbare Tonsur mehr aufwies. Im Fall der Würzburger Degradierungen schnitt der Bischof lediglich symbolisch ein Büschel Haare ab und übergab den Verurteilten im Anschluss einem anwesenden Barbier, der den gesamten Kopf zu scheren hatte, um jedes Zeichen der Tonsur unkenntlich zu machen.[1196] Dass sich der Delinquent bei dieser Rasur auch Wunden am Kopf zuzog, ist nur zu wahrscheinlich. Da aber der sakrale Kirchenraum unter allen Umständen von Blutfluss reingehalten werden musste, vollzog der Barbier diese Rasur wohl außerhalb des Kirchenraumes, etwa in der Sakristei. Die zeitgenössische Darstellung der Hinrichtung Pierlots im Jahr 1786 scheint jedenfalls auf die Kopfrasur hinzuweisen. Während der Priester zuvor mit Tonsur abgebildet war, trug er vor

---

1193 Ebd., S. 14; 460. Ebd., 460: „Quia in clavibus errasti, caves dimitte; & quia ostia cordis tui male daemonibus obserasti, amovemus a te officium Ostiarii [...]."
1194 Zur „Nacktheit" als Kleidung vgl. Krass: Geschriebene Kleider, S. 39–50. Interessanterweise fehlt im *Pontificale* die Degradierung des Psalmisten, die mittelalterliche Formulare noch kennen, siehe Dykmans: Le Rite de la dégradation, S. 328.
1195 Diese Rasur ist belegt für Jacques Pierlot (1786), siehe Lehner: Mönche und Nonnen im Klosterkerker, S. 96–97.
1196 Schwillus: Die Hexenprozesse gegen Würzburger Geistliche, S. 88.

der Hinrichtung eine Mütze, wohl um einen geschundenen Kopf zu verbergen.[1197] Damit wurde Pierlot auch symbolisch als Laie inszeniert.

Zum Abschluss der Zeremonie wurde der vormalige Kleriker in ein profanes Gewand gekleidet und offiziell dem weltlichen Richter übergeben, den der Bischof „efficaciter et ex corde" um eine milde Strafe und Verschonung seines Lebens anrief (*moderetur sententiam*). Nun erst nahmen die weltlichen Beamten den Degradierten in Haft und gingen mit ihm hinaus. Der Ritus endete im schweigenden Weggehen des Bischofs und seiner Kleriker, bezeichnenderweise ohne Amen.[1198]

1197 Abbildungen in Anonymus: La vie de Jacques Pierlot.
1198 Pontificale Romanum, S. 461.

9 Ausblick in die Gegenwart

Es ist dem Historiker kaum möglich, im Jahr 2023 über von Klerikern verübte sexuelle Gewalt, sexuellen Missbrauch von Minderjährigen oder spirituellen Missbrauch im siebzehnten und achtzehnten Jahrhundert zu sprechen, ohne die Missbrauchskrise der Gegenwart, in der sich nicht nur die Kirchen, sondern alle Weltreligionen, aber auch Sportverbände etc. befinden, zu bedenken. Die Versuchung liegt nahe, von den Verbrechen der Vergangenheit eine direkte Linie zur Gegenwart zu ziehen oder zu schablonenhafte Vereinfachungen zu propagieren, die vorschnell systemische Gründe für Missbrauch in zeitlich wie sozial völlig verschiedenen Kontexten erklären sollen.

Viel hat sich seit dem siebzehnten Jahrhundert verändert. Während damals weder Staat noch Kirche die wenigsten Missbrauchten als Opfer anerkannten, sondern sie zumeist als Komplizen ansahen,[1199] hat sich heute eine grundlegende andere Sicht etabliert, der es nicht mehr um die Reputation einer Institution geht, sondern um die konkreten Schicksale der Betroffenen, der Überlebenden.

Anders als heute, galt in der Frühen Neuzeit der Grundsatz, nur bekannte und notorische Täter öffentlich zu bestrafen. Kleriker genossen schließlich von den niederen Weihen an das *privilegium fori* und waren damit im Prinzip für die staatliche Justiz unantastbar. Daher zogen es Bischöfe und Orden für im „Geheimen" begangene Verbrechen vor, die Täter entweder in ihren eigenen Gefängnissen zu bestrafen, sie zu ermahnen oder auszuweisen. Ihrer kirchlichen Gefängnisse ab dem Ende des achtzehnten Jahrhunderts beraubt, setzte sich zwar weithin das Strafverfolgungsmonopol weltlicher Autoritäten durch, aber dieses motivierte kirchliche Stellen zur Verschleierung klerikaler Straftaten, um den Ruf ihrer Institution zu schützen. Schließlich erachteten die Bischöfe auch den kriminellen Kleriker (Minorist, Subdiakon, Diakon, Priester, Bischof) als Mitglied ihres Standes, der nur im extremsten Fall der säkularen Justiz auszuliefern war. Vor allem der ordinierte Priester wurde aufgrund seines Prägemals als *unbedingt* zu schützende Person verstanden, weil jegliche öffentliche Anerkennung seiner Schandtaten dem Ruf der Kirche und damit ihrer Heiligkeit Schaden zufügte.[1200] Jeder war Priester „auf ewig" und man nahm an, dass selbst ein verstoßener Kleriker sakri-

---

1199 Am 11. November 1746 wird etwa von den Konsultoren der Oberrheinischen Provinz beschlossen, herauszufinden ob „die Mädchen Komplizen" des entlassenen Fraters waren (*puellae complices*), siehe APECESJ: Sign. 40–2, 8, fol. 42.
1200 Zu dieser Problematik siehe Lehner: Mönche und Nonnen im Klosterkerker; Ulrich L. Lehner: Monastic Prisons and Torture Chambers: Crime and Punishment in Central European Monasteries, 1600–1800. Eugene, OR 2013.

legische Eucharistiefeiern und Sakramentenspendungen vollziehen könne. Rang man sich aber zur formellen Degradierung durch, fand diese oft öffentlich statt und machte vor dem versammelten Kirchenvolk deutlich, dass der Delinquent ein für alle Mal aus dem Klerikerstand entlassen war. Durch schrittweises Devestieren wurde die einstige Investitur als Geistlicher rückgängig gemacht.

Während Historiker für die iberische Halbinsel und ihre vormaligen Kolonien, aber auch für Italien,[1201] detailliert und kompetent die Geschichte klerikaler Verbrechen und ihrer Ahndung aufgearbeitet haben, ist diese Forschungsperspektive im deutschsprachigen Raum immer noch ein Stiefkind der Wissenschaft. Dies ist umso bedauerlicher, weil solche Forschung hilfreiche Perspektiven für das Verständnis von Kirche, Staat und Recht in der Neuzeit ebenso verspricht wie für die Geschichte frühneuzeitlicher Individualität im Bannkreis von Reputation, Hierarchie, Geld und Sexualität. Stellt man sich zudem vor Augen, wie viele Kleriker in den letzten Jahrzehnten allein aufgrund von Kindesmissbrauch und Sollizitation „in den Laienstand zurückversetzt" wurden – darunter sogar ein amerikanischer Kardinal –, zeigt sich wie gravierend sich das Verständnis der Degradierung in der säkularen Welt verändert hat. Sobald der Angeklagte nicht mehr vor den Bischof gebracht werden konnte, um über sich den erniedrigenden Ritus ergehen zu lassen, war die *degradatio actualis* kaum mehr durchführbar und hatte sich überlebt. Dies scheint bereits die Einsicht der Bearbeiter des kirchlichen Gesetzbuches CIC von 1917 gewesen zu sein, das den uralten Ritus nicht mehr erwähnt.

Das Problem aber, wie man mit einem geweihten Delinquenten umgehen soll, ist geblieben. Eine historische Aufarbeitung klerikaler Vergehen im Bereich der Sexualität über einen langen Zeitraum hinweg kann helfen, die gewaltigen Veränderungen, denen der priesterliche Lebenswandel in verschiedenen Kulturen und Kontexten ausgesetzt war, zu verstehen. Sicherlich bietet er auch den unverzichtbaren historischen Hintergrund für die Missbrauchskrise des zwanzigsten Jahrhunderts, die viele Katholiken fassungslos das Vertrauen in ihre „Hirten" verlieren ließ.

[1201] Alessandro Stella: Le prêtre et le sexe: les révélations des procès de l'Inquisition. Bruxelles 2009; Giovanni Romeo/Michele Mancino: Clero criminale: L'onore della Chiesa ei delitti degli ecclesiastici nell'Italia della Controriforma. Neapel 2014.

Abkürzungen

AAtM	Aartsbisschoppelijk Archief te Mechelen
ABA	Archiv des Bistums Augsburg
ABF	Archiv des Bistums Fulda
ABM	Archiv des Bistums Mainz
ABP	Archiv des Bistums Passau
AdEL	Archives de l'Etat à Liège, Belgien
AJTG	Archiv des Johannes-Turmair-Gymnasiums, Straubing
alleg.	allegatio
ANP	Archives nationales de France, Paris
ARSI	Archivum Historicum Societatis Jesu, Rom
APECESJ	Archiv der Zentraleuropäischen Provinz der Gesellschaft Jesu, München
AEM	Archiv des Erzbistums München und Freising
ANdTT	Arquivo Nacional da Torre do Tombo, Lissabon
APO	Archiwum Panstwowe w Opolu
APP	Archiwum Państwowe w Poznaniu
BayHStA	Bayerisches Hauptstaatsarchiv München
BCUF	Bibliothèque cantonale et universitaire Fribourg
BJK	Biblioteka Jagiellońska, Krakow
BNF	Bibliothèque Nationale de France, Paris
BSB	Bayerische Staatsbibliothek München
CH-AAEB	Archives de l'ancien Evêché de Bâle
DOZA	Deutschordenszentralarchiv Wien
DAW	Diözesanarchiv Wien
disp.	disputatio
ELTE	Eötvös Loránd University Library, Budapest
fol.	folio
GLAK	Generallandesarchiv Karlsruhe
HASK	Historisches Archiv der Stadt Köln
HSTAD	Hessisches Staatsarchiv Darmstadt
HSTAM	Hauptstaatsarchiv Marburg
HUA	Het Utrechts Archief
i. e.	id est
JTMRL	Jézus Társasága Magyarországi Rendtartománya Levéltárának, Budapest/Archiv der Ungarischen Provinz der Gesellschaft Jesu
LA NW/R	Landesarchiv Nordrhein-Westfalen, Abt. Rheinland
LEDJF	Delattre, Pierre: Les Etablissements des Jésuites en France depuis quatre siécles: répertoire topo-bibliographique, Bd. 1–5. Enghien, Wetteren 1957.
NAP	Národní Archiv, Prag
num.	numerus
ÖNW	Österreichische Nationalbibliothek Wien
pt.	partum
PFK	Pannonhalmi Főapátsági Könyvtár
PBCJ	Porrentruy, Bibliothèque cantonale jurassienne

PIBA	Audenaert, Willem; Morlion, Herman: Prosopographia Jesuitica Belgica Antiqua. Biographical Dictionary of the Jesuits in the Low Countries 1542–1773, Bd. 1–3. Leuven-Heverlee 2000 ff.
prob.	problema
r.	recto
RL	Rijksarchief Leuven
s.l.	sine loco
STAA	Staatsarchiv Augsburg
STAAP	Staatsarchiv Appenzell
STAF	Stadtarchiv Feldkirch
STALU	Staatsarchiv Luzern
STAM	Stadtarchiv Mainz
STAW	Staatsarchiv Würzburg
STASOL	Staatsarchiv Kanton Solothurn
STBSCH	Stadtbibliothek Schaffhausen
STMI	Stadtarchiv Mindelheim
STO	Staatsarchiv Obwalden
SYCU-R	Syracuse University, Leopold von Ranke Collection
UB W, HS	Universitätsbibliothek Würzburg, Handschriftenabteilung
v.	verso
ZB S	Zentralbibliothek Solothurn

Handschriftliche Quellen und Datenbanken in Archiven und Bibliotheken

AAtM: Aartsbisschoppelijk Archief te Mechelen
Acta Episcopalia Cameracensia, Leodiensia, Mechliniensia et Provincialia, C. reg. 44
Jesuits 17/5
Aartsbisshoppen, Nr. 25/9

ABA: Archiv des Bistums Augsburg
Matrikel Landsberg Maria Himmelfahrt, 1-T
Matrikel Landsberg Mariä Himmelfahrt, 13-S

ABF: Archiv des Bistums Fulda
Taufbuch der Pfarrei Fritzlar 1630–1814
Register Taufen, Trauungen und Beerdigungen der Pfarrei Fritzlar, 1678–1785

ABM: Archiv des Bistums Mainz
Klerusdatenbank: https://reiresearch.eu

ABP: Archiv des Bistums Passau
Administrationsarchiv Altötting, 755 und 757

AdEL: Archives de l'Etat à Liège, Belgien
Archives de l'Officialité de Liège, Procès, Nr. 927, BE-A0523_702499_710584_FRE
Conseil privé de la principauté de Liège, Nr. 93, BE-A0523_701217_700064_FRE

AJTG: Archiv des Johannes-Turmair-Gymnasiums, Straubing
Diarium Collegii Straubingani, 1665-1676
Schülerkatalog

ANP: Archives nationales de France, Paris
Cultes. Congrégations religieuses, Congrégations d'hommes, Jesuites, F/19/6288, Dossier 2.

ARSI: Archivum Historicum Societatis Jesu, Rom
Austr. 10
Austr. 11-II
Austr. 12-I

APECESJ: Archiv der Zentraleuropäischen Provinz der Gesellschaft Jesu, München
Sign. 40-1, 5
Sign. 40-2, 1
Sign. 40-2, 7
Sign. 40-2, 8
Sign. 40-2, 9
Sign. 40-2, 10

Sign. 40-2, 22
Sign. 40-2, 24
Sign. 40-3, 1
Sign. 40-3, 23
Sign. 40-3, 45
Sign. 40-3, 46
Sign. 40-3, 72
Sign. 41-6
Sign. 41-10, 4
Sign. 41-14
Sign. 41-14, 5
Sign. 41-14, 2
Sign. 41-16, 5
Sign. 41-16, 8
Sign. 41-16, 9
Sign. 41-25
Sign. 42-5, 2
Sign. 43-90
Sign. 68-D – Datenbank
Sign. 251, Verz. 2323
Sign. 73 Ae 7 Ei

AEM: Archiv des Erzbistums München und Freising
AA001/1, FS138
AA001/1, FS132
AA001/1, R4
AA001/1, R126
AA001/1, R290
AA001/1, R2125
AA001/1, R2124
AA001/1, R2125
AA001/1, R2130
AA001/1, R2131
AA001/1, R2137
AA001/1, R3509
AA001/1, R3601
AA001/1, R3745
AA001/1, GR.PR.114
AA001/1, GR.PR.128
AA001/1, GR.PR.130
AA001/1, GR.PR.139
AA001/1, GR.PR.140
AA001/1, GR.PR.147
AA001/1, GR.PR 323
AA001/3, PfarrA2233
AA001/3, PfarrA5600
AA001/3, PfarrA5604

AA001/3, PfarrA5598
AA001/3, PfarrA9192
AB004/3, PfarrA4842
AB004/3, PfarrA4951
AB005/PfarrA7996
AB005, PfarrA8040
AB005, PfarrA8080
CB044, M930
CB250/M8328
CB301, M9328
GA001, U1425
M9045
M9327

ANdTT: Arquivo Nacional da Torre do Tombo, Lissabon
Armário Jesuítico e Cartório dos Jesuítas, liv. 4.
PT/TT/TSO-IL/028/12197
Inquisição de Lisboa, proc. 104
Inquisição de Lisboa, proc. 2664
Inquisição de Lisboa, proc. 5007
Inquisição de Lisboa, proc. 8064
Inquisição de Lisboa, proc. 6587
Inquisição de Lisboa, proc. 7118
Inquisição de Lisboa, proc. 8226
Inquisição de Lisboa, proc. 9488
Inquisição de Lisboa, proc. 10426
Inquisição de Lisboa, proc. 13144
Inquisição de Coimbra, proc. 497

APO: Archiwum Panstwowe w Opolu
Jezuitów w Nysie, 45/141/0/-/16

APP: Archiwum Państwowe w Poznaniu
53/474/0/2.7.10/I.2251

BayHStA: Bayerisches Hauptstaatsarchiv München
Kurbayern Äußeres Archiv 529
Jesuiten 293
Jesuiten 295
Jesuiten 296
Jesuiten 297
Jesuiten 300
Jesuiten 301
Jesuiten 302
Jesuiten 303
Jesuiten 304
Jesuiten 305

Jesuiten 306
Jesuiten 309
Jesuiten 312
Jesuiten 313
Jesuiten 317
Jesuiten 324
Jesuiten 327
Jesuiten 332
Jesuiten 336
Jesuiten 337
Jesuiten 338
Jesuiten 339
Jesuiten 340
Jesuiten 341
Jesuiten 342
Jesuiten 343
Jesuiten 344
Jesuiten 345
Jesuiten 347
Jesuiten 348
Jesuiten 349
Jesuiten 350
Jesuiten 351
Jesuiten 352
Jesuiten 353
Jesuiten 354
Jesuiten 355
Jesuiten 356
Jesuiten 357
Jesuiten 358
Jesuiten 359
Jesuiten 360
Jesuiten 361
Jesuiten 362
Jesuiten 363
Jesuiten 364
Jesuiten 546

BCUF: Bibliothèque cantonale et universitaire Fribourg
Hs. L 256
Hs. L 259/2

BJK: Biblioteka Jagiellońska, Krakow
BJ Rkp. 5197

BNF: Bibliothèque Nationale de France, Paris
Registre du noviciat des Jésuites à Paris. Latin 10988

BSB: Bayerische Staatsbibliothek München
Clm 1552, vol. 1-3
Clm 1351

CH-AAEB: Archives de l'ancien Evêché de Bâle
Chartes, 0878-1803 (Série), Jugement de la justice criminelle de Porrentruy contre Jeannette Geste pour ses paroles injurieuses prononcées conre le R.P. Bertin, 1600

DOZA: Deutschordenszentralarchiv Wien
Varia 2656
Varia 3102

DAW: Diözesanarchiv Wien
Passauer Protokolle [=PP]
PP 85
PP 121
PP 122
PP 255

ELTE: Eötvös Loránd University Library, Budapest
Kéziratok:
Coll. Pray Tom. 20 / 42, nu. 35
Coll. Kapr. A Tom. 44 / 26
Ab 90
Ab 15
G 118
G 119
G 120

GLAK: Generallandesarchiv Karlsruhe
Findbuch 229, Nr. 32005

HASK: Historisches Archiv der Stadt Köln
Best. 125 Kriminalakten, A 34
Best. 223 Jesuiten, A 638
Best. 125 Kriminalakten, A 154

HSTAD: Hessisches Staatsarchiv Darmstadt
C 1 D Nr. 40, Matrikel der Universität Mainz

HSTAM: Hauptstaatsarchiv Marburg
Fonds 77 b No. 585
105 c, Nr. 1615

HUA: Het Utrechts Archief
216 Domkapittel te Utrecht, nu. 2623

Johannes-Gutenberg-Universität, Mainz:
Verzeichnis der Professorinnen und Professoren der Universität Mainz.
URL: http://gutenberg-biographics.ub.uni-mainz.de

JTMRL: Jézus Társasága Magyarországi Rendtartománya Levéltárának, Budapest –Archiv der Ungarischen Provinz der Gesellschaft Jesu
Nomina novitiorum I 1 a

LA NW/R: Nordrhein-Westfalen, Abt. Rheinland:
AA 0001, 3825

NAP: Národní Archiv, Prag
NAP: RF 563 Kn170

ÖNW: Österreichische Nationalbibliothek Wien
Cod. 11953
Cod. 11983
Cod. 11950
Cod. 12167

PFK: Pannonhalmi Főapátsági Könyvtár, Abtei Pannonhalma
Jesuitica, 118. F 2

PBCJ: Porrentruy, Bibliothèque cantonale jurassienne
Ms. A2597

RL: Rijksarchief Leuven
Kerkelijk Archief van Brabant, Priorij van Groenendaal te Hoeilaart, BE-A0518.1818 Cartulaire van Groenendael, 14589

STAA: Staatsarchiv Augsburg
Fürststift Kempten, Archiv Akten 2275

STAAP: Staatsarchiv Appenzell
GII.B. 3085

STAF: Stadtarchiv Feldkirch
HA Nr. 69 (1595)

STALU: Staatsarchiv Luzern
KU 1530
KK 25

STASOL: Staatsarchiv Kanton Solothurn
Kollegiatstift St. Ursus in Solothurn, Nr. 146, Protokoll 1673–1683

STAM: Stadtarchiv Mainz:
Archiv der Oberrheinischen Jesuitenprovinz, 15/453
Namenskartei aus Kirchenbüchern, 17. und 18. Jahrhundert, Mikrofilme 934700 und 934701
Taufmatrikel St. Quintin, 1762

STAW: Staatsarchiv Würzburg
Aschaffenburger Archivreste [=AA] 212/XLIII Nr. 3

STBSCH: Stadtbibliothek Schaffhausen
Nachlass Mueller 242/93

STMI: Stadtarchiv Mindelheim
Historia Collegii Mindelheimensis, deutsche und lateinische Fassung

STO: Staatsarchiv Obwalden
A.03.8. VIII, prov. Nr. 107

SYCU-R: Syracuse University, Leopold von Ranke Collection
Ms. 102, Historia Societatis Jesu ad Rhenum Superiorem

UB W, HS: Universitätsbibliothek Würzburg, Handschriftenabteilung
M.ch.f.346

ZB S: Zentralbibliothek Solothurn
S 111/1 Historia Collegii Solothurn
Rara ZBS I 105
Rara ZBS S I 320

Literaturverzeichnis

Adam, Thomas: „Viel tausend gulden lägeten am selbigen orth" – Schatzgräberei und Geisterbeschwörung in Südwestdeutschland vom 16. bis 19. Jahrhundert. In: Historische Anthropologie 9 (2001), S. 358–383.

Agricola, Ignaz: Historia provinciæ Societatis Jesu Germaniæ Superioris: Pars secunda: Ab anno 1591 ad 1600. Augsburg 1729.

Alberigo, Giuseppe: Carlo Borromeo e il suo modello di vescovo, in, San Carlo e il suo tempo. Rom 1986, S. 181–208.

Albizzi, Francesco: De inconstantia in jure admittenda vel non. Amsterdam 1683.

Album Marianum Majoris Congregationis Beatae Virginis Mariae Matris Propitiae ab Angelo Salutatae Monachii. München 1740.

Allen, David F.: Anti-Jesuit Rioting by Knights of St John during the Malta Carnival of 1639. In: Archivum Historicum Societatis Jesu 65 (1996), S. 3–30.

Annales de la Societe des soi-disans Jesuites. Ou recueil historique-chronologique de tous les actes, Bd. 1. Paris 1764.

Anonymus: Conradinus Sueviae Dux. Tragoedia. Conradini deß letzten Schwäbischen Hertzogs, Tod [...]. Augsburg 1698.

Anonymus: Ironia vitae humanae [...] in Ioviano. Freiburg im Breisgau 1649.

Anonymus: Geschichte der Jesuiten. In: Kritisches Journal der neuesten theologischen Literatur 14 (1822), S. 191–212.

Anonymus: La vie de Jacques Pierlot, prêtre & marguillier de la paroisse de Vervier [...] avec tous les détails de son crime, de sa dégradation, & de son supplice. Liege 1786.

Anonymus: Rezension von B. Werkmeister, Sendschreiben an Herrn Ritt. H. von Lang über eine merkwürdige Recension, in: Litteraturzeitung für katholische Religionslehrer 7 (1816), S. 237–254; 257–266.

Anonymus: Rezension von K.H. von Lang, Reverendi in Christo Patris Jacobi Marelli SJ Amores. In: Litteraturzeitung für katholische Religionslehrer 7 (1816), S. 61–64.

Anonymus: Severa parentis in filium Justitia, olim a Meroveo in Gallia, nunc in Theatro exhibita Augusta Vindelicorum. Augsburg 1699.

Arbellot, Abbé: Le P. Etienne de Petiot. In: Bulletin de la Société archéologique et historique du Limousin 19 (1869), S. 31–33.

Arnauld, Antoine: Der Jesuiten Christenthumb und Lebens-Wandel, übergesetzet und vorgestellet aus einem [...] Frantzöischem Wercklein La Morale pratique des Jesuites. Freystadt [ps.] 1670.

Arnauld, Antoine: La Morale Pratique des Jesuites, Bd. 1. Köln 1669.

Arnold, Claus: Verketzerung von Spiritualität oder Verfolgung von Missbrauch? Der „Molinosismus" respektive „Quietismus" in der Wahrnehmung des Heiligen Offiziums. In: „Wahre" und „falsche" Heiligkeit. Hg. von Hubert Wolf. Berlin 2017, S. 59–70.

Arrillaga, José Mariano Dávila y: Continuación de la Historia de la Compañia de Jesus en Nueva España del P. Francisco Javier Alegre, Bd. 2. Puebla 1889.

Assis, Guilerme Marchiori de: O Processo Inquisitorial do Jesuíta Gabriel Malagrida: aspectos históricos e jurídicos. In: Diálogos sobre a Modernidade 1 (2018), S. 26–31.

Avancini, Nicolaus von: Pietas victrix sive Flavius Constantinus Magnus, de Maxentio tyranno victor: acta Viennae ludis Caesareis augustissimo Romanor. imperatori, Hungariae Bohemiaeque regi Leopoldo [...]. Wien 1659.

Audenaert, Willem; Morlion, Herman: Prosopographia Iesuitica Belgica Antiqua. Biographical Dictionary of the Jesuits in the Low Countries 1542–1773, 3 Bde. Leuven-Heverlee 2000 ff.

Azevedo, Juan de: Tribunal Theologicum & Juridicum, contra subdolos confessarios In Sacramento Poenitentiae ad venerem solicitantes, securioribus [...]. Ulyssipone Occidentali 1726.

Backer, Augustin de: Bibliothèque de la Compagnie de Jésus, Bd. 4. Paris 1893.

Baegert, Jakob: Nachrichten von der Amerikanischen Halbinsel Californien mit einem zweyfachen Anhang falscher Nachrichten. Mannheim 1773.

Banholzer, Max: Notizen zur Geschichte der Dreibeinskreuzkirche in Solothurn. In: Jurablätter: Monatsschrift für Heimat- und Volkskunde 56 (1994), S. 21–24.

Barbosa, Agostinho: Pastoralis solicitudinis, sive de officio et potestate episcopi, Bd. 3. Lyon 1649.

Barbosa, Agostinho: Collectanea doctorum tam veterum quam recentiorum, in ius pontificium universum, Bd. 3. Lyon 1647.

Barckhausen, H.: Une enquite sur l'instruction publique au XVIIe siecle. In: Annales de la Fac. des Lettres Bordeaux 4 (1887), S. 271–297.

Barré, N.: Blarer de Wartensee et ses sujets de Porrentruy. L'idéal de pouvoir d'un prince-évêque de Bâle à la fin du XVIe siècle. In: La Suisse occidentale et l'Empire. Hg. von Jean-Daniel u. a. Lausanne 2004, S. 241–265.

Barth, Medard: Die Seelsorgetätigkeit der Molsheimer Jesuiten von 1584 bis 1764, in: Archiv für elsässische Kirchengeschichte 6 (1931), S. 325–400.

Barthes, Roland: Die Sprache der Mode. Frankfurt am Main 1985.

Baumgarten, Paul Maria: Ordenszucht und Ordensstrafrecht: Beiträge zur Geschichte der Gesellschaft Jesu besonders in Spanien. Traunstein 1932.

Bayle, Pierre: Historisches und Critisches Wörterbuch: nach der neuesten Auflage von 1740 ins Deutsche übersetzt [...] mit einer Vorrede [...] von Johann Christoph Gottsched, Bd. 1, Leipzig 1741.

Benabou, Erica-Marie: La prostitution et la police des mœurs au XVIIIe siecle. Paris 1987.

Bender, Helmut: Joseph Albrecht von Ittner. In: Badische Heimat 2 (1980), S. 285–294.

Benzing, Josef; Gerlich, Alois: Verzeichnis der Studierenden der alten Universität Mainz. Wiesbaden 1982.

Bisschop, Jan de: Chorus Musarum, id est, Elogia, poemata, epigrammata, echo, aenigmata, ludus poeticus, ars hermetica [...]. Lyon 1700.

Blanchard, Shaun: The Synod of Pistoia and Vatican II: Jansenism and the Struggle for Catholic Reform. New York, Oxford 2020.

Boileau, Jacques: Historia flagellantium. De recto et perverso flagrorum usu apud Christianos [...]. Paris 1700.

Boisson, Didier: Conversion et reconversion au XVIIe siècle: les itinéraires confessionnels de François Clouet et de Pierre Jarrige. In: Bulletin de la Société de l'Histoire du Protestantisme Français 155 (2009), S. 447–467.

Bonacina, Martino: Tractatus de Censuris, et Poenis Ecclesiasticis, Bd. 3. Venedig 1629.

Bordeaux, Michèle: Le sang du corps du droit canon ou des acceptions de l'adage ‚Ecclesia abhorret a sanguine.' In: Droit et société 28 (1994), S. 543–563.

Bordoni, Francesco: Variae resolutiones seu Consilia regularia, nedum regularibus personis, verum etiam praelatis ecclesiasticis [...]. Venedig 1641.

Börner, Maria Teresa: Nuntius Fabio Chigi: (1639 Juni–1644 März). Paderborn u.a. 2019.

Bostoen, Karel: Broer Cornelis en zijn historie: een politieke satire. In: Literatuur 1 (1984), S. 254–261.

Boswell, John: Christianity, Social Tolerance, and Homosexuality: Gay People in Western Europe from the Beginning of the Christian Era to the Fourteenth Century. Chicago 1980.

Boucher, Adolphe: Histoire dramatique et pittoresque des Jésuites [...] Illustrée de 30 magnifiques dessins par T. Fragonard, Bd. 10. Paris 1846.

Bourdieu, Pierre: Die männliche Herrschaft. Frankfurt am Main [5]2020.

Bourdieu, Pierre: Ökonomisches Kapital, kulturelles Kapital, soziales Kapital. In: Handbuch Bildungs- und Erziehungssoziologie. Hg. von Ullrich Bauer. Cham 2012, S. 229–242.

Bourdieu, Pierre: Social Space and Symbolic Power. In: Sociological Theory 7 (1989), S. 14–25.

Bourdieu, Pierre: The Forms of Capital. In: Pierre Bourdieu, The Sociology of Economic Life. London, New York 2018, S. 78–92.

Bourdieu, Pierre: Zur Soziologie der symbolischen Formen. Frankfurt am Main 2020.

Braga, Paulo Drumond: Mestres de Meninos em Portugal nos séculos XVI a XVIII. Alguns contributos com base em fontes inquisitoriais. In: Estudios Humanísticos. Historia 42 (2011), S. 197–208.

Brandes, Johann Christian: Meine Lebensgeschichte, Bd. 2. Berlin 1800.

Braun, Johann Balthasar: Jurisprudentia in genere ac specie: Nova & scientifica methodo publicata, in gratiam eorum, qui amant solidam doctrinam iuris. Salzburg 1687.

Braun, Placidus Ignatius: Geschichte des Kollegiums der Jesuiten in Augsburg. München 1822.

Breit, Stefan: „Leichtfertigkeit" und ländliche Gesellschaft. Voreheliche Sexualität in der frühen Neuzeit. Berlin 1991.

Brockey, Liam Matthew: Journey to the East. Cambridge 2009.

Broder, Michael: The Most Obscene Satires. A Queer/Camp Approach to Juvenal 2, 6 and 9. In: Ancient Obscenities: Their Nature and Use in the Ancient Greek and Roman Worlds. Hg. von Dorota Dutsch, Ann Suter. Ann Arbor 2015, S. 283–310.

Brown, Ignatius: An Unerrable Church Or None Being a Rejoynder to the Unerring, Unerrable Church Against Dr. Andrew Sall's Repley Entituled The Catholic Apostolic Church of England. s.l. 1678.

Bucelin, Gabriel: Germania Topo-Chrono-Stemmato-Graphica Sacra Et Profana: In qua Brevi Compendio Multa distincte explicantur [...], Bd. 4. Ulm 1678.

Bueß-Spiegel in einem Schawspil vorgehalten. Freiburg im Breisgau 1652.

Bullivant, Stephen; Sadewo, Giovanni Radhitio Putra: Power, Preferment, and Patronage: An Exploratory Study of Catholic Bishops and Social Networks. In: Religions 13 (2022), S. 851.

Burkardt, Albrecht: Atheismus als Altlast? Der Lebensbericht eines jungen Konvertiten vor der römischen Inquisition im Jahr 1707. In: Verfolgter Unglaube. Atheismus und gesellschaftliche Exklusion in historischer Perspektive. Hg. von Susan Richter. Frankfurt 2018, S. 109–144.

Burkardt, Albrecht: Dégradations, destitutions, abdications, retraites – Fins de carrière au sein de l'Inquisition romaine (fin XVIe–début XVIIIe siècle). In: Crépuscules du pouvoir Destitutions et abdications de l'Antiquité au xxe siècle. Hg. von Albrecht Burkardt. Paris 2022, S. 411–436.

Burrus, Ernest: Misiones norteñas mexicanas de la Compañia de Jesús 1751-1757. México 1963.

Büsemeyer, Hartwig: Die Geister, die er rief: wie ein Kapuzinermönch die Obrigkeit narrte. Schwäbisch Gmünd 2022.

Buttigieg, Emanuel: Knights, Jesuits, carnival, and the Inquisition in Seventeenth-Century Malta. In: The Historical Journal 55 (2012): S. 571–596.

Callewier, Hendrik: De papen van Brugge: De seculiere clerus in een middeleeuwse wereldstad. Leuven 2014.

Campanile, Giovanni Girolamo: Diversorium iuris canonici universum clericorum ac regularium statum. Neapel 1620.

Canons and Decrees of the Council of Trent. Hg. von H. J. Schroeder. St. Louis, London 1941.

Carrandi, Juan Pérez: En torno a la lex scantinia. In: Revista Chilena de Historia del Derecho 26 (2022), S. 813–834.

Castaldo, Andreas Piscara: Praxis Cæremoniarum [...] Editio prima in Germania. Sulzbach 1715.

Catalogus generalis, seu, Nomenclator biographicus personarum Provinciae Austriae Societatis Jesu, 1551–1773, Bd. 2. Rom 1988.

Catalogus personarum et officiorum Provinciae Austriae Societatis Jesu, 1715. Wien 1715.

Catalogus personarum et officiorum Provinciae Austriae Societatis Jesu, 1717. Wien 1717.

Catalogus personarum et officiorum Provinciae Austriae Societatis Jesu, 1719. Wien 1719.

Catalogus personarum et officiorum Provinciae Austriae Societatis Jesu, 1720. Wien 1720.

Catalogus Personarum et Officiorum Provinciae Germaniae Superioris Societatis Jesu ab Anno 1753 in Annum 1754, München 1754.

Catalogus personarum et officiorum Provinciae Germaniae Superioris Societatis Jesu ab Anno 1760 in Annum 1761, München 1761.

Catalogus Personarum et Officiorum Provinciae Societatis Jesu ad Rhenum Superiorem, Mainz 1770.

Catalogus personarum et officiorum Provinciae Societatis Jesu ad Rhenum Superiorem ab Anno 1747 in Annum 1748, Mainz 1748.

Cellesi, Jacobus: Vita P. Julii Mancinelli S.J. italice scripta, latine reddita a Simeone Mair. Innsbruck 1677.

Cheney, Christopher Robert: The Punishment of Felonous Clerks. In: The English Historical Review 51 (1936), S. 215–236.

Choudhury, Mita: The Wanton Jesuit and the Wayward Saint: A Tale of Sex, Religion, and Politics in Eighteenth-Century France. University Park 2015.

Ciappara, Frans: Simulated Sanctity in Seventeenth- and Eighteenth-Century Malta. In: Studies in Church History 47 (2011), S. 284–294.

Ciappara, Frans: Members of the Clergy before the Maltese Diocesan Court, 1750–1798. In. Church History 89 (2020), 549–566.

Cocks, H. G.: Visions of Sodom: Religion, Homoerotic Desire, and the End of the World in England, c. 1550–1850. Chicago 2017.

Comerford, Kathleen: Jesuit Foundations and Medici Power, 1532–1621. Leiden, Boston 2016.

Connaughton, Brian: Reforma judicial en España y Nueva España entre los siglos XVIIIy XIX: bitácora de agravios, arbitrios procesales y réplica eclesiástica. In: Estudios de Historia Novohispana 53 (2015), S. 30–51.

Coreth, Anna: Priesterliches Wirken im barocken Wien. P. Antonius Khabes 1687–1771. In: Archivum Historicum Societatis Jesu 61 (1992), S. 71–89.

Corradi, Giovanni B.: Responsa ad cujuscunque pene generis casuum conscientiae quaesita quadringenta, Bd. 1. Venedig 1598.

Davidson, James D.; Knudsen, Dean D.: A New Approach to Religious Commitment. In: Sociological Focus 10 (1977), S. 151–173.

Daza Palacios, Salvador, Corbalán, María Regla Prieto: De la santidad al crimen: clérigos homicidas en España (1535–1821). Sevilla, 2004.

Daza Palacios, Salvador; Corbalán, María Regla Prieto: El juicio contra Fray Pablo de San Benito en Sanlucar de Barrameda (1774), primer proceso de la Justicia Civil española contra un eclesiástico homicida. In: La administración de justicia en la historia de España: Actas de las III Jornadas de Castilla-La Mancha sobre investigación en archivos. 11–14 noviembre 1997. Guadalajara 1999, S. 119–140.

Daza Palacios, Salvador; Corbalán, María Regla Prieto: Proceso criminal contra Fray Pablo de San Benito en Sanlúcar de Barrameda (1774). Sevilla 1998.

Daza Palacios, Salvador; Corbalán, María Regla Prieto: Proceso criminal contra Fray Alonso Díaz, 1714. Sevilla 2000.

Daza Palacios, Salvador; Corbalán, María Regla Prieto: Lucifer con hábito y sotana: clérigos homicidas en España y América (1556–1834). Sevilla 2013.

Daza Palacios, Salvador; Corbalán, María Regla Prieto: Sangre en la sotana: clérigos homicidas en la España moderna y contemporánea. Sevilla, 2020.

De Brouwer, Jozef: De kerkelijke rechtspraak en haar evolutie in de bisdommen Antwerpen, Gent en Mechelen tussen 1570 en 1795. Tielt 1971.

Decavele, Johan: Het waarheidsgehalte in de preken van Broeder Cornelis van Oord recht in Brugge (1566–1574). In: Handelingen van het Genootschap voor Geschiedenis 148 (2011), S. 3–44.

Deflers, Isabelle: Le droit pénal des ecclésiastiques du 16e au 18e siècle dans le Saint Empire Romain Germanique. In: Justice pénale et procès des ecclésiastiques en Europe, XVIe–XVIIIe siècles. Hg. von Bernard Durand Lille 2005, S. 63–81.

Delattre, Pierre: Les Etablissements des Jésuites en France depuis quatre siécles: répertoire topo-bibliographique, Bd. 1–5. Enghien, Wetteren 1957.

Deregnaucourt, Gilles: Les déviances ecclésiastiques dans les anciens diocèses du Pays-Bas méridionaux aux XVIe, XVIIe et XVIIIe siècle: répression, ecclésiologie et pastorale. In: Le Clergé délinquant, XIIIe–XVIIIe siècle. Hg. von Benoît Garnot. Dijon 1995, S. 65–95.

Deschner, Karlheinz: Kriminalgeschichte des Christentums, 10 Bde. Reinbek bei Hamburg 1986.

Desmazières, Agnès: Le crime de sollicitation réinventé. Le Saint–Office face aux crimes sexuels des clercs (1916–1939). In: Archives de sciences sociales des religions 193 (2021): S. 177–198.

Dewitte, Alfons: De Historie (1569–1578) van broeder Cornelis Adriaenszoon van Dordrecht: auteur en drukker. In: Handelingen van het Genootschap voor Geschiedenis 140 (2003), S. 111–127.

Diana, Antoninus: Summa Diana, in qua opera omnia auctoris undecim partibus comprehensa. Köln 1656.

Díaz, Juan Bernard de: Practica criminalis canonica. Lyon 1554.

Dillinger, Johannes: Magical Treasure Hunting in Europe and North America: A History. Cham 2011.

Dimler, G. Richard: The Imago Primi Saeculi: Jesuit Emblems and the Secular Tradition. In: Thought 56 (1981), S. 433–448.

Dinges, Martin: Stadtarmut in Bordeaux 1525–1675: Alltag, Politik, Mentalitäten. Bonn 1988.

Dóci, Viliam Štefan: Wer darf einen kriminellen Dominikaner richten? Eine Studie zur Kontroverse um das privilegium fori in Bezug auf das *crimen laesae majestatis*. In: Mitteilungen des Instituts für Österreichische Geschichtsforschung 129 (2021), S. 308–329.

Döllinger, Ignaz von; Reusch, Fanz Heinrich: Geschichte der Moralstreitigkeiten in der Römisch-Katholischen Kirche, 2 Bde., Nördlingen 1889.

Dorn-Haag, Verena J.: Hexerei und Magie im Strafrecht: historische und dogmatische Aspekte. Tübingen 2016.

Dressendörfer, Peter: Islam unter der Inquisition: die Morisco-Prozesse in Toledo 1575–1610. Wiesbaden 1971.

Duhamelle, Christophe: Die Grenze im Dorf. Katholische Identität im Zeitalter der Aufklärung. Baden-Baden 2018.

Duhr, Bernhard: Die Jesuiten am Hofe München in der zweiten Hälfte des 17. Jahrhunderts, in: Historisches Jahrbuch 39 (1918), S. 73–114.

Duhr, Bernhard: Die Teufelsaustreibung in Altötting, in: Beiträge zur Geschichte der Renaissance und Reformation. Festschrift Joseph Schlecht. München, Freising 1917. S. 63–76.

Duhr, Bernhard: Geschichte der Jesuiten in den Ländern deutscher Zunge, Bd. 2/1. Freiburg 1913.

Duhr, Bernhard: Geschichte der Jesuiten in den Ländern Deutscher Zunge, Bd. 2/2. Freiburg 1913.

Duhr, Bernhard: Geschichte der Jesuiten in den Ländern deutscher Zunge, Bd. 3. München-Regensburg 1921.

Duhr, Bernhard: Geschichte der Jesuiten in den Ländern Deutscher Zunge, Bd. 4/2. Freiburg im Breisgau 1928.

Duhr, Bernhard: Zur Geschichte des Jesuitenordens I. In: Historisches Jahrbuch 25 (1904), S. 129–167.

Dülmen, Richard van: Die Entdeckung des Individuums, 1500–1800. Frankfurt 1997.

Dülmen, Richard van: Kultur und Alltag in der frühen Neuzeit: Das Haus und seine Menschen, 16.–18. Jahrhundert, Bd. 1. München 1995.

Dülmen, Richard van: Kultur und Alltag in der frühen Neuzeit: Dorf und Stadt, 16.–18. Jahrhundert, Bd. 2. München 1992.

Dülmen, Richard van: Kultur und Alltag in der frühen Neuzeit: Religion, Magie, Aufklärung, 16.–18. Jahrhundert, Bd. 3. München 1994.

Dumortier, Cindy-Sarah: Du prêtre concubinaire au curé volage (XVIIe–XVIIIe siècle, diocèse de Cambrai). In: Revue du Nord 399 (2013), S. 57–69.

Dumortier, Cindy-Sarah: Le célibat ecclésiastique offensé au sein du clergé paroissial de la France septentrionale (XVIè début XIXè siècle), Dissertation. Université Charles de Gaulle-Lille III 2015.

Dumoulin, Jean Pierre; Lambert, Véronique: De passie van de kapelaan: het losbandige leven van een priester-dief. Leuven 2003.

Dykmans, Marc: Le Rite de la dégradation des clercs: d'après quelques anciens manuscrits. In: Gregorianum 63 (1982), S. 301–331.

Elliott, Dyan: Dressing and Undressing the Clergy: Rites of Ordination and Degradation. In: Medieval Fabrications. Hg. von E. Jane Burns. New York 2004, S. 55–69.

Elliott, Dyan: The Corrupter of Boys: Sodomy, Scandal, and the Medieval Clergy. Philadelphia 2020.

Eppinger, Alexandra: Hercules cinaedus?: The effeminate hero in Christian polemic. In: TransAntiquity. Cross-Dressing and Transgender Dynamics in the Ancient World. Hg. von Domitilla Campanile, Filippo Carla-Uhink, Margherita Facella. London, New York 2017, S. 202–214.

Erickson, William D.; Walbek, NH; Seely, RK: Behavior patterns of child molesters. In: Archives of Sexual Behavior 17 (1988), S. 77–86.

Eschenbach, Andreas Christian: Oratio de imminente barbarie litterarum declinanda [1695]. In: Dissertationes Academicae. Hg. von Andreas Christian Eschenbach. Nürnberg 1705, S. 597–632.

Escobar y Mendoza, Antonio: Universæ theologiæ moralis, receptiores absque lite sententiæ nec non problematicæ disquisitiones, Bd. 2. Lyon 1655.

Espen, Zeger Bernard van: Ius Ecclesiasticum Universum: Antiquae Et Recentiori Disciplinae Praesertim Belgii, Galliae, Germaniae, Et Vicinarum Provinciarum Accomodatum, E sacris Scripturis [...], Bd. 2. Mainz 1791.

Espen, Zeger Bernard van: Ius Ecclesiasticum universum: hodiernae disciplinae, praesertim Belgii, Galliae, Germaniae, et vicinarum provinciarum accomodatum : cum supplemento, Bd. 1. Köln 1729.

Europäisches genealogisches Handbuch [...]. Leipzig 1800.

Faber, Karl-Georg: Andreas van Recum, 1765–1828: Ein rheinischer Kosmopolit, Bonn 1969.

Falkner, Silke R.: „Having It off" with Fish, Camels, and Lads: Sodomitic Pleasures in German-Language Turcica. In: Journal of the History of Sexuality 13 (2004), S. 401–427.

Farinacci, Prosper: Praxis et theoricae criminalis. Partis Primae Tomus Primus, Bd. 1. Lyon 1606.

Farinacci, Prosper: Opera Criminalia: De Inquisitione. Nürnberg ⁴1613.

Farinacci, Prosper: Tractatus de haeresi. Rom 1616.

Fast, Patricius: Schreiben eines schwäbischen Pfarrers an den österreichischen Pfarrer. Buchau 1783.

Federico, Maria A.: I visitatori vescovili nella diocesi di Trento dalla fine del Cinquecento alla seconda metà del Settecento. In: Fonti ecclesiastiche per la storia sociale e religiosa d'Europa. Hg. von Cecilia Nubola, Angelo Turchini. Bologna 1999, S. 231–266.

Fejér, Josephus, Defuncti Secundi Saeculi Societatis Jesu, 5 Bd3. 1, Rom 1985–1990.

Ferchl, Georg: Bayerische Behörden und Beamte, 1550–1804, Bd. 1, München 1908–1910.

Ferlan, Claudio; Plesnicar, Mario (Hg.): Historia Collegii Goritiensis Gli Annali del collegio dei gesuiti di Gorizia (1615–1772). Trento 2020.

Ferrazzi, Cecilia: Autobiography of an Aspiring Saint. Hg. von Anne Jacobson Schutte. Chicago 2007.

Fetzer, Carl August: Der Flagellantismus und die Jesuitenbeichte. Historisch-psychologische Geschichte der Geißelungs-Institute, Kloster-Züchtigungen und Beichstuhl-Verirrungen aller Zeiten. Leipzig, Stuttgart 1834.

Fiala, Friedrich: Geschichtliches über die Schule von Solothurn. Solothurn 1875.

Fillafer, Franz L.; Wallnig, Thomas (Hg.): Josephinismus zwischen den Regimen: Eduard Winter, Fritz Valjavec und die zentraleuropäischen Historiographien im 20. Jahrhundert. Wien 2016 (Schriftenreihe der Österreichischen Gesellschaft zur Erforschung des 18. Jahrhunderts).

Fillafer, Franz L.: Aufklärung habsburgisch: Staatsbildung, Wissenskultur und Geschichtspolitik in Zentraleuropa, 1750–1850.Wien 2021.

Finke, Roger; Stark, Rodney: The Dynamics of Religious Rconomies. In: Handbook of the Sociology of Religion. Hg. von Michelle Dillon. Cambridge 2003, S. 96–109.

Fischer, Karl A. F.: Die Kaschauer und Tyrnauer Jesuiten-Universitäten im 17. und 18. Jahrhundert. In: Ungarn-Jahrbuch 15 (1987), S. 117–185.

Flotto, Adam: Historia Provinciae Societatis Jesu Germaniae Superioris [...] Ab Anno 1601 ad 1610, Bd. 3. Augsburg 1734.

Follerio, Pietro: Canonica Criminalis Praxis. Venedig 1570.

Fontaine, Laurence: The Moral Economy. Poverty, Credit, and Trust in Early Modern Europe. Cambridge 2014.

Franco, José Eduardo, Vogel, Christine: As Monita Secreta – História de um Best-seller Antijesuítico. In: PerCursos 4 (2003), S. 93–133.

French, Nicholas: The Doleful Fall of Andrew Sall, a Jesuit of the Fourth Vow. London 1749.

Frey, Manuel: Der reinliche Bürger: Entstehung und Verbreitung bürgerlicher Tugenden in Deutschland, 1760–1860. Göttingen 1997.

Friedmann, Ernst: Die Jesuiten und ihr Benehmen gegen geistliche und weltliche Regenten [...]. Grimma 1825.

Friedrich, Markus: Der lange Arm Roms? Globale Verwaltung und Kommunikation im Jesuitenorden 1540–1773. Frankfurt 2011.

Friedrich, Markus: Die Jesuiten: Aufstieg, Niedergang, Neubeginn. München 2018.

Friedrich, Markus: Government and Information-Management in Early Modern Europe. The Case of the Society of Jesus (1540–1773). In: Journal of Early Modern History 12 (2008), S. 539–563.

Friedrich, Markus: The Jesuits: A History. New Haven 2022.

Frölichsburg, Johann Christoph Frölich von: Commentarius in Kayser Carl deß Fünfften, und deß H. Röm. Reichs Peinliche Hals-Gerichts-Ordnung [...]. Frankurt, Leipzig 1714.

Fuchs, Vinzenz: Erpreßter Zutritt zu den höheren Weihen und Zölibatspflicht des Klerikers. In: Archiv für katholisches Kirchenrecht 119 (1939), S. 3–30.

Garnot, Benoît; Deregnaucourt, Gilles (Hg.): Le clergé délinquant (XIIIe–XVIIIe siècle). Dijon 1995.

Garza Carvajal, Federico: Butterflies will Burn: Prosecuting Sodomites in Early Modern Spain and Mexico. Austin 2003.

Gay, Jean-Pascal: Morales en conflit: Théologie et polémique au Grand Siècle (1640–1700). Paris 2011.

Gemminger, Ludwig: Das alte Ingolstadt. Regensburg 1864.

Génestal, Robert: Le privilegium fori en France du décret de Gratien à la fin du XIVe siècle. Paris 1921.

Geny, Joseph: Die Jahrbücher der Jesuiten zu Schlettstadt und Rufach, 1615–1765: Historia Collegii Selestadiensis et Residentiae Rubeacensis, 1631–1765. Strassbourg 1896.

Giddens, Anthony: Modernity and Self-Identity. Cambridge 1991.

Giussano, Giovanni Pietro. Vita Di S. Carlo Borromeo, Mailand 1610.

Glüsenkamp, Uwe: Das Schicksal der Jesuiten aus der oberdeutschen und den beiden rheinischen Ordensprovinzen nach ihrer Vertreibung aus den Missionsgebieten des portugiesischen und spanischen Patronats (1755–1809). Münster 2008.

Gomes, Veronica De Jesus: As distintas faces da menoridade na Mesa Inquisitorial – uma análise dos testemunhos de meninos sodomizados por padres (Lisboa, 1638). In: Revista de História da UEG 11 (2022), S. 1–25.

Gomes, Veronica De Jesus: Atos Nefandos: Eclesiásti cos homossexuais na teia da Inquisição. Curitiba 2015.

Gomes, Veronica De Jesus: Prazeres ilícitos: a prostituição homossexual protagonizada por padres na Lisboa Seiscentista. In: Anais da Jornada de Estudos Historicos Professor Manoel Salgado 5 (2019), S. 981–996.

Gomes, Veronica De Jesus: Vício dos clérigos: a sodomia nas malhas do Tribunal do Santo Ofício de Lisboa. Dissertation Universidade Federal Fluminense. Niterói 2010.

González, Francisco Iván Escamilla: Inmunidad eclesiástica y regalismo en Nueva España a finales del siglo XVIII: el proceso de fray Jacinto Miranda. In: Estudios de Historia Novohispana (1999), S. 47–68.

Gorce, Mathieu de la: La pseudo-conversion du père Henri. Fiction satirique et mise en scène du discours de vérité. In: Albineana, Cahiers d'Aubigné 23 (2011), S. 285–315.

Gottheil, Richard James Horatio: Fray Joseph Diaz Pimienta, Alias Abraham Diaz Pimienta, and the Auto-De-Fe Held at Seville on July 25 1720. New York 1901.

Gouveia, Jaime Ricardo: Vigilância e disciplinamento da luxúria clerical no espaço luso-americano, 1640–1750. In: Análise Social 49 (2014), S. 820–860.

Grendler, Paul F.: Jesuit Schools and Universities in Europe, 1548–1773. Leiden, Boston 2018 (Brill's Research Perspectives in Jesuit Studies).

Griesinger, Theodor: The Jesuits: A Complete History of Their Open and Secret Proceedings from the Foundation of the Order to the Present Time. London 1903.

Griselle, Eugène: Profils de Jésuites du XVIIe siècle [...]. Lille 1911.

Gröber, Konrad: Geschichte des Jesuitenkollegs und -gymnasiums in Konstanz. Konstanz 1904.

Güntherode, Karl von: Korrespondenz der Heiligen aus dem Mittelalter, Bd. 2. Leipzig 1787.

Häberlein, Mark: Die Fugger: Geschichte einer Augsburger Familie (1367–1650). Stuttgart 2006.

Habert, Louis: Theologia Dogmatica et Moralis. Bd. 5. Augsburg 1771.

Hadry, Sarah: Neu-Ulm: Der Altlandkreis – Historischer Atlas von Bayern. München 2011.

Hamberger, Georg Christoph: Das Gelehrte Teutschland oder Lexicon der jeztlebenden Teutschen Schriftsteller: Erster Nachtrag, Bd. 2. Lemgo 1774.

Hausberger, Bernd: Jesuiten aus Mitteleuropa im kolonialen Mexiko: eine Bio-Bibliographie. Wien 1995.

Hehenberger, Susanne: Unkeusch wider die Natur: Sodomieprozesse im frühneuzeitlichen Österreich. Wien 2006.

Heller, Julius; Sticker, Georg: Die Haut- und Geschlechtskrankheiten im Staats-, Straf-, Zivil- und Sozialrecht – Entwurf einer Geschichte der ansteckenden Geschlechtskrankheiten. Berlin 1931.

Helmert, Theodor: Der große Kaland am Dom zu Münster im 14. bis 16. Jahrhundert. Münster 1979.

Hengst, Karl; Schmitt, Michael (Hg.): Lob der brüderlichen Eintracht. Die Kalandsbruderschaften in Westfalen. Festschrift aus Anlass des 650jährigen Bestehens der Kalandsbruderschaft in Neuenheerse. Paderborn 2000.

Herzog, Theo: Landshuter Häuserchronik. Neustadt 1957.

Hidalgo, Myra L.: Sexual Abuse and the Culture of Catholicism. New York, London 2012.

Hessen-Casselischer Staats- und Adreß-Calender [...]. 1780. Kassel 1780.

Hockerts, Hans Günter: Sittlichkeitsprozesse gegen katholische Ordensleute und Priester in der NS-Zeit: Eine Relektüre nach 50 Jahren. In: Katholische Dunkelräume. Hg. von Birgit Aschmann. Leiden, Boston 2021, S. 170–184.

Holzherr, Carl: Geschichte der Reichsfreiherren von Ehingen bei Rottenburg a.N.: ein Beitrag zur Geschichte Schwabens und seines Adels. Stuttgart 1884.

Hopfenmüller, Annelie: Der Geistliche Rat unter den Kurfürsten Ferdinand Maria und Max Emanuel von Bayern (1651–1726). München 1985.

Hormayr, Joseph von: P. Jakob Marell noch im Jahre 1725 Jesuit. In: Taschenbuch für die vaterländische Geschichte 5 (1834), S. 219–221.

Hossche, Sidronius de: Imago primi saeculi Societatis Jesu a provincia Flandro-Belgica ejusdem societatis repraesentata. Antwerpen 1640.

Huonder, Anton: Deutsche Jesuitenmissionäre des 17. und 18. Jahrhunderts: Ein Beitrag zur Missionsgeschichte und zur deutschen Biographie. Freiburg 1899.

Hurteau, Pierre: Catholic Moral Discourse on Male Sodomy and Masturbation in the Seventeenth and Eighteenth Centuries. I: Journal of the History of Sexuality 4 (1993), S. 1–26.

Hüsing, Augustin: Fürstbischof Christoph Bernard von Galen, ein katholischer Reformator des 17. Jahrhunderts: Unter Benutzung bisher ungedruckter archivalischer Dokumente. Paderborn 1887.

Hutchison, Gregory S., The Sodomitic Moor: Queerness in the Narrative of Reconquista. In: Queering the Middle Ages. Hg. von Burger Glenn, Steven F. Kruger. St. Paul ²2001, S. 99–122.

Ignace, Henri de Saint: A further discovery of the mystery of Jesuitisme. In a collection of severall pieces, representing the humours, designs and practises of those who call themselves the Society of Jesus. London 1658.

Ignace, Henri de Saint: A Tuba magna [...] de necessitate [...] reformandi Societatem Jesu. Strassbourg 1713.

Imhof, Jacob Wilhelm: Notitia S. Rom. Germanii Imperii Procerum [...] historico-heraldico-genealogica [...] in supplementum operis genealogici Rittershusiani adornatu [...]. Stuttgart ³1699.

Isidori, Sonia: I dimessi dalla Compagnia di Gesù nel Vicereame del Perù. In: Ricerche di Storia Sociale e Religiosa 47 (2018): S. 7–22.

Israel, Jonathan: The Radical Enlightenment. Philosophy and the Making of Modernity, 1650–1750, New York 2001.

Ittner, Joseph Albrecht von: Maximilianus Gill, Soc. Jesuitarum. In: Sophrozinon 10 (1828), S. 104–118.

Jaeck, Heinrich Joachim: Pantheon der Litteraten und Künstler Bambergs. Bamberg 1812.

Jaffary, Nora E.: False Mystics: Deviant Orthodoxy in Colonial Mexico. Lincoln, London 2004.

Jarrige, Pierre: Jesuita in ferali pegmata ob nefanda crimina in provincia Guienna perpetrata, e Gallico latinitate donatus cum judicio generali de hoc ordine. Lugdunum Batavorum 1665.

Jarrige, Pierre: Les Jesuites mis sur l'echafaut. Leiden 1649.

Jarrige, Pierre: Nachricht von den vielen Lastern, welche die Jesuiten in der Provinz Quienne begangen haben. s.l. 1761.

Jöcher, Christian Gottlieb: Allgemeines Gelehrten-Lexicon [...], Bd. 1. Leipzig 1750.

Johnson, Trevor: Magistrates, Madonnas and Miracles: The Counter Reformation in the Upper Palatinate. London, New York 2009.

Jones, Andrew V.: The Motets of Carissimi. Ann Arbor 1982.

Kalak, Matteo Al: Investigating the Inquisition: Controlling Sexuality and Social Control in Eighteenth-Century Italy. In: Church History 85 (2016), S. 529–551.

Kallendorf, Hilaire: Staging Penance: Scenes of Sacramental Confession in Early Modern Spanish Drama. In: Casuistry and Early Modern Spanish Literature. Hg. von Marlen Bidwell-Steiner, Michael Scham. Boston, Leiden 2022, S. 176–201.

Kassel, Gesamthochschul-Bibliothek: Ex Bibliotheca Cassellana: 400 Jahre Landesbibliothek, Kassel 1980.

Kaufmann, Thomas: Konfession und Kultur: lutherischer Protestantismus in der zweiten Hälfte des Reformationsjahrhunderts, Tübingen 2006 (Spätmittelalter und Reformation 29).

Kéry, Lotte: Criminal Law. In: The Cambridge History of Medieval Canon Law. Hg. von Anders Winroth, John C. Wie. Cambridge 2022, S. 495–510.

Kidd, Beresford James: Documents illustrative of the Continental Reformation [orig. 1911]. Eugene, OR 2004.

Kießling, Klaus: Geistlicher und sexueller Machtmissbrauch in der katholischen Kirche. Würzburg 2021.

Kittelson, James M.: Successes and Failures in the German Reformation: The Report from Strasbourg. In: Archiv für Reformationsgeschichte – Archive for Reformation History 73 (1982), S. 153–175.

Knod, Gustav C. (Hg.): Die Alten Matrikeln der Universität Strassburg, 1621 bis 1793. Strasbourg 1897.

Kober, Franz: Die Deposition und Degradation nach den Grundsätzen des kirchlichen Rechts. Tübingen 1867.

König, Julia: Kindliche Sexualität: Geschichte, Begriff und Probleme. Frankfurt am Main 2020.

Körner, Hans-Michael: Große bayerische biographische Enzyklopädie. Berlin 2005.

Krass, Andreas: Geschriebene Kleider: Höfische Identität als literarisches Spiel. Tübingen 2006.

Kratz, Wilhelm: Das vierte Gelübde in der Gesellschaft Jesu. In: Zeitschrift für katholische Theologie 37 (1913), S. 538–562.

Kraus, Andreas: Das Gymnasium der Jesuiten zu München (1559–1773): Staatspolitische, sozialgeschichtliche, behördengeschichtliche, und kulturgeschichtliche Bedeutung. München 2001.

Krčelić, Baltazar Adam: Annuae, 1748-1767. Prooemio de vita operibusque scriptoris praemisso digessit Tade Smičiklas. Zagreb 1901.

Kremer, Stephan: Herkunft und Werdegang geistlicher Führungsschichten in den Reichsbistümern zwischen Westfälischem Frieden und Säkularisation – Fürstbischöfe, Weihbischöfe, Generalvikare. Freiburg 1992.

Krick, Ludwig Heinrich: Das ehemalige Domstift Passau und die ehemaligen Kollegiatstifte des Bistums Passau – Chronologische Reihenfolgen ihrer Mitglieder von der Gründung der Stifte bis zu ihrer Aufhebung. Passau 1922.

Królikowski, Janusz: Proces Gabriela Malagridy SJ – propagandowe preludium do kasaty jezuitów. In: Kasata Towarzystwa Jezusowego –1773 rok: Zagadnienia wybrane. Hg. von Jolanta Kunowska u. a. Kraków 2020, S. 87–120.

Kropf, Franz Xaver: Historia Provinciae Societatis Jesu Germaniae Superioris, Bd. 4. München 1746.

Kruedener, Claudia von: Kurfürstin Therese Kunigunde von Bayern (1676–1730) und ihre Friedenspolitik in europäischen Dimensionen zwischen Papst und Kaiser. Regensburg 2020.

Kurmainzischer Hof- und Staats-Kalender auf das Jahr 1784. Mainz 1784.

Kurmainzischer Hof- und Staats-Kalender auf das Jahr 1792. Mainz 1792.

Kurrus, Theodor: Die Jesuiten an der Universität Freiburg i. Br. 1620–1773. Freiburg im Breisgau 1963.

Kuznicki, Jason T.: Scandal and Disclosure in the Old Regime. Ph.D. Dissertation, Johns Hopkins University. Baltimore 2006.

Lamotte, Stéphane: L'Affaire Girard-Cadière: Justice, satire et religion au XVIIIe siècle. Aix-en-Provence 2016.

Lang, Karl Heinrich von: Abenteuer des ehrwürdigen Pater Jacob Marell, Mitgliedes der Gesellschaft Jesu: entlehnt aus Actenstücken, welche in den Archiven des Jesuitenordens in München aufgefunden worden sind. Bautzen 1845.

Lang, Karl Heinrich von: Geschichte der Jesuiten in Baiern. Nürnberg 1819.

Lang, Karl Heinrich von: Die Knabenliebschaften des Jesuitenpaters Marell. Leipzig 1890.

Lang, Karl Heinrich von: Reverendi in Christo Patris Jacobi Marelli Soc. Jesus Amores. E scriniis provinciae Superioris Germaniae Monachi nuper apertis brevi libello expositi. München 1815.

Laurea triumphalis Sancto Fideli Martyri adornata, Cum Sacrum Eiusdem Corpus [...] Templo Academico Soc. Jesu Dilingano [...]. Dillingen 1686.

Lea, Henry Charles: Geschichte der spanischen Inquisition, Bd. 2. Leipzig 1912.

Lebrun, François: Reformation und Gegenreformation. Gemeinschaftsandacht und private Frömmigkeit. In: Geschichte des Privaten Lebens: Von der Renaissance zur Aufklärung, Bd. 3. Hg. von Philippe Ariès, Roger Chartier. Frankfurt am Main 1991, S. 75–114.

Łęczycki, Mikołaj [i. e. Lancisius, Nicolaus]: Opera Omnia Spiritualia: Opusculis Comprehensa [...] Bd. 1. Ingolstadt 1724.

Lehner, Ulrich L.: De Moderatione in Sacra Theologia. Über die Grenzen theologischer Rede bei Ludovico Muratori (1672–1750). In: Der dreifaltige Gott. Christlicher Glaube im säkularen Zeitalter. Hg. von George Augustin u.a. Freiburg 2017, S. 349–364.

Lehner, Ulrich L.: Enlightened Monks: The German Benedictines 1740–1803. Oxford 2011.

Lehner, Ulrich L.: Die Entlassung aus dem Klerikerstand in der Frühen Neuzeit. Der Ritus der formellen Degradierung in Theorie und Praxis. In: Historisches Jahrbuch 143 (2023): 174–205.

Lehner, Ulrich L.: Grenzen, Schichten und konfessionelle Osmose Bemerkungen zum semantischen Diskurs über die Konfessionen in der Frühen Neuzeit. In: Catholica 77 (2022), S. 293–315.

Lehner, Ulrich L.: Monastic Prisons and Torture Chambers: Crime and Punishment in Central European Monasteries, 1600–1800. Eugene, OR 2013.

Lehner, Ulrich L.: Mönche und Nonnen im Klosterkerker. Ein verdrängtes Kapitel Kirchengeschichte. Kevalaer 2015.

Lehner, Ulrich L.: On the Road to Vatican II: German Catholic Enlightenment and Reform of the Church. Minneapolis 2016.

Lehner, Ulrich L.: The Catholic Enlightenment. The Forgotten History of a Global Movement. New York, Oxford 2016.

Lehner, Ulrich L.: The Inner Life of Catholic Reform. From the Council of Trent to the Enlightenment. New York, Oxford 2022.

Lehner, Ulrich L.; Blanchard, Shaun: Introduction – The World of Catholic Enlightenment. In: The Catholic Enlightenment – A Global Anthology. Hg. von Ulrich L. Lehner, Shaun Blanchard. Washington, D.C. 2022, S. 1–20.

Lennon, Thomas M.: Sacrifice and Self-Interest in Seventeenth-Century France: Quietism, Jansenism, and Cartesianism. Leiden, Boston 2019.

Leu, Hans Jacob: Allgemeines Helvetisches, Eydgenössisches oder Schweitzerisches Lexicon [...] C bis D. Zürich 1751.

Lewis, Laura A.: De la sodomía a la superstición: el pasivo activo y transgresiones corporales en la Nueva España. In: Cuadernos de Literatura 25 (2021), s.pag. online: https://doi.org/10.11144/Ja veriana.cl25.sspa (20. Mai 2023)

Liebreich, Karen: Fallen Order – Intrigue, Heresy, and Scandal in the Rome of Galileo and Caravaggio. New York 2004.

Lima, Lana Lage da Gama, Sodomia e pedofilia em Coa: o caso do padre João da Costa. In: A Inquisição em xeque: temas, controvérsias. Hg. von Ronaldo Vainfas, Bruno Feitler, Lana Lage da Gama Lima. Rio de Janeiro/Brasilien 2006, S. 237–252.

Lima, Lana Lage da Gama: Confissão pelo avesso: o crime de solicitação no Brasil Colonial, Universidade de São Paulo. São Paulo/Brasilien 1991.

Lipowsky, Felix Joseph: Geschichte der Jesuiten in Baiern, Bd. 2. München 1816.

Litterae societatis Jesu duorum annorum 1594 et 1595 ad patres et fratres eiusdem societatis. Neapel 1604.

Locatelli, Fabio: El Tribunal de la Inquisición de Lima y el delito de solicitación en la diócesis de Quito, siglo XVII. In: Huarte de San Juan. Geografía e Historia 29 (2022), S. 73–95.

Löcher, Bernhard: Das österreichische Feldkirch und seine Jesuitenkollegien „St. Nikolaus" und „Stella Matutina." Höheres Bildungswesen und Baugeschichte im historischen Kontext 1649 bis 1979. Frankfurt am Main, New York 2008.

Loetz, Francisca: Sexualisierte Gewalt, 1500–1850: Plädoyer für eine historische Gewaltforschung. Frankfurt 2012 (Campus Historische Studien).

Lohse, Bernhard, Luthers Kritik am Mönchtum. In: Evangelische Theologie 20 (1960), S. 413–432.

Lopez de Salcedo, Ignacio: Practica criminalis canonica. Mainz 1610.

López-Dóriga, Enrique: Die Natur der Jurisdiktion im Bußsakrament. In: Zeitschrift für katholische Theologie 82 (1960), S. 385–427.

Luca, Carolus Antonius de: Praxis judiciaria: in civilem divisa, et criminalem [...]. Genf 1686.

Lucca, Denis De: Jesuits and Fortifications: The Contribution of the Jesuits to Military Architecture in the Baroque Age. Leiden, Boston 2012.

Lucius, Ludwig: Jesuiter-Historie. Basel 1626.

Ludewigg, Anton: Briefe und Akten zur Geschichte des Gymnasiums und des Kollegs der Gesellschaft Jesu zu Feldkirch. In: Jahresbericht des öffentlichen Privatgymnasiums an der Stella Matutina zu Feldkirch (1909), S. 64–180.

Ludewigg, Anton: Die am Feldkircher Lyzeum im 17. und 18. Jahrhundert studierende Jugend. Innsbruck 1932.

Łukaszewicz, Józef: Obraz historyczno-statystyczny miasta Poznania w dawniejszych czasach, Bd. 2. Poznaniu 1838.

Lukken, Gerard: Die Bedeutung der Semiotik Greimas' und der Pariser Schule für die Liturgiewissenschaft. In: Gib mir ein Zeichen. Hg. von Wilfried Engemann, Rainer Volp. Berlin, Boston 1992, S. 187–206.

Lyon-Caen, Nicolas: La justice ecclésiastique en France à l'époque moderne, in: Religion ou confession. Hg. von Philippe Büttgen, Christophe Duhamelle. Paris 2010, S. 253–280.

Lyseck, Adolphus: Relatio eorum quae circa sac. caesareae maiest. ad magnum Moscorum czarum ab legatos Annibalem Franciscum de Bottoni [...]. Salzburg 1676.

Magowska, Anita: Complaints, Charges, and Claims: Apothecaries in Poland in the 16th and 17th Centuries. In: Pharmacy in History 50 (2008), S. 97–106.

Mai, Paul; Hausberger, Karl (Hg.): Die Priesterbruderschaft St. Salvator zu Straubing. Studien zu ihrer Geschichte. Regensburg 2001.

Maiolo, Simeone: Tractatus de Irregularitate et aliis canonicis Impedimentis. Rom 1619.

Manning, Patricia W.: Disciplining Brothers in the Seventeenth-Century Jesuit Province of Aragon. In: Renaissance and Reformation 37 (2014), S. 115–139.

Manning, Patricia W.: Repentance and Departure from the Society of Jesus in the Seventeenth-Century Province of Aragón. In: Bulletin of Spanish Studies 89 (2012), S. 699–723.

Martin, Lynn: Vocational Crises and the Crisis in Vocations among Jesuits in France during the Sixteenth Century, in: The Catholic Historical Review 72 (2), 1986, S. 201–221.

Martin, Lynn: The Jesuit Mind: The Mentality of an Elite in Early Modern France. Ithaca 1988.

Martin, Pierre: L'invention du Jésuite pédophile. In: Albineana. Cahiers d'Aubigné 23 (2011), S. 13–49.

Martínez, Doris Moreno: Obediencias negociadas y desobediencias silenciadas en la Compañía de Jesús en España, ss. XVI–XVII. In: Hispania 74 (2014), S. 661–686.

Martyr-Palmeriche Starkmüthigkeit des unüberwindlichen Jünglings Andreae von Chio. Straubing 1682.

Mathy, Helmut: Neue Quellen zur Biographie des Mainzer Anatomen Franz Georg Ittner und seiner Familie sowie zum Maler seines Porträts, in: Medizinhistorisches Journal, 1978, S. 93–111.

May, Georg: Das Priesterhaus in Marienborn. Mainz 2005.

Mayer, Anton: Statistische Beschreibung des Erzbisthums München-Freising. Bd. 1. München 1874.

McAlinden, Anne-Marie: Setting 'Em Up': Personal, familial and Institutional Grooming in the Sexual Abuse of Children. In: Social & Legal Studies 15 (2006), 339–362.

McCabe, Joseph: A Candid History of the Jesuits. New York 1913.

McEnery, Tony; Baker, Helen: The Public Representation of Homosexual Men in seventeenth-century England: A Corpus Based View. In: Journal of Historical Sociolinguistics 3 (2017), S. 197–217.

McManners, John: Church and Society in Eighteenth-Century France, Bd. 1. Oxford 1999.

Mederer, Johann Nepomuk: Annales Ingolstadiensis Academiae: ab Anno 1672 ad Annum 1772, Pars III. Ingolstadt 1782.

Meißner, Rudolf: Zur Geschichte der Degradation. In: Zeitschrift der Savigny-Stiftung für Rechtsgeschichte. Kanonistische Abteilung 13 (1924), S. 488–512.

Mendonça, Pollyanna Gouveia: Raptores, incestuosos e solicitantes: transgressões do clero no Maranhão colonial. In: Revista Cantareira 14 (2009), S. 1–23.

Mennecke, Ute: Conversio ad ecclesiam. Der Weg des Friedrich Staphylus zurück zur vortridentinischen katholischen Kirche. Gütersloh 2003.

Menochius, Jacobus: De arbitrariis judicum quaestionibus et causis. Köln 1607.

Meumann, Markus, Findelkinder: Waisenhäuser, Kindsmord in der Frühen Neuzeit: Unversorgte Kinder in der frühneuzeitlichen Gesellschaft. Berlin 1995.

Meyer, Frédéric: Enfance et violences ecclésiastiques en Savoie au xviiie siècle. In: Enfance, assistance et religion. Hg. von Olivier Christin, Bernard Hours. Paris 2006, S. 93–110.

Meyer, Georg Karl (Hg.): Sammlung der Kurpfalz-Baierischen allgemeinen und besonderen Landes-Verordnungen: Von Polizey- und Landesverbesserungs-, Religions-, Kirchen- und Geistlichkeits-, Kriegs- und vermischten Sachen. München 1784.

Meyer, Hermann (Hg.): Die Matrikel der Universität Freiburg von 1460–1656, Bd. 1. Freiburg im Breisgau 1907.

Mills, Robert: Seeing Sodomy in the Middle Ages. Chicago 2015.

Misericordia et Iudicium Domini Peccantibus Parata Et a Studiosa Iuventute Gymnasii Straubingani. Straubing 1681.

Misothea Ruentis In Ultimam Perniciem Ac Damnationem Animae: Tragoedia Spectata in ludo theatrali Straubingae. Straubing 1680.

Mogni, L.: Il Gesuitismo smascherato, ovvero una massima, un delitto od una stoltezza per ogni giorno dell'anno. s.l. 1849.

Molina, Fernanda Vanina: El convento de Sodoma: frailes, órdenes religiosas y prácticas sodomíticas en el Virreinato del Perú (Siglos XVI-XVII). In: Histoire(s) de l'Amérique latine 9 (2013), S. 1–17.

Moses, Diana C.: Livy's Lucretia and the Validity of Coerced Consent. In: Consent and coercion. Hg. von Angeliki E. Laiou. Washington, D.C. 1993, S. 39–81.

Mott, Luiz: A índia nos processos de sodomia da Inquisição portuguesa, in, Império de várias faces: Relações de poder no mundo ibérico da Época Moderna (2009), S. 49–66.

Mott, Luiz: Ventura e desventuras de um mercedário sodomita em Belém do Pará pós-Filipino. In: Politeia-História e Sociedade 11 (2011), S. 81–103.

Mott, Luiz: A índia nos processos de sodomia da Inquisição portuguesa. In: Império de várias faces: Relações de poder no mundo ibérico da Época Moderna. Hg. von Rodrigo Bentes Monteiro, Ronaldo Vainfa. São Paulo 2009, S. 49–66.

Mott, Luiz: Cinco cartas de amor de um sodomita português do século XVII. In: Resgate: Revista Interdisciplinar de Cultura 1 (1990), S. 91–99.

Mott, Luiz: Meu menino lindo: cartas de amor de um frade sodomita, Lisboa (1690). In: Luso-Brazilian Review 38 (2001), S. 97–115.

Mühlbauer, Wolfgang (Hg.): Decreta Authentica Congregationis Sacrorum Rituum Et Instructio Clementina, Bd. 3.1. München, Paris 1865.

Muller, Claude: En Alsace, le Saint-Esprit est aux ordres du roi: Réalité et limites de la politique monarchique française au XVIIIe siècle. In: Revue d'Alsace 142 (2016), S. 299–314.

Müller, Michael: Mainzer Jesuitenmissionare in Übersee im 18. Jahrhundert, in: Mainzer Zeitschrift 99 (2004), S. 105–120.

Müller, Wolfgang P.: Die Abtreibung: Anfänge der Kriminalisierung 1140-1650. Köln, Weimar 2000.

Mulsow, Martin, Popkin, Richard H.: Introduction. In: Secret Conversions to Judaism in Early Modern Europe. Hg. von Martin Mulsow, Richard H. Popkin. Leiden, Boston 2003, S. 1–18.

München, Stadtarchiv: Häuserbuch der Stadt München, Bd. 1. 1958.

Nardini, Giovanna: O privilégio de foro no Santo Ofício português:„Índice dos processos cíveis e crime" julgados pela Inquisição (1583-1703), in: Revista de fontes 9 (16), 2022, S. 1–80.

Neudecker, Sigismund: Geistliche Lehr-Schuel [...]. Ingolstadt and Augsburg 1749.

Neues genealogisch-schematisches Reichs- und Staats-Handbuch vor das Jahr 1761. Frankfurt am Main 1761.

Neveu, Bruno: Sébastien Joseph du Cambout de Pontchâteau, 1634-1690 et ses missions à Rome. D'après sa correspondance et des documents inédits. Paris 1968.

Noack, Friedrich: Kardinal Friedrich von Hessen, Grossprior in Heitersheim. In: Zeitschrift für die Geschichte des Oberrheines NF 80 (1928), S. 341–386.

Nowicki, Andrzej: Kazimierz Łyszczyński 1634-1689. Łódź 1989.

Nunes, João Rocha: Crime e Castigo: „Pecados Públicos" e Disciplinamento Social na Diocese de Viseu (1684-1689). In: Revista de História da Sociedade e da Cultura 6 (2006), S. 177–213.

O'Reilly, Michael: Recent Developments in the Laicization of Priests. In: Jurist 52 (1992), S. 684–696.

Opfermann, Bernhard (Hg.): Die Geschichte des Heiligenstädter Jesuitenkollegs, Bd. 2. Duderstadt 1989.

Ordinationes Praepositorum Generalium communes toti societati. Rom 1595.

Ozment, Steven: When Fathers Ruled – Family Life in Reformation Europe. Cambridge 1983.

Paiva, José Pedro: O episcopado. In: História da Diocese de Viseu, Bd. 2. Hg. von José Pedro Paiva. Coimbra 2016.

Palacios, Joy: Ceremonial Splendor: Performing Priesthood in Early Modern France. Philadelphia 2022.

Pałęcki, Waldemar: Celebracja nałożenia kar osobom duchownym i ich zniesienia według potrydenckiego Pontificale Romanum. In: Roczniki Teologiczne 64 (2017), S. 111–128.

Paritius, Georg Heinrich: Kurz gefaßte Nachricht von allen in denen Ringmauern der Stadt Regensburg gelegenen Reichs-Stifftern, Haubtkirchen u. Clöstern Catholischer Religion. Regensburg 1723.

Patrocinium Divi Josephi. Konstanz 1653.

Pavone, Sabina: Between History and Myth: The Monita secreta Societatis Jesu. In: The Jesuits, Bd. 2: Cultures, Sciences, and the Arts, 1540–1773. Hg. von John O'Malley, Gauvin Alexander Bailey, Steven J. Harris. Toronto 2005, S. 50–65.

Pelizaeus, Ludolf: Angst und Terror seit der Endphase der Reconquista im christlichen und moslemischen Spanien. In: Das Mittelalter 12 (2007), S. 35–47.

Peracher, Johann F.: Miles Gloriosus: das ist: P. Joseph Sonnenberg aus der Compaignie der frechen Jesuiten wider unser Reformirte Züricherische Kirch und derselben anderes Jubel-Jahr neu auftrettender Hoher- und Gross-Sprecher. Zürich 1721.

Perennes, Francois, Migne, Jacques Paul (Hg.): Dictionnaire de Biographie Chretienne et Anti-Chretienne, Bd. 1. Paris 1851.

Perles, Joseph: Geschichte der Juden in Posen. Breslau 1865.

Petitot, Thierry: Le pédéraste et le pédophile à l'école. Paris 2007.

Pezzl, Johann: Reise durch den Baierschen Kreis: Mit vielen Zusätzen und Berichtigungen. Salzburg und Leipzig 1784.

Picard, Paul: Zölibatsdiskussion im katholischen Deutschland der Aufklärungszeit. Düsseldorf 1975.

Pirhing, Ehrenreich: Jus canonicum nova methodo explicatum [...]. Bd. 5. Dillingen 1677.

Pittroff, Franz Christian: Kirchenamtspolitik nach den allgemeinen Verhältnissen der Kirchenstatik und der Pastoralklugheit, Bd. 1. Prag 1785.

Pittroff, Franz Christian: Kirchenamtspolitik nach den allgemeinen Verhältnissen der Kirchenstatik und der Pastoralklugheit, Bd. 2. Prag 1786.

Plersch, Robert: Das Priesterthum ein Gegenstand der Verehrung, und nicht der Verachtung. Augsburg 1795.

Poettering, Jorun: Handel, Nation und Religion. Kaufleute zwischen Hamburg und Portugal im 17. Jahrhundert. Göttingen 2019.

Pontificale Romanum Clementis VIII. Antwerpen 1627.

Pörtner, Regina, Defending the Catholic Enterprise: National Sentiment, Ethnic Tensions, and the Jesuit Mission in Seventeenth-Century Hungary. In: Whose Love of Which Country? Composite States, National Histories and Patriotic Discourses in Early Modern East Central Europe. Hg. von Balazs Trencsenyi, Márton Zászkaliczky. Leiden, Boston 2010, S. 569–586.

Prechtl, Johann B.: Beiträge zur Geschichte der Stadt Freising: Pfarrkirche u. Pfarrei St. Georg, Bd. 4. Freising 1878.

Prosperi, Adriano: Tribunali della coscienza: inquisitori, confessori, missionari. Torino ²2009.

Proteus Christianus: Seltzsame Veränderung des h. Alexandri. München 1674.

Puff, Helmut: Unziemliche Werk? Sexuelle Handlungen unter Männern vor Gerichten des 16. Jh. In: Von Lust und Schmerz: eine historische Anthropologie der Sexualität. Hg. von Claudia Bruns, Walter Tilman. Köln 2004, S. 61–85.

Rade, Hans Jürgen: Der Missbrauch von minderjährigen Mädchen durch den Sandebecker Kaplan Joseph Hengsbach (1907) und seine Folgen. In: Jahrbuch für mitteldeutsche Kirchen- und Ordensgeschichte 18 (2022), S. 40–54.

Rade, Hans Jürgen: Der Verler Missbrauchsskandal von 1874. In: Heimat Jahrbuch Kreis Gütersloh 2023, 2022, S. 72–81; 217–218.

Rade, Hans Jürgen: Missbrauch und Klosterhaft im Hochstift Paderborn. Der Missbrauch von minderjährigen Mädchen 1789 in Verlar durch den Kapuziner Linus Hasse, in: Westfälische Zeitschrift 171 (2021), S. 251–297.

Rädle, Fidel: Pietas et mores–Rebellion und Gewalt. Studentenleben in der Frühen Neuzeit. In: Syntagmatia. Essays on Neo-Latin Literature in Honour of Monique Mund-Dopchie and Gilbert Turnoy. Hg. von Dirk Sacré, Jan Papy. Leuven 2009, S. 355–370.

Rauscher, Wolfgang: Oel und Wein deß mitleidigen Samaritans [...]. Dillingen 1689.

Raynauld, Jean-Dominique: Observationum Criminalium, Civilum, & Mixtarum Liber Primus, Bd. 1. Venedig 1699.

Rebuffi, Pierre: Praxis Beneficiorum [...]. Lyon 1620.

Rechter, Warhafftiger und ausführlicher Bericht, Alles Was bißhero in diesem 1687sten Jahre die Christlichen Waffen für herrliche Siege hin und wieder gegen den Erb-Feind, Türcken und Tartarn erhalten. Leipzig 1687.

Reden-Esbeck, Friedrich Johann von: Deutsches Bühnen-Lexikon: das Leben und Wirken aller hervorragenden deutschen Bühnen-Leiter und Künstler vom Beginn der Schauspielkunst bis zur Gegenwart, Bd. 1. Eichstätt, Stuttgart 1879.

Regnault, Valère: Theologia Moralis. Editio Novissima. Köln 1642.

Regulae Societatis Jesu. Lyon 1606.

Reinhardt, Nicole, Voices of Conscience: Royal Confessors and Political Counsel in Seventeenth-Century Spain and France. Oxford 2016.

Remling, Franz Xaver: Geschichte der Bischöfe zu Speyer, Bd. 2. Mainz 1852.

Reusch, Franz Heinrich: Beiträge zur Geschichte des Jesuitenordens. München 1894.

Ricci, Lorenzo, Tosetti, Urbano: Riflessioni di un Portoghese sopra il memoriale presentato da' P.P. Gesuiti alla santità di P.P. Clemente XIII. [...] esposte in una lettera scritta ad un amico di Roma. Lissabon 1758.

Richard, Nicolas: La dégradation d'un prêtre à Prague le 7 avril 1631: justice ecclésiastique et réforme catholique au début de la guerre de Trente ans. In: Histoire, économie & société 35 (2016), S. 75–87.

Richlin, Amy: Not before Homosexuality: the Materiality of the cinaedus and the Roman Law against Love between Men. In: Journal of the History of Sexuality 3 (1993), S. 523–573.

Rieger, Rafael: Das Ausscheiden aus dem klerikalen Stand, in: Handbuch des katholischen Kirchenrechts. Hg. von Stephan Haering u.a. Regensburg [3]2015, S. 410–429.

Rieger, Rafael: De gravioribus delictis Congregationi pro Doctrina Fidei reservatis: Anmerkungen aus der Praxis zu den schwerwiegenderen Straftaten bei der Feier der Sakramente und gegen die Sitten, deren Behandlung der Glaubenskongregation vorbehalten ist. In: Österreichisches Archiv für Recht & Religion 59 (2012), S. 327–345.

Roca, Paul M.: Paths of the Padres Through Sonora: An Illustrated History & Guide to Its Spanish Churches. Tucson, AZ 1967.

Rocca, Giancarlo: Le associazioni sacerdotali. Per una tipologia delle associazioni italiane dal Medioevo a oggi. In: Revue d'Histoire de l'Eglise de France 93 (2007), S. 7–24.

Rocha, Cássio Bruno de Araujo: Masculinidade e homoerotismo no Império português seiscentista: as aventuras sodomíticas do Padre Frutuoso Álvares, vigário do Matoim. In: Em Tempo de Histórias 25 (2015), S. 151–171.

Röder, Brendan: Der Körper des Priesters Gebrechen im Katholizismus der Frühen Neuzeit. Frankfurt am Main 2021.

Rodrigues, Francisco: Jesuitophobia: Resposta Serena a Uma Diatribe. Porto 1917.

Rodrigues, Matias: Vida do padre Gabriel Malagrida, Bélem do Pará. Brazil 2010.

Roelens, Jonas: From Slurs to Silence? Sodomy and Mendicants in the Writings of Catholic Laymen in Early Modern Ghent. In: The Sixteenth Century Journal 46 (2015), S. 629–649.

Roldán-Figueroa, Rady: The Martyrs of Japan: Publication History and Catholic Missions in the Spanish World (Spain, New Spain, and the Philippines, 1597–1700). Leiden, Boston 2021.

Romeo, Giovanni; Mancino, Michele: Clero criminale: L'onore della Chiesa ei delitti degli ecclesiastici nell'Italia della Controriforma. I documenti: il Cinquecento. Neapel 2014.

Romeo, Giovanni: Esorcisti, confessori e sessualità femminile nell'Italia della Controriforma. A proposito di due casi modenesi del primo Seicento. Firenze 1998.

Romstöck, Franz Sales: Die Jesuitennullen Prantl's an der Universität Ingolstadt und ihre Leidensgenossen: Eine biobibliographische Studie. Eichstätt 1898.

Ros-Fábregas, Emilio: Cómo leer, cantar o grabar el cancionero de Uppsala (1556): ¿de principio a fin? In: Revista de Musicología 35 (2012), S. 43–68.

Rousseau, George S.: Policing the Anus. Stuprum and Sodomy according to Paolo Zacchia's Forensic Medicine. In: The Sciences of Homosexuality in Early Modern Europe. Hg. von Kenneth Borris, George S. Rousseau. New York, London 2013, S. 87–103.

Rowland, Ingrid D: What Giordano Bruno Left Behind: Rome, 1600. In: Common Knowledge 14 (2008), S. 424–433.

Rumpler, Matthias: Ueber die Laien-Communion in der ältern Kirche [...]. Salzburg 1807.

Rurale, Flavio: I gesuiti a Milano: Religione e politica nel secondo Cinquecento. Rom 1992.

Russell, Camilla: Being a Jesuit in Renaissance Italy – Biographical Writing in the Early Global Age. Cambridge 2022.

S. Henricus ex duce Bavariae imperator invictissimus. München 1673.

S. Jacobus Intercisus Martyr. Ems 1655.

Sacchini, Francesco: Historiae Societatis Jesu pars tertia siue Borgia. Rom 1649.

Sacchini, Franciscus: Vita B. Stanislai Kostkae, Poloni e societate Jesu. Ingolstadt 1609.

Sagittae Parvulorum, das ist: Durchtringendes Gebett der Troianischen Jugend, so Das unüberwindliche Hertz Henrichs deß II. Röm. Kays. [...]. Landshut 1686.

Sägmüller, Johannes Baptist: Lehrbuch des katholischen Kirchenrechts. Freiburg ²1909.

Sala, Aristide: Documenti circa la vita e le gesta di S. Carlo Borromeo, Bd. 3. Mailand 1861.

Sall, Andrew: A Sermon Preached at Christ-Church in Dublin, Before the Lord Lieutenant and Council, the Fifth Day of July, 1674. Dublin 1674.

Sall, Andrew: True Catholic and Apostolic Faith Maintain'd in the Church of England. Oxford 1676.

Salliot, Natacha: Diffamation, apologie et propagande sous Henri IV. Les stratégies jésuites dans la polémique autour de l'affaire du Père Henri. In: Albineana, Cahiers d'Aubigné 23 (2011), S. 317–330.

Sapsford, Tom: Performing the Kinaidos. Unmanly Men in Ancient Mediterranean Cultures. New York 2022.

Saraiva, António José: The Marrano Factory: the Portuguese Inquisition and its New Christians 1536–1765. Leiden, Boston 2001.

Sarpi, Paolo: Geschichte des Konziliums von Trident, Bd. 1. Mergentheim 1839.

Saslow, James S.: Ganymede in the Renaissance. Homosexuality in Art and Society. New Haven 1986.

Scaduto, Mario: Il „Libretto consolatorio" di Bobadilla a Domènech sulle vocazioni mancate (1570). In: Archivum Historicum Societatis Jesu 43 (1974): S. 85–102.

Schatz, Klaus: Geschichte der deutschen Jesuiten (1814–1983), Bd. 5. Münster 2013.

Scherer, Rudolf von: Die Irregularitas ex delicto homicidii. In: Archiv für katholisches Kirchenrecht 49 (1883), S. 37–63.

Schimmelpfennig, Bernhard: Die Degradation von Klerikern im späten Mittelalter. In: Zeitschrift für Religions- und Geistesgeschichte 34 (1982), S. 305–323.

Schleiner, Winfried: „That Matter Which Ought Not To Be Heard Of": Homophobic Slurs in Renaissance Cultural Politics. In: Journal of Homosexuality 26 (1994), S. 41–75.

Schmemann, Steffen: Die Pfarrer inkorporierter Pfarreien und ihr Verhältnis zur Universität Freiburg (1456–1806). In: Freiburger Diözesan-Archiv 92 (1972), S. 5–160.

Schoppe, Kaspar: Anatomia Societatis Jesu. Lubduni 1633.

Schoppe, Kaspar: Arcana Societatis Jesu publico bene vulgata cum appendicibus utilissimis. Genua 1635.

Schoppe, Kaspar [pseud. Vargas, Alphonsus de]: Relatio ad reges et principes christianos de stratagematis et sophismatis politicis Societatis Jesu ad monarchiam orbis terrarum sibi conficiendam [...]. s.l. 1641.

Schulze, Winfried: Ego-Dokumente. Annäherung an den Menschen in der Geschichte? In: Ego-Dokumente. Annäherung an den Menschen in der Geschichte. Hg. von Winfried Schulze. Berlin 1996, S. 11–30.

Schutte, Anne Jacobson: By Force and Fear: Taking and Breaking Monastic Vows in Early Modern Europe. Ithaca 2011.

Schutte, Anne Jacobson: Aspiring Saints: Pretense of Holiness, Inquisition, and Gender in the Republic of Venice, 1618–1750. Baltimore 2001

Schutte, Anne Jacobson (Hg.): Cecilia Ferrazzi: Autobiography of an Aspiring Saint. Chicago 2007.

Schwerdtfeger, Elisabeth: Friedrich von Hessen-Darmstadt. Ein Beitrag zu seinem Persönlichkeitsbild anhand der Quellen im Vatikanischen Archiv. In: Archiv für schlesische Kirchengeschichte 41 (1983), S. 165–240.

Schwillus, Harald: Die Hexenprozesse gegen Würzburger Geistliche unter Fürstbischof Philipp Adolf von Ehrenberg (1623–1631), Würzburg 1989.

Schwillus, Harald: Kleriker im Hexenprozeß: Geistliche als Opfer der Hexenprozesse des 16. und 17. Jahrhunderts in Deutschland. Würzburg 1992.

Seibert, Thomas-M.: Semiotische Aspekte der Rechtswissenschaft: Rechtssemiotik. In: Semiotik – Semiotics Bd. 3. Hg. von Roland Posner u.a. Berlin, Boston 2003, S. 2847–2904.

Seif, Ulrike: Recht und Gerechtigkeit: Die Garantie des Gesetzlichen Richters und die Gewaltenteilungskonzeptionen des 17.–19. Jahrhunderts Berichte und Kritik. In: Der Staat 42 (2003), S. 110–140.

Seifert, Johann: Genealogische und historische Beschreibung der uhralten Hoch-Adelichen Familie derer Herren v. Schwaben auf Altenstatt [...]. Regensburg 1726.

Seitz, Eduard: Darstellung der katholischen Kirchendisciplin in Ansehung der Verwaltung der Sacramente: eine Anleitung zur geistlichen Amtsverwaltung in Beziehung auf die Taufe, die Firmung, die Buße, den Ablaß, das Abendmahl, das Meßopfer, die letzte Ölung, die erste Tonsur, die Weihe, das Verlöbniß und die Ehe. Regensburg 1850.

Sevoy, François Hyacinthe: Devoirs ecclesiastiques, Bd. 4. Paris ²1766.

Shore, Paul J.: Narratives of Adversity: Jesuits in the eastern peripheries of the Habsburg realms (1640–1773). Budapest, New York 2012.

Shore, Paul J.: Mission Mostly Accomplished: Narratives of Jesuit Success and Failures in Hungary and Transylvania, 1640–1772. In: Publicationes Universitatis Miskolciensis: Sectio philosophica 15 (2009), S. 179–192.

Silva, Ronaldo Manoel, O pecado nefando na primeira visitação do Santo Ofício ao Brasil (1591–1595). In: Revista Aedos 8 (2016), S. 62–84.

Silva, Ronaldo Manoel: „Seja declarado por convicto e confesso no crime de sodomia": uma microanálise do processo inquisitorial do artesão Manoel Fernandes Dos Santos (1740–1753). Universidade Federal Rural de Pernambuco – UFRPE, Recife/Brasilien 2018.

Silva, Sabrina Alves da: Execrados ministros do demônio. O delito de solicitação em Minas Gerais (1700–1821), Magisterarbeit São João/Brasilien 2016.

Silver, Allan: Friendship and Trust as Moral Ideals: An Historical Approach. In: Archives européennes de sociologie. European Journal of Sociology 30 (1989), S. 274–297.

Smet, Rudolph de: Displiceant multis, multis mea forte placebunt: Janus De Bisschop (fl. 1686–1700), deux poèmes néo-latins inédits et quelques lettres destinées à Jacobus Gronovius. In: Myricae. Essays on Neo-Latin Literature in Memory of Jozef Ijsewijn. Hg. von Dirk Sacre, Gilbert Tournoy. Louvain 2000, S. 565–590.

Smidt, Andrea J.: Luces por la fe: The Cause of Catholic Enlightenment in 18th-Century Spain. In: A Companion to the Catholic Enlightenment in Europe. Hg. von Ulrich L. Lehner, Michael O'Neill Printy. Leiden, Boston 2010, S. 403–452.

Sommervogel, Carlos: Bibliothèque de la Compagnie de Jésus, Bd. 6. Brüssel 1895.

Sommervogel, Carlos: Bibliothèque de la Compagnie de Jésus, Bd. 9. Brüssel 1900.

Speitkamp, Winfried: Jugend in der Neuzeit: Deutschland vom 16. bis zum 20. Jahrhundert. Göttingen 1998.

Spiegel, Beate: Skandal in Straubing anno 1718. Gerüchte, Verdächtigungen und Beschuldigungen um die Schwängerung eines Fräuleins. In: Volkskundliche Fallstudien: Profile empirischer Kulturforschung heute. Hg. von Burkhart Lauterbach. Münster u.a. 1998, S. 9–24.

Staphylus, Friedrich: De corruptis moribus utriusque partis, Pontificiorum et Evangelicorum Dialogus [...]. sl.l. 1560.

Steinmetz, Andrew: History of the Jesuits, Bd. 2. London 1848.

Stella, Alessandro: Le prêtre et le sexe: les révélations des procès de l'Inquisition. Brüssel 2009.

Stock, Alex: Poetische Dogmatik. Ekklesiologie, Bd. 1. Paderborn 2014.

Sugenheim, Samuel: Der heilige Karl Borromeo und die Jesuiten. In: Das Neue Reich 2 (1872), S. 689–697.

Sugenheim, Samuel: Geschichte der Jesuiten in Deutschland, Bd. 2. Frankfurt am Main 1847.

Swartz, Michael D.: The Signifying Creator: Nontextual Sources of Meaning in Ancient Judaism. New York 2012.

Tanaka, Sukehiro: The Ecclesiastical Courts in The Early Modern Southern Netherlands: A Quantitative Analysis. In: Pro Memorie 21 (2019), S. 54–71.

Tausiet, María: „When Venus Stays Awake, Minerva Sleeps": A narrative of Female Sanctity in eighteenth-century Spain. In: Journal of Spanish Cultural Studies 22 (2021), S. 295–310.

Terry, Karen J.: Child Sexual Abuse Within the Catholic Church: A Review of Global Perspectives. In: International Journal of Comparative and Applied Criminal Justice 39 (2015), S. 139–154.

Theiner, Johann Anton; Theiner, Augustin: Enthüllungen über Lehren und Leben der katholischen Geistlichkeit. Sondershausen 1862.

Thoma, Lev Mordechai; Limbeck, Sven (Hg.): „Die sünde, der sich der tiuvel schamet in der helle": Homosexualität in der Kultur des Mittelalters und der frühen Neuzeit. Ostfildern 2009.

Thompson, G. D.: The Jesuit Province of France on the Eve of its Destruction in 1762. In: Archivum Historicum Societatis Jesu 87 (2018), S. 3–72.

Tippelskirch, Xenia von: „Es ist nichts Eingebildetes in mir:" Zur Inszenierung weltabgewandten Lebens in Frankreich um 1700. In: L'Homme 23 (2012), S. 11–25.

Tovazzi, Giangrisostomo: Biblioteca tirolese, o sia Memorie istoriche degli scrittori della contea del Tirolo. Trento 2006.

Tschaikner, Manfred: Hieronymus Puecher (1595–1626), ein Opfer der Hexenprozesse aus Hall. In: Tiroler Heimatblätter 4 (1987), S. 113–116.

Tüskés, Gábor: Johannes Nádasi. Europäische Verbindungen der geistlichen Erzählliteratur Ungarns im 17. Jahrhundert. Tübingen 2001.

Vainfas, Ronaldo: Trópico dos pecados. Rio de Janeiro 2011.

Valente, Michael Feeney: The Sexual Ethics of Martin Le Maistre. Dissertation Columbia University. New York 1968.

Van den Gheyn, Joseph, Bacha, Eugène, Wagemans, Émile u. a. (Hg.): Catalogue des manuscrits de la Bibliothèque royale de Belgique – Histoire des ordres religieux et des églises particulières, Bd. 6. Brüssel 1906.

Van Melkebeek, Monique: Le procès du clerc Hannekin MeesterJans: la justice pénale ecclésiastique sur les clercs criminels dans les Pays-Bas méridionaux à la fin du Moyen Age. In: Justice pénale et droit des clercs en Europe, XVIe-XVIIIe siècles. Hg. von Bernard Durand. Lille 2005, S. 151–163.

Van Mingroot, Erik: Een beruchte XVIIIde-eeuwse rechtszaak: de moord op prior Filip De Vos van Ten Walle te Elsegem (2 januari 1736). In: Handelingen van de Koninklijke Commissie voor de uitgave der oude wetten een verordeningen van België 29 (1981), S. 143–193.

Van Reyn, Geert; Persoons, Ernest: De kloostergevangenis van Groenendaal. In: Zoniën. Geschiedkundig tijdschrift voor IJse-en Laneland 38 (2014), S. 151–200.

Vargas, Alphonsus de [Schoppe, Caspar]: Relatio ad reges et principes christianos de stratagematis et sophismatis politicis Societatis Jesu ad monarchiam orbis terrarum sibi conficiendam [...]. s.l. 1641.

Verani, Gaetano Felice: Theologia speculativa universa dogmatica, et moralis, Bd. 8, München 1700.

Villaume, Peter: Anfangsgründe zur Erkenntniß der Erde. Bd. 5. Berlin 1791.

Virilis Constantia in Juvene. München 1686.

Vismara, Paola: Moral Economy and the Jesuits. In: Journal of Jesuit Studies 5 (2018), S. 610–630.

Vollständiges Diarium von denen Merckwürdigsten Vorfällen die sich bey dem letzt gehaltenen hohen ChurfürstenTag Und darauf Höchst-beglückt erfolgten Wahl- und Crönung des [...] Herrn Josephi des Andern, Erwehlten Römischen Königs [...] In der Freyen Reichs- und Wahl-Stadt Franckfurt am Mayn Ergeben. Theil 2. Mainz 1770.

Wallnig, Thomas; Romberg, Marion; Lahner, Julian (Hg.): Kirche und Klöster zwischen Aufklärung und administrativen Reformen. Wien 2021.

Walter, Harry: Hüte dich vor bösen Katzen, die vorne lecken und hinten kratzen! (Deutsche Redewendungen mit der Komponente „Katze" und ihre Slawischen Äquivalente). In: Anuari de Filologia. Llengües i Literatures ModernesLLM (2011), S. 83–98.

Weber, Karlheinz: Vom Spielmann zum städtischen Kammermusiker: zur Geschichte des Gürzenich-Orchesters. Köln 2009.

Weissenberger, Paulus: Michael Dobler Abt von Mönchsdeggingen im Ries (1705–1777), in: Studien und Mitteilungen zur Geschichte des Benediktinerordens und seiner Zweige 75 (1961), S. 361–469.

Weiß, Otto: Weisungen aus dem Jenseits? Der Einfluss mystizistischer Phänomene auf Ordens- und Kirchenleitungen im 19. Jahrhundert. Regensburg 2011.

Weislinger, Johann Nicolaus: Des allenthalben feindseligst angegriffenen J. N. Weislingers [...] höchst-billig und gründliche Antwort [...], Bd. 2. Capell Rodeck 1736.

Wendehorst, Alfred: Das Stift Neumünster in Würzburg. Berlin, New York 1989 (Germania Sacra NF 26).

Werkmeister, Benedikt von: Sendschreiben an Herrn Ritter von Lang über eine merkwürdige Rezension in der Felder'schen Litteraturzeitung gegen seine Schrift P. Marelli Amores. Kempten 1816.

Werkmeister, Benedikt von: Ein Beitrag zur Beantwortung der Frage: Ob und wie man unsittliche oder unzufriedene Geistliche wieder in den Laienstand versetzen könne? In: Archiv f. das katholische Kirchen- und Schulwesen vorz. in den rheinischen Bundesstaaten 1 (1810), S. 439–458.

Werkmeister, Benedikt von: Theologisches Gutachten über die Frage: Kann ein in den höhern Weihungen stehender Geistlicher, z. B. ein Priester, seines geistlichen Standes entlassen, und wieder unter die Laien werden? Frankfurt am Main 1800.

Wesselmann, Eric D.; VanderDrift, Laura E.; Agnew, Christopher R.: Religious Commitment: An Interdependence Approach. In: Psychology of Religion and Spirituality 8 (2016), S. 35–45.

Whitman, James Q.: The Origins of Reasonable Doubt: Theological Roots of the Criminal Trial, New Haven 2008.

Wicki, Joseph, Documenta Indica, Bd. 6. Rom 1960.

Wijaczka, Jacek: Państwo polsko-litewskie w XVI–XVII w. jako „raj dla Żydów". Mit czy rzeczywistość? In: Verba volant, scripta manent. Księga jubileuszowa dedykowana Profesorowi Zbigniewowi Anusikowi w sześćdziesiątą piątą rocznicę urodzin. Hg. von Małgorzata Karkocha. Łódź 2022, S. 575–606.

Wimmer, Eduard: Sammelblätter zur Geschichte der Stadt Straubing, Bd. 3. 1884.

Wittmann, Patricius: Die Jesuiten und der Ritter Heinrich von Lang oder Nachweis: wie die Gegner der Jesuiten deren Geschichte schreiben. Augsburg 1845.

Yamamoto-Wilson, John R., Pain, Pleasure and Perversity: Discourses of Suffering in Seventeenth-Century England. Abingdon 2013.

Załuski, Andrzej Chryzostom: Epistolae historico-familiares: Acta Johannis Tertii usque ad obitum ejus exlusivè Continens, Bd. 1.2, Brunsberg 1710.

Zelis, Rafael de: Catálogo de los sugetos de la Compañía de Jesús, que formaban la provincia de Mexico. Mexiko 1874.

Zösmair, Joseph: Über Gut und Schlößchen Hahnenberg, in: Jahresbericht des Vorarlberger Museum-Vereins (1895), S. 60–64.

Zubillaga, Félix: Monumenta Mexicana 6. Rome 1976 (Monumenta Historica Societatis Jesu 114).

Zuccarello, Ugo: La sodomia al tribunale bolognese del Torrone tra XVI e XVII secolo. In: Società e Storia 87 (2000), S. 37–51.

Županov, Ines G: Relics Management: Building a Spiritual Empire in Asia. In: The Nomadic Object. The Challenge of World for Early Modern Religious Art. Hg. von Christine Göttler, Mia Mochizuki. Leiden, Boston 2018, S. 488–479.

Register